目録

前言

自東晉郭璞首爲山海經作注以後，相隔千有餘年，直到清初，才有吳任臣山海經廣注行山海經箋疏，都是山海經學術史中的重鎮，其中箋疏成書最晚，成就最高。

這部真正的續注面世。而此後百餘年間，又有汪紱山海經存、畢沅山海經新校正和郝懿

郝懿行，字恂九，山東棲霞人。生於乾隆二十二年（一七五七）。清史稿入儒林傳，稱：

嘉慶四年（一七九九）進士，授户部主事。二十五年（一八二〇），補江南司主事。道光五年（一八二五）。清史稿儒林傳作「道光三年」，疑誤）卒，年六十九。懿行爲人謙退，訥若不出口，然自守廉介，不輕與人晉接。遇非素知者，相對竟日無一語，追談論經義，則喋喋忘倦。所居四壁蕭然，庭院蓬蒿常滿，僮僕不備，懿行處之晏如。浮沉郎署，視官之榮悴若無與於己者，而一肆力於著述，漏下四鼓者四十年。一生著作六十餘種，大多收入郝氏遺書，而以晚年所著爾雅義疏最爲知名，其次則當數山海經箋疏。他平生留心草木蟲魚的生態觀察，於舊時學者中極爲難得。除著有蜂衙小記、燕子春秋、海錯等小書之外，又能以觀察所得用於訓詁，這在爾雅義疏和山海經箋疏中已經多有體現。而最主要

一

的是，他喜愛和考察自然生物的這種「閒趣」，開拓了書齋以外的視野和心胸。我認爲，他所以在畢沅山海經新校正成書之後不久即做箋疏，原因之一就是不滿於畢沅輕視海荒異物的偏見，而他探求動植物知識的欲望自然不無作用。

如果說山海經廣注是吳任臣沿襲明人尚博好奇的風氣而作，多引類書，不辨源流，那麼畢沅的新校正更多的是出於乾嘉學者對古典舊籍的學術關注，特別着力於文本校勘及地理考證，而對廣注的旁徵博引非常反感，以致到了不屑一顧的地步。畢沅的極端傾向反映到新校正的撰寫中，就是只認五藏山經五篇「真爲禹書無疑」所謂「山海經非語怪之書」也就是僅指山經而言。言外之意是，多記「神靈奇怪」的海荒十三篇，就不是真正的山海經，只是劉歆（秀）據源於禹鼎的靈獸之圖而述記。他一面極力提高山經的真實性，一面貶低海荒諸篇的可靠性，結果新校正明顯出現了前後詳略的極不平衡，與五藏山經相比，海荒諸篇殊有草草了事之感。郝懿行正是有感於此，所以雖謙稱「並採二家所長」，其實也是並克二家之短。後人常說箋疏是「集大成」之作，可是郝氏對二書雖有所借鑒和承襲，但獨立的學術成果還是佔主要地位，從而使山海經學術價值提高到一個新的層次。就乾嘉時代來說，如果郝氏的另一部名著爾雅義疏尚有邵晉涵的爾雅正義差可與之並肩，那麼這部山海經箋疏的眼界及學術高度則非畢沅新校正所能比擬。

山海經箋疏

二

此處所以特意説到「眼界」，是因爲郝氏與大多經營經史的乾嘉學者不同，就是他少了

些學究氣，多了些才士氣，而且很看重「博學多識」，在這方面，與明嘉靖時作山海經補注的

楊慎，更與注山海經的郭璞有些聲氣相投。郭璞除了山海經之外又注爾雅、穆天子傳，而郝

懿行除了山海經箋疏「箋以補注，疏以證經」，於郭注多有勘正發明之外，還著有爾雅義

疏、竹書紀年校證、汲冢周書輯要。所以郝氏雖然與畢沅同時，並讀了畢氏的新校正，也

與畢沅一樣，認爲五藏山經五篇「真爲禹書無疑」，但在箋疏中並不受此牽制。比如南山經

「見則郡縣大水」，北齊顏之推即以「郡縣」二字疑非禹書，吳任臣解以「『郡縣』之稱非三代

前語，此爲後人所增」，這些都不錯，但畢沅堅信五藏山經爲「禹書」，竟以淮南子云「夏

桀、殷紂之盛也」，人跡所至，舟車所通，莫不爲郡縣」一語認定：「郡縣之名，夏、殷有之，不獨

周矣，世俗以此疑經，非也。」以子證史並不是完全不可以，但這樣隨意舉證，把顧亭林以來

郡縣始於春秋、戰國之定論全然不顧而曲爲之説，這就大失學術水準了。對此郝懿行在箋

疏序中引周書作雒篇及春秋左氏傳哀公二年文駁之，認爲「郡縣」字句爲後人所羼入。

　另外，郝氏對全書十八篇一視同仁，不以五藏山經以外的十三篇多涉神怪而潦草從

事。這正與他能以文學眼光説詩一樣，也以博物的眼光對待怪異。所以箋疏既不像畢沅

一樣固守「禹書」陳説，在考證神異精怪上又比吳氏精審。即如海外東經之「奢比之尸」，

郭注：「亦神名也。」吳任臣之前無人解釋，吳氏引冠編、路史以證奢比爲黃帝七輔之一，

算是創說，但「黃帝七輔」與郭注之「神名」不接，而冠編是明人雜拼的類書，宋羅泌的路

史「奢比辯乎東，以爲土師」，實出自管子「奢龍辯乎東方，故使爲土師」，這都是吳氏功夫

不到處（吳氏時年方三十多歲，而且當時考據之學尚未形成風氣）。至於畢沅，他自言

「校注此書凡閱五年，自經傳子史百家傳注類書所引，無不徵也」，對此却不置一辭，不知

是他自高位置，對海荒各篇不屑垂顧，還是虛言自誇，識見未及。郝氏則不然，他引管子

五行篇，疑奢比即「奢龍」，同時點明路史對管子改竄之跡；又疑奢比即淮南墜形訓之

「諸比」，而高誘注「諸比，天神也」，於是而爲郭注張本。此類情況在箋疏中還有很多，由

此可以看出它在山海經學術史中的突出位置。

　　我的鄙見，對待山海經中怪異的態度往往可以反映出研究者的學術氣質。鑿空附

會，漫無邊際地聯想湊合固然不可取，但一切以不經之談斥之，就難免涉於固陋。江標在

重刻山海經箋疏後序（見本書附錄）中曾指出箋疏之「六善」，諸如爲箋注而不改經文及

郭注、讎比衆本舉陳異同、詳考山川地理、廣搜他書引文以證本經古本、博採諸家異說等

等，自然沒錯，但我認爲，郝氏在乾嘉學者中對怪異事物能待以平常之心而認眞考察的通

達態度更値得表出。

山海經箋疏

四

郝氏箋疏在經注的校勘和訓詁，考據上的成就大大超過前人。他在自叙中說「是正

譌文三百餘事」，書後所附訂譌一卷所載甚明。 雖然間有疑設之辭，只能說他論斷謹慎，

並不能說他保守。 如海外南經之「岐舌國」，郝氏疑古本應是「反舌國」，「反」、「支」字形

相近，誤爲「支」。「而」「支」、「枝」字通，「枝」又誤爲「岐」，並引呂氏春秋功名「南方有反舌

國」，舌本在前，末倒向喉，故曰反舌」爲證，這就比吳任臣僅舉淮南子「東南方有反舌民」

却未進而疑「岐」爲誤字更具膽識。 而郝氏「創通大義百餘事」，在疏解經文和郭注上也

多有卓見，而且徵引繁富。 如海外南經之「視肉」，吳任臣疑指「肉芝」，但同時又引劉會

孟曰：「視肉，猶南方無損獸。」而郝氏以劉說爲準，除了引出「無損獸」出於神異經之外，

又列舉神異經之「復脯」、博物志之越雟牛、三國志魏書公孫淵傳之襄平北市所生肉、玄

中記之大月氏牛名曰「曰及」者，以證與「視肉」相類者世上正多。

當然，無論是校勘經文還是考證名物，箋疏都有眼光未及之處，當時人即有所補正，

近百年來的學者更是不斷推陳出新，但箋疏自有其不可取代的價值，所以一直爲山海經

的研究者所重視。 箋疏間有引用吳氏、畢氏之說而未注明者，我認爲只是郝氏的偶爾疏

漏，不足以聯想到他的治學品質。 但郝氏的另一些疏漏似乎更重要一些，僅舉尚未被人

道及的兩例。

一是經文的校勘。卷十五大荒南經「有宋山者」條，宋本、廣注本、畢沅本俱作「是謂
楓木」（今道藏本缺此卷），而箋疏作「是爲楓木」；卷十六大荒西經「有互人之國」條，宋
本、道藏本、廣注本、畢沅本俱作「是謂魚婦」，而箋疏本作「是爲魚婦」；卷十七大荒北經
「禹湮洪水，殺相繇」，箋疏「湮」作「堙」，與諸本都不同，而下文「禹湮之」「三仞三沮」之
「湮」又與諸本相同了。

郝氏箋疏所用的底本是清初人所編秘書廿一種中的山海經，此本
我沒有找到，但據郝氏不改經文之例，這些異文當本於底本，但既然用吳氏、郝氏、道藏諸
本參校了，就應該指出諸本異同，但郝氏無疑是忽略了。

二是引文的出處。東次三經注引洪（箋疏作鴻）範五行傳云：「東方之極，自碣石東
至日出榑木之野。」而海外東經引「東方之極，碣石東至日出榑木之野，帝太皞、神句芒司
之」，則作出於尚書大傳。洪範五行傳爲尚書大傳中的一篇，同一出處的文字，書名標得
不一致，在吳任臣是常事，對郝氏却是不應出現的瑕疵。

據許維遹郝蘭皋夫婦年譜，山海經箋疏於嘉慶八年（一八〇三）開始撰寫，自叙雖然
作於九年，但全書結稿則在十三年。次年即嘉慶十四年（一八〇九）山海經箋疏由阮元
初刊於娜嬛仙館。道光五年（一八二五）郝懿行去世，自四十年後的同治四年（一八六
五）開始，順天府東路廳署郝聯薇（懿行之孫）刊郝氏遺書，且於光緒七年（一八八一）繕

刻上進山海經箋疏，即用阮氏嫏嬛仙館原刻，所以郝氏遺書本即嫏嬛仙館本。至光緒十二年（一八八六），上海李澂平以嫏嬛仙館本爲底本重刻箋疏，是爲還讀樓本。此本自稱精校，但與郝氏遺書相比，反增誤字，但多因形近而誤，如卷一「韭」誤少下橫，卷二「黃山」誤作「赤自」之類。至民國六年（一九一七），鄭堯臣編龍溪精舍叢書，又據嫏嬛仙館本重刊箋疏，是爲龍溪精舍本。在四種刻本中此本謬誤最多，從卷首的四庫全書提要到正文中的經、注、箋文，均有訛漏，像卷二「嬰如」誤作「瓔如」，卷十海內南經「狌狌知人名」誤爲「狌狌知人面」，這都是絕對不該出現的錯誤，可見它比還讀樓本還要差一些。

在把這兩種重刻本與郝氏遺書本對勘之後，我認爲只是還讀樓本還略有可取，所以這次校點就以郝氏遺書本爲底本，而用還讀樓本參校。郝氏遺書本卷首依次有光緒七年「上諭」、順天府尹游百川奏摺、嘉慶十四年阮元刻山海經箋疏序和山海經箋疏審定校勘爵里姓氏四件，今把上諭及奏摺移至書末附錄中，而把原書中置於書末的郝懿行山海經箋疏叙及山海經箋錄移至卷首。另外在附錄中又收入清史稿中的郝懿行傳、四庫全書中山海經的提要，以及還讀樓刻本中的三篇序。

整理者　二〇一九年三月

刻山海經箋疏序

左傳稱禹鑄鼎象物，使民知神姦。禹鼎不可見，今山海經或其遺象歟？漢書藝文志列山海經于形法家。後漢書王景傳明帝賜景山海經、河渠書以治河。然則是經爲山川輿地，有功世道之古書，非語怪也。且與此經相出入者，則有如逸周書王會，楚辭天問，莊、列，爾雅、神農本草諸書。司馬子長于山經怪物不敢言之，史家立法之嚴固宜耳，然上古地天尚通，人神相雜，山澤未烈，非此書末由知已。郭景純注于訓詁地理未甚精徹，然晉人之言，已爲近古。吳氏廣注徵引雖博而失之蕪雜，畢氏校本于山川考校甚精，而訂正文字尚多疏略。今郝氏究心是經，加以箋疏，精而不鑿，博而不濫，粲然畢著，斐然成章。余覽而嘉之，爲之栞版以傳。郝氏名懿行，字蘭皋，山東棲霞人，户部主事。余己未總裁會試，從經義中識拔，實學士也。家貧行修，爲學益力，所著尚有爾雅疏諸書。蘭皋妻王安人，字瑞玉，亦治經史，與蘭皋共著書于車鹿春廡之間，所著有詩經小記，列女傳注諸書，于此經疏並多校正之力，亦可尚異之也。

嘉慶十四年夏四月揚州阮元序

山海經箋疏審定校勘爵里姓氏

儀徵阮雲臺侍郎元

陽湖孫伯淵觀察星衍

武進臧西成文學庸

歸安姚秋農中允文田

高郵王曼卿學士引之

全椒吳山尊學士鼐

歙縣鮑覺生學士桂星

嘉應宋芷灣編修湘

閩縣陳梅修編修壽祺

江西新城涂瀹莊侍御以輈

商城程鶴樵侍御國仁

南海張棠村員外業南

山海經箋疏審定校勘爵里姓氏

龍南徐香珽主事_{名綏}

桐城馬元伯主事_{瑞辰}

曲阜孔阜村主事_{繼墣}

烏程嚴鐵橋孝廉_{可均}

儀徵阮小雲蔭生_{常生}

棲霞牟默人明經_{廷相}

山海經叙録

西漢劉秀上山海經表曰：侍中、奉車都尉、光禄大夫臣秀領校祕書言：校祕書太常屬臣望所校山海經，凡三十二篇，今定爲一十八篇，已定。山海經者，出於唐虞之際，昔洪水洋溢，漫衍中國，民人失據，敧�於丘陵，巢於樹木。鯀既無功，而帝堯使禹繼之。禹乘四載，隨山栞木，定高山大川。益與伯翳主驅禽獸，命山川，類草木，別水土，四嶽佐之，以周四方，逮人跡之所希至，及舟輿之所罕到。內別五方之山，外分八方之海，紀其珍寶奇物，異方之所生，水土草木禽獸昆蟲麟鳳之所止，禎祥之所隱，及四海之外，絕域之國，殊類之人。禹別九州，任土作貢，而益等類物善惡，著山海經。皆聖賢之遺事，古文之著明者也。其事質明有信。孝武皇帝時，嘗有獻異鳥者，食之百物，所不肯食。東方朔見之，言其鳥名，又言其所當食，如朔言。問朔何以知之，即山海經所出也。孝宣帝時，擊磻石於上郡，陷得石室，其中有反縛盜械人。時臣秀父向爲諫議大夫，言此貳負之臣也。詔問何以知之，亦以山海經對，其文曰：「貳負殺窫窳，帝乃梏之疏屬之山，桎其右足，反縛兩手。」上大驚，朝士由是多奇山海經者，文學大儒皆讀學，以爲奇可以考禎祥變怪之物，見

遠國異人之謠俗。故易曰：「言天下之至賾而不可亂也。」博物之君子，其可不惑焉。臣

秀昧死謹上。

東晉記室參軍郭璞注山海經，叙曰：世之覽山海經者，皆以其閎誕迂誇，多奇怪俶儻

之言，莫不疑焉。嘗試論之曰：莊生有云：「人之所知，莫若其所不知。」吾於山海經見之

矣。夫以宇宙之寥廓，羣生之紛紜，陰陽之煦蒸，萬殊之區分，精氣渾淆，自相濆薄，遊魂

靈怪，觸象而構，流形於山川，麗狀於木石者，惡可勝言乎？然則總其所以乖，鼓之於一

響，成其所以變，混之於一象。世之所謂異，未知其所以異；世之所謂不異，未知其所以

不異。何者？物不自異，待我而後異，異果在我，非物異也。故胡人見布而疑黂，越人見

罽而駭毳，夫翫所習見而奇所希聞，此人情之常蔽也。今略舉可以明之者，陽火出於冰

水，陰鼠生於炎山，而俗之論者莫之或怪，及談山海經所載而咸怪之，是不怪所可怪，而怪

所不可怪也。不怪所不可怪，則幾於無怪矣；怪所不可怪，則未始有可怪也。夫能然所不

可，不可所不然，則理無不然矣。案汲郡竹書及穆天子傳，穆王西征，見西王母，執璧帛

之好，獻錦組之屬。穆王享王母於瑤池之上，賦詩往來，辭義可觀。遂襲崑崙之丘，遊軒

轅之宮，眺鍾山之嶺，玩帝者之寶，勒石王母之山，紀跡玄圃之上。乃取其嘉木艷草，奇鳥

怪獸，玉石珍瑰之器，金膏燭銀之寶，歸而殖養之於中國。穆王駕八駿之乘，右服盜驪，左

騂騄耳，造父爲御，犇戎爲右，萬里長鶩，以周歷四荒，名山大川，靡不登濟。東升大人之堂，西燕王母之廬，南轢黿鼉之梁，北躡積羽之衢，窮歡極娛，然後旋歸。案史記説穆王得盜驪、騄耳、驊騮之驥，使造父御之以西巡狩，見西王母，樂而忘歸，亦與竹書同。左傳曰：「穆王欲肆其心，使天下皆有車轍馬跡焉。」竹書所載，則是其事也。而譙周之徒，足爲通識瑰儒，而雅不平此，驗之史考，以著其妄。司馬遷叙大宛傳亦云：「自張騫使大夏之後，窮河源，惡覩所謂昆侖者乎？至禹本紀、山海經所有怪物，余不敢言也。」不亦悲乎！若竹書不潛出於千載，以作徵於今日者，則山海之言其幾乎廢矣。若乃東方生曉畢方之名，劉子政辨盜械之尸，王頎訪兩面之客，海民獲長臂之衣，精驗潛效，絕代縣符。於戲！羣惑者其可以少寤乎？是故聖皇原化以極變，象物以應怪，鑒無滯賾，曲盡幽情，神焉廋哉！神焉廋哉！蓋此書跨世七代，歷載三千，雖暫顯於漢，而尋亦寢廢。其山川名號，所在多有舛謬，與今不同。師訓莫傳，遂將湮泯。道之所存，俗之所喪，悲夫！余有懼焉，故爲之創傳，疏其壅閡，闢其荒蕪，領其玄致，標其洞涉，庶幾令逸文不墜於世，奇言不絕於今，故夏后之跡靡琛於將來，八荒之事有聞於後裔，不亦可乎？夫鸒薈之翔，宜以論垂天之凌；蹏涔之遊，無以知絳虯之騰。鈞天之庭，豈伶人之所躡；無航之津，豈蒼兕之所涉。非天下之至通，難與言山海之義矣。嗚呼！達觀博物之客，其鑒之哉！

山海經目錄總十八卷本三萬九百十九字，注二萬三百五十字，總五萬一千二百六十九字。　懿行案：此

玉海所校也。今校經三萬八百二十五字，注二萬三百八十三字，總五萬一千二百八字。

南山經第一本三千五百四十七字，注二千一百七字　懿行案：此已下明藏經本所校也。今校經一千八百六

十一字，注一千二百四十六字。

西山經第二本五千六百七十二字，注三千二百二字。今校經四千六百四十四字，注三千七百二十六字。

北山經第三本五千七百四十六字，注二千三百八十二字。今校經四千二百四十一字，注一千六百三十九字。

東山經第四本二千四百四十字，注三百七十五字。今校經二千一百三字，注四百五十五字。

中山經第五本四千七百一十八字，注三千四百八十五字。今校經八千四百一十六字，注三千五百八十二字。

右五藏山經五篇，經二萬六千二百六十二字，注一萬六千六百六十一字。

海外南經第六本五百一十一字，注六百二十二字。今校經五百七十五字，注六百八十五字。

海外西經第七本五百三十七字，注四百五十二字。今校經五百五十九字，注四百五十八字。

海外北經第八本五百八十四字，注四百九十三字。今校經六百五十一字，注五百二十四字。

海外東經第九本四百四十二字，注五百九十五字。今校經四百五十七字，注五百九十六字。

海内南經第十本三百六十四字，注七百九字。今校經三百七十七字，注六百五十六字。

海内西經第十一本四百三十九字，注六百九十五字。今校經五百一十四字，注七百四字。

海内北經第十二本五百九十四字，注四百九十五字。今校經五百一十字，注五百九十二字。

海内東經第十三本六百二十四字，注一千四百九十五字。今校經六百三十五字，注一千七百二字。

右海外、海内經八篇，經四千二百二十八字，注五千二百八十四字，總九千五百一十二字。

大荒東經第十四本八百六十四字，注八百一十三字。今校經八百五十八字，注九百二十四字。

大荒南經第十五本九百七十二字，注五百九十八字。今校經九百七十七字，注六百一十七字。

大荒西經第十六本一千二百八十二字，注一千二百三字。今校經一千一百一十八字，注一千二百八十五字。

大荒北經第十七本一千五百六字，注七百六十七字。今校經一千七百七十一字，注八百四字。

海内經第十八本一千一百十一字，注九百六十七字。此海内經及大荒經本皆進在外。今校經一千一百四十一字，注九百七十五字。

右大荒經、海内經五篇，經五千三百三十二字，注四千四百三十八字，總九千七百七十字。

福山王照圓婉佺覆校

山海經箋疏叙

山海經古本三十二篇，劉子駿校定爲一十八篇，即郭景純所傳是也。今攷南山經三篇，西山經四篇，北山經三篇，東山經四篇，中山經十二篇，并海外經四篇，海内經四篇，除大荒經已下不數，已得三十四篇，則與古經三十二篇之目不符也。隋書經籍志山海經二十三卷，舊唐書十八卷，又圖讚二卷，音二卷，並郭璞撰。此則十八卷又加四卷才二十二卷，復與經籍志二十三卷之目不符也。漢書藝文志山海經十三篇，在形法家，不言有十八篇。所謂「十八篇」者，南山經至中山經本二十六篇，合爲五臧山經五篇，加海外經已下八篇及大荒經已下五篇，爲十八篇也。所謂「十三篇」者，去荒經已下五篇，正得十三篇也。古本此五篇皆在外，與經別行，爲釋經之外篇。及郭作傳，据劉氏定本復爲十八篇，即又與藝文志十三篇之目不符也。酈善長注水經云：「山海經藴緼歲久，編韋稀絕，書策落次，難以緝綴，後人假合，多差遠意。」然則古經殘簡，非復完篇，殆自昔而然矣。

藝文志不言此經誰作，劉子駿表云出於唐虞之際，以爲禹別九州，任土作貢，而益等類物善惡，著山海經。王仲任論衡，趙長君吳越春秋亦稱禹、益所作。顏氏家訓書證篇云：……

「山海經」禹、益所記，而有長沙、零陵、桂陽、諸暨，由後人所羼，非本文也。」今攷海外南經之篇而有說文王葬所，海外西經之篇而有說夏后啓事，夫經稱「夏后」，明非禹書，篇有「文王」，又疑周簡，是亦後人所羼也。至於郡縣之名起自周代，周書作雒篇云「爲方千里，分以百縣，縣有四郡」，春秋哀公二年左傳云「克敵者，上大夫受縣，下大夫受郡」，杜元凱注云：「縣百里，郡五十里。」今攷南次二經云「縣多土功」、「縣多放士」，又云「郡縣大水」、「縣有大繇」，是又後人所羼也。大戴禮五帝德篇云「使禹敷土，主名山川」，爾雅亦云「從釋地已下至『九河』，皆禹所名也」。觀禹貢一書，足覘梗槩。因知五藏山經五篇主於紀道里，說山川，真爲禹書無疑矣。而中次三經說青要之山云「南望墠渚，禹父之所化」，中次十二經說天下名山，首引「禹曰」，一則稱「禹父」，再則述禹言，亦知此語必皆後人所羼矣。然以此類致疑本經則非也。何以明之？周官大司徒「以天下土地之圖，周知九州之地域廣輪之數」，「土訓」「掌道地圖」、「道地慝」，夏官職方亦掌天下地圖，山師、川師掌山林川澤，致其珍異，辨師辨其丘陵、墳衍、邍隰之名物，秋官復有冥氏、庶氏、穴氏、翨氏、柞氏、薙氏之屬，掌攻天鳥、猛獸、蟲豸、草木之怪蠥。左傳稱禹鑄鼎象物而爲之備，使民知神姦，民入山林川澤，禁禦不若，螭魅蝄蜽莫能逢旃。周官、左氏所述，即與此經義合。禹作司空，灑沈澹災，燒不暇捄，濡不給挖，身執虆垂，以爲民先。爰有禹貢，復著此經，尋山脈川，周覽無垠，中述怪

變，俾民不眩。美哉禹功，明德遠矣，自非神聖，孰能修之？而後之讀者類以夷堅所志，方

諸齊諧，不亦悲乎！

古之爲書，有圖有說，周官地圖，各有掌故，是其證已。

河渠書、禹貢圖」，是漢世禹貢尚有圖也。郭注此經而云「圖亦作牛形」，又云「在畏獸畫

中」，陶徵士讀是經詩，亦云「流觀山海圖」，是晉代此經尚有圖也。中興書目云：「山海經

圖十卷，本梁張僧繇畫。咸平二年，校理舒雅重繪爲十卷，每卷中先類所畫名凡二百四十

七種。」是其圖畫已異郭、陶所見。今所見圖復與繇、雅有異，良不足据。然郭所見圖即已

非古，古圖當有山川道里。今攷郭所標出，但有畏獸仙人，而於山川脈絡即不能案圖會

意，是知郭亦未見古圖也。今禹貢及山海圖遂絕跡，不復可得。

禹貢雖無圖，其書説要爲有師法，而此經師訓莫傳，遂將湮泯。郭作傳後，讀家稀絕，

途徑榛蕪，迄於今日，脱亂淆譌，益復難讀。又郭注南山經兩引「璨曰」，其注南荒經「昆

吾之師」又引音義云云，是必郭已前音訓注解人，惜其姓字爵里與時代俱湮，良可於邑

今世名家則有吳氏、畢氏。吳徵引極博，汎濫於羣書；畢山水方滋，取證於耳目，二書於

此經厥功偉矣。至於辨析異同，栞正譌謬，蓋猶未暇以詳。今之所述，并採二家所長，作

爲箋疏。箋以補注，疏以證經。卷如其舊，別爲訂譌一卷，附於篇末。計創通大義百餘

事，是正譌文三百餘事。凡所指擿，雖頗有依据，仍用舊文，因而無改，蓋放鄭君康成注經

不敢改字之例云。

嘉慶九年甲子二月廿八日棲霞郝懿行撰。

山海經第一

晉郭璞傳　棲霞郝懿行箋疏

南山經

南山經之首曰䧿山。懿行案：任昉述異記作「雀山」。文選注王巾頭陁寺碑引此經作「䧿山」。

其首曰招搖之山，懿行案：大荒東經「有招搖山，融水出焉」，非此。高誘注吕氏春秋本味篇云：「招搖，山名，在桂陽。」臨于西海之上。在蜀伏山山南之西頭，濱西海也。懿行案：「伏」疑「汶」字之譌。史記封禪書云「瀆山，蜀之汶山也」，蜀志秦宓傳云「蜀有汶阜之山，江出其腹」，皆是山也。多桂，桂葉似枇杷，長二尺餘，廣數寸。味辛。白華。叢生山峰，冬夏常青，閒無雜木。吕氏春秋曰：「招搖之桂。」懿行案：爾雅云：「梫，木桂。」郭注與此同。多金、玉。有草焉，其狀如韭璩曰：「韭音九。」爾雅云「藿山亦多之」。懿行案：「藿」當爲「雀」字之譌。爾雅云：「藿，山韭。」而青華，其名曰祝餘，或作「桂荼」。懿行案：「桂」疑當爲「柱」字之譌。「柱荼」、「祝餘」聲相近。食之不飢。有木焉，其狀如穀而黑理，穀，楮也，皮作紙。璩曰：「穀，亦名構。名穀者，以其實如穀也。」懿行案：陶弘景注本草經云「穀，即今構

樹」是也。「榖」、「構」古同聲，故榖亦名構。或曰「葉有瓣曰楮，無曰構」，非也。見陸璣〔一〕詩疏。

文選注頭陀寺碑引此經無「理」字。

見離騷經。

懿行案：「若木」見離騷經，若木「華赤」見大荒北經，「其華照地」見淮南子。

其華四照，言有光燄也。若木華赤，其光照地，亦此類也。

其名曰迷榖〔三〕，佩之不迷。懿行案：文選注頭陀寺碑引此經同。

有獸焉，其狀如禺而白耳，禺似獼猴而大，赤目長尾，今江南山中多有。說者不了此物名禺，作「牛」字，圖亦作牛形，或作「猴」，皆失之也。「禺」字音「遇」。懿行案：說文云：「禺，母猴屬。」又云：「禺，猴屬，獸之愚者也。」郭注凡言「圖」者，皆謂此經圖象然也。

伏行人走，讚曰：「猩猩似狛，走立行伏。」疑「狛」當爲「禺」，聲之譌也。懿行案：禺獸，狀如猿，伏行交足，亦此類也。見京房易。

其名曰狌狌，食之善走。懿行案：太平御覽九百八卷引此經「生生」當爲「狌狌」，說見海內南經。生生

麗麢之水出焉，而西流注于海。其中多育沛，「麢」音作「几」。

佩之無瘕疾。瘕，蟲病也。懿行案：說文云：「瘕，久病也。」見京房易。「蟲病」者，列仙傳云「河間王病瘕，下蛇十餘頭」，史記倉公傳云「蟯瘕」，正義引龍魚河圖云「犬狗魚鳥不孰，食之成瘕痛」，皆與郭義近。

〔一〕「璣」原本誤作「機」。後凡「陸璣」誤作「陸機」者徑改，不出校。

〔三〕「榖」原本作「穀」，吳氏廣注本作「榖」。諸書引此經者，二字兼有。按此木既言「其狀如榖」，其名似與「穀」相關，此從吳氏本改。

又東三百里，【懿行案：禹貢五服皆言里數，水經注云廬山有「大禹刻石誌其丈尺里數」，則里地之數蓋始於禹。大戴禮主言篇云「三百步而里」，是古里短於今里也。曰堂一作「常」。懿行案：文選注上林賦引此經正作「常」。】庭之山。【懿行案：初學記引此經作「堂夜之山多水玉」，疑「夜」字譌。】多棪木，棪，別名連其。郭注同。【爾雅云「棪，楺其」。子似柰而赤，可食。音「剡」。懿行案為「速」字之譌。】多白猨，今猨似獼猴而大，臂腳長，便捷，色有黑有黃。鳴，其聲哀。【懿行案：「猿」，俗字也。説文云「蝯善援。禺屬。」文選西都賦注，後漢書班固傳注引此注並云「臂長便捷」無「腳」字；「色黑」無「黃」字。藝文類聚九十五卷引郭氏讚云：「白猨肆巧，由基撫弓。應眄而號，神有先中。數如循環，其妙無窮。」】多水玉，水玉，今水精也。相如上林賦曰：「水玉磊砢。」赤松子所服，見列仙傳。【懿行案：廣雅云：「水精謂之石英。」張揖注上林賦云：「水玉，水精也。」列仙傳云：「赤松子服水玉，以教神農。」並郭所本。】多黃金。【懿行案：説文云：「金，五色金也，黃為之長。」】

又東三百八十里曰猨翼之山。【懿行案：初學記二十七卷引此經作「稷翼之山多白玉」。】其中多怪獸，水多怪魚，凡言怪者，皆謂貌狀倔奇不常也。怪魚，入深山而得怪獸者，多列於庭。多白玉，【懿行案：玉藻云：「天子佩白玉。」藝文類聚八十三卷引廣志曰：「白玉美者，可以照面，出交州。」】多蝮蟲，蝮虫，色如綬文，鼻上有鍼，大者百餘

斤。一名反鼻。「虫」古「虺」字。　懿行案：「蝮」、「虺」見爾雅及注。「色如綬文」見北山經

「大咸之山」注。説文云：「虫，一名蝮。」「虺，以注鳴。」是「虫」、「虺」非一字，與郭義異也。　**多怪**

蛇，多怪木，不可以上。

又東三百七十里曰杻陽之山。　音「紐」。　懿行案：玉篇有「杻陽山」。杻，思計切。

疑「杻」、「枏」字形相近。注「音紐」亦當爲「音細」，並字形之譌也。　**其陽多赤金，**銅也。　**其陰**

多白金。　銀也，見爾雅。　山南爲陽，山北爲陰。　懿行案：説文云「銅，赤金也」「銀，白金也」，

爾雅云「白金謂之銀」，是皆郭注所本。然案之此經，理有未通。西山經云「羭次之山，其陰多赤

銅」，中次九經云「玉山，其陽多銅，其陰多赤金」，明赤金與銅非一物矣。又經內「銀」與「白金」疊

出分見，如西山經「皋塗之山多銀、黃金」，「槐江之山多黃金、銀」，「大時之山、數歷之山並云「多

銀」，又北山經「少陽之山多赤銀」，又西山經「涇谷之山多白金」，中山經「役山多白金」，綜諸經之

文，「白金」與「銀」爲二物審矣。　説文云：「鎏，白金也。」爾雅云「金美者謂之鏐」，郭注云：「鏐即

紫磨金。」寇宗奭本草衍義云：「顆塊金，其色深赤。」然則此經「赤金」即紫磨金，「白金」即鎏矣，

郭氏並誤注。　**有獸焉，其狀如馬而白首，其文如虎而赤尾，其音如謠，如人歌聲。**　懿行

案：「謠」當爲「䚻」，見説文。　**其名曰鹿蜀，佩之宜子孫。**　佩，謂帶其皮毛。　懿行案：太平

御覽九百十三卷引此經圖讚云：「鹿蜀之獸，馬質虎文。攘首吟鳴，矯矯騰羣。佩其皮毛，子孫如

雲。」「怪水出焉而東流，注于憲翼之水。其中多玄龜，其狀如龜而鳥首虺尾。虺尾銳。其名曰旋龜，其音如判木。如破木聲。佩之不聾，可以爲底。底，躪也。爲，猶治也，外傳曰「疾不可爲」。一作「痕」，猶病也也。懿行案：「底」同「胝」，音竹施切。文選難蜀父老注引郭氏三蒼解詁云：「胝，躪也。」一作痕者，爾雅釋詁云：「痕，病也。」「爲痕」則治病使愈，故云「猶病愈」矣。

又東三百里柢山。「柢」音「蔕」。懿行案：「柢」上疑脫「曰」字。明藏經本有之。多水，無草木。有魚焉，其狀如牛，懿行案：郭氏江賦云「潛鵠魚牛」，李善注引此經云：「魚牛，其狀如牛。」今本「魚」下無「牛」字。又「禺禺」即「鱅鱅」，非此。見東山經。陵居，蛇尾，有翼，其羽在魼下，亦作「脅」。懿行案：説文云：「胠，亦下也。」廣雅云：「胠，脅也。」經作「魼」者，蓋同聲假借字。又「胠」有「脅」音，本聲同之字，故「胠」亦作「脅」。其音如留牛，莊子曰「執犂之狗」，謂此牛也。虎豹。懿行案：經作「留」者，郭云「牛似虎文者」，謂此牛也，是「留牛」當爲「犂牛」。東山經首說「鱅鱅之魚，其狀如犂牛」，郭引莊子「執犂之狗」。然則「留牛」當爲「犂牛」審矣。今本莊子天地篇作「鱅鱅之魚，其狀如犂牛」，釋文云「一云『執留之狗』」，郭又引作「執犂之狗」，是莊子本並無正文。犂、貍、留俱聲有通轉。其名曰鯥，音「六」。冬死而夏生。此亦蟄類也。謂之「死」者，言其蟄

無所知，如死耳。懿行案：太平御覽九百三十九卷引此經圖讚云：「魚號曰鮭，處不在水。厥狀如牛，烏〔一〕翼蛇尾。」食之無腫疾。

又東四百里曰亶爰之山。「亶」音「蟬」。多水，無草木，不可以上。言崇陷也。有獸焉，其狀如貍而有髦，其名曰類，「類」或作「沛」，「髦」或作「髮」。懿行案：莊子天運篇釋文引此經作「其狀如貍而有髮，其名曰類」，蓋即郭所見本也。「師」疑「沛」字之譌。自為牝牡，食者不妒。莊子亦曰「類自為雌雄而化」。今貜豬亦自為雌雄。云：「亶爰之獸，自孕而生，曰類。」陳藏器本草拾遺云：「靈貓生南海山谷，狀如貍，自為牝牡。」又引異物志云：「靈貍一體自為陰陽。」据此，則類為靈貍無疑也。類、貍聲亦相轉。今魚皮夷地當三姓所屬〔三〕之羅邨，以嘉慶八年冬緣事至京師，譯官色崇額言：「其地有獸，多毛，形頗類狗，體具陰陽，自為配耦。」所說形狀亦即是物，但譯言不了，不得其名耳。郭注「貜豬」即豪彘也，見西山經「竹山」。

又東三百里曰基山。其陽多玉，其陰多怪木。懿行案：太平御覽五十卷引此經「多怪木」上有「多金」二字。有獸焉，其狀如羊，九尾四耳，其目在背，其名曰猼訑。「博

〔一〕「烏」，諸本並同，太平御覽作「鳥」。
〔三〕「三姓所屬」，還讀樓本作「吉林、蒙古」。

「施」二音。「施」一作「阤」。廣韻作「𤣥」，疑皆後人所作字也。

佩之不畏。不知恐畏。懿行案：此亦羊屬，唯目在背上爲異耳。説文「役」字注云：「城郭市里高縣羊皮，以驚牛馬，曰役。」本草經云：「羖羊角，主辟惡鬼虎狼，止驚悸。」並與此經合。太平御覽九百十三卷引此經圖讚云：「猼訑似羊，眼乃在背。視之則奇，推之無怪。欲不恐懼，厥皮可佩。」

有鳥焉，其狀如雞，而三首六目，六足三翼，其名曰鵝鶋，鵝鶋急性。「敵」「𤙯」二音。懿行案：「鵝」蓋「鷩」字之譌，「敵」亦「𤙯」字之譌也。玉篇作「鵝鶋」，廣雅釋地本此文作「鷩鶋」可證。然郭云「鵝鶋急性」，亦譌也。方言云「憨，惡也」，郭注云：「憨忿，急性也。」憨忿、鵝鶋，字異音同，然則此注當云「讀如憨忿，急性」，今本疑有脱誤。

食之無臥。使人少眠。

又東三百里曰青丘之山。亦有青丘國在海外，水經云：「即上林賦云『秋田於青丘』」。懿行案：史記司馬相如傳正義引郭注云：「青丘，山名，上有田。亦有國，出九尾狐，在海外。」又引服虔云：「青丘國在海東三百里。」並見海外東經。郭引水經今無攷。

其陽多玉，其陰多青䨋。䨋，黝屬，音「瓠」。懿行案：「䨋」當爲「雘」。説文云：「雘，善丹也。」初學記五卷引此經正作「雘」。文選注赭白馬賦引此注亦作「雘」。

有獸焉，其狀如狐而九尾，即九尾狐。其音如嬰兒，懿行案：玉篇引蒼頡篇云：「男曰兒，女曰嬰。」能食人，懿行案：郭注大荒

東經「青丘國九尾狐」云：「太平則出而爲瑞。」此經云「能食人」，則非瑞應獸也。且此但言「狀如狐」，非即真狐，郭云「即九尾狐」，似誤。 **食者不蠱。**噉其肉，令人不逢妖邪之氣。或曰：「蠱，蠱毒。」 懿行案：説文云：「蠱，腹中蟲也。」引春秋傳曰：「皿蟲爲蠱，淫溺之所生也。梟桀死之鬼亦爲蠱。」郭引「或曰：蠱，蠱毒」者，秋官庶氏掌除毒蠱，又南方造蠱毒有蛇蠱、金蠶蠱也。經云食此獸者不蠱，蓋亦秦人「以狗禦蠱」之義，見史記秦本紀。 **有鳥焉，其狀如鳩，**懿行案：鳩有數種，具見爾雅。 **其音若呵，**如人相呵呼聲。 **名曰灌灌，**或作「濩濩」。 懿行案：灌灌，郭云「或作濩濩」。呂氏春秋本味篇云「肉之美者，玃玃之炙」，高誘注云：「玃玃，鳥名，其形未聞。玃一作獲。」今案「玃」與「灌」、「獲」與「濩」俱字形相近，即此鳥明矣。 **佩之不惑。**懿行案：陶潛讀山海經詩云：「青丘有奇鳥，自言獨見爾。本爲迷者生，不以喻君子。」 **英水出焉，**懿行案：「英」玉篇作「渶」，云「水出青丘山」。 **南流注于即翼之澤。** **其中多赤鱬，**音「懦」。懿行案：「懦」蓋「儒」字之譌，藏經本作「儒」。 **其狀如魚而人面，**懿行案：太平御覽九百三十九卷引此經圖讚云：「赤鱬之狀，魚身人頭。本爲迷者生，不以喻君子。」 **其音如鴛鴦，食之不疥。**一作「疾」。懿行案：說文云：「疥，搔也。」

又東三百五十里曰箕尾之山。懿行案：玉篇作「箕山」，無「尾」字。 **其尾踆于東海，多沙石。**「踆」古「蹲」字，言臨海上。音「存」。 懿行案：說文云：「蹲，踞也。」又云：「夋，

倨也。」無「踆」字。　汸水出焉，音「芳」。懿行案：玉篇作「涝」，音與郭同。而南流注于淯，

音「育」。　其中多白玉。

凡䧿山之首自招搖之山以至箕尾之山，凡十山，二千九百五十里。懿行案：今才

九山，二千七百里。若連䧿山計算，正得十山。但䧿山雖標最目，其文俄空，當有闕脱。其神狀

皆鳥身懿行案：北堂書鈔一百三十三卷引此經作「人身」。而龍首。其祠之禮：毛言擇牲

取其毛色也。周官曰：「陽祀用騂牲之毛。」懿行案：「之毛」當爲「毛之」，見地官牧人職。用

一璋玉瘞，半圭爲璋。瘞，薶也。糈用稌米，糈，祠神之米名，先呂反。今江東音「所」，一音

「壻」。稌，稌稻也，他覩反。「糈」或作「疏」，非也。懿行案：離騷云「巫咸將夕降兮，懷椒糈

而要之。」故知糈祀神之米名也。或音「所」音「壻」，並方俗聲轉。其字或作「疏」，亦字隨音變也。

「稌」，見爾雅，疑此注衍「稌」字。一璧，稻米，白菅懿行案：太平御覽七百九卷引此文作

「白蒲」。爲席。菅，茅屬也，音「閒」。懿行案：爾雅云「白華野菅。」廣雅云：「菅，茅也。」

「席」者，藉以依神。淮南説山訓云「巫之用糈藉」，高誘注云：「糈米所以享神，藉菅茅是享神之

禮用菅茅爲席也。」

南次二經之首曰柜山。音「矩」。西臨流黄，懿行案：即流黄辛氏國也，見海内經。

北望諸毗，東望長右。皆山名。懿行案：「諸毗」、「長右」說見下。英水出焉，西南流注于赤水，其中多白玉，尸子曰：「水方折者有玉，員折者有珠。」多丹粟。細丹沙如粟也。懿行案：周書王會篇云：「卜人以丹沙。」張衡南都賦云：「青膬丹粟。」有獸焉，其狀如豚，懿行案：畢氏本「豚」作「反」，譌。有距，懿行案：說文云：「距，雞距也。」其音如狗吠，其名曰狸力，懿行案：郭注有「一作貍刀」四字，諸本俱無，吳氏本有。見則其縣多土功。有鳥焉，其狀如鴟，懿行案：「鴟」，玉篇作「雞」。三種，具見爾雅。「手」，廣韻作「首」，非。而人手，其腳如人手。鴟，音處脂反。其音如痺，未詳。其名曰鴸，音「株」。吳氏云。懿行案：爾雅云：「鴸之雌者名」……陶潛讀山海經詩云：「鵃鵝見城邑，其國有放士。」或云「鵃鵝」當為「鴟鵝」，一云當為「鵃鵝」。或作「效」也。其名自號也，見則其縣多放士。放，放逐。

東南四百五十里曰長右之山，廣韻引此經「長右」作「長舌」。無草木，多水。有獸焉，其狀如禺而四耳，其名長右，以山出此獸，因以名之。懿行案：廣韻引此經作「長舌」。其音如吟，如人呻吟聲。見則郡縣大水。懿行案：郡縣之制起於周，周書作雒篇及左氏傳具有其文。畢氏引淮南氾論訓云：「夏桀、殷紂之盛，人跡所至，舟車所通，莫不為郡縣。」以此證郡縣之名起於夏、殷也。

又東三百四十里曰堯光之山。其陽多玉，其陰多金。　懿行案：太平御覽八百十三

卷引此經作「克光之山，其陰多鐵」。　有獸焉，其狀如人而彘鬣，穴居而冬蟄，其名曰猾

裏，「滑」、「懷」兩音。　懿行案：御覽九百十三卷引此經「猾裏」作「褐裏」。　其音如斲木，如

人斲木聲。　見則縣有大繇。　謂作役也。　或曰「其縣是亂」。　懿行案：藏經本作「其縣亂」，無

「是」字。

又東三百五十里曰羽山。　今東海祝其縣西南有羽山，即鯀所殛處。計此道里不相應，似

非也。　懿行案：地理志云：「東海郡，祝其，禹貢羽山在南，鯀所殛。」郭以爲非此經羽山，是

矣。　其下多水，其上多雨，無草木，多蝮虫。　蝮也。　懿行案：本草別錄「蝮蛇」與「虺」爲

二物，郭以爲虺即蝮虫，非也。吳氏以「虺」爲「虺」字之誤，「虺」即「虺」字，亦非。

又東三百七十里曰瞿父之山。　音「劬」。　懿行案：玉篇云「岣，音父，山名」，蓋「父」

或爲「岣」也。但經內諸山以「父」名者非一，既疑未敢定，又玉篇、廣韻偏旁之字多後人所加，不盡

可從也。餘多放此。　無草木，多金、玉。

又東四百里曰句餘之山。　今在會稽餘姚縣南，句章縣北，故此二縣因此爲名云。見張氏

地理志。　懿行案：山在今浙江歸安縣東。劉昭注郡國志「會稽郡，餘姚句章」引此經及郭注，與

今本同，晉書地理志亦云餘姚有句餘山在南。「張氏地理志」者，此及西山經「鳥鼠同穴之山」注

並引之。張氏，張晏也，見水經注。

無草木，多金、玉。

又東五百里曰浮玉之山。懿行案：水經沔水注引此經云云，又引謝康樂云：「山海經浮玉之山在句餘東五百里，便是句餘縣之東山，乃應入海。句餘今在餘姚烏道山西北，何由『北望具區』也？以爲郭於地理甚昧矣。言洞庭南口有羅浮山，高三千六百丈。會稽山宜直湖南。」是酈氏以羅浮山爲此經浮玉山也。藝文類聚七卷引謝靈運羅浮山賦曰「得洞經所載羅浮山事，云茅山是洞庭口，南通羅浮」，正與水經注合。茅山即會稽山也。類聚又引羅浮山記曰：「羅浮者，蓋總稱焉。羅，羅山也；浮，浮山也，二山合體，謂之羅浮，在增城、博羅二縣之境。」

北望具區，具區，今吳縣西南太湖也。尚書謂之「震澤」。郭氏此注及爾雅「十藪」注，並以具區，揚州藪也；其太湖乃五湖之總名，揚州浸也，載在職方甚明。略。

東望諸毗。水名。懿行案：「諸毗」，廣雅釋地作「渚沘」，蓋古字通也。又上文「柜山，北望諸毗」，郭云「山名」；此云「東望諸毗」，郭云「水名」；又西山經云「北望諸毗之山」，又云「西流注于諸毗之水」，郭云「水出諸毗山也」。然則「諸毗」蓋非一山，其水即非一水。此經「諸毗」蓋在江南，其西、北二經所説皆與此異者也。太平寰宇記云：「烏程縣毗山，在縣東北九里。」蓋此經所謂「諸毗」矣。

有獸焉，其狀如虎而牛尾，其音如吠犬，其名曰彘，是食人。若

水出于其陰，北流注于具區，懿行案：水經注云：「山陰西四十里，有二谿：東谿廣一丈九

尺，冬煖夏冷；——西谿廣三丈五尺，冬冷夏煖。二谿北出，行三里至徐邨，合成一谿，廣五丈餘，而温涼又雜，蓋山海經所謂苕水也。北逕羅浮山而下注於太湖，故言出其陰，入於具區也。」案太平寰宇記云：「苕谿在烏程縣南五十步。」雪水亦苕水之異名。**其中多鮆魚。** 鮆魚狹薄而長頭，大者尺餘，太湖中今饒之。一名刀魚。音紫啓反。**懿行案：** 爾雅云「鮤，鱴刀」，郭注云：「今之鮆魚也，亦呼爲鮞魚。」今案海中亦有刀魚，登萊間人呼林刀魚，蓋「林」即「鮤」聲之轉矣。李善注江賦引此經郭注與今本同。太平御覽九百三十七卷引郭注「長頭」作「長鬚」。又九百三十九卷引魏武四時食制曰：「望魚側如刀，可以刈草，出豫章明都澤。」蓋亦此類，但望魚之名所未攷。

又東五百里曰成山。 四方而三壇，形如人築壇相累也。成，亦重耳。**懿行案：** 爾雅云「丘一成爲敦丘」，郭注云：「成，猶重也。」引周禮曰「爲壇三成」，正與此義相證，故云「成亦重耳」，言此之成山亦因重累如壇而得名也。**其上多金、玉，其下多青雘。閭水出焉，** 音漷」。**藏經本亦作「閭」。** 懿行案：玉篇云：「閭，式旨切」。從彖不從豕。**而南流注于** 一作「流注于西」。**虖勺，**「虖」音「呼」。「勺」或作「多」，下同。**其中多黃金。** 今永昌郡水出金，如穤在沙中。尸子曰：「清水出黃金、玉英。」懿行案：劉昭注郡國志「永昌郡」引華陽國志云「蘭滄水有金沙，洗取融爲金，即郭所說也。藝文類聚八卷引尸子作「清水有黃金」。郭注穆天子傳引尸子作「龍泉有玉英」。此注「玉英」三字衍，或上有闕脫。

又東五百里曰會稽之山。 今在會稽郡山陰縣南，上有禹冢及井。懿行案：地理志

云：「會稽郡，山陰。」會稽山在南，上有禹冢、禹井。越絕書云：「禹到大越，上茅山，大會計，更名茅山曰會稽。」水經注云：「會稽之山，古防山也，亦謂之爲茅山，又曰棟山。越絕云：棟猶鎮也。」藝文類聚八卷引郭氏讚云：「禹徂會稽，爰朝羣臣。不虔是討，乃戮長人。玉匱表夏，玄石勒秦。」

四方，其上多金、玉，其下多砆石。砆，武夫，石似玉。今長沙臨湘出之，赤地白文，色蔥蔥不分明。　懿行案：子虛賦云「碔石、砆砆」，張揖注云「皆石之次玉者」。戰國策云「砆砆〔一〕類玉」是也。　劉昭注郡國志引此經作「瑛石」，水經注作「玦石」，並誤。玉篇引此經作「砆石」，又引郭注「赤地」作「青地」，「分明」作「分了也」。**勺水出焉，而南流注于溟。**音「鶏」。　懿行案：水經漸江水注引此經「勺」作「夕」，「溟」作「湖」。

又東五百里曰夷山。無草木，多沙石。溟一作「湨」。**水出焉，而南流注于列塗。**懿行案：疑即塗山。説文作「盒」，云：「盒，會稽山。一曰九江當盒也。」

又東五百里曰僕勾一作「夕」。**之山。**懿行案：「夕」疑「多」字之譌，且此經前有「虖勺」，後有「虖勺之山」，其字作「勺」或作「多」，可證。又越絕書云：「麻林山一名多山。越謂齊人多，故曰麻林多。」亦其例也。又上文云「會稽山，勺水所出」，水經注作「夕水」，疑「夕」亦「多」字之譌矣。**之山。其上多金、玉，其下多草木，無鳥獸，無水。**

〔一〕「砆砆」，今本戰國策魏策作「武夫」。

又東五百里曰咸陰之山。無草木，無水。

又東四百里曰洵山。一作「旬」。懿行案：玉篇引此經作「句山」。太平御覽九百四十一卷引作「句山」，與郭注合。山。其陽多金，其陰多玉。有獸焉，其狀如羊而無口，不可殺也，稟氣自然。懿行案：「不可殺」言不能死也，無口不食而自生活。其名曰𤞻。音「還」，或音「患」。懿行案：廣韻云「𤞻，獸名，似羊黑色，無口，不可殺也。」「𤞻」又作「羦」。洵水出焉，音「詢」。懿行案：地理志云「漢中郡，旬陽，北山，旬水所出，南入沔，似非此。而南流注于閼之澤，音「遏」。其中多芘蠃。紫色螺也。懿行案：郭云「紫色螺，即知經文「芘」當為「茈」字之譌也。古字通以「茈」為「紫」。御覽引此經「芘」作「茈」。

又東四百里曰虖勺之山。懿行案：「虖勺」已見上文，郭注云「勺」或作「多」。文選注阮籍詠懷詩引此經作「雩夕之山」。其上多梓、枏，梓，山楸也。枏，大木，葉似桑，今作「楠」，音南。爾雅以為「枏」。懿行案：梓、枏並見爾雅。又「梅、枏」郭注云「似杏實酢」，非也。此注得之，說見爾雅略。又玉篇說枏亦本爾雅注而誤。王引之曰：「爾雅以為『枏』疑當作『梅』。」其下多荊、枸。懿行案：廣雅云「楚荊也，牡荊也，曼荊也。」杞，杞，苟杞也，子赤。懿行案：爾雅云「杞，枸檵」，郭注云：「今枸杞也。」文選注引此經郭注，亦云「杞，枸杞」，是「苟」、「枸」聲同也。其子赤，俗呼「狗嬭子」。廣雅云「㭗乳，苦杞也，根名地骨。」故廣雅云「地筋，枸

杞也」。

澂水出焉，音「澂沱」之「澂」。而東流注于海。

又東五百里曰區吳之山。無草木，多沙石。鹿水出焉，而南流注于滂水。

又東五百里曰鹿吳之山。上無草木，多金石。澤更之水出焉，而南流注于滂水。水有獸焉，名曰蠱雕，「蠱」或作「纂」。其狀如雕而有角，雕似鷹而大尾長翅。懿行案……説文云：「雕，鷻也。」玉篇云：「鷻也。」其音如嬰兒之音，是食人。

東五百里曰漆吳之山。無草木，多博石，可以爲博碁石。懿行案……方言云：「簙，謂之蔽，或謂之碁。古碁以木，故字从木。」然中次七經云：「休與之山有石，名曰帝臺之碁。」是知博碁古有用石者也。無玉。處于東海，懿行案……「東海」，一本作「海東」。望丘山，其光載出載入，神光之所潛燿。是惟日次。是日景之所次舍。懿行案……楊慎補注云：「經載日月所出入之山凡數十所，蓋峰巒隱映，豁谷層疊，所見然矣，非必日月出没定在是也。」

凡南次二經之首自柜山至于漆吳之山，凡十七山，七千二百里。懿行案……今七千二百一十里。其神狀皆龍身而鳥首。其祠：毛用一璧瘞，糈用稌。稻稌也。懿行案……「穧」字疑衍，或「稉」字之譌。

南次三經之首曰天虞之山。懿行案……山當在交廣也。藝文類聚八卷引顧微廣州記

云：「南海始昌縣西有夫盧山，高入雲霄。世傳云：上有湖水，至甲戌日，輒聞山上有鼓角簫籥鳴響。」疑即斯山也。「天虞」、「夫盧」字形相近，或傳寫之譌。 **其下多水，不可以上。**

東五百里曰禱過之山。其上多金、玉，其下多犀，犀似水牛，豬頭庳腳，腳似象，有三蹄，大腹黑色。三角，一在頂上，一在領上，一在鼻上。在鼻上者小而不墮，食角也。好噉棘，口中常灑血沫。

懿行案：「犀」見爾雅，郭注與此同，唯「墮」作「橢」是。兕，兕亦似水牛，青色，一角，重三千斤。

懿行案：「兕」亦見爾雅，郭注與此同。此注「三」字衍。 **多象。**象，獸之最大者，長鼻，大者牙長一丈。性妒，不畜淫子。

懿行案：説文云：「象，長鼻，牙，南越大獸，三年一乳。」初學記二十九卷引郭氏圖讚云：「象實魁梧，體巨貌詭。肉兼十牛，目不踰豕。望頭如尾，動若丘徙。」 **有鳥焉，其狀如鵁鶏，**似鳧而小，腳近尾。音「鮫箭」之「鮫」。

懿行案：爾雅云：「鴢，頭鵁。」郭注與此略同。 **而白首，三足，**或作「手」。 **人面，其名曰瞿如，**音「劬」。 懿行案：「瞿」，玉篇、廣韻並作「䎱」。 玉篇云：「䎱鳥似白鷄。」「白」字衍也。廣韻云：「䎱，三首三足鳥。」「白首」作「三首」，或字之譌，或所見本異也。 **其鳴自號也。浪水出焉，**音「銀」。 懿行案：水經云「浪水出武陵鐔城縣北界沅水谷」，注引此經爲釋。 **而南流注于海，**懿行案：水經云「浪水又東至南海番禺縣西，分爲二。其一南入於海，其一又東，過縣東南入於海」，注云：「浪水又東逕懷化縣，入於海。」 **其中有虎蛟，**蛟，似蛇，四足，龍屬。

懿行案：郭氏江賦云「水物怪

錯，虎蛟鉤蛇」，本此。水經注引裴淵廣州記云「浪水有鯖魚」，博物志云「東海蛟鯖魚生子，子驚，還入母腸，尋復出」，與水經注合。疑蛟鯖即虎蛟矣。所以謂之虎者，初學記三十卷引沈瑩臨海水土異物志云：「虎鯖長五尺，黃黑斑〔一〕，耳目齒牙有似虎形，唯無毛，或變化成虎。」然則虎蛟之名蓋以此。又任昉述異記云：「虎魚，老者爲蛟。」疑別是一物也。其狀魚身而蛇尾，其音如鴛鶿，食者不腫，懿行案：說文云：「腫，癰也。」可以已痔。懿行案：說文云：「痔，後病也。」

又東五百里曰丹穴之山。懿行案：爾雅云「岠齊州以南，戴日爲丹穴。」丹穴之人智。」莊子讓王篇云「越王子搜逃乎丹穴」，釋文引爾雅。其上多金、玉。丹水出焉，而南流注于渤海。渤海，海岸曲崎頭也。懿行案：渤，俗字也。說文云：「郣，海地。」一曰地之起者曰郭。」史記封禪書作「澥海」，漢書武帝紀作「敦海」，揚雄傳作「勃解」，並通。有鳥焉，其狀如雞，懿行案：史記司馬相如傳正義、文選注顏延之贈王太常詩、藝文類聚九十九卷及初學記五卷引此經，「雞」並作「鶴」。五采而文，名曰鳳皇，首文曰德，翼文曰義，背文曰禮，懿行案：海内經作「翼文曰順，背文曰義」。廣雅與海内經同。腹文曰信。懿行案：周書王會篇云：「西申以鳳鳥。鳳鳥者，戴仁抱義掖信，歸有德。」是鳥

〔一〕「斑」，原本作「班」，據初學記改。

也，飲食自然，懿行案：初學記引此經作「不飲不食」誤。**自歌自舞，見則天下安寧。**漢時鳳鳥數出，高五六尺，五采。莊周說鳳文字與此有異。廣雅云：「鳳，雞頭、燕頷、蛇頸、魚尾。雌曰皇，雄曰鳳。」懿行案：「鶠鳳，其雌皇」，見爾雅。郭引廣雅「龜背」今本作「鴻身」爾雅注與此注同，唯「五六尺」作「六尺許」也。説文云：「天老曰：鳳之象也，鴻前麐後，蛇頸魚尾，鸛顙鴛思，龍文龜背，燕頷雞喙，五色備舉。出於東方君子之國，翺翔四海之外。過昆侖，飲砥柱，濯羽弱水，莫宿風穴。見則天下大安寧。」類聚引郭氏讚云：「鳳皇靈鳥，實冠羽羣。八象其體，五德其文。附翼來儀，應我聖君。」

又東五百里曰發爽或作「器」。懿行案：藝文類聚九十五卷引此經亦作「發爽」。**之山。無草木，多水，多白猿。**懿行案：類聚引「猿」作「猨」。**汎水出焉，而南流注于渤海。**

又東四百里至于旄山之尾。其南有谷，曰育遺，或作「隧」。懿行案：遺、隧古音相近。大雅桑柔篇云：「大風有隧。」此經之隧爲凱風所出，即風穴也。説文云鳳皇「莫宿風穴」，蓋即此。**多怪鳥，**廣雅曰：「鷄鷯、鷦鷯、爰居、鴟雀，皆怪鳥之屬也。」懿行案：今本廣雅作「鷄離、延居、鷦雀、怪鳥屬也」。「離」、「鷯」古通用，「延」、「爰」聲相近，「鷯」與「鴟」、「鷦」與「鷄」，並字形之譌。又廣雅上文已云「鶌鵃，鳳皇屬」，不應又爲「怪鳥」，疑郭氏誤記爾。**凱風自**

是出。

凱風，南風。
懿行案：爾雅云：「南風曰凱風。」

又東四百里，至于非山之首。其上多金、玉，無水，其下多蝮虫。

又東五百里曰陽夾之山。無草木，多水。

又東五百里曰灌湘之山。
一作「灌湖射之山」。
懿行案：雞山在今雲南。郡國志云「永昌郡，博南，南界出金」，劉昭注引華陽國志云：「西山高三十里，越得蘭滄水，有金沙，洗取，融爲金。」今案博南西山，疑即雞山，蘭滄水即黑水矣。又，益州滇池「有黑水祠」，劉昭注引華陽國志云：「水是溫泉也。」

上多木，無草。多怪鳥，無獸。

又東五百里曰雞山。其上多金，其下多丹雘。
懿行案：雘，赤色者。或曰：雘，美丹也。見尚書。音「尺蠖」之「蠖」。
説文云：「丹，巴、越之赤石也。」懿行案：引周書曰「惟其廐丹雘。」讀若「雀」。

黑水出焉，而南流注于海。其中有鱄魚，音「團扇」之「團」。
説文云：「鱄，魚名。」李善注江賦引此經作「鱄魚」，廣韻亦作「鱄魚」，非也。

其狀如鮒
懿行案：廣雅云：「鮒，鰿也。」即今鯽魚。「鯽」、「鰿」同字，見玉篇。

而彘毛，
懿行案：廣韻作「豕尾」。

其音如豚，見則天下大旱。
懿行案：太平御覽九百三十九卷引鱄魚并鷓鳥圖讚云：「鷓鳥栖林，鱄魚處川。俱爲旱徵，災延普天。測之無象，厥類惟玄。」

又東四百里曰令丘之山。無草木，多火。
懿行案：初學記二十五卷引括地圖曰：

「神丘有火穴，光照千里。」「神丘」、「令丘」聲相近。楚詞大招篇亦云：「魂虖無南，南有炎火千里。」抱朴子云「南海蕭丘有自生之火」〔一〕也。 其南有谷焉，曰中谷，條風自是出。東北風爲條風。記曰：「條風至，出輕繫，督捕留。」懿行案：「條風」，呂氏春秋有始覽作「滔風」。淮南隆形訓云「東方曰條風」，高誘注云：「震氣所生。」劉昭注郡國志「九真郡，居風」引交州記云：「山有風門，常有風。」郭引「記曰」者，淮南天文訓云「條風至則出輕繫，去稽留」，今郭注譌「督捕留」。藏經本「捕」作「逋」，是。 有鳥焉，其狀如梟，人面四目而有耳，其名曰顒，音「娛」。 懿行案：玉篇、廣韻並作「鸖」。 其鳴自號也。 見則天下大旱。

又東三百七十里曰侖者之山。音「論説」之「論」，一音「倫」。 其上多金、玉，其下多青雘。 有木焉，其狀如穀而赤理，其汗如漆，懿行案：「漆」當爲「桼」。 説文云：「木汁，可以鬃物。」桼如水，滴而下，故此言汗矣。 經文「汗」當爲「汁」字之譌，東次四經云「其汁如血」可證。 太平御覽五十卷引此經正作「汁」字。 其味如飴，懿行案：説文云：「飴，米蘖煎也。」方言云「飴謂之餤，餳謂之餹」，郭注云：「江東皆言餹。」食者不飢，可以釋勞，懿行案：高誘注淮南精神訓云：「勞，憂也。」其名曰白蓉，或作「皋蘇」。 皋蘇一名白蓉，見廣雅。 音「羔」。 懿

〔一〕所引見藝文類聚卷八十，今本抱朴子無。

行案：廣雅云：「萆蘇，白薺也。」在釋草篇。此言「木」者，雖名爲木，其實草也，正如竹之爲屬亦草亦木矣。藝文類聚引張協都蔗賦云：「皋蘇妙而不逮，何況沙棠與椰實。」〔一〕皋蘇味如飴，故以比甘蔗也。云「可以釋勞」者，初學記引王朗與魏太子書云：「奉讀歡笑，以藉飢渴。雖復萱草忘憂，皋蘇釋勞，無以加也。」可以血玉。血，謂可用染玉作光彩。懿行案：染玉之説未聞。大戴禮少閒篇云：「玉者猶玉，血者猶血」，盧辯注云：「血，憂色也。」與此義合。

又東五百八十里曰禺槀之山。多怪獸，多大蛇。

又東五百八十里曰南禺之山。其上多金、玉，其下多水。有穴焉，水出懿行案：「出」，藏經本作「春」。入，夏乃出，冬則閉。佐水出焉，而東南流注于海。有鳳皇、鵷鶵。亦鳳屬。懿行案：莊子秋水篇云「南方有鳥，其名鵷鶵」，本此。釋文引李頤云：「鵷鶵，鸞鳳之屬也。」李善注南都賦引此經，與今本同，又引郭注云「鳳皇也」，疑誤。

凡南次三經之首，自天虞之山以至南禺之山，凡一十四山，六千五百三十里。其神皆龍身而人面。其祠：皆一白狗祈，祈，請禱也。懿行案：今才一十三山，五千七百三十里。畢氏云：「祈當爲繛」，引説文云：「繛，以血有所刉涂祭也。」又引周禮鄭注

〔一〕今本藝文類聚卷八十七作「擇蘇妙而不逮，何況沙棠與椰實」。

云……「祈，或爲刉。刉與䰠同義。」糈用稌。

右南經之山志，懿行案：篇末此語蓋校書者所題，故舊本皆亞於經。大小凡四十山，萬六千三百八十里。懿行案：經當云「凡四十一山，萬六千六百八十里」，蓋傳寫之誤也。今檢才三十九山，萬五千六百四十里。

山海經第二

晉郭璞傳　棲霞郝懿行箋疏

西山經

西山經華山之首曰錢來之山。其上多松，其下多洗石。澡洗可以磢體，去垢圿。

磢，初兩反。

懿行案：「磢」當爲「瓾」。説文云：「磋垢瓦石。」有獸焉，其狀如羊而馬尾，名曰羬羊，今大月氏國有大羊，如驢而馬尾。爾雅云「羊六尺爲羬」，謂此羊也。「羬」音「針」。

懿行案：「羬」當從説文作「廲」，「羬」蓋俗體。玉篇：「午咸、渠炎二切。」廣韻：「巨淹切。」與鋮同音。鋮又之林切，俗字作針。」則自唐本已誤。太平御覽九百二卷引郭義恭廣志云：「大尾羊，細毛，薄皮。尾上旁廣，重且十斤。出康居〔一〕。」即與此注相合。初學記引郭氏圖讚云：「月氏之羊，其類在野。厥高六尺，尾赤如馬。何以審之？事見爾雅。」其脂懿行案：説文云：「戴角者脂。」可引此注亦云「羬音針」，蓋因傳寫隨俗，失於校正也。初學記二十九

〔一〕「尾上旁廣」以下在原書爲注文。

以已腊。治體皴。「腊」音「昔」。懿行案：說文云…「昔，乾肉也。」籀文作「腊」。此借爲「皴」腊」之字。今人以羊脂療皴有驗。

西四十五里曰松果之山。懿行案：山在今陝西華陰縣東南二十七里。李善注西都賦引此經云：「華首之山西六十里曰太華之山。」又，注長楊賦引此經作「松梁之山西六十里曰太華山」。濩水出焉，懿行案：水經注作「灌水」。北流注于渭。懿行案：水經云「河水又南至華陰潼關」，注云：「灌水注之，水出松果之山，北流逕通谷，世亦謂之通谷水，東北注於河。」案水經注言「入河」，此經云「注渭」者，華陰、潼關之間，河、渭所會，水蓋受其通稱也。其中多銅。有鳥焉，其名曰螐渠，「螐」，音「彤弓」之「彤」。懿行案：爾雅云：「鸕鷀，螐渠。」廣雅云：「磈鳥，精列、鶬鶊，雅也。」說文云：「雅，石鳥，一名雝渠。」郭注爾雅云：「雀屬也。」又注上林賦云：「庸渠似鳧，灰色而雞腳。一名章渠。」然則雝渠與螐渠形狀既異，名稱又殊，說者多誤引，今正之。其狀如山雞，黑身赤足，可以已㿀。謂皮皴起也。音巨駁反。懿行案：「㿀」疑當爲「暴」，借爲「皴剝」之字。

又西六十里曰太華之山。即西岳華陰山也，今在弘農華陰縣西南。懿行案：說文云：「崋山在弘農崋陰。」地理志云：「京兆尹，華陰。太華山在南。」晉書地理志云：「弘農郡，華陰。」華山在縣南。」削成而四方，今山形上大下小，陡峻也。懿行案：郭蓋讀「削」爲「陗」，今

讀如字。水經注云：「遠而望之，又若華狀。」**其高五千仞，其廣十里，**仞，八尺也。上有明星玉女，持玉漿。得上，服之，即成仙。道險僻不通。詩含神霧云。懿行案：明星、玉女，華山峰名也。藝文類聚七卷引郭氏讚云：「華岳靈峻，削成四方。爰有神女，是挹玉漿。其誰遊之，龍駕雲裳。」**鳥獸莫居。有蛇焉，名曰肥䖤，六足四翼，見則天下大旱。**湯時此蛇見於陽山下。復有肥遺蛇，疑是同名。　懿行案：「䖤」當爲「遺」。劉昭注郡國志及藝文類聚九十六卷並引此經作「肥遺」。又，此篇下文有鳥復名肥遺，郭云「復有肥遺蛇」者，見北山經「渾夕之山」、「彭毗之山」。

又西八十里曰小華之山。即少華山。　懿行案：水經注云太華「西南有小華山也」。**其木多荆、杞，其獸多㸲牛。**今華陰山中多山牛、山羊，肉皆千斤。懿行案：「今華陰山有野牛、山羊，肉皆千斤。」與此注同，是此注「山牛」當爲「野牛」。**其陰多磬石，**可以爲樂石。　懿行案：秦嶧山刻石文云「刻兹樂石」，即磬石也。說文云：「磬，樂石。」初學記十六引此經。**其陽多㻬琈之玉。**㻬琈，玉名，所未詳也。「湾」「浮」兩音。　懿行案：說文引孔子曰：「美哉璵璠，遠而望之奐若也，近而視之瑟若也！」一則理勝，一則孚勝。此經「㻬琈」古字所無，或即「璵璠」之字，當由聲轉；若係「理孚」之文，又爲形變也。古書多假借，疑此二義似爲近之。**鳥多赤鷩，**赤鷩，山雞之屬。胸腹

山海經箋疏

二六

洞赤，冠金，皆黄頭綠尾，中有赤，毛彩鮮明。音作「蔽」，或作「蠶」。懿行案：爾雅説雉十有四種，中有「鷩雉」，郭注與此同。此注「皆黄」當爲「背黄」字之譌。説文又云「駿儀，鷩也。」可以禦

火。 其草有萆荔， 萆荔，香草也。 「蔽」、「戾」兩音。 懿行案：萆荔，説文作「萆藶」，離騷作「薜荔」，並古字通。

狀如烏韭而生于石上，亦緣木而生， 懿行案：説文云：「萆藶，似烏韭。」「藶」當爲「歷」，徐鍇繋傳正作「歷」。其以烏韭爲麥門冬，謬也。麥門冬葉雖如韭，不名烏韭。廣雅云：「昔邪，烏韭也。」本草云：「烏韭生山谷石上。」唐本草蘇恭注謂之「石苔」。然則此物蓋與今石華相類，蒼翠茸茸，如華附石，其味清香。故離騷云「貫薜荔之落蕊」，王逸注云：「薜荔，香草也，緣木而生。」是薜荔即萆荔，郭注本王逸爲説也。烏韭在屋者曰昔邪，在牆者曰垣衣。「烏韭」二語本廣雅。

食之已心痛。 懿行案：本草陶注云：「垣衣，主治心煩欬逆。」

又西八十里曰符禺之山。 懿行案：水經云「渭水又東過華陰縣北」，注有「符禺之山」。太平御覽八百七十卷引此經「禺」作「愚」，九百二十八卷又引作「遇」。

其上有木焉，名曰文莖，其實如棗，可以已聾。 懿行案：藝文類聚引束晳發蒙記云「甘棗令人不惑」，疑因此經下文相涉而誤，當云「甘棗令人不聾」。孟詵食療本草云「乾棗主耳聾」是也。又本草經云「山茱萸，一名蜀棗」，別録云「主耳聾」。

其陽多銅，其陰多鐵。 其草多條，其狀如葵，而赤華黄實，如嬰兒舌，食之使人不惑。 符禺之水出焉， 懿行案：水經注云：「渭水又東合沙溝水，水即符」

禺之水也。南出符禺之山，北流入於渭。」而北流注于渭。其獸多蔥聾，其狀如羊而赤鬣。

懿行案：此即野羊之一種，今夏羊亦有赤鬣者。其鳥多鴖，音「旻」。懿行案：

「鴖」。御覽引此經正作「鴖」。説文云：「鴖，鳥也。」廣韻云：「鴖鳥似翠而赤喙。」其狀如翠而

赤喙，翠似燕而紺色也。可以禦火。畜之辟火災

也。懿行案：御覽引此經「禦」並作「衛」，疑誤。

又西六十里曰石脆之山。懿行案：「脆」當爲「脆」。水經云「渭水又東過鄭縣北」，注有

「石脆之山」。藝文類聚八十九卷兩引此經，並作「脆山」，無「石」字。其木多棕、枏。棕樹高三

丈許，無枝條，葉大而員，枝生梢頭，實皮相裹，上行，一皮者爲一節，可以爲繩。一名栟櫚。音「馬

駿」之「駿」。懿行案：李善注西京賦引此注作「并間」。廣雅云：「栟櫚，棕也。」説文云：「棕，

栟櫚也，可作草。」草，雨衣也。玉篇云：「椶櫚，一名蒲葵。」類聚引廣志曰：「棕，一名并間，葉似

車輪，乃在巓，下有皮纏之，附地起。二句一采，轉復上生。」是其形狀也。郭注「枝生梢頭」，

「枝」，藏經本作「岐」，二字通。其草多條，其狀如韭而白華黑實，懿行案：「條草」與上文同

名異狀。又，韭亦白華黑實也。食之已疥。其陽多㻬琈之玉，其陰多銅。灌水出焉，而

北流注于禺水。懿行案：水經注云：「小赤水，即山海經之灌水也。水出石脆之山，北逕籲加

谷，於孤柏原西東北流，與禺水合。」其中有流赭，赭，赤土。懿行案：「赭」見北次二經「少陽

二八

之山」注。以塗牛馬，無病。（今人亦以朱塗牛角，云以辟惡。「馬」或作「角」。）懿行案：本草經云：「代赭石，主鬼疰蠱毒，殺精物惡鬼邪氣。」然則赭辟邪惡，不獨施之牛馬矣。

又西七十里曰英山。懿行案：水經云「渭水又東過鄭縣北」注有「英山」。

其上多杻、檵。（杻，似棣而細葉，一名土檵。音「紐」。檵，木中車材。音「姜」。）懿行案：爾雅云「杻，檍」，郭注與此同。說文云：「檵，枋也。」枋木可作車。

其陰多鐵，其陽多赤金。禺水出焉，北流注于招水。（音「韶」。）懿行案：水經注云「禺水出英山，北流與招水相得，亂流西北，注於灌。灌水又北，注於渭。」

其中多䱤魚，（音同「蚌蛤」之「蚌」。）其狀如鱉，其音如羊。

其陽多箭、䓛。（「䓛」，廣志作「笪」見初學記。）懿行案：玉篇云：「䓛竹長節深根，筍冬生。」廣雅云：「箭，䓛箭也。」今漢中郡出䓛竹，厚裏而長節，根深。筍冬生地中，人掘取食之。

獸多㸲牛、羬羊。有鳥焉，其狀如鶉，（懿行案：「鶉」，「鶉」見爾雅。水經注作「媚」，有「媚加谷」。又見中山經。）黃身而赤喙，其名曰肥遺，食之已癘，（癘，疫病也，或曰惡創。韓子曰：「癘人憐主。」）懿行案：說文云：「癘，惡疾也。」「或曰惡創」者，韓詩外傳引戰國楚策云「癘雖癃腫痂疕」，又云「癘憐王」，此注「人」字衍，「主」又「王」字之譌。所引韓子者，姦劫弒臣篇文也，與外傳、楚策同。

可以殺蟲。懿行案：蟲蓋蟯、蛕之屬。

又西五十二里曰竹山。懿行案：山在今陝西渭南縣東南四十里，俗名大秦嶺，亦曰箭谷

嶺，蓋因多竹箭得名。其上多喬木，枝上竦者。音「橋」。懿行案：爾雅云：「木上句曰喬。」其陰多鐵。有草焉，其名曰黃雚，其狀如樗，其葉如麻，白華而赤實，其狀如赭，紫赤色。浴之已疥。懿行案：説文云：「疥，搔也。」此草浴疥，可以去風痒。本草別錄云「對廬主疥，煮洗之似菴藺」，即此也。又可以已腑。治腑腫也。音「符」。懿行案：「附腫」，見黃帝素問。

竹水出焉，北流注于渭。懿行案：説文云：「筊，箭屬，小竹也。」水經注云：「渭水又東逕下邽縣故城南，又東與竹水合。水南出竹山，北逕媚加谷，歷廣鄉原東，俗謂之大赤水，北流注于渭。」其陽多竹箭，箭，篠也。多蒼玉。懿行案：玉藻云：「大夫佩水蒼玉。」

丹水出焉，今所在有丹水。東南流注于洛水，懿行案：丹水、洛水皆在今陝西界也。水經注云：「上洛縣，洛水東與丹水合。水出西北竹山，東南流注於洛。」多水玉，懿行案：水玉，見北次三經「龍侯之山」注。多人魚。如鰤魚四腳。

有獸焉，其狀如豚而白毛，懿行案：初學記二十九卷及文選長楊賦注引此經，俱「毛」下復有「毛」字。案：李善注長楊賦引此經，下有「以毛射物」四字，疑今本脫去之，有郭注可證。大如笄而黑端，笄，簪屬。名曰豪彘。狟豬也，夾髀有麄豪，長數尺，能以脊上豪射物。亦自為牝牡。狟或作貆，吳楚呼為鸞豬，亦此類也。懿行案：初學記引此經，有云「貓豬，大者肉至千斤」，疑本郭注，今脫去之。藝文類聚九十四卷引郭氏圖讚云：「剛鬣之族，號曰豪豨。毛如攢錐，中有激矢。厥體兼資，自為牝牡。」案豪

彘，今謂之箭豬，其毛狀都如此經及注所說。

又西百二十里曰浮山。 懿行案：水經渭水注有「肺浮山」，與麗山連麓而在南，蓋此是也。藝文類聚七卷引遊名山志云「玉溜山，一名地肺山，一名浮山」，即此。山在今陜西臨潼縣南。

多盼木， 音「美目盼兮」之「盼」。 懿行案：郭既音「盼」，知經文必不作「盼」，未審何字之譌。

枳葉而無傷， 枳，刺針也，能傷人，故名云。 懿行案：小爾雅云「枳，害也。」郭注方言云「山海經謂刺爲傷也」，本此。廣雅云：「傷，箴也。」此注「針」當爲「鍼」。說見「蟠冢之山」注。 **木蟲居之。** 在樹之中。

有草焉，名曰薰草 音「訓」。草，懿行案：廣雅云：「薰草，蕙草也。」廣志云「蕙草一名薰」，史記司馬相如傳索隱引本草云「薰草，一名蕙」，又文選南都賦注引本草經曰「蘼蕪，一名薇蕪」，陶隱居注曰：「蕙，葉似蛇牀而香。」綠葉紫莖。魏武帝以此燒香。今東下田有草，莖葉似麻，其華正紫也。 **麻葉而方莖、赤華而黑實，臭如蘼蕪，** 蘼蕪，香草。易曰「其臭如蘭」。「眉」「無」兩音。 懿行案：爾雅云「蘄茝，蘼蕪」，郭注云「香草，葉小如委狀」，引淮南子云「似蛇牀」，又引此經云「臭如蘼蕪」。 **佩之可以已癘。** 懿行案：本草別錄云：「薰草，去臭惡氣。」爾雅疏引此經作「止癘」。

又西七十里曰羭次之山。 音「臾」。 懿行案：劉昭注郡國志及初學記一卷引此經，並與今本同，其二十七卷又引作「瑜次之山」，蓋誤。 **漆水出焉，** 今漆水出岐山。 懿行案：說文

云：「漆水出右扶風杜陵岐山。」案「杜陵」，水經注引作「杜陽」，是也。地理志云：「右扶風⋯⋯漆水在縣西。」水經云：「漆水出扶風杜陽縣俞山，東北入於渭」，則「入渭」是也。注引此經與今本同。

北流注于渭。 懿行案：説文云：「漆，水出右扶風杜陵岐山，東入渭。一曰入洛。」據此經及水經，則「入渭」是也。

其上多棫、橿， 棫，白桵也。音「域」。 懿行案：「棫，白桵」，見爾雅。

其下多竹箭。其陰多赤銅，其陽多嬰垣之玉。 「垣」或作「短」。畢氏云：「郭云『或作根』者，當爲『琅』。説文云：『琅，石之似玉者。』玉篇引張揖埤蒼云：『瓔琅，石似玉也。琅，居恨、魚巾二切。』是也。」 懿行案：「垣」，下文「渤山」正作「短」。「垣」或作「根」或作「埋」，傳寫謬錯，未可得詳。

有獸焉，其狀如禺而長臂善投，其名曰囂。 亦在畏獸畫中，似獼猴投擲也。 懿行案：「囂」、「夒」聲相近。説文云：「夒，母猴似人。」

有鳥 懿行案：初學記引此經作「梟」，誤。 **焉，其狀如梟，人面而一足，曰橐𩇉，** 音「肥」。 懿行案：廣韻引此經，「橐」作「蠹」。太平御覽四百三十二卷引河圖曰「鳥一足，名獨立，見則主勇強」，即斯類也。 **冬見夏蟄，服之不畏雷。** 著其毛羽，令人不畏天雷也。 或作「災」。

又西二百五十里曰時山， 懿行案：下文「大時之山」，廣韻引作「太時」，則此「時山」疑亦當爲「大時山」。地理志云：「右扶風，雍：有五時。」説文云：「時，天、地、五帝所基址，祭地也。」史記索隱云：「時，止也，言神靈之所依止也。」 **無草木。** 逐或作「遂」。 **逐水出焉，北流注于渭。**

其中多水玉。

又西百七十里曰南山。懿行案：即終南山。詩謂之「南山」。在渭水之南。上多丹粟。懿行案：初學記八卷引此經云：「南山多黃，丹水出焉。」疑「多黃」即「多丹粟」之譌脫。丹水出焉，北流注于渭。懿行案：丹水，即赤水也。水經注云：「渭水又東逕槐里縣故城南，有涌水出南山赤谷。」又云：「耿谷水北與赤水會，又北逕思鄉城東，又北注渭水。」獸多猛豹，猛豹，似熊而小，毛淺有光澤，能食蛇，食銅鐵，出蜀中。」又云：「豹」或作「虎」。懿行案：猛豹即貘豹也。爾雅云「貘，白豹」，郭注云：「似熊，小頭庳腳，黑白駁，能舐食銅鐵，出蜀中。」「貘」通作「貊」。白帖引廣志云：「貘大如驢，色蒼白，舐鐵消千斤〔一〕，其皮溫煗。」說文云：「貘似熊而黃黑色，出蜀中。」「貘」通作「貊」。又通作「狢」，郭注中次九經「崍山」云：「山出狔。狔似熊而黑白駁，亦食銅鐵。」是則「狔」即「貘」也。「貘豹」、「猛豹」聲近而轉。鳥多尸鳩。尸鳩，布穀類也，或曰鵠鶪也。「鳩」或作「丘」。懿行案：爾雅云「鳲鳩，鴶鵴」，郭注云：「今之布穀也。」與此注同。又引「或曰鴶鵴也」者，列子天瑞篇云：「鷂之爲鸇，鸇之爲布穀，布穀久復爲鷂。」是郭所本也。又云「鳩或作丘」者，聲近假借字。

〔一〕「千斤」，太平御覽卷九百八引廣志作「十斤」。

又西百八十里曰大時之山。懿行案：廣韻引此經作「太時」。畢氏云：「山疑即太白山也，在今陝西郿縣東南四十里。」水經注云：「太一山亦曰太白山，在武功縣南，去長安二百里。」

上多穀、柞，柞、櫟。懿行案：「柞、櫟」見爾雅。下多杻、檀。陰多銀，陽多白玉。涔水出焉，音「潛」。北流注于渭。清水出焉，南流注于漢水。今河内脩武縣縣北黑山，亦出清水。懿行案：地理志云：「右扶風，武功：斜水出衙領山，北至郿入渭。褒水亦出衙領，至南鄭入沔。」案：地理志云：「東漢水受氐道水，一名沔，亦見地理志。是此經「涔水」疑即「斜水」，「清水」疑即「褒水」矣。劉昭注郡國志「修武」引此郭注，與今本同，其引此經作「太行之山」，蓋字之譌。

又西三百二十里曰嶓冢之山。今在武都氐道縣南。「嶓」音「波」。懿行案：山在今甘肅秦州西南六十里。李善注思玄賦引河圖曰：「嶓冢，山名。此山之精上爲星，名封狼。」漢水出焉，地理志云：「隴西郡西，禹貢嶓冢山，西漢所出，南入廣漢白水，東南至江州入江。」又云：「氐道，禹貢養水所出，至武都爲漢。」「養」字本作「漾」。說文云：「漾，古字作『瀁』。」是地理志以出氐道者爲漢水，出嶓冢者爲西漢水也。水經則云：「漾水出隴西氐道縣嶓冢山」，蓋合二水爲一也。又高誘淮南注及水經注引闞駰說，並以漢即昆侖之洋水，「重源顯發而爲漾水」，据此，又以「洋」即「漾」字省文矣。而東南流注于沔。至江夏安陸縣，江即沔水。懿

行案：地理志云：「武都郡，武都：東漢水受氐道水，一名沔，過江夏，謂之夏水，入江。」又云：

沮水出東狼谷，南至沙羨南入江。」水經則云：「沔水出武都沮縣東狼谷。」是沮水即沔水，沔水即

東漢水也。地理志云「東漢水受氐道水」，即此經云「東南流注于沔」矣。又案地理志及水經並言

漢水入江，此注云「江即沔水」，是知郭本經文作「注于江」，今本譌為「沔」也。水經注及藝文類聚

引此經並作「江」字，可證。又此注云「江即沔水」，「江」上脱「入」字，「江」下脱「漢」字，遂不復可

讀。**䏮水**㦤行案：藝文類聚八十九卷引此經作「䰠水」。**出焉，北流注于湯水。**或作「陽」。

其上多桃枝、鉤端。鉤端，桃枝屬。㦤行案：「桃枝竹」，見爾雅。「鉤端」，廣雅作「篘簬」，

云「桃支也」。「篘簬」聲近為「篤簬」。玉篇云：「篤簬，桃枝竹。」**獸多犀、兕、熊、羆，**羆似熊而

黃白色，猛憨能拔樹。㦤行案：吳氏本郭注「能拔樹」下有「一云長頭高腳」六字，與爾雅注合，

諸本並脱去之。**鳥多白翰**、白翰，白鷳也，亦名鷩雉，又曰白雉。㦤行案：翰見爾雅，其字作

「鶾」。**赤鷩。有草焉，其葉如蕙，**蕙，香草，蘭屬也。或以蕙為薰葉，失之。音「惠」。㦤行

案：廣雅云：「菌，薰也，其葉謂之蕙。」本離騷王逸注為説也。廣雅又云：「薰草、蕙草也。」故南

方草木狀云「蕙草一名薰草」是蕙即薰也。草木狀又云「葉如麻，兩兩相對，氣如蘼蕪，可以止癘，

出南海」，與上文浮山「薰草」名義相合。是張揖、嵇含並以蕙、薰為一草，但不以蕙為薰葉耳。郭

氏不從離騷注，故云「失之」。**其本如桔梗，**本，根也。㦤行案：廣雅云：「犂如，桔梗也。」本

草作「利如」。太平御覽引吳普本草云：「一名盧如。葉如蓍苕，莖如筆管，紫赤。」莊子徐无鬼篇

釋文引司馬彪云：「桔梗，治心腹血瘀瘕痺。黑華而不實，名曰蓍蓉，爾雅釋草曰：「榮而不

實謂之蓍。」音「骨」。　懿行案：郭引爾雅脫「英」字。玉篇、廣韻並有「蓍」。「蓍蓉」從艸，皆後

人所加也。管子地員篇說木屬有「骨容」，「骨」，古字作「骨」，與「骨」形近易混，疑「骨容」即「骨

容」也。但草、木區別，疑未敢定焉。　食之使人無子。

又西三百五十里曰天帝之山。上多椶、枏，下多菅、蕙。菅，茅類也。

云「白華，野菅」，郭注云：「菅，茅屬。」有獸焉，其狀如狗，名曰谿邊，或作「谷遺」。　懿行案：爾雅

記司馬相如傳索隱引此經作「葉如葵」。其臭如蘼蕪，名曰杜衡，香草也。　懿行案：史

不蠱。　懿行案：此即狗屬也。史記封禪書云：「秦德公磔狗邑四門，以禦蠱菑。」義蓋本此。席其皮者

焉，其狀如鶉，黑文而赤翁，翁，頭下毛。音「汲甕」之「甕」。　懿行案：說文云：「翁，頸毛。有鳥

也。」注「頭」字譌。名曰欒，音「沙礫」之「礫」。食之已痔。有草焉，其狀如葵，　懿行案：史

「杜，土鹵」，郭注云：「杜衡也，似葵而香。」廣雅云：「楚蘅，杜蘅也。」文選注引范子：「計然云：

「秦蘅出於隴西天水。」史記司馬相如傳索隱引張揖云：「蘅，杜衡，生天帝之山。」可以走馬，帶

之令人便馬。或曰馬得之而健走。食之已癭。　懿行案：說文云：「癭，頸瘤也。」淮南墬形訓

云：「險阻氣多癭。」博物志云：「山居之民多癭。」

西南三百八十里曰臯塗之山。懿行案：史記司馬相如傳索隱引此經作「鼻塗」。薔音色。或作「賣」，又作「藚」。懿行案：「薔」字形近「藚」，「藚」即「藚」字異文。郭注「賣」、「藚」亦與「藚」、「藚」形近，但別無依据，疑未敢定也。塗水出焉，南流注于集獲之水。其陽多丹粟，其陰多銀、黃金。懿行案：銀與黃金二物也，下文槐江之山「多采黃金、銀」，與此義同。懿行案：淮南墜形訓云：「西南方曰渚資，曰丹澤。」說文云：「礜，毒石也。」「礜石，出漢中。」本草別錄同。其上多桂木。有白石焉，其名曰礜，懿行案：本草別錄云：「礜石，辛，大熱，有毒。不鍊服，殺人及百獸。」可以毒鼠。今礜石殺鼠。音「豫」。蠶食之而肥。玉篇云：「礜石出陰山。殺鼠，蠶食則肥」，然則不但可以毒鼠矣。博物志云：「鸛伏卵，取礜石入巢助燠。」陶注本草云：「取生礜石納水，令水不冰。」是其性大熱可知。郭氏注上林賦云：「蕖本，蕖芎本於郭注，其云「出陰山」則非也。云「蠶食之而肥」者，淮南說林訓云「人食礜石而死，蠶食之而不饑」，是郭注所本。有草焉，其狀如蕖芎，蕖芎，香草。懿行案：蕖芎，即蕖本也，「本」、「芎」聲近義同，故此經言「蕖芎」「中山經」「青要之山」言「蕖本」。懿行案：蕖本，蕖芎也。明爲一物。廣雅云：「山茞、蔚香、蕖本也。」其葉如葵而赤背，名曰無條，可以毒鼠。懿行案：本草別錄云「逐折殺鼠」，蓋即此。有獸焉，其狀如鹿而白尾，懿行案：史記司馬相如傳索隱引此經無「白尾」二字。馬足人手前兩腳似人手。懿行案：史記司馬相如傳索隱引

此經作「人首」，蓋譌。**而四角，名曰玃如。**音「狼嬰」之「嬰」。懿行案：經文「玃」當爲「玃」，注文「狼嬰」當爲「貏玃」，並字形之譌也。郭注爾雅「玃父」云「貏玃也」，是此注所本。廣雅釋地本此經正作「玃如」，可證。太平御覽九百十三卷引作「玃」，無「如」字，疑脱。又案史記司馬相如傳有「蜼蜼」，索隱引此經作「玃猱」，云「字或作蜼」。然則「玃猱」即「玃如」之異文，「猱」、「如」聲之轉也。説文云：「蜼，禺屬。」玉篇云：「蜼，或玃字。」

有鳥焉，其狀如鴟懿行案：鴟有三種，具見爾雅。**而人足，名曰數斯，食之已瘦。**或作「癭」。懿行案：説文云：「癭，病也。」玉篇云：「小兒瘨瘲。」後漢書王符傳云：「哺乳多則生癭病。」

又西百八十里曰黄山。今始平槐里縣有黄山，上故有宫，漢惠帝所起。疑非此。懿行案：郭注本地理志「槐里在右扶風，有黄山宫，孝惠二年起」。晉書地理志云「始平郡，槐里⋯有黄山宫」。郭既音「盼」，知經文必不作「盼」，未審何字之譌。

無草木，多竹箭。盼水出焉，音「美目盼兮」之「盼」。懿行案：廣雅云：「鷩鳥，鴟也。」形狀**西流注于赤水，其中多玉。有獸焉，其狀如牛而蒼黑大目，其名曰犖。**音「敏」。懿行案：周書王會篇云：「數楚每牛。每牛者，牛之小者也。」廣韻「犖」音切同「美」，是也。畢氏云。

青羽赤喙，人舌能言，名曰鸚鵡。鸚鵡，舌似小兒舌，腳指前後各兩，扶南徼外出五色者，亦有純赤、白者，大如鴟也。見陸璣詩疏。懿行案：説文云：「鸚鵡，能言鳥也。」初學記三十卷引

廣州記云：「根杜出五色鸓鶹，曾見其白者大如母雞。」又引南方異物志云：「鸓鶹有三種，交州、巴南盡有之。」又引郭氏圖讚云：「鸓鶹慧鳥，棲林啄蘽。四指中分，行則以觜。」藝文類聚九十一卷引此讚尚有「自貽伊籠，見幽坐伎」八字。又文選注鸚鵡賦引此經郭注「腳指」作「腳趾」。

又西二百里曰翠山。其上多椶、枏，其下多竹箭。其陽多黃金，懿行案：畢氏本無「金」字。玉，其陰多旄牛、懿行案：「旄牛」見北山經「潘侯之山」注。廳、麝。廳，似羊而大角細食，好在山崖閒。麝似獐而小，有香。其鳥多鸓，音「壘」。懿行案：玉篇云：「鸓，大頬切。」所說形狀正與此同，是經「鸓」當爲「鸓」注「壘」當爲「壘」，並字形之譌也。其狀如鵲，赤黑而兩首四足，可以禦火。

又西二百五十里曰騩山，音「巍」。一音「隗嵬」之「隗」。是錞于西海。錞，猶隄埻也。懿行案：玉篇引此經作「埻于西海」，又引郭注作「埻猶隄也」。今本「埻」字疑衍。音章閏反。「隁」蓋埻障之義。海內東經有「埻端」國，郭注云「音敦」。西海謂之青海，或謂之僬海，見地理志「金城郡臨羌」。又思玄賦舊注云：「黃帝葬於西海橋山。」亦即此。無草木，多玉。淒水出焉，或作「浿」。西流注于海，其中多采石，采石，石有采色者，今雌黃、空青、綠碧之屬。懿行案：穆天子傳云「有采石之山」，郭注云「出文采之石也」。劉逵注蜀都賦云：「牂牁有白曹山，出丹青、曾青、空青也。」藝文類聚八十一卷引范子計然曰：「空青出巴郡，白青、曾青出弘農、豫

章，白青出新淦。青色者善。」本草經曰：「空青能化銅、鐵、鉛、錫作金。」別錄云：「生益州山谷及越巂山有銅處。銅精熏則生空青。」又云：「雌黃生武都山谷，與雄黃同山，生其陰。山有金，金精熏則生雌黃。」又云：「綠青生山之陰穴中，色青白。」陶注云：「此即用畫綠色者，亦出空青中。」蘇頌圖經云「綠青，今謂之石綠」是也。黃金，多丹粟。

凡西經之首，自錢來之山至于騩山，凡十九山，二千九百五十七里。懿行案：今三千一百二十七里。華山，冢也，冢者，神鬼之所舍也。懿行案：此皆山也，言「神」與「冢」者，冢大於神。爾雅釋詁云：「冢，大也。」釋山云：「山頂，冢。」是其義也。郭以冢爲墳墓，蓋失之。其祠之禮：太牢。牛、羊、冢爲太牢。羭山，神也，祠之：用燭，或作「爝」。懿行案：說文云：「燭，庭燎火燭也。爝，炙燥也。」懿行案：「湯」讀去聲。今人呼溫酒爲湯酒，本此。其酒亦美玉名。音「奧」。湯或作「溫」。齋百日，以百犧，牲純色者爲犧。瘞用百瑜，瑜百樽，溫酒令熱。嬰以百珪百璧。嬰，謂陳之以環祭也。或曰「嬰」即古「罌」字，謂盎也。徐州云：穆天子傳曰「黃金之嬰」之屬也。懿行案：穆天子傳云「賜之黃金之罌三六」，郭注云：「即盎也，徐州謂之罌。」太平御覽八百六卷引此經，云「羭山之神，祠以黃圭」，藝文類聚八十三卷引作「羭山之神，祠之白珪」。兩引皆異，疑類聚近之，又疑今本「百」或「白」字之譌也。其餘十七山之屬，皆毛牷，用一羊祠之。牷，謂牲體全具也，左傳曰「牷牲肥腯」者也。燭者，百草

之未灰。懿行案：此蓋古人用燭之始。經云「百草未灰」，是知上世爲燭，蓋亦用麻蒸葦莒爲之。周禮：「莞席，紛純。」詳見詩疏及周禮疏。

白蓆，采等純之。純，緣也。五色純之，等差其文綵也。懿行案：「采等」者，聘禮云「繅三采六等」。「等」訓「就」也。采一帀爲一就。「蓆」，藏經本作「席」。

西次二經之首曰鈐山。音「髡鉗」之「鉗」。或作「冷」，又作「埝」。其上多銅，其下多玉。其木多杻、橿。

西二百里曰泰冒之山。泰，或作「秦」。懿行案：初學記六卷引此經，正作「秦」。其陽多金，其陰多鐵。浴水出焉，懿行案：「浴」當爲「洛」字之譌。初學記六卷及太平御覽六十二卷俱引此經，作「洛水」。又晉灼引水經洛水云：「出上郡雕陰泰冒山，過華陰入渭，即漆沮水。」是此經「浴水」即「洛水」審矣。又詳西次四經「白於之山」。東流注于河，其中多藻玉，藻玉，玉有符彩者。或作「柬」，音「練」。多白蛇。水蛇。「多」作「有」。

又西一百七十里曰數歷之山。懿行案：水經注汧縣有數歷山。其上多黃金，其下多銀。其木多杻、橿。其鳥多鸚鵡。楚水出焉，而南流注于渭，懿行案：水經注云……

「渭水逕南田縣南，東與楚水合，世所謂長蛇水。水出汧縣之數歷山，又南流注於渭。闞駰以是水爲汧水焉。」其中多白珠。

今蜀郡平澤出青珠。

尸子曰：「水員折者有珠。」初學記二十七卷引華陽國志云：「廣陽縣山出青珠，永昌郡博南縣有光珠穴，出光珠。珠有黃珠、白珠、青珠、碧珠。」

傳云「北征，舍于珠澤」郭注云：「今越嶲平澤出青珠是。」

懿行案：魏志張郃傳云「劉備保高山，不敢戰」，疑即此也。淮南墬形訓云：「涇出薄落之山。」是薄落山即高山之異名也。又覽冥訓云「嶰山崩而薄落之水涸」，高誘注云：「薄落，涇水。」是嶰山亦即高山矣。「嶰」、「高」聲相近。初學記六卷引「嶰」作「碻」，高注有「碻山在雍」四字，爲今本所無也。玉篇引此經作「商山」。藏經本「高山」上有「曰」字。其上多銀，其下多青碧、碧亦玉類也。今越嶲會稽縣東山出碧。

懿行案：說文云：「碧，石之青美者。」竹書云：「周顯王五年，雨碧于郢。」莊子曰：「萇弘死於蜀，其血化爲碧。」李善注南都賦引廣志云：「碧有縹碧，有綠碧。」郭注「會稽」當爲「會無」字之譌。地理志云：「越嶲郡，會無……

又西百五十里高山。

多雄黃。晉太興三年，高平郡界有山崩，其中出數千斤雄黃。

懿行案：太興三年，晉元帝之四年也。高平郡，晉書地理志作「高平國」，故屬梁國，晉初分山陽置也。博物志云：「雄黃，一名黃金石。」別錄云：「生武都山谷，燉煌山之陽。」本草經云：「雄黃，似石流黃。」

其木多㯶，其草多竹。

懿行案：竹之爲物，亦草亦木，故此經或稱「木」或稱「草」。涇水出焉，音

「經」。**而東流注于渭，**今涇水出安定朝那縣西开頭山，至京兆高陵縣入渭也。　懿行案：高誘注淮南墜形訓云：「薄落之山，一名笄頭山，安定臨涇縣西。」「笄頭」即「开頭」也。高誘及郭注俱本地理志。又，下文云「涇谷之山，涇水出焉」，復云「東南流，注于渭」，與此非一水也。「涇水」又見海內東經，郭注與此同。**其中多磬石，**書曰「泗濱浮磬」是也。**青碧。**

西南三百里曰女牀之山。　懿行案：薛綜注東京賦云：「女牀山，在華陰西六百里。」**其陽多赤銅，其陰多石涅。**　即礬石也，楚人名為涅石，秦名為羽涅也。本草經亦名曰石涅也。　懿行案：吳氏据本草云「黑石脂，一名石墨，一名石涅，南人謂之畫眉石」是矣。又云：「礬石一名涅石，又名羽澤。二名原自不同。且礬石並無石涅之名，以涅石為石涅，是郭之誤也。」又引本草：「石涅一名玄丹，又名黑丹。」孝經援神契曰：「王者德至山陵而黑丹出。」文選東京賦云：「黑丹流淄。」今案吳説是也，然据本草經「礬石一名羽涅」，無「石涅」之名。而郭注引本草經「礬石亦名石涅」，蓋今本草有脱文也。「涅石」見北山經「賁聞之山」。**其獸多虎、豹、犀、兕。有鳥焉，其狀如翟而五采文，**翟似雉而大，長尾。或作「鵁」。「鵁，雕屬也。」懿行案：薛綜注東京賦引此經「鵁」作「鶴」，「五采」作「五色」。郭云「鵁，雉」，見爾雅，郭注云：「長尾。」「長尾」者，「雕屬」者，見下文「三危之山」。**名曰鸞鳥，見則天下安寧。**舊説鸞似雞，瑞鳥也。周成王時西戎

獻之。

懿行案：周書王會篇云「氐羌鸞鳥」〔一〕，孔晁注云「鸞大於鳳，亦歸於仁義者也。」說文云：「鸞亦神靈之精也，赤色五采，雞形，鳴中五音。頌聲作則至，周成王時氐羌獻鸞鳥。」廣雅云：「鸞鳥，鳳皇屬也。」藝文類聚引決疑注云：「象鳳，多青色者，鸞。」與說文異。今所見鸞鳥，羽赤色而有點文，說文蓋近之矣。藝文類聚九十九卷引郭氏讚云：「鸞翔女牀，鳳出丹穴。翃翼相和，以應聖哲。擊石靡詠，韶音其絕。」

又西二百里曰龍首之山。懿行案：太平御覽九百三十卷引三秦記曰：「龍首山，長六十里，頭入於渭，尾達樊川，頭高二十丈，尾漸下，高五六尺。土赤不毛。云昔有黑龍從山南出飲渭，其行道因成土山，故以名也。」水經渭水注引「尺」作「丈」，「山南」作「南山」。文選西都賦云「據龍首」，李善注引此經，云「華山之西，龍首之山」，疑引此經郭注文，今本脫去之也。云「華山西」者，上文女牀之山在華陰西六百里，又加二百里，則去華山八百里也。其陽多黃金，其陰多鐵。苕水出焉，懿行案：初學記及太平御覽引此經，作「若水」；畢氏云「苕」當爲「芮」，並字形相近。東南流注于涇水，其中多美玉。

又西二百里曰鹿臺之山。今在上郡。懿行案：當爲「上黨郡」，注脫「黨」字。水經沁水注云：「陽泉水出鹿臺山，山上有水，淵而不流。」太平寰宇記云：「謁戾山，一名鹿臺山。」山在

〔一〕周書王會原文作「丘羌鸞鳥」，注云：「丘地之羌不同，故謂之丘羌。」

今汾州府平遙縣西。「謁戾山」見北次三經，然案其道里不相應，當在闕疑。 其上多白玉，其下

多銀。 其獸多㸲牛、羬羊、白豪。 豪，貆豬也。 懿行案：「貆豬」即「豪彘」也，竹山之獸，已

見上文，以其毛白，故稱「白豪」。 有鳥焉，其狀如雄雞而人面，名曰鳧徯，其鳴自叫也，懿

行案：北堂書鈔一百十三卷引此經，「面」作「首」，「鳴」作「名」，蓋形聲之譌。 見則有兵。

西南二百里曰鳥危之山。 其陽多磬石，懿行案：初學記十六卷引此經，與今本同。 又

經中說「磬石」者三，俱見西山經。 其陰多檀，懿行案：檀見陸璣詩疏。 其中多女牀。 懿行

案：廣雅云：「穀，楮也。」詳陸璣詩疏。 其中多女牀。 未詳。 懿行楮，楮即穀木。

案：廣雅云：「顛棘，女木也。」又云：「女腸，女菀也。」此經女牀未審何物，若是草屬，或即「女

木」、「女腸」之字因形聲而譌。 又太平御覽九百九十一卷引吳普本草云：「女菀，一名織女菀。」

今案織女星旁有四星，名「女牀」，是女牀或即織女菀之別名矣。 鳥危之水出焉，西流注于赤

水，其中多丹粟。

又西四百里曰小次之山。 其上多白玉，其下多赤銅。 有獸焉，其狀如猿而白首

赤足，名曰朱厭，見則大兵。 一作「見則有兵起焉」，一作「見則為兵」。 懿行案：北堂書鈔

一百十三卷、太平御覽三百二十九卷引此經，並作「見則有兵」。

又西三百里曰大次之山。 其陽多堊，堊似土，色甚白。音「惡」。 懿行案：說文云：

「堊，白涂也。」爾雅云：「牆謂之堊。」亦謂牆以白堊涂之也。然据北山經「賁聞之山」、「孟門之山」並「多黃堊」，中山經「蔥聾之山」「多白堊、黑、青、黃堊」，明堊非一色，不獨白者名「堊」也。

其陰多碧。其獸多柞牛、麢羊。

又西四百里曰薰吳之山。無草木，多金、玉。

又西四百里曰厎陽之山。音「旨」。懿行案：「厎」當爲「底」字之譌，亦如「互人國」爲「氏人」，皆形近而譌也。「厎」，藏經本正作「底」。

其木多櫰，櫰似松，有刺，細理。音「即」。懿行案：李善注南都賦引此經郭注，云「櫰似松柏」，「柏」字衍。玉篇、廣韻本此注，並無「柏」字。

柟、豫章。「櫰，無疵。」郭注云：「櫰，梗屬，似豫章。」子虛賦云「梗、枏、豫章」，顏師古注云：「豫即枕木，章即樟木，二木生至七年乃可分別。」後漢書王符傳注云：「豫章即樟木也。」淮南修務訓云：「梗、枏、豫章之生也，七年而後知。」是郭注所本，注「復」字衍。豫章，大木似楸，葉冬夏青，生七年而後復可知也。懿行案：爾雅云：「梗、柟、豫章。」

其獸多犀、兕、虎、犳、㸲牛。柞牛。「犳」音之藥反。懿行案：玉篇云：「狔，獸，豹文。」音與郭同。

又西二百五十里曰眾獸之山。其上多㻬琈之玉，其下多檀、楮，多黃金。其獸多犀、兕。

又西五百里曰皇人之山。其上多金、玉，其下多青雄黃。即雌黃也，或曰空青、曾

青之屬。

懿行案：經中既有雄黃，又有青雄黃，或青與雄黃二物也。吳氏引蘇頌云：「階州山中雄黃，有青黑色而堅者，名曰熏黃。青雄黃意即此。」今案下文「長沙山」及北山經「譙明山」，中山經「白邊山」並多青雄黃，郭云「即雌黃」者，「雌」蓋「雄」字之譌。郭欲明「青雄黃」即「雄黃」，又引「或」說以「青」與「雄黃」為二物，不可的知，故兩存其說也。雌黃及空青、曾青皆見本草經。

皇水出焉，西流注于赤水，其中多丹粟。

又西三百里曰中皇之山。其上多黃金，其下多蕙、棠。彤棠之屬也。「蕙」或作「羞」。

懿行案：「蕙」與「棠」二物。「彤棠」蓋赤棠也。棠有二種，具見爾雅。中山經云：「陰山，其中多彤棠。」「彤」疑「彤」字之譌。

又西三百五十里曰西皇之山。其陽多金，其陰多鐵。其獸多麋、鹿、麖大如小牛，鹿屬也。柞牛。

懿行案：說文：「麖，鹿屬，冬至解其角。」詳見爾雅。

又西三百五十里曰萊山。其木多檀、楮。其鳥多羅羅，是食人。羅羅之鳥，所未詳也。

懿行案：海外北經「有青獸，狀如虎，名曰羅羅」，此鳥與之同名。

凡西次二經之首，自鈐山至于萊山，凡十七山，四千一百四十里。懿行案：今四千六百七十里。　其十神者，皆人面而馬身，其七神皆人面牛身，四足而一臂，操杖以行，是為飛獸之神。其祠之：毛用少牢，羊、豬為少牢也。　白菅為席。其十輩音

「背」。

懿行案：葷猶類也。軍發，以車百兩爲一輩。見說文。

神者，其祠之…毛一雄雞，

鈴而不糗，

鈴，所用祭器名，所未詳也。或作「思」，訓「祈」。「不糗」，祠不以米。

懿行案：「鈴」，疑「祈」之聲轉耳。經文「祈而不以米」，證以周書大匡篇云「祈而不賓」，《糴匡篇》作「勤而不賓」。「勤」、「祈」聲轉，「鈴」、「勤」聲又近，此經「鈴而不糗」當即「祈而不賓」之義。郭疑爲祭器名，未必然也。

毛采。言用雄色雞也。

懿行案：「雄色」「雄」字譌，藏經本作「雜」。

西次三經之首曰崇吾之山，懿行案：博物志及史記封禪書索隱引此經，並作「崇丘」。

博物志又作「參隅」。

在河之南，北望冢遂，山名。**南望䍃之澤，**音「遙」。**西望帝之搏獸**

之丘，博，或作「簿」。**東望㠄淵。**㠄音於然反。**有木焉，員葉而白柎，**今江東人呼草木子房

爲柎，音「府」。一曰：柎，華下鄂，音「丈夫」字。或作「拊」，音「符」。懿行案：經文「柎」當爲

柎，音「府」。其音「符」者乃從木旁，傳寫謬誤，遂不復可別，今正之。「一曰柎華下鄂」者，

本詩鄭箋云「鄂不韡韡」…「承華曰鄂，『不』讀爲『拊』，拊，鄂足也。『不』、『拊』同。」釋文云：

拊，亦作『跗』。」是郭義所本也。**赤華而黑理，其實如枳，**懿行案：說文云：「枳，木似橘。」

考工記云：「橘踰淮而北爲枳。」**食之宜子孫。**懿行案：周書王會篇云：「康民以桴苡，桴苡

者，其實如李，食之宜子。」説文引書作「茉苣」。繫傳引韓詩亦云：「茉苣，木名，實如李。」陶注本

草「車前子」亦引韓詩，言「茉苣是木，似李，食其實宜子孫」，與周書合。是知茉苣有草有木。周書

所説是木類，疑即此。**有獸焉，其狀如禺而文臂，豹虎**懿行案：

謂或有脱誤，又「虎豹」一獸名也。太平御覽九百十三卷載「虎豹」，引博物志曰「逢伯雲所説，有

獸緑本緣文，似豹若虎，毛可爲筆」，然則茲獸兼有虎、豹之體，故獨被斯名矣。「緑本緣文」四字復

有脱誤。**而善投，名曰舉父。**或作「夸父」。懿行案：爾雅云「玃父善顧」，非此。又云「虖，

類也。」如郭所説，惟「能舉石擿人」，故經曰「善投」，亦因名「舉父」。「舉」、「虖」聲同，故古字通

迅頭」，郭注云：「今建平山中有虖，大如狗，似獼猴，黃黑色，多髯鬣，好奮迅其頭，能舉石擿人，虖

用。「舉」、「夸」聲近，故或作「夸父」。**有鳥焉，其狀如鳧，而一翼一目，相得乃飛，名曰蠻**

蠻，比翼鳥也。色青赤，不比不能飛。爾雅作「鶼鶼」，鳥也。懿行案：「鶼鶼」見爾雅釋地，郭

注本此爲説。博物志云：「崇丘山有鳥，一足一翼一目，相得而飛，名曰虽。」又云：「比翼鳥一青

一赤，在參隅山。」今案「虽」、「蠻」聲之轉，「參隅」、「崇吾」亦聲之轉。**見則天下大水。**懿行

案：此則比翼鳥非瑞禽也。封禪書云「西海致比翼之鳥」，以此侈封禪之符，過矣。

西北三百里曰長沙之山。懿行案：穆天子傳云「送天子至于長沙之山」，即此。

泚水

出焉，音「紫」。**北流注于泚水。**烏交反，又音「黝」。水色黑也。懿行案：説文云「泚澤在

鳥也。

「昆侖下」，讀與「皎」同，即下文云「東望泑澤」者也。無草木，多青雄黃。

又西北三百七十里曰不周之山。此山形有缺不周帀處，因名云。西北不周風自此山出。 懿行案：大荒西經云：「有山而不合，名曰不周負子。」離騷云「路不周以左轉，指西海以為期」，王逸注云「不周，山名，在昆侖西北」，高誘注呂氏春秋本味篇亦云「不周山在昆侖西北」，並非也。此經乃在昆侖東南。漢書司馬相如傳注張揖云「不周山在昆侖東南二千三百里」，亦非也。不周去昆侖一千七百四十里。水經注引此經，云：「不周之山，不周之北門，以納不周之風」，今經無此語，疑本郭注，今脫去之。 北望諸毗之山，臨彼嶽崇之山，東望泑澤，懿行案：「泑澤」，漢書西域傳作「鹽澤」「泑」「鹽」聲之轉。地理志謂之「蒲昌海」云「敦煌郡」「有蒲昌海」也。河水所潛也，其原〔二〕渾渾泡泡。河南出昆侖，潛行地下，至蔥嶺，出于闐國，復分流岐出，合而東流，注泑澤。已復潛行，南出於積石山，而為中國河也。名泑澤，即蒲澤，一名蒲昌海。廣三四百里，其水停，冬夏不增減，去玉門關三百餘里，即河之重源，所謂潛行也。渾渾泡泡，水潰涌之聲也。「衮」「咆」二音。 懿行案：此注本水經及漢書西域傳為說也。河水原委詳見北山經「敦薨之山」，此注蒲澤「蒲」字當為「鹽」，史記大宛傳索隱引此注云「泑澤即鹽澤」是也。郭又云「去玉門關三百餘里」「三」上脫「千」字。水經注作「東去玉門、陽關千三百里」漢書脫「千」字，郭氏仍

〔一〕「原」「箋疏」諸本同。山海經宋淳熙本、吳氏等本、水經注引此經，皆作「源」。後「崒山」條「原」字同。

其失也。

爰有嘉果，其實如桃，懿行案：初學記引漢武故事云「王母種桃，三千歲一著子」，蓋此之類。其葉如棗，黃華而赤柎，懿行案：「柎」亦當爲「柎」，說已見前。食之不勞。懿行案：勞，憂也。太平御覽九百六十四卷引此經，作「其實如桃李，其華赤，食之不飢」，與今本異。

又西北四百二十里曰峚山。音「密」。懿行案：郭注穆天子傳及李善注南都賦、天台山賦引此經，俱作「密山」。蓋「峚」、「密」古字通也。初學記二十七卷引此經，仍作「峚山」。其上多丹木，員葉而赤莖，黃華而赤實，其味如飴，食之不飢。丹水出焉，西流注于稷澤。懿行案：澤即后稷所葬都廣之野也。其地山水環之，故得言「澤」。見海內經。后稷神所馮，因名云。懿行案：太平御覽五十卷引此經注作「靈化也」。「沸」音「拂」。懿行案：澤即后稷所葬都廣之野也，玉膏涌出之貌也。其中多白玉，是有玉膏，其原沸沸湯湯，懿行案：初學記引十洲記云：「瀛洲有玉膏如酒，名曰玉酒，飲數升輒醉，令人長生。」亦此類也。其上有白玉膏，一服即仙矣。黃帝是食是饗。所以得登龍於鼎湖而龍蛻也。懿行案：注「龍蛻」二字疑譌。太平御覽五十卷引此注云：「二玉爲一工也。」河圖玉版曰：「少室山，玄玉百工」高誘注云：玉藻云：「公侯佩山玄玉。」淮南道應訓云「登龍鼎湖」見史記封禪書。是生玄玉，言玉膏中又出黑玉也。玉膏所出，以灌丹木。丹木五歲，五色乃清，離騷曰「懷琬琰之華英」，又曰「登昆侖兮食玉英」，汲冢書所謂「苕華之玉」。五味乃馨。言滋香也。黃帝乃取峚山之玉榮，謂玉華也。懿行案：竹書云：「斳其名于苕華之

五一

山海經第二 西山經

玉。」楚詞哀時命篇云：「采鍾山之玉英」，穆天子傳云「得玉策枝斯之英」，郭氏注引尸子曰：「龍

泉有玉英。」又引此經，「玉榮」作「玉策」。李善注思玄賦及李賢注後漢書張衡傳、蔡邕傳引此經，

並作「玉策」，疑「策」「榮」字之譌。**而投之鍾山之陽。**以爲玉種。懿行案：思玄賦注及

張衡傳注引此經，並作「鍾山之陰」，蔡邕傳注引此，復作「鍾山之陽」。淮南俶真訓云「鍾山，

炊以爐炭，三日三夜而色澤不變」，許慎注云「鍾山北陸，無日之地，出美玉。」**瑾瑜之玉爲良，**

玉英」。藝文類聚八十三卷引郭氏讚云：「鍾山之寶，爰有玉華。光采流映，氣如虹霞。君子是

文云「瘞用百瑜」，下文云「渤山，其陽多瑾瑜之玉」「或作食」者，「黃帝是食是饗」，楚詞亦云「食

言最善也。或作「食」。「觀」「臾」兩音。懿行案：瑾、瑜，美玉名。玉藻云：「世子佩瑜玉。」上

佩，象德閑邪。」**堅粟精密，**説玉理也。禮記曰：「縝密似粟。」「粟」或作「栗」。

「穀璧」也。懿行案：王引之説：「《經文『粟』當爲『栗』，注文『栗』當爲『粟』，郭引禮記『似粟』

當爲『以栗』。」又『粟』字重文亦然。俱傳寫之譌也。」**濁澤有而光，**濁謂潤厚。

而「當爲『而有』。「濁澤」，類聚引作「潤濁」。**五色發作，**言符彩互映色。王子靈符應曰：「赤

如雞冠，黃如蒸栗，白如割肪，黑如醇漆，玉之符彩也。」

引作「王逸正部論」，李善注魏文帝與鍾大理書引亦同，「割肪」並作「豬肪」。其「正部」蓋「玉部」

字之譌也。郭注「色」，藏經本作「也」。**以和柔剛。**言玉協九德也。**天地鬼神，是食是饗。**

玉所以祈祭者，言能動天地，感鬼神。**君子服之，以禦不祥。**今徼外出金剛石，石屬而似金，有

光彩，可以刻玉。外國人帶之，云辟惡氣，亦此類也。　　懿行案：太平御覽八百十三卷引晉起居

注云：「咸亨三年，燉煌上送金剛玉，金中不淘不消，可以切玉。出天竺。」又引南州異物志云：

「金剛石也，其狀如珠，堅利無匹」，外國人好以飾珠環，服之能辟惡毒。」李時珍本草云：「金剛石，

即金剛鑽。」引抱朴子云：「扶南出金剛，生水底石上，如鍾乳狀。體似紫石英，可以刻玉。人没水

取之，雖鐵柱擊之亦不能傷，惟羚羊角扣之則漼然冰泮。」**自崇山至于鍾山，四百六十里，**懿

行案：下又云「四百二十里」。**其間盡澤也。是多奇鳥、怪獸、**懿行案：穆天子傳云：「春

山，百獸之所聚也，飛鳥之所棲也。」爰有□獸，食虎豹。如麋，而載骨盤□始如麢，小頭大鼻。爰

有白鳥、青鶥，執犬羊，食豕鹿。」春山即鍾山也。**奇魚，皆異物焉。**

又西北四百二十里曰鍾山。

懿行案：海外北經云：「鍾山之神，名曰燭陰。」淮南子云

「燭龍在鴈門北」，是知鍾山即鴈門以北大山也。水經河水注云：「芒干水出塞外，南逕鍾山。」山

即陰山，徐廣注史記云：「陰山在五原北」是也。**其子曰鼓，**此亦神名，名之爲「鍾山之子」耳。其

類皆見歸藏啓筮。**其狀如人面而龍身。**啓筮曰「麗山之子，青羽人面馬身」，亦似此狀也。

懿行案：海外北經説「鍾山之神，人面蛇身」，淮南子説「人面龍身」，是神與其子形狀同。**是與**

欽䲹音「邳」。　　懿行案：後漢書張衡傳注引此經作「欽駓」，莊子大宗師篇作「堪坏」，云「堪坏

得之，以襲昆侖」。釋文云：「崔作『邖』。」司馬云『堪坏神名，人面獸形』。淮南子作「欽負」。是

「欽」、「堪」、「坏」、「負」並聲類之字。殺葆江于昆侖之陽。「葆」或作「祖」。懿行案：思玄

賦云：「過鍾山而中休。」瞰瑤谿之赤岸，弔祖江之見劉。」李善注引此經，作「祖江」。張衡傳注同。

又，陶潛讀山海經詩亦作「祖江」。帝乃戮之鍾山之東，曰崱崖。「崱音「遥」。崖。懿行案：思玄賦

舊注云：「瑤谿赤岸，謂鍾山東瑤岸也。」李善注引此經，亦作「瑤岸」。張衡傳注同。欽䲨化爲

大鸙，鸙，鷗屬也。音「鄂」。懿行案：「鸙」當爲「鵁」。說文云：「鵁，鷙鳥也。」引詩曰：「匪

鷙匪鵁。」鷙，雕也。其狀如雕而黑文，白首赤喙而虎爪，其音如晨鵠，晨鵠，鷗屬，猶云晨

鳧耳。說苑曰「鰈吠犬比奉晨鳧」也。懿行案：李善注江賦引此經及郭注，並與今本同。見則

有大兵。鼓亦化爲鵔鳥，音「俊」。其狀如鴟，赤足而直喙，黃文而白首，其音如鵠，懿

行案：説文云：「鵠，鴻鵠也。」見即其邑大旱。穆天子傳云「鍾山」作「舂」字，音同耳。「穆王

北升此山，以望四野，曰：『鍾山是惟天下之高山也，百獸之所聚，飛鳥之栖也。』爰有赤豹、白虎、

白鳥、青鵰，執犬羊，食豕鹿。穆王五日觀于鍾山，乃爲銘跡于縣圃之上，以詔後世。」懿行案：

「鍾山」，穆天子傳並作「舂山」，郭注云：「山海經『舂』字作『鍾』，音同耳。」

又西百八十里曰泰器之山。觀水出焉，懿行案：李善注吳都賦引此經，作「秦器之山，

濩水出焉」。其注曹植七啓引此經，仍作「泰器之山，濩水出焉」。呂氏春秋本味篇作「蘿水」，高

誘注云：「蘿水在西極。」西流注于流沙，懿行案：海內西經云：「流沙出鍾山。」楚詞招魂云「西方之害，流沙千里」王逸注云：「流沙，沙流而行也。」是多文鰩魚，音「遙」。懿行案：呂氏春秋本味篇云：「味之美者，蘿水之魚，名曰鰩。」李善注吳都賦及曹植七啓引此經，並止作「鰩」，無「文」字。陳藏器本草拾遺云：「此魚生海南，大者長尺許，有翅與尾齊。羣飛海上，海人候之，當有大風。」狀如鯉魚，魚身而鳥翼，蒼文而白首赤喙，常行懿行案：初學記引此經，作「從」。呂氏春秋本味篇亦作「從」。西海遊于東海，懿行案：「西海」已見上文。「東海」即西海之支流，非東方大海也。水經河水注引釋氏西域記曰「恒水東流，入東海。蓋二水所納，自爲東西。」即此是也。或説凡水之大者皆名海，史記正義引太康地記曰「河北得水爲河，塞外得水爲海」也。以夜飛，其音如鸞雞，鸞雞，鳥名，未詳也。或作「樂」。懿行案：「鸞」或作「樂」，古字假借。鸞雞疑即鸞也。説文云：「鸞，五采，雞形。」又，鸞一名「雞趣」，顧野王符瑞圖云：「雞趣，王者有德則見。」又，鸞車一名「雞翹車」，蔡邕獨斷云「鸞旗車，編羽毛列繫橦旁，俗人名之雞翹車」是也。初學記三十卷引此經，無「雞」字。其味酸甘，食之已狂，懿行案：淮南墜形訓云：「丘氣多狂。」見則天下大穰。豐穰，收熟也。韓子曰：「穰歲之秋。」懿行案：韓非五蠹篇云：「飢歲之春，幼弟不饟；穰歲之秋，疏客必食。」是郭所引也。魚見則大穰者，詩言衆魚占爲豐年，今海人亦言歲豐則魚大上也。

又西三百二十里曰槐江之山。懿行案：吕氏春秋本味篇云：「水之美者，沮江之丘，名曰摇水。」疑沮江即槐江。「摇水」，説在下。 丘時之水出焉，而北流注于泑水。其中多蠃母，即蟆螺也。懿行案：「蟆螺」即「僕纍」，字異音同。見中次三經「青要之山」。其上多青雄黄，多藏琅玕、黄金、玉。琅玕，石似珠者。藏，猶隱也。「郎」、「干」二音。懿行案：「藏」，古字作「臧」，臧，善也。此言琅玕、黄金、玉之最善者。爾雅云：「西北之美者，有昆侖虛之珍琳琅玕。」謂是也。郭訓「藏」爲「隱」失之。其陽多丹粟，懿行案：管子地數篇云：「上有丹沙者下有黄金。」其陰多采黄金、銀。懿行案：「采」，謂金銀之有符采者，地理志云豫章郡「有黄金采」，即此是矣。説者謂采取黄金，誤也。實惟帝之平圃，即玄圃也。穆天子傳曰：「乃爲銘跡于玄圃之上。」謂刊石紀功德，如秦皇、漢武之爲者也。穆天子傳「玄圃」作「縣圃」，前「鍾山」注引文同。此引作「玄圃」，蓋「玄」、「縣」聲同，古通用。神英招司之，司，主也。「招」，音「韶」。其狀馬身而人面，虎文而鳥翼，徇于四海，徇，謂周行也。其音如榴。懿行案：「縣」或作「籀」。此所未詳也。懿行案：説文云：「籀，讀書也。从竹，擂聲。」疑此經「榴」當爲「擂」。説文：「擂，引也。」莊子云：「挈水若抽。」「抽」即「擂」字。又，「榴榴」見下文「陰山」。當爲「杓」。説文云：「杓，行示也。」司馬法『斬以杓』。今經典通作「徇」。其音如榴。音「留」。南望昆侖，其光熊熊，其氣魂魂。皆光氣炎盛相焜燿之貌。懿行案：「熊熊」猶「雄雄」也，

「魂魂」猶「芸芸」也，皆聲之同類，

西望大澤，后稷所潛也。 后稷生而靈知，及其終化形，遯此澤而爲之神，亦猶傅說騎箕尾也。

懿行案：「后稷所潛」，即謂所葬也。葬之言藏也。已見「崒山稷澤」。傅說騎箕尾，見莊子大宗師篇，釋文引崔譔云：「傅說死，其精神乘東維，託龍尾，乃列宿，今尾上有傅說星。」又云：「其生無父母，死，登假三年而形遯。此言神之無能名者也。」

其中多玉，其陰多榣木之有若。 榣木，大木也，言其上復生若木。大木之奇靈者爲若，見尸子。國語曰：「榣木不生花也。」

懿行案：「花」當爲「茷」字，形之譌也。郭引國語者，晉語文。「榣」當爲「櫾」，說文云：「櫾，昆侖河隅之長木也」，即謂此。省作「繇」，故韋昭晉語注云：「姑繇之木」，郭注云：「姑繇，大木也。」又省作「榣」，玉篇亦云：「榣，木名。」又通作「瑤」，故楚詞哀時命云「擎瑤木之樿枝」，王逸注云：「言已既登昆侖，復欲引玉樹之枝。」知此經古本或作「瑤木」也。大荒西經云「有榣山」，郭注云：「此山多榣木，因名云」也。

北望諸毗， 山名。

槐鬼離侖居之， 離侖，其神名。

鷹鸇之所宅也。 鸇亦鴟屬也。莊周曰「鴟鴉甘鼠」，穆天子傳云「鍾山上有白鳥、青鵰」，皆此族類也。

懿行案：「鸇」見爾雅。郭引莊子者，齊物論文。

東望恒山四成， 成，亦重也。爾雅云「再成曰英」也。

懿行案：「恒山」非北嶽，計其道里非瞻望所及也。淮南時則訓云：「中央之極，自昆侖東絕兩恒山。」是西極別有恒山明矣。文選注長笛賦引此經，作「恒山四成」，藝文類聚九十卷引家語曰「孔子在衛，聞哭聲甚哀。顔回曰：『回聞桓山之鳥生四子焉，羽翼既成，將分四海，悲鳴而送之，哀聲似此』」云云，即此桓

山也。其云「鳥」，蓋亦鷹鷂之屬與？**有窮鬼居之，各在一搏。** 搏，猶脅也。言羣鬼各以類聚，處山四脅，「有窮」其總號耳。「搏」一作「搏」。懿行案：說文云：「膀，脅也。或作髈。」又云：「肋，脅骨也。」「脅，兩膀也。」是此經之「搏」依文當爲「膀」。「膀」、「搏」聲近而轉，故假借通用。**爰有淫水，其清洛洛。** 水留下之貌也。「淫」音「遙」也。懿行案：陶潛讀山海經詩云：「落落清瑤流。」是「洛洛」本作「落落」，「淫」本作「瑤」，皆假借類之字。陳壽祺曰『淫』無『遙』音，經文『淫』字必傳寫之譌」，當是也。瑤水即瑤池，史記大宛傳贊云「禹本紀言，昆侖上有醴泉、瑤池」，穆天子傳云「西王母觴天子于瑤池」是也。呂氏春秋本味篇又作「搖水」，並古字通用。郭注「留」當爲「溜」或「流」。

有天神焉，其狀如牛，而八足二首馬尾，其音如勃皇， 勃皇未詳。懿行案：「勃皇」即「發皇」也。考工記「梓人爲筍虡，以翼鳴者」，鄭注云：「翼鳴，發皇屬。」「發皇」，爾雅作「蚍蜉」，聲近字通。**見則其邑有兵。**

西南四百里， 懿行案：自鍾山至此九百里。水經注引此經，云「鍾山西六百里有昆侖山」，蓋誤。

曰昆侖之丘， 懿行案：昆侖之丘即海內西經云「海內昆侖之虛在西北，帝之下都」者也。爾雅云：「三成爲昆侖丘。」地理志云：「金城郡，臨羌，西北至塞外，有西王母石室、弱水、昆侖山祠。」又云：「敦煌郡廣至有昆侖障。」史記正義引括地志云：「昆侖山，在肅州酒泉縣南八十里。」説文云：「北，從北從一。一，地也。」中邦之居在昆侖東南。」是則昆侖之丘去中邦蓋不甚遠矣。

藝文類聚七卷引郭氏讚云：「昆侖月精，水之靈府。惟帝下都，西羌之宇。爛然中峙，號曰天柱。」

是實惟帝之下都，天帝都邑之在下者也。穆天子傳曰：「吉日辛酉，天子升于昆侖之丘，以觀黃帝之宮，而封豐隆之葬，以詔後世。」言增封于昆侖山之上。珂案：今本穆天子傳作「而豐□隆之葬」，闕誤不復可讀。或据穆天子傳「昆侖丘有黃帝之宮」，以此經所說即黃帝之下都，非也。五藏山經五篇內凡單言「帝」，即皆天皇五帝之神，並無人帝之例。「帝之平圃」、「帝之囿時」，經皆不謂黃帝審矣。

神陸吾司之。即肩吾也。莊周曰「肩吾得之，以處大山」也。珂案：郭所說見莊子大宗師篇。釋文引司馬彪云：「山神不死，至孔子時。」**其神狀虎身而九尾，人面而虎爪。**珂行案：此神人面虎身，有文有尾，皆白處之。見大荒西經。**是神也，司天之九部及帝之囿時。**珂行案：主九域之部界，天帝苑囿之時節也。珂行案：初學記引河圖[一]云「天有九部」，「部署」之名本此。「囿時」之「時」，疑讀爲「時」，史記封禪書云「或曰自古以雍州積高，神明之隩，故立畤郊上帝」是也。**有獸焉，其狀如羊而四角，名曰土螻，是食人。**珂行案：初學記引河圖[二]云「土螻」，廣韻作「土螻」云：「似羊，四角，其銳難當，觸物則斃，食人。」出山海經。本此也。周書王會篇云：「州靡費費，食人，北方謂之吐嘍。」與此同名，非一物也。「費費」即「梟陽」，見海內南

[一] 初學記卷八所引爲河圖括地象。

經。**有鳥焉，其狀如鼇，大如鴛鴦，名曰欽原，**「欽」或作「爰」，或作「至」也。**蠱鳥獸則死，蠱木則枯。**懿行案：「蠱」疑「螙」字之譌。說文云：「螙，螙也。螙，蟲行毒也。」**有鳥焉，其名曰鶉鳥，**懿行案：鶉鳥，鳳也。海內西經云：昆侖，開明西、北皆「有鳳皇」，此是也。埤雅引師曠禽經曰：「赤鳳謂之鶉。」然則南方朱鳥七宿曰「鶉首」、「鶉火」、「鶉尾」亦是也。**是司帝之百服。**服，器服也，一曰服事也。或作「藏」。懿行案：「服，事也」，見爾雅。「或作藏」者，「藏」古作「臧」。「百藏」，言百物之所聚。**有木焉，其狀如棠，**棠，棃也。懿行案：棠有赤、白，見爾雅，皆今杜棃也。**黃華赤實，其味如李而無核，**懿行案：李有無核者，爾雅云「休，無實李」，郭注云「一名趙李」。**名曰沙棠，**懿行案：高誘注呂氏春秋本味篇云：「沙棠，木名也，昆侖山有之。」玉篇作「桬棠」，非也。云「華赤實，味如李」，蓋「華」上脫「黃」字。**可以禦水，食之使人不溺。**言體浮輕也。沙棠爲木，不可得沈。呂氏春秋曰：「果之美者，沙棠之實。」銘曰：「安得沙棠，刻以爲舟。汎彼滄海，以遨以遊。」懿行案：文選琴賦注引此經，作「御水人食之，使不溺。」初學記二十五卷引此經，有「爲木不沈」句，蓋并引郭注也。銘即郭氏圖讚，「刻」當爲「制」字之譌。**有草焉，名曰薲草，**音「頻」。懿行案：文選注陸機擬古詩十二首引

此經，又[一]引字書曰：「贅，亦『蘋』字也。」其狀如葵，其味如蔥，食之已勞。呂氏春秋曰：

「菜之美者，昆侖之蘋。」懿行案：郭引本味篇文也。高誘注云：「蘋，大蘋，水藻也。」河水出

焉，出山東北隅也。　　　懿行案：爾雅云：「河出昆侖虛，色白。」李賢注後漢書引河圖云：「昆山

出五色流水，其白水東南流入中國，名爲河。」水經注云：「南河又東，右會阿耨大水。　釋氏西域記曰：

阿耨達山西北有大水，東南流注牢蘭海者也。」而南流東注于無達。　山名。　　懿行案：莊子天地篇

即「阿耨達」也。「阿耨」，華言「無」也。　　赤水出焉，出山東南隅也。　　懿行案：

云：「黃帝遊乎赤水之北，登乎昆侖之丘。」李善注文選引河圖云：「昆侖有五色水，赤水之氣，上

蒸爲霞。」案赤水上有「三珠樹」，見海外南經。　而東南流注于氾天之水。　氾天亦山名，赤水所

窮也。　穆天子傳曰：「遂宿于昆侖之側，赤水之陽。」陽，水北也。「氾」，浮劍反。　　懿行案：大荒

南經云：「有氾天之山，赤水窮焉」，是郭注所本。　洋水出焉，出山西北隅。或作「清」。　　懿行

案：海內西經「洋」音「翔」。「或作清」者，聲近而轉也。水經注引此經作「漾水」，高誘注淮南子

或作「養水」，並「洋」字之異文也。　而西南流注于醜塗之水。　醜塗，亦山名也。皆在南極。穆

天子傳曰「戊辰，濟洋水」，又曰「觴天子洋水」也。　　懿行案：「醜塗」，水經注作「配塗」，大荒南

　　[一]　「又」，原本作「文」。按上句如作「引此經文」，則下句相接不暢，顯是「又」字形近而誤，據文義改。

經作「殄塗」。今本穆天子傳作「庚辰，濟于洋水」。

黑水出焉，亦出西北隅也。

天問云「黑水玄趾」，謂此也。「黑水」亦見海內西經。而西流于大杅。山名也。

懿行案：穆天子傳

「乃封長肱于黑水之西河，是惟昆侖鴻鷺之上，以爲周室主」、「杅」音「于」。

懿行案：穆天子傳曰：楚詞

今本無「昆侖」二字。此注蓋衍。是多怪鳥獸。謂有一獸九首，有一鳥六首之屬也。

懿行

案：九首，開明獸也」，又有鳥六首，並見海內西經。

又西三百七十里曰樂游之山。懿行案：畢氏云：「疑即樂都也。」

西濟于河，爰有溫谷樂都。』元和郡縣志云：『湟水縣湟水亦謂之樂都水，出青海東地亂山中。』」

桃水出焉，懿行案：畢氏云：「疑即洮水也。」地理志云：『臨洮：洮水出西羌中，北至枹罕，東

入河。」西流注于稷澤，懿行案：「稷澤」已見上文「崒山」。是多白玉。其中多鮹魚，音

「滑」。懿行案：廣韻及太平御覽九百三十九卷引此經，並作「鰡」；今作「鰡」，蓋譌。郭音

「滑」，亦「渭」字之譌。其狀如蛇而四足，是食魚。

西水行四百里曰流沙，懿行案：「流沙」已見上文「泰器之山」，又詳海內西經。二百里

至于嬴母之山，神長乘司之，懿行案：水經注云：「禹西至洮水之上，見長人，受黑玉。」疑即

此神。是天之九德也。九德，九氣所生。懿行案：「九氣」之「九」，藏經本作「之」。其神

狀如人而豹之，藥反。尾。其上多玉，其下多青石

懿行案：「豹」已見上文「㕎陽之山」。

而無水。

又西三百五十里曰玉山，是西王母所居也。此山多玉石，因以名云。穆天子傳謂之「羣玉之山」，「見其山河無險，四徹中繩，先王之所謂策府，寡草木，無鳥獸。」懿行案：穆王于是攻其玉石，取玉石版三乘，玉器服物，載玉萬隻以歸」。雙玉爲毂，半毂爲隻。懿行案：地理志云：「金城郡，臨羌：西北至塞外，有西王母石室。」爾雅釋地以西王母與觚竹、北戶、日下並數，謂之「四荒」，是爲國名無疑，此經及穆天子傳始以爲人名。荀子云：「禹學於西王國。」莊子大宗師篇云「西王坐乎少廣」釋文引司馬彪云「少廣，穴名」崔譔云「山名」，蓋亦本此經爲説也。今本穆天子傳作「阿平無險，四徹中繩」，又云「取玉三乘」，無「石版」二字。又「雙玉爲毂」，初學記二十七卷引此經，云「珏，二玉相合」，蓋引郭氏此注又誤也。西

王母其狀如人，豹尾、（懿行案：莊子大宗師篇釋文説西王母，引此經作「狗尾」。）虎齒而善嘯，蓬髮戴勝，（蓬頭亂髮。勝，玉勝也。音「龐」。懿行案：莊子釋文引此經，作「蓬頭戴勝」。郭云「玉勝」者，蓋以玉爲華勝也。後漢輿服志云：「簪以瑇瑁爲摘，端爲華勝。」是司天之厲及五殘。（主知災厲、五刑殘殺之氣也。穆天子傳曰：「吉日甲子，天子賓于西王母，執玄圭白璧以見西王母，獻錦組百純，金玉百斤，西王母再拜受之。乙丑，天子觴西王母于瑤池之上。西王母爲天子謠曰：…『白雲在天，山陵自出，道里悠遠，山川間之。將子無

死，尚復能來。』天子盦之曰：『予還東土，和理諸夏。萬民均平，吾顧見汝。比及三年，將復而

野。』西王母又爲天子吟曰：『徂彼西土，爰居其所。虎豹爲羣，烏鵲與處。嘉命不遷，我惟帝女。

彼何世民，又將去子。吹笙鼓簧，中心翺翔。世民之子，惟天之望。』奄山，即崦嵫山也。案竹書：『天子遂驅升于奄山，乃紀迹于

奄山之石，而樹之槐，眉曰『西王母之山』。」舜時西王母遣使獻玉環，見禮三朝。懿行案：「屬」及「五殘」皆星名也。李

來見，賓于昭宮。』月令云「季春之月，命國儺」，鄭注云：「此月之中，日

善注思玄賦引此經，作「司天之屬」，蓋誤。行歷昴。昴有大陵積尸之氣，氣佚則厲鬼隨而出行。」是大陵主屬鬼，昴爲西方宿，故西王母司之

也。「五殘」者，史記天官書云「五殘星出正東東方之野，其星狀類辰星，去地可六七丈」，正義

云：「五殘一名五鋒，出則見五方毀敗之徵，大臣誅亡之象。」西王母主刑殺，故又司此也。」郭引穆

天子傳與今本多有異同。其西王母又爲天子吟曰「彼何世民，又將去子」二語今本所無，或脫誤

不可讀也。郭又引竹書及禮三朝者，大戴禮少閑篇云「西王母來獻其白琯」漢書藝文志有孔子三

朝七篇，皆在大戴禮也。**有獸焉，其狀如犬而豹文，其角如牛，**或作「羊」。**其名曰狡，**懿行

案：周書王會篇云「匈奴狡犬。狡犬者，巨身，四足果」，廣韻作「巨口黑身」爲異，疑即此。而此

經「狡」無犬名，周書「狡犬」又不道「有角」，疑未敢定也。**其音如吠犬，見則其國大穰。**晉

太康七年，邵陵扶夷縣檻得一獸，狀如豹文，有二角，無前兩腳，時人謂之狡。疑非此。懿行

案：郭所說見爾雅「貀無前足」注，以校此注「豹文」上脫「狗」字。**有鳥焉，其狀如翟而**

赤，名曰胜遇，音「姓」。懿行案：説文云：「胜，犬膏臭也。一曰不孰也。」非郭義。玉篇有「鴗」字，音「生」，鳥也，疑「鴗」即「胜」矣。

是食魚，其音如録。音「録」，義未詳。懿行案：吳氏以「録」爲「鹿」之假借字也。古字「録録」、「鹿鹿」並通用。又案經文作「録」，郭復音「録」，必有誤。

見則其國大水。

又西四百八十里曰軒轅之丘。黄帝居此丘，娶西陵氏女，因號軒轅丘。懿行案：大戴禮帝繫篇云：「黄帝居軒轅之丘，娶于西陵氏之子，謂之嫘祖氏。」史記五帝紀同。淮南墜形訓云「軒轅丘在西方」，高誘注云：「軒轅，黄帝有天下之號。」即此也。**無草木。洵水出焉，**音「詢」。**南流注于黑水。其中多丹粟，多青雄黄。**

又西三百里懿行案：水經注引此經「自昆侖至積石千七百四十里」，今檢得一千九百里，若加流沙四百里，便爲二千一百里也。**曰積石之山。其下有石門，河水冒以西流。**冒，猶覆也。積石山，今在金城河門關西南羌中。河水行塞外，東入塞内。懿行案：水經注引此經，作「河水冒以西南流」。藝文類聚八卷同，初學記六卷引亦同，而脱「流」字，今本又脱「南」字也。然据此經，積石去昆侖一千九百里，而河水猶西南流，其去「東入塞内」之地尚遠，郭注非也。穆天子傳云「乃至于昆侖之丘」，又云「飲於枝渚之中，積石之南河」，正與「河水冒以西南流」合。然則此經「積石」，蓋括地志所謂「大積石山」，非禹所導之積石也。「禹貢積石」在今甘肅西寧縣東南

一百七十里，為中國河之始。水經云「河水流入於渤海，又出海外，南至積石山，下有石門」，即此經之積石也。其下云：「又南入蔥嶺山，又從蔥嶺出而東北流，其一源出于闐國南山，北流，與蔥嶺所出河合，又東注蒲昌海，又東入塞，過敦煌、酒泉、張掖郡南。又東過隴西河關縣北。」此則禹貢之積石也。據水經所說，「積石」有二明矣。酈氏作注，疑積石不宜在蒲昌海之上，蓋不知積石有二，而於河水「東入塞」下妄引此經積石以當之，其謬甚矣。然括地志以河先逕于闐鹽澤而後至大積石，亦與水經不合，其云「積石有二」則質明可信。自古說積石者多不了，故詳據水經以定之。括地志所說又見海外北經「積石」下。案地理志云「金城郡，河關：積石山在西南羌中。河水行塞外，東北入塞內」，是郭所本也。注「門」字衍。

是山也，萬物無不有焉。水經引山海經云：「積石山在鄧林山東，河所入也。」懿行案：郭據水經引山海經者，海外北經文也。其云水經，今亡無攷。

又西二百里曰長留之山，其神白帝少昊居之。少昊金天氏，帝摯之號也。懿行案：「昊」當為「皞」。「長留」或作「長流」，顏氏家訓書證篇引帝王世紀云：「帝少昊崩，其神降於長流之山，於祀主秋。」蓋「留」通作「流」也。是多文玉石。「文」或作「長」。實惟員神磈音「塊」。氏之宮。是神也，主司反景。日西入則景反東照，主司察之。其獸皆文尾，「文」或作「長」。其鳥皆文首。懿行案：是神「員神」，蓋即少昊也。「紅光」，蓋即蓐收，見下文「渤山」。北堂書鈔一百四十九卷引此經，「反」作「仄」，恐誤。

又西二百八十里曰章莪之山。無草木，多瑤、碧，[碧，亦玉屬。]所爲甚怪。多有非常之物。有獸焉，其狀如赤豹，[大雅韓奕篇云：「赤豹黃羆」。穆天子傳云：「鍾山，爰有赤豹」。廣韻引此經，無「赤」字。]五尾一角，其音如擊石，其名如狰。[京氏易義曰：「音如石相擊。」音「靜」也。][懿行案：經文「如狰」之「如」當爲「曰」字之譌。又「狰」字注云：「獸如赤豹，五尾。」然則狟亦狰類，或一物二名也。]

有鳥焉，其狀如鶴，一足，赤文青質而白喙，[懿行案：廣韻作「白面」，疑譌。]名曰畢方。[懿行案：廣雅云：「木神謂之畢方。」淮南氾論訓云「木生畢方」，高誘注云：「畢方，木之精也。狀如鳥，青色，赤腳一足，不食五穀。」蓋本此經而說又小異。匡謬正俗引郭氏圖讚云：「畢方赤文，離精是炳。旱則高翔，鼓翼陽景。集乃災流，火不炎上。」「上」與「炳」、「景」韻。又「畢方」，玉篇、廣韻並作「鵯鴋」，非也。]其鳴自叫也，見則其邑有訛火。[「訛」亦「妖訛」字。][懿行案：薛綜注東京賦云：「畢方，老父神。如鳥，一足兩翼，常銜火在人家作怪災。」即此經云「訛火」是也。「訛」，蓋以言語相恐喝。]

又西三百里曰陰山。[懿行案：張揖注漢書司馬相如傳云：「陰山在昆侖西二千七百里」，謂此也。今校經文，二千七百八十里矣。地理志云西河郡有陰山，非此。]濁浴之水出焉，[懿行案：太平御覽八百七卷、九百十三卷並引此經，「浴」作「谷」。]而南流注于蕃澤，[懿行案：水經

沮水注有濁谷水，東南「至白渠與澤泉合」，疑非此。其中多文貝。餘泉、蚳之類也，見爾雅。

懿行案：爾雅説貝云：「餘眂、黃、白文。」餘泉、白、黃文。有獸焉，其狀如貍或作「豹」。懿

行案：初學記二十九卷引此經，亦作「貍」，餘並同。而白首，名曰天狗，其音如榴榴，或作

「貓貓」。懿行案：「貓貓」，蓋聲如貓也。「貓貓」與「榴榴」聲又相近。北山經譙明山「孟槐」

之獸音亦與此同。又，經內亦有單言「其音如榴」者，此經，注疊字蓋衍。可以禦凶。

又西二百里曰符惕之山。 音「陽」。 懿行案：藝文類聚二卷、太平御覽九卷及十卷並

引此經，作「符陽之山」，與今本異。 其上多棫、枬，下多金、玉。神江疑居之。是山也，多

怪雨，風雲之所出也。 懿行案：祭法云：「山林、川谷、丘陵能出雲爲風雨，見怪物，皆曰神。」

即斯類也。

又西二百二十里曰三危之山。 今在燉煌郡。 尚書云：「竄三苗于三危」是也。 懿行

案：漢書司馬相如傳張揖注云：「三危山在鳥鼠山之西，與岷山相近。」水經江水注引此經，云：

「三危在敦煌南，與岷山相接。」今經無此語，蓋引郭注之文也。史記正義引括地志云：「三危山有

三峰，故曰三危，俗亦名卑羽山，在沙州燉煌縣東南三十里。」劉昭注郡國志「隴西郡」「首陽」引地道

記云：「有三危，三苗所處。」三青鳥居之。 三青鳥主爲西王母取食者，別自棲息於此山也。 竹

書曰「穆王西征，至于青鳥所解」也。 懿行案：「三青鳥」之名見大荒西經。「爲西王母取食」見

海內北經。「青鳥所解」即三危山，見竹書。藝文類聚九十一卷引郭氏讚云：「山名三危，青鳥所憩。往來崑侖，王母是隷。穆王西征，旋軫斯地。」

是山也，廣員百里。其上有獸焉，其狀如牛，白身[懿行案：廣韻引此經，作「白首」。]四角，其豪如披蓑，蓑，辟雨之衣也。音「梭」。[懿行案：「蓑」當爲「衰」。說文云：「衰，艸雨衣。秦謂之革。」]其名曰徼徊，[懿行案：據郭音「傲」，知經文蓋本作「㺔」。廣韻「傲」「噎」二音。「徊」字亦錯，當從玉篇作「藆狃」。廣韻「狃」字注引此經同。]是食人。有鳥焉，一首而三身，其狀如鶚，其名曰鴟。[懿行案：鶃似鴟，黑文赤頸，音「洛」。下句或云「扶獸則死，扶木則枯」，應在上「欽原」下，脫錯在此耳。今東齊人謂鴟爲「老鴟」，蓋本爲「鶃鴟」，聲近，轉爲「老鴟」耳。玉篇云「鳥如鴟，黑文赤首」，本郭注爲說也。]

又西一百九十里[懿行案：文選琴賦注云「騩山在三危西九十里」，疑脫「百」字。]，曰騩山。[懿行案：琴賦云「慕老童於騩隅」，五臣注作「隗」。]其上多玉而無石。神耆童居之，耆童，老童，顓頊之子。[懿行案：顓頊生老童，見大荒西經。李善注琴賦引此經及郭注，並與今本同。]其音常如鐘磬。[懿行案：此亦天授然也。其孫長琴所以能作樂風，本此。]其下多積蛇。[懿行案：今蛇媒所在有之。其蛇委積，不知所來，不知所去，謂之「蛇媒」也。亦見大荒西經。]

又西三百五十里曰天山。[懿行案：漢書武帝紀云「天漢二年，與右賢王戰於天山」，顏

師古注云：「即祁連山也。」匈奴謂天爲祁連〔一〕，今鮮卑語尚然。」史記正義引括地志云：「祁連山在甘州張掖縣西南二百里。」又云：「天山，一名白山，今名折羅漫山，在伊吾縣北百二十里。」晉灼注漢書云：「在西域，近蒲類國，去長安八千餘里。」李賢注後漢書明帝紀引西河舊事曰：「白山冬夏有雪，故曰白山。」匈奴謂之天山，過之皆下馬拜焉。去蒲類海百里之內。」多金、玉，有青雄黃。 英水出焉，而西南流注于湯谷。有神焉，懿行案：初學記、文選注引此經，並作「神鳥」；今本作「焉」字，蓋譌。 其狀如黃囊，赤如丹火，體色黃而精光赤也。 六足四翼，渾敦懿行案：初學記八卷引此經，無「敦」字。無面目，懿行案：史記正義引神異經云：「昆侖西有獸焉，有目而不見，有兩耳而不聞，有腹無五藏，有腸直短，食徑過，名渾沌。夫形無全者則神自然靈照，精無見者則闇與理會，其帝江之謂乎？莊生所云「中央之帝混沌，爲儵忽所鑿七竅而死」者，蓋假此以寓言也。 是識歌舞，實惟〔二〕帝江也。懿行案：莊子應帝王篇釋文引崔譔云「渾沌，無孔竅也」，簡文云「儵忽，取神速爲名；渾沌，以合和爲貌」。

又西二百九十里曰泑山。「泑」，音「黝黑」之「黝」。 懿行案：北堂書鈔一百四十九卷

〔一〕上三「祁」字，原作「祈」，據顏師古漢書注改。
〔二〕「惟」，原本作「爲」，諸本及他書引此經者俱作「惟」，據改。

引「汋」作「㶁」。李善注思玄賦引此經，作「濛山」，蓋即淮南子云「日至於蒙谷」是也。尚書大傳云「宅西曰柳谷」，鄭注云：「西，在隴西之西。」案隴西郡有西縣，見地理志。此為寅餞入日之地。「柳」、「汋」之聲又相近，疑「柳谷」即「汋山」矣。

神蓐收居之。亦金神也，人面、虎爪、白尾、執鉞。見外傳。懿行案：晉語云：「虢公夢，有神人面、白毛、虎爪，執鉞。海外西經注亦引外傳，正作「白毛」，可證。史囂曰：『蓐收也，天之刑神也。』」是郭注所本。「尾」當為「毛」字之誤。懿行案：月令云「其神蓐收」，鄭注云「蓐收，少暭氏之子，曰該，為金官」也。李善注思玄賦引此經郭注，作「人面虎身，右手執鉞」，與今本異。

其陽多瑾瑜之玉，其陰多青雄黃。是山也，西望日之所入，其氣員，日形員，故其氣象亦然也。

其上多嬰短之玉。未詳。懿行案：上文「瑜次之山」作「嬰垣之玉」，郭云「垣或作短」，謂此也。依字當為「嬰垠」。

神紅光之所司也。未聞其狀。懿行案：「紅光」蓋即蓐收也。思玄賦注引此經，無「紅」字，北堂書鈔引有「紅」字。

西水行百里，至于翼望之山。或作「土翠山」。懿行案：中次十一經「首曰翼望之山」，與此同名。大荒南經有「翠山」，非此。御覽又引此經，「讙」作「原」，疑郭注「讙」字本在經文，傳寫者誤入郭注耳。無草木，多金、玉。有獸焉，其狀如貍，一目而三尾，名曰讙，「讙」音「歡」。或作「原」。懿行案：太平御覽九百十三卷引此經，「讙」作「原」，與郭注合。其音如奪百聲，言其能作百種物聲也。或曰「奪百，物名」，亦所未詳。懿行案：「奪」，說文作

「夐」，蓋形近誤作「棄」也。御覽引此經，又誤作「泉」。是可以禦凶，服之已癉。黃癉病也。

音「曰」。懿行案：説文云：「癉，勞病也。」「疸，黃病也。」與郭異。有鳥焉，其狀如烏，三

首六尾而善笑，名曰鵸䲣，音「奇餘」兩音。懿行案：北山經「帶山」有「鵸䲣」鳥，「自爲牝

牡」，與此同名。或曰周書王會篇有「奇榦善芳」，「奇榦」即「鵸䲣」，「善芳」即「善笑」之譌，非也。

服之使人不厭，不厭夢也。周書曰「服者不眛」，音莫禮反。或曰「眛」，眛目也。懿行案：

「厭」，俗作「魘」，非。倉頡篇云：「厭，眠内不祥也。」高誘注淮南子云：「楚人謂厭爲眛。」是則

「厭」即「眛」也。故經作「不厭」，郭引周書作「不眛」，明其義同。今周書王會篇作「佩之令人不

眛」。案「眛」，郭音「莫禮反」，則其字當作「眛」，從目從米。藏經本作「厭者不眛」，而今本作

「眛」，非矣。然「眛」、「眛」古亦通用，春秋繁露郊語篇云「鴟羽去眛」，「眛」亦作「眛」是也。又，

説文云：「寐，寐而未厭，從寢省，米聲」，正音「莫禮反」。是此注「眛」與「寐」音義相近。又可以

禦凶。

凡西次三經之首崇吾之山至于翼望之山，凡二十三山，懿行案：今才二十二山。

六千七百四十四里。懿行案：今才六千二百四十里。又加流沙四百里，才六千六百四十里。

其神狀皆羊身人面，其祠之禮：用一吉玉瘞，玉加采色者也。尸子曰：「吉玉大龜。」糈

用稷米。

西次四經之首曰陰山。懿行案：上文已有「陰山」，與此同名。畢氏以此爲「彫陰山」。然上郡彫陰，應劭云「彫山在西南」，不名陰山也。**上多穀〔一〕，無石，其草多茆、蕃。**茆，鳧葵也。蕃，青蕃，似莎而大。「卯」「煩」兩音。懿行案：「茆」見陸璣詩疏，云「江南人謂之蓴菜」。説文云「茆，鳧葵也。蕵，青蕵似莎者」，子虛賦云「薜莎青蕵」，是「蕃」依字當爲「蕵」。李善注南都賦引此郭注正作「蕵」云「蕵，青蕵，似莎而大」。高誘注淮南覽冥訓云「蕵狀如蕆」。蕆，如葭都賦引此郭注正作「蕵」云「蕵，青蕵，似莎而大」。莎，草名也。**陰水出焉，西流注于洛。**懿行案：此渭洛之洛，即漆沮水也，出白於山，見下文。

北五十里曰勞山，多茈草。一名茈莨，中染紫也。懿行案：「茈草」即「紫草」。爾雅云：「藐，茈草。」廣雅云：「茈莨，茈草也。」是郭所本。**弱水出焉，**懿行案：地理志云：「張掖郡，刪丹……桑欽以爲道弱水自此，西至酒泉合黎。」此禹貢「弱水」也。西域傳云：「條支有弱水、西王母。」大荒西經云：「昆侖丘下，弱水環之。」皆非此經之弱水也。晉書苻堅載記云：「堅遣安北將軍、幽州刺史苻洛討代王涉翼犍，翼犍戰敗，遁於弱水，苻洛追之，退還陰山。」此經上有「陰山」，下有「弱水」，當即是也。**而西流注于洛。**懿行案：太平寰宇記云：「保安軍，吃莫河在軍北一

〔一〕「穀」，原本作「榖」，吳氏本作「穀」。按山上非人墾種，無由生百穀，應以穀木爲是。據吳氏本改。

十里，源出蕃部吃莫川，南流，在軍北四十里入洛河，不勝船筏。」案此則吃莫川即弱水也。今水出陝西靖邊縣，東南流，至保安縣西入洛。

西五十里曰罷父之山。洱水出焉，音「耳」。懿行案：玉篇、廣韻並云「洱出罷谷山」，即此水也。隋書地理志云「洛源有洱水」，即此水也。「父」、「谷」字形相近，疑此經「父」當爲「谷」字之譌也。在今甘肅慶陽府。而西流注于洛，其中多玼、碧。懿行案：「玼」、「碧」二物也。玼即玼石。

北百七十里曰申山。懿行案：水經河水注引此經，云：「西次四經之首曰陰山，西北百七十里曰申山。」案自陰山至此凡二百七十里。水經注脱「二」字。其上多穀、柞，其下多杻、橿，其陽多金、玉。區水出焉，而東流注于河。懿行案：水經云「河水南過上郡高奴縣東」，注云「河水又右會區水」，引此經云云，「區水，世謂之清水」。

北二百里曰鳥山。懿行案：穆天子傳云「有鷓鳥之山」，疑即此。「鷓」，玉篇同「鵑」。其上多桑，其下多楮。其陰多鐵，其陽多玉。辱水出焉，而東流注于河。懿行案：穆天子傳云「天子飲于溽水之上」，疑即是水也。水經注云「河水又南，右納辱水」，引此經云云，「其水東流，俗謂之秀延水。又東會根水，又東南，露跳水亂流注於河」。

又北百二十里曰上申之山。上無草木而多硌石，硌，磊硌，大石貌也。音「洛」。懿行案：老子下篇云：「不欲琭琭如玉，珞珞如石。」「珞」，本或作「落」，依字當爲「硌」也。玉篇

引老子正作「硌」，云：「硌，山上大石。」李善注魯靈光殿賦引此郭注，作「礧硌，大石也」。下多

榛、楛。榛子似栗而小，味美。楛木可以爲箭。詩云：「榛楛濟濟。」「臻」「怙」兩音。 懿行

案：「榛」、「楛」見陸璣詩疏。廣雅云：「亲，栗也。」說文云：「楛，木也。」陸璣疏云：「形似荆而赤莖似蓍。」獸多白鹿。 懿行案：周書王會篇云：「黑齒白鹿。」周語云：「穆王征犬戎，得四白

鹿。」穆天子傳云：「白鹿一㿗，麋逸出走。」㖾行案：玉篇云「北㕍，鳥名」，疑即此。「㕍」、「㕍」古字通。其鳥多當扈，或作「户」。 懿行

音「眩」。 懿行案：說文云：「旬，或作眴，目揺也。」其狀如雉，以其髯飛，髯，咽下須毛也。食之不眴目。 懿行案：水經

注云：「河水又南，諸次之水入焉。」又南，湯水注之。」引此經云。湯水出焉，東流注于河。 懿行案：水經

又北百八十里曰諸次之山。諸次之水出焉，而東流注于河。 懿行案：水經注云

「諸次水出上郡諸次山」，引此經云云，「其水東逕」榆林塞，世又謂之榆林山，即漢書所謂榆谿舊塞

也。其水東入長城，小榆林水合焉。又東合首積水，又東入於河」，引此經云云。是山也，多木

無草，鳥獸莫居，是多衆蛇。 懿行案：水經注引此經，作「象蛇」，則與北次三經陽山之鳥同

名。今各本並作「衆蛇」，疑水經注訛。

又北百八十里曰號山。其木多漆、棫，漆樹似樗也。 懿行案：俗語云：「櫄、樗、栲、

漆，相似如一」，見爾雅注及詩釋文。其草多藥、虈、芎藭。藥，白芷別名。虈，香草也。芎藭，

一名江蘺。「葯」音烏較反。　懿行案：王逸注楚詞九歌云：「葯，白芷也。」廣雅云：「白芷，其葉謂之葯。」是郭所本也。爾雅釋文引本草云：「蘪蕪，一名江蘺，芎藭苗也。」是芎藭、江蘺又為一物。説文云：「芎藭，香草也。」案芎藭即鞠藭，左傳謂之「山鞠藭」。

多汸石。　「汸」或音「金」。　未詳。　懿行案：説文「汸」本字作「淦」，云：「泥也，從水，金聲。」與郭音合。「汸石」，蓋石質柔耎如泥者，今水中土中俱有此石也。

端水出焉，而東流注于河。　水西出號山。　懿行案：水經注云：「圓水又東逕圓陽縣南，東流注於河。　河水又東，端水入焉。」引此經云云。

又北二百二十里曰孟山。　音「于」。　懿行案：水經注引此經郭注，云「孟或作明」，今本脱之。「孟」，疑當作「盃」。太平御覽九百九卷引此經，正作「盃」。大戴禮誥志篇云：「明，盃也。」「明」、「孟」同聲，故「盃」或作「明」。

其陰多鐵，其陽多銅。其獸多白狼、白虎，　外傳曰：「周穆王伐犬戎，得四白狼、白虎，虎名魃魐。」　懿行案：郭引外傳者，周語文也。藝文類聚九十九卷引郭氏讚云：「矯矯白狼，有道則遊。應符變質，乃銜靈鉤。惟德是適，出殷見周。」案穆天子傳云：「爰有赤豹、白虎。」此注或云「白虎名魋，黑虎名艫」，今本又脱「黑虎名」三字也。「白狼銜鉤」見緯書。爾雅云：「魋，白虎。」「艫，黑虎。」

其鳥多白雉、白翟。　或作「白翠」。　懿行案：雉、翟一物二種，經「白翟」當為「白翠」。

生水出焉，　懿行案：「生水」，水經注謂之「奢延水」，云「出奢延縣西南赤沙阜，東北流」，引此經「所謂

生水出孟山」者也。又云：「洛川在南，俗因縣土，謂之奢延水，又謂之朔水矣。」案地理志上郡有奢延縣，即鄜注所指也。「奢延」合聲爲「生」，「生」、「朔」聲之轉，皆方俗語異、字隨音變也。「而東流注于河」矣。

懿行案：水經云「河水又南過離石縣西」，注云「奢延水注之」，即此經云「東流注于河」矣。離石屬西河郡。

　　西二百五十里曰白於之山。懿行案：山在今甘肅安化縣。元和郡縣志云「洛源縣白於山，一名女郎山，在縣北三十里。」上多松、柏，下多櫟、檀。櫟即柞。說文云：「櫟」見爾雅。其獸多㸰牛、羬羊，其鳥多鴞。鴞似鳩而青色。懿行案：「鴞」見陸璣詩疏。洛水出于其陽，懿行案：洛水，雍州浸。水經注引闞駰以爲漆沮水也。說文云：「洛水出左馮翊歸德北夷界中，東南入渭。」地理志云：「北地郡，歸德：洛水出北蠻夷中，入河。」淮南墬形訓云「洛出獵山」，高誘注云：「獵山在北地西北夷中。」是則「獵山」即「白於山」之異名矣。又案西次二經「泰冒之山，洛水出焉」，即斯水也。太平寰宇記云「洛水源出白於山，經上郡雕陰縣秦望山」，「秦望山」當即「泰冒山」，蓋洛水本出白於山，而東經泰冒山，二山一是發源，一是所經，此經則通謂之「出」也。而東流注于渭。懿行案：禹貢云「漆沮既從，灃水攸同」。渭又東過漆沮。漆沮水即洛水也。水經云「渭水又東過華陰縣北」，注云「洛水入焉」。說文云：「洛，東南入渭。」地理志云「入河」者，合渭而入河也。今則直入於河矣。夾水出于其陰，東流注于生水。懿行案：畢氏云：「夾水，疑即甘

蕭靖邊縣東葭麥河也。其水合紅柳河，逕塞外，又東至縣，入於奢延水。水即生水也。

西北三百里曰申首懿行案：藝文類聚二卷、太平御覽十二卷並引此經，作「由首」。之

山。無草木，冬夏有雪。懿行案：山當在今陝西榆林府北塞外，地極高寒，故不生草木，冬夏

有雪。申水出于其上，潛于其下，是多白玉。

又西五十五里曰涇谷之山。或無「之山」二字。懿行案：初學記六卷引此經，亦有

「之山」二字。涇水出焉，或以此爲今涇水，未詳。懿行案：「涇水」已見西次二經「高山」，又

見海內東經，俱非此。此則涇谷水也，水經注云：「渭水逕縣諸道東，又東南，合涇谷水。水出西

南涇谷之山。懿行案：水經注云：「涇谷水又東北歷董亭下，東北流，注於

渭。」引此經云云。然經云「東南」，酈云「東北」，與經不合。初學記引此經，無「南」字。是多白

金、白玉。

又西二百二十里曰剛山。多柒木，懿行案：柒，木名也。廣韻以「柒」爲「漆」俗字，俗又

以代紀數之「七」字，並非。多琈㻬之玉。剛水出焉，北流注于渭。是多神魃，魃，亦魑魅

之類也。音恥回反。或作「魏」。懿行案：「魏」，疑當爲「魑」字之或體。說文云：「魑，神獸

也。從鬼，隹聲。」與郭音義俱合。又云「或作魏」者，「魏」當爲「魑」。說文云：「魑，厲鬼也。」玉

篇云：「魑，丑利切。」其狀人面獸身，一足一手，懿行案：說文云：「夔，神魖也。如龍，一足。

从攵。象有角、手、人面之形。」許君所説形狀正與此經合,再證以「尳」字之解,則知「神魗」當爲

「神魗」字之誤也。其音如欽。 「欽」亦「吟」字假音。 懿行案:説文:「欽,欠皃。」蓋人呵

欠則有音聲也。

又西二百里至剛山之尾。洛水出焉,而北流注于河。 懿行案:此又一洛水也,所未

能詳。其中多蠻蠻,其狀鼠身而鼈首,其音如吠犬。 懿行案:蠻蠻之獸與比翼鳥同名,疑

即貛也。 「貛」、「蠻」聲相近。説文云:「獱,或作貛,獺屬。」文選羽獵賦注引郭氏三蒼解詁曰:

「貛似狐,青色。居水中,食魚。」

又西三百五十里曰英鞮之山。 懿行案:玉篇作「莫靴山」。上多漆木,下多金、玉,

鳥獸盡白。 懿行案:史記封禪書云「蓬萊、方丈、瀛洲(一),此三神山,其物禽獸盡白」,亦此類。

浼水出焉, 「浼」或作「浼」。音「宛柱」之「宛」。 懿行案:玉篇正作「浼」,云「水出莫靴山」,

蓋「英鞮山」之異文也。而北注于陵羊之澤。 是多冉遺之魚, 懿行案:玉篇有「鱸」字,音

「唯」,無「訓」。太平御覽九百三十九卷引此經,作「無遺之魚」,疑即「蒲夷之魚」也,見北次三經「碣

石之山」下。 「蒲」、「無」聲相近,「夷」、「遺」聲同。 魚身蛇首六足,其目如馬耳,食之使人

(一)「洲」,原本作「州」,據史記改。

不睞，懿行案：説文云：「睞，艸入目中也。」可以禦凶。

又西三百里曰中曲之山。其陽多玉，其陰多雄黃、白玉及金。有獸焉，其狀如馬而白身黑尾，懿行案：爾雅疏引此經，作「身黑二尾」誤。一角，虎牙爪，音如鼓音，懿行案：爾雅注引此經，「鼓」下無「音」字。其名曰駮，是食虎豹，爾雅云：「駮如馬，倨牙，食虎豹」郭注引此經，云：「有獸名駮，如白馬，黑尾，倨牙，音如鼓，食虎豹。」今此經無「倨牙」，海外北經有之，郭蓋并引二經之文也。劉逵注吳都賦引此經，云「駮如馬，白身黑尾，一角，鋸牙虎爪，音如鼓，能食虎」駮亦在畏獸畫中。懿行案：爾雅云：「駮如馬，倨牙虎爪，音如鼓，能食虎」亦并引二文也。管子小問篇云：「桓公乘馬，虎望見之而伏。桓公問管仲，對曰：『意者君乘駮〔一〕馬而洴桓，迎日而馳乎？』公曰：『然。』管仲對曰：『此駮象也。駮食虎豹，故虎疑焉。』」説苑又云：「豹食駮，駮食虎。駮之狀有似駮馬。」三書所説，並與此經合。可以禦兵。養之辟兵刃也。

有木焉，其狀如棠，而員葉赤實，實大如木瓜，木瓜如小瓜。懿行案：「棌，木瓜。」見爾雅。名曰櫰木，音懷。懿行案：爾雅云：「櫰，槐。大葉而黑」非此也。「櫰」通作「槐」，又通作「褢」。廣雅云：「褢，續斷也。」本草別錄云：「續斷，一名接骨，一名槐。」陶注云：「有接骨樹。」顏師古注急

〔一〕「駮」原本誤作「駿」，據管子改。

就篇云：「續斷，即今所呼續骨木。」據諸書所說，接骨木即此經欓木與？**食之多力。**尸子曰：

「木食之人，多爲仁者，名爲若木。」此之類。

懿行案：大戴禮易本命篇云：「食木者多力

而拂。」

又西二百六十里曰邽山。音「圭」。

懿行案：地理志云「隴西郡，上邽」，應劭曰：「史

記故邽戎邑也。」水經云「渭水東過上邽縣」，注云：「渭水東歷縣北邽山之陰。」**其上有獸焉，其**

狀如牛，蝟毛，名曰窮奇，音如獆狗，是食人。或云似虎，蝟毛，有翼。銘曰：「窮奇之獸，

厥形甚醜。馳逐妖邪，莫不犇走。是以一名，號曰神狗。」懿行案：「窮奇」，與海內北經所說有

異。郭又引「或云似虎，有翼」，則與彼實一物矣。銘蓋郭氏圖讚之文。窮奇惡獸，而云「馳逐妖

邪」者，後漢禮儀志説大儺逐疫，使十二神，有云「窮奇、騰根共食蠱」，是窮奇又能驅逐凶邪，爲人

除害，故復「號曰神狗」也。**濛水出焉，**音「蒙」。懿行案：水經渭水注云：「濛水出縣西北邽

山，翼帶衆流，積以成谿，東流南屈，逕上邽縣故城西，側城南出。」**南流注于洋水。**懿行案：水

經注云：「藉水即洋水也，北有濛水注焉。」又云：「濛水又南注藉水。」引此經云云。**其中多黃**

貝、貝，甲蟲，肉如科斗，但有頭尾耳。懿行案：郭注爾雅釋魚與此注同。**嬴魚，**音「螺」。

懿行案：「嬴」，玉篇、廣韻並作「蠃」。玉篇云：「魚有翼，見則大水。」**魚身而鳥翼，音如鴛鴦，**

見則其邑大水。

又西二百二十里曰鳥鼠同穴之山。今在隴西首陽縣西南，山有鳥鼠同穴，鳥名曰䳟，鼠名曰鼵。鼵如人家鼠而短尾。䳟似燕而黃色。穿地入數尺，鼠在內，鳥在外而共處。孔氏尚書傳曰「共爲雌雄」，張氏地理記云「不爲牝牡」也。

懿行案：地理志云：「隴西郡，首陽：禹貢鳥鼠同穴山在西南。」史記夏本紀正義引括地志云：「鳥鼠山，今名青雀山，在渭州渭源縣西七十六里。」又引此經郭注云：「鳥名䳟，鼠名鼵，如人家鼠而短尾，䳟似鵽而小，黃黑色。穴入地三四尺。鵽音余。鼵，扶廢反。鵽，丁刮反，似雉也。」所引郭注與爾雅注略同，以校此注則異。然「鼵」爾雅仍作「鵽」，與此同也。且爾雅說鼠有十三種，中有「鼵鼠」，郭云「形則未詳」，若據史記正義所引，是「鼵鼠」形狀郭亦頗能詮說，不應注雅復云「未詳」，是此注之「鼵」不作「鼵」字審矣。

渭水出焉，而東流注于河。出山東，至弘農華陰縣入河。杜林說夏書，以爲出鳥鼠山。

懿行案：說文云：「渭水出隴西首陽渭首亭南谷，東入河。」水經與說文同，「渭首亭」作「渭谷亭」。地理志云：「鳥鼠同穴山，渭水所出，東至船司空入河。」

其中多鰠魚，音「騷」。

懿行案：「鰠」字見玉篇，音義與此同。

其狀如鱣魚，鱣魚，大魚也，口在頷下，體有連甲也。動則其邑有大兵。

懿行案：「鱣」見爾雅，郭注詳之。「鮎」、「鯉」亦見爾雅，然非一魚。注蓋本作「鮎鯉」。或脫「無從動則」以下語者。

懿行案：太平御覽九百三十九卷引此經圖讚云：「物以感應，亦不

數動。壯士挺劍，氣激江涌。騷魚潛淵，出則民悚。」濫水出于其西，音「檻」。　懿行案：水經

河水注云：「洮水又北，逕狄道故城西，東北流，又北，隴水注之，即山海經所謂濫水也。水出鳥鼠

山西北高城嶺。」西流注于漢水。懿行案：博物志「濫」作「溫」，云「水出鳥鼠山，下注漢水」。

水經注云「濫水注於洮水」，與此經異。多鰠鮋之魚，「如」「批」兩音。　懿行案：郭氏江賦云

「文鰩磬鳴以孕珍」，李善注引此經亦作「文鰩」，又引郭注作「音鮋」，無「鰩」字之音，是「鰩鮋」古

本作「文鰩」可證。　其狀如覆銑，懿行案：説文云：「銑，溫器也。」鳥首而魚翼魚尾，是生

珠、玉。　亦珠母蚌類，而能生出之。　音如磬之聲，懿行

案：玉篇引此經，無「魚翼」二字。　江賦注引此經，「魚翼」無「魚」字。　音如磬之聲，是生

尾，鳴似磬而生珠。」説文云：「宋弘云：批，珠之有聲。夏書『批』作『蠙』。蓋『批』即『鮋』也，古

字通。「有聲」即「音如磬」是矣。御覽九百三十九卷引此經圖讚云：「形如覆銑，苞玉含珠。有

而不積，泄以尾間。闇與道會，可謂奇魚。」

西南三百六十里曰崦嵫之山。日没所入山也，見離騷。「奄」「兹」兩音。　懿行案：

離騷云「望崦嵫而未迫」，王逸注云：「崦嵫，日所入山也。下有蒙水，水中有虞淵。」穆天子傳云

「天子升于弇山」，郭注云：「弇兹山，日所入也。」玉篇引此經，作「崦嵫山」。　**其上多丹木，**懿行

案：崟山亦有丹木，與此異。其葉如榖〔一〕，其實大如瓜，赤符懿行案：「符」，疑借爲「柎」字。音「府」，或讀如本字。而黑理，食之已癉，可以禦火。其陽多龜，其陰多玉。苕或作「若」。水出焉，懿行案：若水疑即蒙水也。「若」、「苕」字形相近。上文「龍首之山，苕水出焉」，初學記亦引作「若水」。而西流注于海，禹大傳曰：「洦盤之水，出崟崝山。」懿行案：離騷云「朝濯髮乎洦盤」，王逸注云：「洦盤，水名也。」引禹大傳與此注同，是郭以「洦盤」即苕水矣。

其中多砥、礪。磨石也。精爲砥，麤爲礪也。懿行案：説文云：「厎，柔石也。」或作砥。厎，旱石也。或作厲。」「礪」，俗字也。玉篇云：「崦嵫礪石可磨刃。」有獸焉，其狀馬身而鳥翼，人面蛇尾，是好舉人，喜抱舉人。名曰蠪姪。有鳥焉，其狀如鴞而人面，蜼身犬尾，蜼，獼猴屬也。音「贈遺」之「遺」，一音「誄」。見中山經。「尾」又作「皆」。懿行案：「蜼」見中次九經「崵山」。其名自號也，或作「設」，設亦呼耳，疑此脫誤。懿行案：注「設亦呼耳」，「設」無「呼」義，是知「設」蓋「詼」字之譌也。郭云「疑此脫誤」者，既云「其名自號」，而經無其名，故知是脫。見則其邑大旱。

〔一〕「榖」，原本作「穀」。按穀爲類名，有五穀、百穀之稱，其葉不一，且丹木爲木，其葉自應與榖木相似。吳氏本正作「榖」，據改。

凡西次四經自陰山以下至于崦嵫之山，凡十九山，三千六百八十里。懿行案：

今三千五百八十五里。其神祠禮：皆用一白雞祈，懿行案：「祈」當爲「鬯」，已見上文畢氏

云。糈以稻米，白菅爲席。

右西經之山懿行案：「山」下脫「志」字。凡七十七山，懿行案：當云「七十八山」。

一萬七千五百一十七里。懿行案：經當有一萬七千五百二十一里，今則一萬八千一

十二里。

山海經第三

晉郭璞傳　棲霞郝懿行箋疏

北山經

北山經之首曰單狐之山，懿行案：玉篇、廣韻並作「嶍孤山」。多机木，机木似榆，可燒
以糞稻田，出蜀中。音「飢」。懿行案：説文云「机，木也」，段氏玉裁注云：「蓋即榿木也。今
成都榿木樹讀若『豈』，平聲。揚雄蜀都賦曰『春机楊柳』。『机』、『榿』古今字。『榿』見杜詩。」其
上多華草。懿行案：「華草」未詳。爾雅雖云「葟，一名華」，而非山上之草。呂氏春秋別類篇云
「夫草有莘有藟」，太平御覽九百九十四卷引「莘」作「華」，然則「華草」豈是與？呂氏春秋説此草
云：「獨食之則殺人，合而食之則益壽。」此經不言，未知其審，存以俟攷。漨水出焉，音「逢」。懿行
而西流注于泑水，懿行案：「泑水」已見西次三經。其中多茈石、文石。懿行
案：本草別録云：「紫石華一名茈石華，生中牟山陰。」疑「茈」當為「茈」。「茈」古字，假借為「紫」
也。中次六經云「婁涿之山，陂水，其中多茈石、文石」，正作「茈」字，明此作「茈」誤。鹽鐵論云
「周人以紫石」，蓋即「茈石」矣。

又北二百五十里曰求如之山。其上多銅，其下多玉，無草木。滑水[懿行案：藏經

本郭注有「作渭水」三字。]出焉，而西流注于諸㘩之水。[水出諸㘩山也。懿行案：西次三

經云「槐江之山，北望諸㘩」，即此山也。]其中多滑魚，[懿行案：藏經本郭注有「作�魚」三字。

玉篇、廣韻並云：「鰽，魚名。」]其狀如鱓，赤背，[鱓魚似蛇。音「善」。]其音如梧，[如人相枝梧

聲。音「吾子」之「吾」。[懿行案：義當如「據梧」之「梧」。莊子齊物論篇釋文引司馬彪云「梧，

琴也」，崔譔云「琴瑟也」。][懿行案：「疣」當為「肬」。說文云：「肬，贅

也。籀文作𤴯。」]其中多水馬，其狀如馬，文臂牛尾，[臂，前腳也。][懿行案：「疣」當為「肬」。說文云：「肬，贅

腰。」[漢武元狩四年，燉煌渥洼水出馬，以為靈瑞者，即此類也。][周禮曰：「馬黑脊而斑

臂，漏」，鄭注云：「『漏』當為『螻』，如螻蛄臭也。」][『漏』當為『螻』，如螻蛄臭也。]其音如呼。[如人叫呼。][懿行案：「呼」謂

馬叱吒也。][穆天子傳云「其馬歕沙」「其馬歕玉」。說文云：「歕，吹气也。」]

又北三百里曰帶山。其上多玉，其下多青碧。有獸焉，其狀如馬，一角有錯，[言

角有甲錯也。或作「厝」。][懿行案：「錯」，依字正當為「厝」。說文云：「厝，厲石也。」引詩曰：

「他山之石，可以為厝。」今詩通作「錯」。]其名曰䑏疏，[音「歡」。][懿行案：周書王會篇云「俞

人雖馬」，孔晁注云：「雖，如馬一角。」案「雖」見爾雅。][「雖」、「疏」俱聲相轉。]可以辟火。

有鳥焉，其狀如烏，五采而赤文，名曰鵸𪇖，[上已有此鳥，疑同名。][懿行案：「鵸𪇖」已見

西次三經「翼望之山」。莊子天運篇釋文引此經，云「其狀如鳳，五采文，其名曰奇類」，與今本異。

是自爲牝牡，懿行案：廣雅云：「鵁鷱，怪鳥屬也。」玉篇云：「鵁鵱鳥自爲牝牡。」廣韻亦同。是

「鵁鷱」即「鵁鵱」之異名。

其中多鰷魚，音「由」。懿行案：「鰷」與「鯈」同。玉篇作「鯈」，云「徒堯切，又直流切」是也。

其狀如雞而赤毛三尾，懿行案：玉篇云：「鯈似雞，赤尾。」與今本異。

音如鵲，食之可以已憂。懿行案：太平御覽九百三十七卷引此經圖讚云：「泪和損平，莫慘

於憂。詩詠萱草，山經則鯈。」

又北四百里曰譙明之山。譙水出焉，西流注于河。其中多何羅之魚，一首而

十身，其音如吠犬，懿行案：初學記三十卷引此經，作「犬吠」。食之已癰。懿行案：初學

記引此經，「癰」作「擁」，誤。

有獸焉，其狀如貆而赤豪，貆，豪豬也，音「丸」。懿行案：

「豰豬」、「白豪」已見西山經。其音如榴榴，懿行案：「榴榴」已見西次三經「陰山」。名曰

孟槐，可以禦凶。辟凶邪氣也。亦在畏獸畫中也。是山也，無草木，多青雄黃。一作

「多青碧」。

又北三百五十里曰涿光之山。嚻水出焉，而西流注于河。其中多鰼鰼之魚，音「袴褶」之「褶」。懿行案：「鰼，鰼」，見爾雅，非此。廣韻引此經，作「鰼魚」，不作重文。其狀如鵲而十翼，鱗皆在羽端，其音如鵲，可以禦火，懿行案：太平御覽九百三十九卷引此經圖讚云：「鼓翾一運，十翼翻翻。厥鳴如鵲，鱗在羽端。是謂怪魚，食之辟燔。」食之不癉。其上多松、柏，其下多椶、橿。其獸多麢羊，其鳥多蕃。未詳，或云即鸚，音「煩」。懿行案：「蕃」通作「繁」。楚詞天問云「繁鳥萃棘」，王逸注引「有鴞萃止」爲釋。廣雅亦以鴞鳥爲鸚。「鸚」、「繁」於「蕃」並同聲假借字，皆郭所本也。

又北三百八十里曰號山。懿行案：初學記及太平御覽引此經，並作「號山」，爾雅疏引作「虢山」，「虢」即「號」字異文也。其上多漆，其下多桐、椐。桐，梧桐也。椐，樻木，腫節中杖。「椐」音「袪」。懿行案：「桐」、「椐」並見爾雅，郭注「椐」與此注同。其陽多玉，其陰多鐵。伊水出焉，西流注于河。其獸多橐駝。有肉鞍，善行流沙中，日行三百里，其負千斤，知水泉所在也。懿行案：初學記二十九卷引此經，云「善行流沙中」云云，蓋并引郭注也。爾雅「爆牛」，郭注云：「領上肉䏶肤起，高二尺許，狀如橐駝肉峯一邊，健行者日三百餘里。」釋文云「橐」，字又作『駞』。音『託』，又音『洛』。」引字林云：「駞駱似鹿而大，肉峯，出繞山也。」案「繞山」見下文。郭云「知水泉所在」者，藝文類聚九十四卷引博物志，云：「燉煌西渡流沙，往外國，濟沙

千餘里，中無水。時有伏流處，人不能知。駱駝知水脈，過其處輒停不行，以足踏地。人於所踏處掘之，輒得水也。」初學記引郭氏圖讚云：「駝惟奇畜，肉峯是被。迅鶩流沙，顯功絕地。潛識泉淵，徵乎其智。」**其鳥多寓，**懿行案：方言云：「寓，寄也。」爾雅有「寓屬」，又有「寓鼠曰嘯」。此經「寓鳥」蓋蝙蝠之類，唯蝙蝠肉翅為異。廣韻云「鸓鼠，鳥名」，謂是也。玉篇云「鸓，語俱切。似禿鶖，見則兵起」，非此。**狀如鼠而鳥翼，其音如羊，可以禦兵。魚水**懿行案：太平御覽八百七卷引此經，作「陰山」、「漁水」。**出焉，西流注于河，其中多文貝。**

又北四百里至于虢山之尾，其上多玉而無石。

又北二百里曰丹熏之山。其上多樗、柏，其草多韭、薤，皆山菜，爾雅有其名。懿行案：爾雅云：「藿山韭，蒚山蕍。」**多丹雘。熏水出焉，而西流注于棠水。有獸焉，其狀如鼠而菟首麋身，其音如獥犬，**懿行案：初學記二十九卷引此經，「菟」作「兔」，「麋身」作「麋耳」。「獥」作「嘷」。**以其尾飛，**或作「髯飛」。「獥」音「豪」。懿行案：初學記引此經，亦作「尾飛」。**名曰耳鼠，**懿行案：疑即爾雅「鼯鼠，夷由」也。「耳」、「鼯」、「夷」並聲之通轉。其形肉翅連尾足，故曰「尾飛」。**食之不睬，**睬，大腹也，見埤倉。音「采」。懿行案：本草經云「鼺鼠主墮胎，令產易」，陶注云：「鼺即鼯鼠，飛生鳥也。人取其皮毛，以與產婦持之，令兒易生。」義與此近。**又可以禦百毒。**懿行案：藝文類聚九十五卷引郭氏讚曰：「或以尾翔，或以髯淩。

飛鼠鼓翰，倏然皆騰。用無常所，唯神斯憑。」

又北二百八十里曰石者之山。其上無草木，多瑤碧。懿行案：「碧」，藏經本作「玉」。

泚水出焉，西流注于河。懿行案：水經有兩泚水，南山經「長沙之山」亦有泚水，並與此異也。畢氏引史記司馬相如傳正義云：「山海經『紫淵水出根耆之山，西流注河』。今經無此山，疑『石者』『者』字與『耆』字相近，紫淵即泚水，當即是也。」有獸焉，其狀如豹而文題白身，題，額也。名曰孟極，是善伏，其鳴自呼。

又北百一十里曰邊春之山。或作「春山」。懿行案：穆天子傳有「春山」，即鍾山也。多蔥、山蔥名茖，大葉。懿行案：「茖，山蔥」，見爾雅。山上多蔥，疑即蔥嶺。水經云「河水南入蔥嶺山」，注云：「郭義恭廣志云：『休循國居蔥嶺，其山多大蔥。』」葵、韭、桃、李。山桃，櫨桃，子小，不解核也。懿行案：「櫨桃」見爾雅，郭注與此同。初學記二十八卷引已見西山經。

杠水出焉，懿行案：「邊春之山多李，里人常採之。」太平御覽九百六十八卷引此經，云：「春山之澤，清水出泉。」「清水」或即「杠水」。西流注于泑澤。懿行案：「泑澤」已見西山經「不周之山」。

有獸焉，其狀如禺而文身，善笑，見人則臥，言佯眠也。名曰幽鴳，或作「鴳鴿」。「鴳」音「遏」。懿行案：說文云：「鴳，媟鴳也。」

「嬬，女黑色也。」「鶏」當爲「頮」字之譌。太平御覽九百十三卷引此經圖讚〔一〕云：「幽頮似猴，俾

愚作智。觸物則笑，見人佯睡。好用小慧，終是嬰累。」其鳴自呼。

又北二百里曰蔓聯之山，「蔓」「連」二音。其上無草木。有獸焉，其狀如禺而有

鬣，牛尾、文臂、馬蹄，見人則呼，名曰足訾，懿行案：楚詞卜居云「將呢訾慄斯」，王逸注

云：「承顔色也。」「呢訾」即「足訾」，其音同。「慄斯」即「竦斯」聲之轉，鳥名，見下文。其鳴自

呼。有鳥焉，羣居而朋飛，朋，猶輩也。其毛如雌雉，名曰鶏，音「交」。或作「渴」也。其鳴自

懿行案：玉篇「鶏」云：「白鶏鳥，羣飛，尾如雌雞。」疑經文「毛」當爲「尾」字之譌。又經不言此鳥

白色，玉篇作「白鶏」，疑因經文「曰鶏」相涉而誤衍也。其「雌雞」疑亦「雌雉」之譌。其鳴自呼，

懿行案：爾雅「鳩雉」，郭注云：「黃色，鳴自呼。」此鳥「毛如雌雉，其鳴自呼」，與爾雅合。又「鶏」

或作「渴」，是無正字，疑即鳩雉也。食之已風。

又北百八十里曰單張之山，其上無草木。有獸焉，其狀如豹而長尾，人首而牛

耳，一目，名曰諸犍。音如「犍牛」之「犍」。懿行案：郭既音「犍」，經文必不作「犍」，疑當爲

「楗」字之譌。犍牛之「犍」，説文新附字云：「犍牛也。」玉篇同，而又云「獸似豹，人首，一目」，復

〔一〕「經圖讚」，原作「圖經讚」，「經」字倒錯，據改。

似經文作「犍」不誤，未知其審。

善吒，行則銜其尾，居則蟠其尾。有鳥焉，其狀如雌而文首，白翼黃足，名曰白鵺，音「夜」。懿行案：白鵺即白鵽，郭注爾雅謂之「白鵺」。北次二經「縣雍之山」謂之「白鵺」。「鵺」聲轉，古無正字，疑皆假借爲之。食之已嗌痛，嗌，咽也。穀梁傳曰：「嗌不容粒。」今吳人呼咽爲嗌。懿行案：説文云：「咽，嗌也。」「嗌，咽也。」互相訓。可以已痸。痸，癡病也。懿行案：玉篇云：「痸同瘈，癡也。」與郭義合。又云：「癡，不慧也。」櫟水出焉，而南流注于杠水。

又北三百二十里曰灌題之山。其上多樗、柘，其下多流沙，懿行案：説文云：「漠，北方流沙也。」蓋沙漠之地，其沙多流，此之流沙，當即其類。多砥。有獸焉，其狀如牛而白尾，其音如訊，如人呼喚。「訊」音「叫」。懿行案：玉篇云：「㹊，獸，似牛」本此。名曰那父。懿行案：「那」玉篇作「抝」，云「奴多切」。「㹿斯」，說已見上文。有鳥焉，其狀如雌雉而人面，見人則躍，躍，跳。名曰竦斯，其鳴自呼也。匠韓之水出焉，而西流注于泑澤，其中多磁石。可以取鐵。管子曰：「山上有磁石者，下必有銅。」音「慈」。懿行案：「磁」古通用「慈」。本草云：「慈石，一名玄石。」春秋繁露郊語篇云：「慈石取鐵，頸金取火。」水經渭水注云：「磁石門在阿房前，悉以磁石爲之，令四夷朝者有隱甲、懷刃入門而脅之，以示神。」郭引管子者，地數篇文也。藝文類聚六卷引郭氏讚云：「磁石吸鐵，琥珀取芥。氣有潛通，數亦冥會。物之相感，出乎

意外。」

又北二百里曰潘侯之山。其上多松、柏，其下多榛、楛。其陽多玉，其陰多鐵。有獸焉，其狀如牛而四節生毛，名曰旄牛。今旄牛背、膝及胡、尾皆有長毛。懿行案：爾雅「犣牛」，郭注云：「旄牛也。髀、𨄔、尾皆有長毛。」與此注同。或云旄牛即犛牛也，見中次八經「荊山」「犛牛」注。

邊水出焉，懿行案：「邊」，廣韻作「邊」，俗字也。而南流注于櫟澤。

又北二百三十里曰小咸之山。懿行案：藝文類聚二卷引此經，作「小威之山」。無草木，冬夏有雪。

北二百八十里曰大咸之山。懿行案：藝文類聚九十六卷及太平御覽九百三十三卷引此經，並作「大同之山」。無草木，其下多玉。是山也，四方不可以上。有蛇名曰長蛇，其毛如彘豪，說者云長百尋，其音如鼓柝。如人行夜敲木柝聲。音「託」。今蝮蛇色似艾，綬文，文間有毛如豬鬛，此其類也。常山亦有長蛇，與此形不同。懿行案：左傳云「吳為封豕、長蛇」，即此也。「封豕」見海內經。「長蛇百尋，蛇名「率然」，見孫子九地篇。「蝮蛇」即「蝮虫」，已見南山經「猨翼之山」注。懿行案：常山類聚引郭氏讚云：「長蛇百尋，厥鬚如彘。飛蠢走類，靡不吞噬。極物之惡，盡毒之屬。」

又北三百二十里曰敦薨之山。懿行案：水經注云：「敦薨之山在匈奴之西，烏孫之

東。」其上多椶、枬，其下多茈草。**敦薨之水出焉，而西流注于泑澤，**懿行案：水經注

云：「大河又東，右會敦薨之水。」其水出焉者之北敦薨之山。自西海逕尉犂國。又西出沙山鐵關

谷。又西南流逕連城。又屈而南，逕渠犂國西。故史記曰『西有大河』，即斯水也。又南流注於

河。」引此經，云：「敦薨之水，西流注于泑澤。」「蓋亂河流，自西南注也。」泑澤，即經所謂蒲昌海

也。」**出于昆侖之東北隅，實惟河原**〔一〕，即河水，出昆侖之虛。懿行案：水經及漢書西域

傳並言河出昆侖，然後注泑澤。此經泑澤乃在昆侖之上者。敦薨山在昆侖之東，故其水西注泑

澤，又西出於昆侖之東北隅。河水則自西南來，亦至昆侖之東北隅，重源顯發，與敦薨水合而爲河

源，是「河源」乃受二水之通稱。此經「河源」蓋指敦薨之水，郭云「河水，出昆侖之虛」，似誤。

其中多赤鮭。今名鯸鮐爲鮭魚。音「圭」。懿行案：玉篇云：「鮭，魚名。」「鯸鮐」作「鮴鯸」，

云：「鮴鯸，鮦也（户多切）。食其肝殺人。」劉逵注吳都賦云：「鯸鮐魚狀如蝌斗，大者尺餘，

腹下白，背上青黑，有黄文。性有毒，雖小獺及大魚不敢唼之。蒸煮唼之肥美，豫章人珍之。」是其

形狀也。一名「河豚」。又名「鯢」。「鯢」即「鮭」之或體字耳。又案經言「赤鮭」，今所見鯸鮐魚背

青腹白，絶無赤者。郭云「鯸鮐爲鮭」，既與經不合，而初學記三十卷引此經，云「鯷魚赤目赤鬣者，

食之殺人」，夫「鯷」即「鮎」也，「鯷」與「鮭」聲相近，或初學記所引本在郭注，今脫去之邪？**其獸**

〔一〕「原」，箋疏諸本同。山海經宋淳熙本、吳氏本等皆作「源」。

多兒、旄牛，或作「樸牛」。「樸牛」見離騷天問，所未詳。 懿行案：天問云「恒秉季德，焉得夫朴牛」，王逸注云：「朴，大也。言湯出田獵，得大牛之瑞也。」其鳥多鶌鳩。 懿行案：「鶌」當爲「尸」，藏經本正作「尸」。

又北二百里曰少咸之山。無草木，多青碧。有獸焉，其狀如牛而赤身，人面馬足，名曰窫窳，爾雅云「窫窳似貙，虎爪」，與此錯。「軋」「愈」二音。 懿行案：海內南經云「窫窳龍首，居弱水中」，海內西經云「窫窳蛇身人面」，又與此及爾雅不同。「窫窳」爾雅作「猰貐」。其音如嬰兒，是食人。 敦水出焉，東流注于鴈門之水。水出鴈門山間。 懿行案：水經㶍水注云：「鴈門水東南流，逕高柳縣故城北。又東南流，屈而東北，積而爲潭。敦水導源西北少咸山之南麓，東流逕參合縣故城南。又東，㶍水注之。又北合敦水，亂流東北注鴈門水。」引此經及郭注。 其中多䱔䱤之魚，音「沛」。未詳。或作「鮪」。 懿行案：説文云：「䱔，魚名，出樂浪潘國。」「䱤」訓同，「一曰鮪魚出江東，有兩乳，一名䱔䱤」。廣雅云：「䱔䱤，鮞也。」「鱄」一作「鮪」；晉書夏統傳云「後作鮪鮞」，語轉爲「䱤鮪」，太平御覽九百三十九卷引魏武四時食制云膏少肉」；玉篇云「欲風則踊鮪鮞」。引何超音義引坤倉云「鮪鮞，鮞魚也。一名江豚。多「鰫䱤魚黑色，大如百斤豬，黃肥不可食」，即此經云「食之殺人」矣。 食之殺人。

又北二百里曰獄法之山。瀤澤之水出焉，音「懷」。 懿行案：説文云：「瀤，北方水

也。」即此。　玉篇引此經。

而東北流注于泰澤。其中多鰠魚，音「藻」。　懿行案：太平御覽九百三十九卷引此經圖讚云「鰠之爲狀，半鳥半鱗」是也。

其狀如鯉而雞足，食之已疣。有獸焉，其狀如犬而人面，善投，見人則笑，其名山狉，音「暉」。　懿行案：說文云「狉，獸名。」吳都賦云「狉子長嘯」，劉逵注云：「狉子，猿類。猿身人面，見人則嘯。」「嘯」，蓋與「笑」通。李善注引此經，正作「見人則笑。名狉。狉，胡奔切」，無「山」字，與今本異。

其行如風，言疾。見則天下大風。　懿行案：御覽九百十二卷引此經圖讚云「山狉之獸，見乃歡唬。厥性善投，行如矢繳。是惟氣精，出則風作。」

又北二百里曰北嶽之山。　懿行案：即恒山也。水經謂之「玄嶽」，在今山西大同渾源州。

多枳、棘、剛木。　檀、柘之屬。　懿行案：郭注中山經云「楢，剛木也，中車材」，此經云「枳、棘、剛木」。郭云「檀、柘之屬」者，檀中車材，柘中弓材也。

有獸焉，其狀如牛而四角、人目彘耳，其名曰諸懷，　懿行案：玉篇作「懷」云：「獸似牛，四角人目。」其音如鳴雁，是食人。

諸懷之水出焉，　懿行案：「諸」，廣韻作「瀦」云：「水名，在北嶽。」而西流注于囂水。

其中多鮨魚，音「詣」。　懿行案：說文云「鮨，鮪魚名。」魚身而犬首，　懿行案：初學記及太平御覽九百三十九卷並引此經，作「大首」誤。

其音如嬰兒，今海中有虎、鹿魚及海豨，體皆如魚，而頭似虎、鹿、豬，此其類也。　懿行案：劉逵注吳都賦云：「虎魚，頭、身似虎，或云變而成

虎。

鹿頭魚，有角似鹿。」李善注江賦引臨海異物志曰：「鹿魚，長二尺餘，有角，腹下有腳如人

足。」又引臨海水土記曰：「海豨，豕頭，身長九尺。」然則推尋郭義，此經「鮨魚」蓋魚身魚尾而狗

頭，極似今海狗。登州海中有之，其狀非狗非魚，本草家謂之「骨䏶獸」是也。食之已狂。懿行

案：日華本草云「䐽䏶獸，療驚狂癇疾」，與此經合。「䐽䏶」即海狗也。

又北百八十里曰渾夕之山。無草木，多銅、玉。懿行案：銅、玉二物也。北次二經

「諸餘之山」復「多銅、玉」。囂水出焉，而西北流注于海。有蛇一首兩身，懿行案：藏經本

「首」作「頭」。「兩身」下有「四足」二字。名曰肥遺，見則其國大旱。管子曰「涸水之精名曰

蝸，一頭而兩身，其狀如蛇，長八尺，以其名呼之，可使取魚龜」，亦此類。懿行案：管子水地篇

文也。説文「蝸」即「逶」字之或體，「逶迆」即「委蛇」也，與「肥遺」聲相近，豈即是與？

又北五十里曰北單之山。無草木，多蔥、韭。懿行案：穆天子傳云

又北百里曰羆差之山。無草木，多馬。野馬也，似馬而小。懿行案：

「野馬走五百里」，郭注云：「野馬亦如馬而小。」爾雅釋畜云「野馬」，郭注云：「如馬而小，出

塞外。」

又北百八十里曰北鮮之山，是多馬。鮮水出焉，而西北流注于涂吾之水。漢元

狩二年，馬出涂吾水中也。懿行案：漢書武帝紀云「元狩二年，馬生余吾水中」，應劭注云：「在

朔方北。」文選長楊賦注引此經，作「北經余吾水」，史記匈奴傳索隱引此經，亦作「北流注余吾」，並無「西」字，又並作「余吾」，不加水旁也。地理志云「上黨郡，余吾」，疑縣因水爲名。

又北百七十里曰隄山，或作「陜」，古字耳。　懿行案：左傳云：「冀之北土，馬之所生。」故此三山並云「多馬」，今名馬多出西北也。

多馬。　懿行案：玉篇云：「陜，古文作陜。」本此。

有獸焉，其狀如豹而文首，名曰狕。　音「幺」。　懿行案：玉篇云：「狕，獸名。」隄水出焉，而東流注于泰澤，其中多龍龜。　懿行案：龍、龜二物也。或是一物，疑即吉弔也，龍種龜身，其膏至輕利，銅及瓦器盛之皆浸出，置雞卵殼中則不漏，其透物甚於醍醐也。」見證類本草及李時珍本草。故曰「龍龜」。　裴淵廣州記云：「弔生嶺南，蛇頭龜身，水宿木棲。

凡北山經之首自單狐之山至于隄山，凡二十五山，五千四百九十里。　懿行案：今五千六百八十里。　其神皆人面蛇身。其祠之：毛用一雄雞、彘，瘞，吉玉用一珪，瘞，而不糈。　懿行案：言祭不用米，皆薶其所用牲、玉。其山北人，皆生食不火之物。　或作「皆生食而不火」。　懿行案：大戴禮千乘篇説四辟大遠皆不火食。此經唯兩言「不火食」，皆在北山經篇也。淮南原道訓云「雁門之北，狄不穀食」，義亦與此同。

北次二經之首在河之東，其首枕汾，臨汾水上也。音「墳」。　懿行案：水經注引此

經，作「其東首枕汾」。其名曰管涔之山。今在太原郡故汾陽縣北秀容山。「涔」音「岑」。

懿行案：太平寰宇記引郭注有「管音姦」三字，今本蓋脫去之。記文又云：「土人云……其山多菅，

或以爲名。」是經文「管」當爲「菅」矣。山在今山西靜樂縣北。水經注引十三州志曰「汾水出武州

之燕京山」，亦「管涔」之異名也。「太原郡，汾陽」，見漢書地理志；晉志爲「太原國」，其汾陽屬河

東郡也。郭云「汾陽縣北秀容山」，漢志直謂之「汾陽北山」。其上無木而多草，其下多玉。

懿行案：水經注引此經，云「其上無草木而下多玉」，與今本異；然又云「其山有草無木」，復與今

本同。汾水出焉，而西流注于河。至汾陽縣北，西入河。懿行案：地理志云「汾水出汾陽，

至汾陰入河。」郭注「陽」蓋「陰」字之譌也。「汾水」詳見海內東經及郭注。

又西懿行案：「西」，藏經本作「北」。二百五十里曰少陽之山。懿行案：元和郡縣志

云：「交城縣，少陽山在縣西南九十五里」，今太原府有交城。其上多玉，其下多赤銀。銀之

精也。懿行案：穆天子傳有「燭銀」，郭注云「銀有精光如燭」，疑即此。酸水出焉，而東流

注于汾水。懿行案：水經注云：「汾水南逕秀容城東。南與酸水合。水原（一）西出少陽之山，

東南流注於汾水。」其中多美赭。管子曰：「山上有赭者，其下有鐵。」懿行案：説文云：

（一）「原」，水經注汾水作「源」。

「赭，赤土也。」本草謂之「代赭石」。　別錄云：「出代郡者名代赭。出姑幕者名須丸，一名血師。」

郭引管子者，地數篇文也。

又北五十里曰縣雍之山。　今在晉陽縣西，名汲甕。「雍」音「甕」。　懿行案：水經作

「縣雍山」。劉昭注郡國志引此經及郭注，與今本同。史記魏世家正義引此，作「懸雍山」，括地志

亦作「懸雍」，並非。山今在太原縣也。一名龍山，元和郡縣志云「晉陽縣縣雍山，一名龍山，在

縣西南十二里。」案地理志云「太原郡，晉陽：龍山在西北，晉水所出，東入汾」，高誘注淮南隆形訓

亦云「龍山在晉陽之西北」，並非也。水經注云「今在縣之西南。」**其上多玉，其下多銅。其**

獸多閭、麋，閭即羭也，似驢而岐蹏，角如麢羊，一名山驢。周書曰：「北唐以閭。」亦見鄉射禮。

懿行案：周書王會篇云：「北唐戎以閭，閭似瑜冠。」疑「瑜」即「羭」字之譌也。孔晁注云：「射禮

以閭象爲射器。」孔氏及郭注俱本鄉射禮。禮曰：「國中射，則皮樹中；於郊，則閭中。」初學記引

廣志云「驢羊似驢」，即此也。集韻云「閭一角，岐蹏。」**其鳥多白翟、白鶴。**即白鶴也。音于

六反。　懿行案：白鶮即白翰，雉也。見爾雅。

晉水出焉，而東南流注于汾水。東過晉陽

南，又東入汾。　懿行案：水經云：「晉水出晉陽縣西縣雍山，東過其縣南，又東入於汾水。」**其**

中多鮆魚，其狀如儵而赤麟，小魚曰儵。　懿行案：「儵」、「鮹」字通，「麟」、「鱗」聲同。**其**

音如叱，食之不驕。或作「騷」。騷，臭也。　懿行案：「騷臭」蓋即蘊羝之疾，俗名「狐騷」

一〇一

也。太平御覽九百三十九卷引此經圖讚云：「微哉鯈魚，食則不驕。物有所感，其用無標。」

又北二百里曰狐岐之山。懿行案：山在今山西孝義縣西八十里。無草木，多青碧。水西出狐

岐之山，東逕六壁城南，又東合陽泉水。又東逕中陽縣故城南，又東合文水。文水又東南，入於汾

勝水出焉，而東北流注于汾水。懿行案：水經注云：「文水又東南流，與勝水合。水西出狐

水也。」其中多蒼玉。

又北三百五十里曰白沙山，廣員三百里盡沙也，懿行案：此即所謂沙漠。說文云：

「漠，北方流沙也。」無草木鳥獸。鮪水出于其上，潛于其下，出山之頂，停其底也。是多

白玉。

又北四百里懿行案：「百」，藏經本作「十」。曰爾是之山，無草木，無水。

又北三百八十里曰狂山，無草木。是山也，冬夏有雪。狂水出焉，而西流注于

浮水，其中多美玉。

又北三百八十里曰諸餘之山。其上多銅、玉，其下多松、柏。諸餘之水出焉，而

東流注于旄水。懿行案：玉篇作「溔」，云「水名」。

又北三百五十里曰敦頭之山。其上多金、玉，無草木。旄水出焉，而東流注于

印澤。懿行案：「印澤」，下文「北囂山」作「邛澤」。藏經本正作「邛」。其中多騂馬，音

「勃」。

懿行案：郭氏江賦云「騂馬騰波以噓蹀」，李善注引此經，與今本同。初學記八卷引南越

志云：「平定縣東巨海有騂馬，似馬，牛尾，一角。」即此也。「麟形」蓋釋「牛尾」。「敎」即「騂」也，字音同。

其名爲敎，麟形一角。

一角，其音如呼。懿行案：李善注江賦引此經，作「其音如虎」，疑「虎」當爲「嘑」字之譌，「嘑」

與「呼」聲同義亦同。

又北三百五十里曰鉤吾之山。其上多玉，其下多銅。有獸焉，其狀如懿行案：

藏經本無「如」字。**羊身人面，其目在腋下，**懿行案：「腋」俗字也。說文作「亦」，云「人之臂

亦也」；又作「掖」，云「掖，臂下也」。文選注陳琳爲袁紹檄豫州引此經，作「其口腋下」，蓋有脫

誤。**虎齒人爪，其音如嬰兒，名曰狍鴞，是食人。**爲物貪惏，食人未盡，還害其身，像在夏

鼎，左傳所謂「饕餮」是也。「狍」音「咆」。懿行案：呂氏春秋先識覽云：「周鼎著饕餮，有首無

身，食人未咽，害及其身，以言報更。」是郭所本也。注蓋圖讚之文，與今世所傳復不同。文選注陳

琳爲袁紹檄引此注「貪惏」作「貪婪」「夏鼎」作「禹鼎」。

又北三百里曰北嚻之山，無石。其陽多碧，其陰多玉。有獸焉，其狀如虎而白

身犬首，馬尾彘鬣，名曰獨狢。音「谷」。懿行案：說文云：「北嚻山有獨狢獸，如虎白身，

豕鬣，尾如馬。」本此。又云：「㲋，似羊羊，出蜀北嚻山中，犬首而馬尾。」今本經無此獸，北嚻山又

不在蜀也。**有鳥焉，其狀如烏，人面，名曰鸑鵑，**「般」「冒」兩音。或作「夏」也。懿行案：

「鸑鵑」見玉篇。郭云「或作夏」者，「夏」形聲近「賈」。大荒南經有「鷹賈」，郭注云「賈亦鷹

屬。」水經注引莊子有「雅賈」，蓋是烏類。經言此鳥「狀如烏」，疑是也。又言「宵飛晝伏」，則似今

訓狐。訓狐即鵂鶹之屬，其狀如鷹，「鷹賈」之名或以此。**宵飛而晝伏，**鵂鶹之屬。**食之已喝。**

中熱也。音「謁」。**涔水出焉，而東流注于邛澤。**懿行案：説文云：「浛水出北䣛山，入邛

澤。从水舍聲。」玉篇同説文。是經文「涔」當爲「浛」，今本或形近而譌也。「邛」亦當爲「邙」。上

文作「䣛澤」，疑亦形近而譌。

又北三百五十里曰梁渠之山，無草木，多金、玉。脩水出焉，而東流注于鴈門。

水名。懿行案：地理志云：「代郡，且如……于延水出塞外，東至寧入沽。」水經灅水注云「即脩水

也。水出塞外柔玄鎮西長川城南小山」，引此經云云。又云「鴈門水東逕大甯郡，有脩水注之」，引

此經。又云：「地理志有于延水而無鴈門、脩水之名，山海經有鴈門之目而無説，于延河自下亦通

謂之于延水矣。」今案「鴈門水」即灅水也。説文云：「灅水出鴈門陰館累頭山，東入海，或曰治水

也。」許君此釋本地理志「雁門郡，陰館」注而爲説，是雁門水一名治水。地理志説「于延水入沽」，

即此經云「脩水注于雁門」矣。「沽」當從説文作「治」。**其獸多居暨，**懿行案：「暨」，玉篇、廣韻

並作「毉」。玉篇無「居」字，廣韻作「毉居」。**其狀如彙而赤毛，**彙似鼠，赤毛，如刺猬也。「彙」

音「渭」。

懿行案：爾雅云「彙，毛刺」郭注云：「今蝟，狀如鼠。」與此注同。蝟蒼白色，此注「赤」字、「猬」字並衍。又「彙」，玉篇、廣韻並作「蝟」；「赤毛」，廣韻作「赤尾」也。其音如豚。

有鳥焉，其狀如夸父，或作「舉父」。 懿行案：西次三經云「崇吾之山，有獸曰舉父」，或作夸父」。此經「鳥如夸父」，「或作舉父」，「舉」、「夸」聲相近，故古字通也。 四翼一目犬尾，名曰𪁺，其音如鵲，食之已腹痛，可以止衕。 治洞下也。音「洞」。 懿行案：玉篇云：「衕，下也。」義與郭同。

又北四百里曰姑灌之山，無草木。是山也，冬夏有雪。

又北三百八十里曰湖灌之山。其陽多玉，其陰多碧。多馬。湖灌之水出焉，而東流注于海，其中多䱤。 亦「鱓魚」字。 懿行案：李善注王褒四子講德論引郭氏此經注，曰：「鱓魚，似蛇。時闡切。」疑即今本注下脫文也。 大戴禮勸學篇云「蚍䱤之穴」，「䱤」即「鱓」字也。玉篇云：「䱤魚似蛇，同鱓。」集韻云：「䱤，上演切，音善」有木焉，其葉如柳而赤理。 懿行案：柳有一種赤者，名赤柳。 晉書地理志云：「丹陽：丹陽山多赤柳。」

又北水行五百里，流沙三百里，至于洹山。 懿行案：水經云「洹水出上黨泫氏縣」注云：「水出洹山，山在長子縣也。」計其道里不相應，當在闕疑。 其上多金、玉。三桑生之，其樹皆無枝，其高百仞。 懿行案：海外北經云「三桑無枝，在歐絲東，其木長百仞」，即此。 百果

樹生之，其下多怪蛇。

又北三百里曰敦題之山，懿行案：畢氏云：「疑即雁門陰館累頭山。『敦題』、『累頭』皆音之轉。敦讀如自也。」今案上文有「敦頭山」，與「累頭」之聲尤相近，未審誰是。無草木，多金、玉，是錞于北海。懿行案：西山經云「錞于西海」，此云「錞于北海」，其義同。

凡北次二經之首，自管涔之山至于敦題之山，凡十七山，懿行案：今才十六山。五千六百九十里。懿行案：今六千一百四十里。其神皆蛇身人面。其祠：毛用一雄雞、彘，瘞之，蘸之。用一璧一珪，投而不糈。擿玉於山中以禮神，不蘸之也。

北次三經之首曰太行之山，今在河內野王縣西北。「行」音戶剛反。懿行案：漢、晉地理志並云「河內郡野王，太行山在西北」。今在河南輝縣也。列子湯問篇作「太形山」。淮南氾論訓謂之「五行山」。高誘注云：「今太行山也。」其首曰歸山。其上有金、玉，其下有碧。懿行案：藝文類聚七卷引此經，「碧」下有「玉」字。有獸焉，其狀如麢羊而四角，馬尾而有距，其名曰驒，懿行案：劉昭注郡國志引此經，「麢」作「麋」，無「羊」字。玉篇有「驊」字，云「駿馬屬」，又有「驒」，云「獸名」，即此也。廣韻既云「驊驤，野馬名，驊音壇」，又云「驊驤，野馬」，蓋誤也。劉昭注郡國志引此經作「驊」，亦誤。善還，

還，旋：旋，舞也。「驊」音「暉」。

國志引此經，無「善」字，蓋脫去之。經云「善還」，謂善舞也。宋謝莊有舞馬賦。劉昭注郡

鳥焉，其狀如鵲，懿行案：廣韻說「鵲」云「似鵲」。白身，懿行案：廣韻此下有「三目」二字。有

赤尾六足，其名曰鵸𫛭，音「奔」。是善驚，其鳴自詨。今吳人謂呼爲「詨」。音呼交反。

又東北二百里曰龍侯之山。無草木，多金、玉。決決之水出焉，音「訣」。懿行

案：太平御覽九百三十八卷引此經「決水」，「決」字不作重文。而東流注于河。其中多人

魚，懿行案：人魚即鯢魚，爾雅云「鯢，大者謂之鰕」是也。「鯢」，古文省作「兒」，周書王會篇云

「穢人前兒」亦是也。「兒」从「儿」，即古文「人」字。又「人」、「兒」聲轉。疑經文古本作「兒魚」，

闕脫其上，即爲「人魚」矣。其狀如䱱魚四足，其音如嬰兒，「䱱」見中山經。或曰人魚即鯢

也。似鮎而四足，聲如小兒啼。今亦呼鮎爲䱱，音「蹏」。懿行案：「䱱」當爲「鯑」，說文云：

「鯑，大鮎也。」郭云「見中山經」者，少室山休水中「多鯑魚」是也。又云「人魚即鯢」者，水經注云

「伊水又東北流，注於洛水」，引廣志曰：「鯢魚聲如小兒啼，有四足，形如鯪鯉〔一〕。可以治牛。出

伊水也。」司馬遷謂之人魚，故其著史記曰：『始皇帝之葬也，以人魚膏爲燭。』徐廣曰：『人魚似鮎

〔一〕「鯉」，今本水經注作「鱧」。

而四足，即鯢魚也。』食之無癥疾。懿行案：說文云：「癡，不慧也。」中山經云：「鯑魚，食者

無蠱疾。』與此異。

又東北二百里曰馬成之山。其上多文石，其陰多金、玉。有獸焉，其狀如白犬

而黑頭，見人則飛，言肉翅飛行自在。其名曰天馬，其鳴自訆。有鳥焉，其狀如烏，首

白而身青、足黃，是名曰鶌鶋，「屈」「居」二音。或作「鳩」。懿行案：爾雅云：「鶌鳩，鶻

鵃。」此「鶌鶋」疑即「鶻鵃」也。聲轉字變，經多此例，唯「白首」爲異耳。

鳿鳩」，故此經郭云「或作鳩」。其鳴自詨，食之不飢，可以已寓。孫炎注爾雅云「鶻鵃一名

也。懿行案：「寓」、「誤」蓋以聲近爲義。「誤」，疑昬忘之病也。王引之曰：案「寓」當是「瘑」

字之假借，玉篇、廣韻並音牛具切，疜病也。未詳。或曰：寓，猶誤

又東北七十里曰咸山。其上有玉，其下多銅。是多松、柏，草多茈草。條菅之

水出焉，「菅」音「閒」。而西南流注于長澤。其中多器酸，三歲一成，所未詳也。食之

已瘋。

又東北二百里曰天池之山。懿行案：水經灢水注云：桑乾水潛承太原汾陽縣北燕京

山之大池。池在山原之上，世謂之天池。案山在今山西靜樂縣東北。其上無草木，多文石。

有獸焉，其狀如兔而鼠首，以其背飛，用其背上毛飛，飛則仰也。懿行案：文選上林賦云

「雌獲飛蠳」，張揖注云：「飛蠳，飛鼠也。」其狀如兔而鼠首，以其頯飛。」今經「頯」作「背」，或所見

本異也。又上文「丹熏山」有耳鼠，「以其尾飛」，郭云「或作髯飛」，「髯」即「頶」字耳。初學記二

十九卷引郭氏圖讚云：「或以尾翔，或以髯凌。飛鼠鼓翰，倏然背騰。固無常所，唯神所憑。」其

名曰飛鼠。 懿行案：初學記引此經，云「以其背飛，名飛兔」，又引括地圖，亦作「飛兔」，與今經

文異。 灈水出焉，潛于其下，停山底也。 其中多黃堊。 堊，土也。

又東三百里曰陽山。 懿行案：水經注有「大陽之山」，亦通謂之薄山，疑即此。 其上多

玉，其下多金、銅。 有獸焉，其狀如牛而赤尾，其頸䯞，其狀如句瞿，言頸上有肉䯞。句

瞿，斗也。 音劬。 懿行案：廣雅云：「䯞，堅也。」以句瞿為斗，所未詳。 元和郡縣志云：「海

康縣多牛，項上有骨，大如覆斗，日行三百里，即爾雅所謂犦牛。」疑此是也。 其名曰領胡， 懿行

案：說文云：「領，項也。」「胡，牛頷垂也。」此牛頸肉垂如斗，因名之「領胡」，與? 其鳴自詨，食

之已狂。 有鳥焉，其狀如雌雉而五采以文，是自為牝牡，名曰象蛇，其鳴自詨。 留水

出焉，而南流注于河。 懿行案：水經云「河水東過大陽縣南」，注云：「河水又東，左合積石、

土柱二谿，並北發大陽之山，南流入於河。」與此經合，但不知二谿之中誰為留水耳。

父之魚， 音「陷」。 懿行案：說文云：「鮥，魚名。」玉篇云：「鮥，魚也，見山海經。」 其狀如鮒

魚，魚首而彘身， 懿行案：太平御覽九百三十九卷引此經圖讚云：「鮥父魚首，厥體如豚。」食

之已嘔。　懿行案：　「嘔」當爲「歐」，説文云：「吐也。」

又東三百五十里曰賁聞之山。其上多蒼玉，其下多黃堊，多涅石。　懿行案：即礬石也。淮南俶真訓云「以涅染緇」，高誘注云：「涅，礬石也。」本草經云：「礬石，一名羽涅。」別錄云：「一名羽澤。」西次二經女牀之山「多石涅」，郭氏注誤，當移於此。

又北百里曰王屋之山，今在河東東垣縣北。書曰「至于王屋」也。　懿行案：漢、晉地理志並云：「河東郡，垣：…禹貢王屋山在東北。」今在山西垣曲縣也。注「東垣」「東」字衍。是多石。瀏水出焉，「瀏」音「辇」。　懿行案：「濟水出河東垣縣東王屋山，爲沇水。」注引此經「瀏水」作「聯水」。劉昭注郡國志又作「沇水」，云：「王屋山，沇水所出。」「瀏」、「沇」俱聲相近。　地理志：…「王屋山，沇水所出。」「瀏」、「沇」、「沇」聲相近，殆一水耳。而西北流注于泰澤。　地理志云：「沇水東南至武德入河，軼出滎陽北地中，又東至琅槐入海。」今案滎澤在滎陽北也。沇則濟也。　懿行案：水經注引此經「泰澤」作「秦澤」，疑即滎澤也。　濟水　又見海內東經。

又東北三百里曰教山，　懿行案：教山在垣縣北，見水經注。在今山西垣曲縣也。其上多玉而無石。教水出焉，西流注于河。　懿行案：水經注云：「河水又東與教水合，水出垣縣北教山云云，南入於河。」引此經，亦作「南流注于河」。今本作「西」，疑譌。是水冬乾而夏流，實惟乾河。今河東聞喜縣東北有乾河口，因名乾河里，但有故溝處，無復水，即是也。　懿

行案：水經注云：「今聞喜縣東北谷口猶有乾河里故溝存焉，今無復有水，世人猶謂之爲乾涸

矣。」**其中有兩山，是山也，廣員三百步，其名曰發丸之山，其上有金、玉。**

又南三百里曰景山，外傳曰：「景、霍以爲城。」懿行案：太平寰宇記云：「山在聞喜縣

東南十八里。」水經云「涑水西過周陽邑南」，注云「涑水又與景水合，水出景山北谷」引此經

云，「經不言有水，今有水焉，西北流注於涑水也」。**南望鹽販之澤，**即鹽池也，今在河東猗氏

縣。或無「販」字。　懿行案：水經注及太平御覽八百六十五卷引此注「鹽池」上並有「解縣」二

字，今本脫也。穆天子傳云「戊子至於鹽」，郭注云：「鹽、鹽池。」今案大夏古晉地，此澤亦即鹽澤矣。地理志

云：「和之美者，大夏之鹽」，高誘注云：「大夏，澤名。」今案大夏古晉地，此澤亦即鹽澤矣。呂氏春秋本味篇

云：「河東郡，安邑：鹽池在西南。」晉書地理志云：「河東郡，解，有鹽池。」**北望少澤。其上**

多草諸藇，根似羊蹏，可食。「曙」「豫」二音。今江南單呼爲諸，音「儲」，語有輕重耳。　懿行

案：廣雅云：「諸藇，署預也。」本草云：「薯蕷，一名山芋。」皆即今之山藥也。此言「草諸藇」，別

於木諸藇也。「木諸藇」見中次十一經「兔牀之山」。**其草多秦椒。**子似椒而細葉，草也。　懿

行案：水經注、藝文類聚八十九卷及太平寰宇記引此經，並無「其草」二字，非也，依郭注當有此二

字。**其陰多赭，其陽多玉。有鳥焉，其狀如蛇，而四翼六目三足，名曰酸與，其鳴自**

詨，見則其邑有恐。或曰「食之不醉」。

又東南懿行案：孟門山在今景山西，經云「東南」，疑誤。三百二十里曰孟門之山。尸子曰：「龍門未辟，呂梁未鑿，河出於孟門之上，大溢逆流，無有丘陵高阜滅之，名曰洪水。」穆天子傳曰：「北升孟門、九河之隥。」懿行案：今本穆天子傳「孟」作「盟」，「盟」、「孟」通也。山在今山西平陽吉州西。水經注云「河南孟門山與龍門山相對」，引此經云，即此注所引尸子之文。又引穆天子傳，而云「孟門即龍門之上口也，實爲河之巨阸」。又引淮南子，即此注所引其上多蒼玉，多金，其下多黃堊，多涅石。懿行案：「涅石」已見上文「賁聞之山」。

又東南三百二十里曰平山。懿行案：水經注云「教水南逕輔山」，疑即平山也。元和郡縣志云「臨汾縣，本漢平陽縣。縣在平水之陽，故曰平陽。山一名壺口山，今名姑射山，在縣西八里，平水出焉。」平水出于其上，潛于其下。懿行案：水經注云「輔山高三十許里，上有泉源，不測其深。山頂周員五六里，少草木。」引此經云「孟門東南有平山，水出于其上，潛于其下。」又是王屋之次，疑即平山也。案酈氏言「上有泉源，不測其深」，即此經云「平水出于其上，潛于其下」是矣。是多美玉。

又東二百里曰京山。有美玉，多漆木，多竹。其陽有赤銅，其陰有玄礵。黑砥石也。尸子曰「加玄黃砥」，明色非一也。「礵」音「竹篠」之「篠」。懿行案：「礵」字見玉篇，同郭義。高水出焉，南流注于河。

又東二百里曰虫尾之山。　其上多金、玉，其下多竹，多青碧。　丹水出焉，南流注于河。　薄水出焉，淮南子曰：「薄水出鮮于山。」懿行案：淮南墜形訓云「鎬出鮮于」，郭引作「薄」，或所見本異。　而東南流注于黃澤。　懿行案：穆天子傳云「東游於黃澤」，蓋即此。又地理志云「魏郡，内黃」，應劭云：「黃澤在西。」

又東三百里曰彭毗之山。　其上無草木，多金、玉，其下多水。　蚤林之水出焉，音「早」。　東南流注于河。　肥水出焉，而南流注于牀水，懿行案：「肥水」當即詩之「肥泉」。「牀水」未詳。　其中多肥遺之蛇。

又東百八十里曰小侯之山。　明漳之水出焉，南流注于黃澤。　有鳥焉，其狀如烏而白文，名曰鴣䳩，「姑」「習」二音。懿行案：「鴣䳩」見玉篇。　食之不灂。不瞧目也。或作「矖」。音「醮」。懿行案：「瞧」音「樵」。俗以偷視爲瞧，非也。「矖」音「醮」，玉篇云：「目冥也。」

又東三百七十里曰泰頭之山。　共水出焉，音「恭」。　南注于虖池。「呼」「佗」二音，下同。　其上多金、玉，其下多竹箭。

又東北二百里曰軒轅之山。　其上多銅，其下多竹。　有鳥焉，其狀如梟而白首，其名曰黃鳥，其鳴自詨，食之不妒。懿行案：周書王會篇云：「方揚以皇鳥。」爾雅云：

「皇，黃鳥。」蓋皆此經黃鳥也。郭注爾雅以爲黃離留，誤矣。俗人皆言黃鶯治妒，而梁武帝以倉庚

作膳爲郗氏療忌，又本此經及爾雅注而誤也。

又北二百里曰謁戾之山。今在上黨郡涅縣。　懿行案：郭注本地理志。「謁戾山」見

水經。淮南墜形訓作「楬戾」，「謁」、「楬」聲相近也。山在今山西樂平縣。其上多松、柏，有

金、玉。沁水出焉，南流注于河。至滎陽縣東北入河，或出穀述縣羊頭山也。懿行案：

「穀述」當爲「穀遠」，字之譌也。地理志云：「上黨郡，穀遠：羊頭山世靡谷，沁水所出。」是郭所

本也。沁水一名涅水。地理志云「上黨郡⋯涅氏，涅水也」，顏師古注云：「涅水出焉。」水經云

「沁水出上黨涅縣謁戾山」，注云：「沁水即涅水也。或言出穀遠縣羊頭山世靡谷。」是酈氏合沁、

涅爲一水也。地理志又云「沁水東南至滎陽入河」，顏師古注云：「今沁水至懷州武陟縣界入河。

此云至滎陽，疑轉寫錯誤。」今案顏氏之説非也。水經亦云「至滎陽縣北入河」，滎陽在河南、武陟

在河北，相去不遠，説俱得通。今沁水至河南濟源縣入河矣。「沁水」又見海內東經。

焉，名曰丹林，丹林之水出焉，懿行案：竹書云：「周元王六年，丹水三日絕不流。」地理志

云：「高都莞谷，丹水所出，東南入泫水。」水經注云：「丹水出上黨高都縣故城東北阜，俗謂之源

源水。」引此經云云，即斯水矣。又水經注引經直作「丹水」，無「林」字。南流注于河。懿行

案：地理志云「丹水入泫水」，又云「泫氏楊谷，絕水所出，南至樀王入沁」。水經注亦云「沁水與

丹水合」。此經云「入河」者,蓋丹水合絕水入沁,又入於河也。又地理志「泫氏」,應劭注云:「山

海經泫水所出者也。」今經無「泫水」,蓋脱去之。而地理志「丹水入泫水」,水經注引作「入絕水」,

未審誰是。

嬰侯之水出焉,北流注于氾水。 懿行案:水經汾水注引此經,作「嬰侯之水出于

其陰,北流注于祀水」,云:「水出祀山,其水殊源共合,注於嬰侯之水,亂流逕中都縣南,俗又謂之

中都水。」据水經注,「氾水」當為「祀水」。又云「出於其陰」,亦與今本異。

東三百里曰沮洳之山。 詩云:「彼汾沮洳。」 懿行案:水經注引此經,云:「淇水出沮

如山。」是「洳」當為「如」,或古字通。山在今河南輝縣。 **無草木,有金、玉。瀙水出焉,** 音

「其」。 懿行案:「瀙」即「淇」字。 **南流注于河。** 今淇水出汲郡隆慮縣大號山,東過河內縣

南,爲白溝。 懿行案:水經云「淇水出河内共北山,東入河。 或曰出隆慮西山,又東過内黃縣南,爲白溝」,是郭所

本也。 説文云:「淇水出河内共北山,東入河。」晉書地理志云:「汲郡……共北山,淇水所出。」地理志云:「河内郡……共北山,

淇水所出,東至黎陽入河。」 **又北三百里曰神囷之山。** 音如「倉囷」之「囷」。 懿行案:「囷」即「倉囷」之「囷」,郭

氏復音如之,知經文必不作「困」。 廣韻引作「神箘」,疑是也。 据水經注,山當在今河南林縣,漢之

林慮縣也。 **其上有文石,其下有白蛇,有飛蟲。** 懿行案:史記周本紀云「蜚鴻滿野」,索隱

引高誘曰:「蜚鴻,螠螽也。」言飛蟲蔽日滿野,故爲災。 又後漢書南蠻傳云「鹽神旦即化爲蟲,與

諸蟲羣飛，掩蔽日光」，亦此類也。

黃水出焉，而東流注于洹。 洹水出汲郡林慮縣東北，至魏郡長樂入清水。「洹」音「丸」。 懿行案：地理志云「河內郡，隆慮」，應劭注云：「隆慮山在北，避殤帝名，改曰林慮也。」說文云：「洹水在晉、魯間。」水經云「洹水出上黨泫氏縣，東過隆慮縣北」，注云：「縣有黃水，出於神囷之山黃華谷，又東入於洹水也。」又云「洹水又東逕長樂縣故城南。」又，「清水」亦見水經及注。 **滏水出焉，** 懿行案：李善注魏都賦引此經，與今本同。魏志武帝紀云「建安九年，公進軍到洹水」，又云「臨滏水爲營」，即斯水也。**而東流注于歐水。** 滏水今出臨水縣西金口山，經鄴西北，至列人縣入於漳，其水熱。 懿行案：劉逵注魏都賦云：「漳、滏，二水名，經鄴西北。 滏水熱，故曰滏口。」水經注云：「滏水出鄴西北石鼓山南巖下，泉源奮涌，若釜之揚湯矣。 其水冬溫夏冷。 滏水又東流注於漳，謂之合口。」据水經注，「石鼓山」當即「滏口山」之異名也。 但此經云「注於歐水」，豈「歐水」亦即「漳水」之異名與？

又北二百里曰發鳩之山， 今在上黨郡長子縣西。 懿行案：「發鳩山」，淮南子謂之「發包山」，墜形訓云「濁漳出發包」，高誘注云：「發包山一名鹿谷山，亦在上黨長子縣。」水經注云：「發鹿谷山與發鳩連麓而在南也。」**其上多柘木。** 懿行案：說文云：「柘木出發鳩山。」是「柘」當爲「橭」。 玉篇云：「柘，亦作橭。」蓋同聲假借字也。 漢書音義云：「橭似柘，葉冬不落。」是「橭」、「橭」同類之木。 「橭」見中次十一經「前山」。 **有鳥焉，其狀如烏，** 懿行案：太平御覽四十五卷

引此經，「鳥」作「鳩」。　文首白喙赤足，（懿行案：廣韻引此經，作「白首赤喙」。

鳴自詨。（懿行案：李善注吳都賦引此經，作「呼」。）是炎帝之少女，名曰女娃。炎帝，神農

也。娃，惡佳反。語誤或作「階」。）（懿行案：李善注吳都賦引此經，作「赤帝之女，姓姜」，誤也。

魏都賦注引此經，仍作「女娃」。是「姓」乃「姜」之譌，「姜」字衍。）女娃游于東海，溺而不返，

故爲精衛，常銜西山之木石，以堙于東海。（堙，塞也，音「因」。）（懿行案：「堙」當爲「垔」，

見說文。文選注引此經，「銜」作「取」，「堙」作「填」。唯魏都賦注引此經仍作「堙」。列仙傳載炎帝

少女追赤松而得仙，是知東海溺魂，西山銜石，斯乃神靈之變化，非夫仇海之冤禽矣。女尸之爲蓄

草，亦猶是也。藝文類聚九十二卷引郭氏讚云：「炎帝之女，化爲精衛。沈形東海，靈爽西邁。乃

銜木石，以填攸害。」）漳水出焉，濁漳。音「章」。（懿行案：說文云：「涷水出發鳩山，入於河。

從水，東聲。」水經注云：「漳水又東，涷水注之。水西出發鳩山，東逕余吾縣故城南，又東逕屯留

縣故城北。其水又東流注於漳。」亦引說文「涷水」爲證。然則此經古有二本，許君所見本蓋爲「涷

水」，即說文及水經注所見本是也。桑欽所見本蓋爲「漳水」，水經云「濁漳水出上黨長子縣西發鳩

山」，即此郭注所云是也。）東流注于河。（或曰出長子縣鹿谷山，而東至鄴入清漳。）（懿行案：

地理志云：「上黨郡，長子：鹿谷山，濁漳水所出，東至鄴入清漳。」說文亦同。是皆郭注所本。

又東北百二十里曰少山。今在樂平郡沾縣。沾縣故屬上黨。（懿行案：山在今山西樂

平縣。　水經云：「清漳水出上黨沾縣西北少山大要谷。」說文同。地理志：「上黨郡，沾：…大要谷，

清漳水所出，東北至阜城入大河。」是「大要谷」即「少山」也。「樂平郡」、「沾」及「上黨郡」並見晉

書地理志。又舊本郭注「沾縣」下復有「沾縣」字，俗本脫。　**其上有金、玉，其下有銅。清漳**

之水出焉，東流于濁漳之水。　清漳出少山大繩谷，至武安縣南暴宮邑入於濁漳，或曰東北至

邑城入於大河也。　懿行案：郭注「繩」蓋「黽」字之譌，「黽」又「黽」字之譌也。地理志「北地郡，

大黽」，顏師古注云：「黽，即古『要』字也。」顏本作「黽」，而今本於「上黨郡沾縣大黽谷」譌爲「大

黽谷」，郭氏此注又譌爲「大繩谷」矣。　說文云：「清漳出沾山大要谷，北入河。」以此可證。又郭

注「暴宮」當爲「黍窖」之譌。水經云「東至武安縣南黍窖邑入於濁漳」是也。「邑城」當爲「阜城」

之譌，今本地理志「上黨郡，沾」下亦譌爲「邑城」也。阜城縣屬渤海郡，見漢、晉地理志。

又東北二百里曰錫山。　懿行案：地理志、水經注並作「堵山」，或古有二名。太平寰宇記

云「磁州武安縣有錫山」，引此經。　山在今河南武安縣。　**其上多玉，其下多砥。牛首之水出**

焉，而東流注于滏水。　懿行案：地理志云：「趙國，邯鄲：堵山，牛首水所出。」水經濁漳水注

云：「水出邯鄲縣西堵山。漢景帝時，攻趙，圍邯鄲，引牛首拘水灌城。」

又北二百里曰景山，　懿行案：高誘注淮南墜形訓云：「景山，在邯鄲西南。」**有美玉。**

景水出焉，東南流注于海澤。　懿行案：淮南墜形訓云：「西北方曰海澤。」

又北百里曰題首之山。有玉焉，多石無水。

又北百里曰繡山，其上有玉、青碧。其木多栒，木中柲也。音「荀」。懿行案：郭注未詳所本。説文有「栒」，云「杶也。」又有「桪」，云「大木，可爲鉏柄。」疑皆非郭義。本草經有「栒核」，別録云「味苦。療水，身面癰腫」，蓋即此木也。説文云：「桪，榦也。可爲杖。」其草多芍藥、芎藭。芍藥一名辛夷，亦香草屬。懿行案：廣雅云：「挐夷，芍藥也。」張揖注上林賦云：「留夷，新夷也。」「新」與「辛」同，「留」、「挐」聲轉。王逸注楚詞九歌云：「辛夷，香草也。」是「挐夷」即「留夷」，離騷之「留夷」又即九歌之「辛夷」，與芍藥正一物也。郭注本廣雅及楚詞。水出焉，而東流注于河。懿行案：水經有「洈水」，出馬嶺山，入潁。非此。其中有鱳，鱳似鮜而大，白色也。懿行案：爾雅云：「鮜，大鱳。」郭注與此同。鼅。鱳鼅似蝦蟇，小而青。或曰「鱳鼅」一物名耳。懿行案：「鼅」當爲「耿」字之譌。「耿鼅」見秋官蟈氏注，亦見爾雅

北流注于河。

又北百二十里曰松山。懿行案：畢氏云：「地形志云『上黨屯留有陽水，原出三想山，東流合平臺水，東南入絳水。』」陽水出焉，懿行案：畢氏云：「疑即今山西襄垣縣好松山。」陽水出焉，東北流注于河。

又北百二十里曰敦與之山。懿行案：山在今直隸臨城縣西南。太平寰宇記引此經，作「敦輿山」。其上無草木，有金、玉。漆水出于其陽，音悉各反。懿行案：玉篇云：「漆，

所格切，水名。」而東流注于泰陸之水。大陸水，今鉅鹿北廣平澤即其水。懿行案：「廣平」當爲「廣阿」，字之誤也。爾雅十藪「晉有大陸」，郭注云：「今鉅鹿北廣阿澤是也。」然今爾雅注「阿」復誤作「河」。呂氏春秋九藪「趙之鉅鹿」，高誘注云：「廣阿澤也。」地理志云：「鉅鹿郡，鉅鹿：禹貢大陸澤在北。」又有「廣阿」。劉昭注郡國志亦同。泜水出于其陰，音「抵」。肆也。今懿行案：「泜」字，晉灼音「邸」，與郭音同。蘇林音「祇」，與地理志同。泜水出其陰，而東流注于彭水。今泜水出中丘縣西窮泉谷，東注於堂陽縣，入於漳水。懿行案：説文云：「泜水在常山。」地理志云「常山郡，元氏：沮水首受中丘西山窮泉谷，東至堂陽入黃河」，又「中丘，逢山長谷，諸水所出，東至張邑入濁漳」，是郭所本也，「諸水」即「泜水」矣。隋書地理志云：「房子：有彭水。」案史記陳餘傳索隱引此郭注，云「泜水出常山房子贊皇山，東入泜。」地理志云：「常山郡，房子：贊皇泜澤。懿行案：説文云：「濟水出常山房子贊皇山，東入泜。」今本脱「常山」二字。山，石濟水所出，東至廮陶入泜。」是濟水即槐水矣。槐水出焉，而東流注于

又北百七十里曰柘山。其陽有金、玉，其陰有鐵。歷聚之水出焉，而北流注于洧水。

又北三百里曰維龍之山。其上有碧玉，其陽有金，其陰有鐵。肥水出焉，而東流注于皋澤，其中多礨石。未詳也。音「雷」。或作「壘」。魂壘，大石貌，或曰石名。懿行

案：玉篇云：「礛，不平也。」又云：「礛、魂石。」與郭義近。「礛」、「壘」字通也。又漢書壘錯傳云「具藺石」，服虔注云：「藺石，可投人石也。」如淳注云：「藺石，城上雷石也。」「藺」、「壘」聲轉，「壘」、「雷」聲近，疑「壘石」即「雷石」矣。

敞鐵之水出焉，而北流注于大澤。

又北百八十里曰白馬之山。 懿行案：山在今山西孟縣北。元和郡縣志云：「孟縣，白馬山在縣東北六十里。」在孟縣，東北至定襄入虖沱。水即俗謂「牧馬水」也。

其陽多石、玉，其陰多鐵，多赤銅。木馬之水出焉，而東北流注于虖沱。 懿行案：木馬……「呼」「佗」二音。

又北二百里曰空桑之山。 上已有此山，疑同名也。 懿行案：東經有此山，此經已上無東山經。檢此篇「北次二經」之首自管涔之山至於敦題之山，凡十七山，今才得十六山，疑經正脫此一山也。經內「空桑」有三，上文脫去之「空桑」蓋在莘、虢閒，呂氏春秋、古史考俱言「尹產空桑」是也。此經「空桑」蓋在趙、代閒，歸藏啓筮言蚩尤「出自羊水，以伐空桑」是也。兗地亦有空桑，見東山經。 **無草木，冬夏有雪。空桑之水出焉，東流注于虖沱。** 音「佗」。 本無郭注「音佗」二字。

又北三百里曰泰戲之山。 懿行案：畢氏云：「山在今山西繁峙縣西。」淮南墬形訓云：「虖沱出魯乎。」說文云：「滱水起鴈門葰人戍夫山。」元和郡縣志云：「繁峙縣泰戲山，一名武夫山，在縣東南九十里。」太平寰宇記云：「繁峙縣泰戲山，今曰沤山。」又云：「虖沱河，源出東南孤

阜山。」据此，則「戲」字當讀如「呼」。説文本从「虖」聲。「泰戲」、「魯乎」、「成夫」、「武夫」、「孤阜」皆聲相近字之異也。

無草木，多金、玉。有獸焉，其狀如羊，一角一目，目在耳後，其名曰辣辣，音「屋棟」之「棟」。

懿行案：玉篇「辣」字云：「泰山有獸，狀如牛，一角。」疑「泰下脱「戲」字，又「羊」爲「牛」，或字之譌也。廣韻引此經作「秦戲山」，餘同。「辣」音「東」。又音「陳」。吴氏引楊慎奇字韻云：「辣辣今産於代州鴈門谷口，俗呼爲構子，見則歲豐。音『東』。見晉志。」今案代州志「構」作「構」，誤也。

其鳴自詁。虖沱之水出焉，今虖沱水出鴈門鹵成縣南武夫山。

懿行案：「虖沱」又見海内東經。地理志云：「代郡，成平……虖池河，民曰徒駭河。」蓋語聲之轉也。郡國志云「鴈門郡，鹵城」，劉昭注引此經作「呼沱」。經典或作「惡池」，或作「亞馳」，並聲近假借之字。郭注「鹵成」、「成」當爲「城」。

而東流注于漊水。音「樓」。

懿行案：地理志……「代郡，鹵城……虖池河東至參合入虖池别。」疑「虖池别流」即「漊水」矣。

液女之水出于其陽，南流注于沁水。此云「液女」，下文直云「液水」。

懿行案：泰戲山在繁時，沁水在沁源，南北遥阻，無緣有水相注，疑經文大誤。「液」音「悦懌」之「懌」。

又北三百里曰石山，多藏金、玉。

懿行案：「藏」古字作「臧」，善也。西次三經槐江之山「多藏黄金、玉」，義與此同。

濩濩之水出焉，「濩」音「尺蠖」之「蠖」。**而東流注于虖沱。**

鮮于之水出焉，而南懿行案：吴氏本「南」上有「西」字。**流注于虖沱。**

又北二百里曰童戎之山。皋涂之水出焉，而東流注于婁、液水。

又北三百里曰高是之山。今在北地靈丘縣。水經作「高氏」。滋水出焉，音「兹」。又案晉書地理志，北地郡無靈丘，「代郡」下亦無之，漢志「代郡」下則有。懿行案：說文云：「滋水出牛飲山白陘谷，東入呼沱。」地理志云：「常山郡，南行唐：牛飲山白陸谷，滋水所出，東至新市入虖池。」郡國志云：「南行唐……有石白谷。」谷名三書皆異，未知其審。而南流注于虖沱。其木多椶，其草多條。懿行案：說文云：「條草」未詳。或說以爾雅「蓨蓨」，恐非。滱水出焉，音「寇」。懿行案：說文云：「滱水起北地靈丘，東入河。」滱水即漚夷水，并州川也。水經云「滱水出代郡靈丘縣高氏山」，注云「即溫夷之水也，出縣西北高氏山」，引此經云云。東流注于河。過博陵縣南，又東北入於易水。懿行案：地理志云：「代郡，靈丘：滱河東至文安入大河。」說文亦云「東入河」，與此經合。水經云「滱水東過博陵縣南，又東北入於易」，注云「東北至長城注於易水也」與郭注合。今案滱水自入易水，易水復不通河流，經言「注河」，未知其審。

又北三百里曰陸山，多美玉。郣水出焉，或作「郊水」。而東流注于河。懿行案：「郣」字，說文、玉篇、廣韻俱無之。嚴可均曰：「說文：『黃帝娶于姜水。』

又北二百里曰沂山。音「祈」。般水出焉，音「盤」。懿行案：地理志云「平原郡，

般」，說者云即爾雅九河「鉤般」也。元和郡縣志云：「棣州陽信縣，鉤盤河經縣北四十里。」而東

流注于河。

北百二十里曰燕山，懿行案：隋書地理志云：「無終……有燕山。」疑非此。多嬰石。言

石似玉，有符彩嬰帶，所謂燕石者。懿行案：「嬰」疑「燕」聲之轉，未必取「嬰帶」爲義。水經注

云：「聖水又東逕玉石山，謂之玉石口。山多岷玉、燕石，故以玉石名之。」是燕石出玉石山，將玉

石山即燕山之異名與？而與水經鮑丘水注無終之燕山似異，此蓋別一山也。燕水出焉，東流

注于河。

又北山行五百里，水行五百里，至于饒山。懿行案：爾雅釋文引字林云：「駝駞，出

繞山。」疑「饒」、「繞」古字通也。初學記二十九卷引此經，云：「陽光之山，獸多橐駝。」經無「陽光

山」，疑亦「饒山」字之誤衍也。是無草木，多瑤碧。其獸多橐駝，懿行案：「橐駝」已見「虢

山」。其鳥多鶹。未詳。或曰「鶹，偶鶹也」。懿行案：「偶鶹」即「鵂鶹」，爾雅謂之「怪鴟」。

廣雅又云「鵂鶹，飛鶹也」，別一物，即鼯鼠也。

魚，食之殺人。未詳。或作「鯢」。懿行案：「師」，玉篇作「鰤」，非也。郭云「或作鯢」者，

「師」、「鯢」聲之轉。鯢即人魚也，已見上文。酉陽雜俎云：「峽中人食鯢魚，縛樹上，鞭至白汁出

如構汁，方可食，不爾有毒也。」正與此經合。

歷虢之水出焉，而東流注于河。其中有師

又北四百里曰乾山，無草木。其陽有金、玉，其陰有鐵而無水。有獸焉，其狀如牛而三足，其名曰獂，懿行案：「獂」當為「豲」，見説文。藏經本「獂」下有「音元」二字。其鳴如自詨。

又北五百里曰倫山。倫水出焉，而東流注于河。有獸焉，其狀如麋，其川在尾上，川，竅也。懿行案：爾雅云「白州，驨」郭注云：「州，竅。」是「州」、「川」其義同。廣雅云：「川，臀也。」本此。王引之曰：「『川』似當為『州』字，形相近而誤。」其名曰罷。懿行案：藏經本作「罷九」，郭氏圖讚亦作「罷九」。疑經文「罷」下有「九」字，今本脱去之。

又北五百里曰碣石之山。水經曰「碣石山」，今在遼西臨渝縣南水中，或曰在右北平驪城縣，海邊山。懿行案：地理志云：「右北平郡，驪成，大揭石山在縣西南。」今直隸撫寧、昌黎二縣是其地。郭引水經今無效，水經注云：「河之入海，舊在碣石。今川流所導，非禹漬也。故張君云碣石在海中，蓋淪於海水也。繩水出焉，而東流注于河。懿行案：地理志「遼西郡，臨渝」有「糸」云「又有揭石水」，疑「揭石水」即「繩水」也。水經河水注引此經云。劉昭注郡國志引此經作「編水」，疑誤。其中多蒲夷之魚。未詳。懿行案：「蒲夷魚」疑即「冉遺魚」也，已見西次四經。玉篇有「鰊鮧」，日華本草有「胡夷魚」，即河豚，並非此。其上有玉，其下多青碧。

又北水行五百里，至于鴈門之山，鴈門山即「北陵西隃」，鴈之所出，因以名云。在高柳

北。　懿行案：「北陵西隃」見爾雅。「鴈門山，鴈出其間。在高柳北」，見海內西經。山在今山西

代州東北。又案，經不言此山有水，而北次二經「梁渠之山」有修水「東流注于鴈門」，郭云「水

名」，「北山經首「少咸之山」有敦水，「東流注于鴈門之水」，郭云「水出鴈門山間」，是此山有水明

矣。水經灅水注引山海經曰「鴈門之水出於鴈門之山」，蓋古本有此經文，今脫去之。無草木。

又北水行四百里，懿行案：王崇慶山海經釋義云：「凡此皆在晉地。環晉皆山，恐無水行

四百里者。然鴈門山亦曰水行五百里，豈禹治水時事與？」至于泰澤。懿行案：「泰澤」即「大

澤」也。「大澤方百里，羣鳥所生及所解，在鴈門北」，見海內西經。其中有山焉，曰帝都之山，

廣員百里，懿行案：山疑即「委羽之山」也。崇巘參雲，日月虧蔽，在鴈門北。見淮南墜形訓。

無草木，有金、玉。

又北五百里曰錞于毋逢之山。北望雞號之山，懿行案：說文、玉篇引此經，並作「惟

號之山」。其風如飅。說文云「飅，急風貌也，音「戾」。或云飄風也。」懿行案：「飅」，俗字也。說文、

玉篇引此經並作「劦」。說文云「劦，同力」，玉篇云「急也」。文選江賦注引此注，與今本同。西

望幽都之山，懿行案：幽都之山在北海之內，見海內經。浴水出焉。懿行案：浴即黑水也。　懿行

案：「浴」下疑脫「水」字。　郭知浴水即黑水者，據海內經「幽都之山，黑水出焉」而爲說也。　夏小

正云「黑鳥浴」，疑「浴」當訓「黑」，正與此義合，説者失之耳。

是有大蛇，赤首白身，其音如牛，見則其邑大旱。

凡北次三經之首，自太行之山以至于無逢[懿行案：「無逢」即「母逢」也。「母」、「無」古音同。]之山，凡四十六山，[懿行案：今四十七山。]萬二千三百五十里。[懿行案：今一萬二千四百四十里。]

其神狀皆馬身而人面者廿神，[懿行案：古鐘鼎文「二十」字皆作「廿」。]其祠之：皆用一藻、茝瘞之。[懿行案：藻，聚藻。茝，香草，蘭之類，音昌代反。「藻」，見毛詩。「茝，香草」，見內則。]

其十四神狀皆彘身而載玉，[懿行案：「載」亦「戴」也，古字通。]其祠之：皆用玉，不瘞。[不糜所用玉也。]

其十神狀皆彘身而八足蛇尾，其祠之：皆用一璧，瘞之。

大凡四十四神，[懿行案：四十六山其神乃止四十四，蓋有攝山者。]皆用稌糈米祠之，此皆不火食。[懿行案：其山北人，皆生食不火之物，已見北山經首。]

右北經之山志凡八十七山，[懿行案：今八十八山。]二萬三千二百三十里。[懿行案：當二萬三千五百三十里，今則二萬四千二百六十里。]

山海經第四

晉郭璞傳　棲霞郝懿行箋疏

東山經

東山經之首曰樕蟲之山，「速」「株」二音。懿行案：廣韻云：「樕株，山名。」疑即「樕蟲」之異文。北臨乾昧。亦山名也，音「妹」。懿行案：東次四經之首曰「北號之山，食水出焉，而東北流注于海」，與此互證，是「北號」即「乾昧」矣。食水出焉，而東北流注于海。其中多鱅鱅之魚，音「容」。懿行案：史記裴駰集解引郭氏云：「鱅似鰱而黑。」非此也。說文云：「鱅，魚名。」又云：「鰫，魚名。鰫鱅。」又云：「鰅，鰅魚也，皮有文，出樂浪東暆，神爵四年，初捕收，輸考工，周成王時揚州獻鰫。」周書王會篇云：「揚州禺禺，魚名，解隃寇〔一〕。」「禺禺」即「鰅鰫」，聲之轉，古字通也。史記司馬相如傳有「禺禺」，徐廣云：「禺禺，魚牛也。」郭氏注上林賦云：「禺禺魚，皮有毛，黃地黑文。」與說文「鰅魚皮有文」合。徐廣謂之「魚牛」，即此經「狀如犁牛」是也。

〔一〕「寇」，原本作「冦」，據四部叢刊明刊本汲冢周書改。

一二八

其狀如犁牛，牛似虎文者。懿行案：郭氏注。魏志文帝紀注引獻帝傳云「犂牛之駁似虎」，正謂此也。太平御覽九百三十九卷引此經圖讚曰：「魚號鱅鱅，如牛虎駁。」「犂牛」即「留牛」，見南山經「柢山」。藝文類聚九卷引博物志云：「東海中有牛魚，其形如牛，剥其皮懸之，潮水至則毛起，潮去則伏。」即是魚也。説文云「出樂浪東暆」，亦與此經合。

其音如彘鳴。

又南三百里曰藟山。音「誄」。懿行案：地理志云：「右北平郡，俊靡，灅水南至無終，東入庚。」説文亦同。疑「藟山」因「灅水」為名。「灅」、「藟」聲同，「灅水」即「湖水」，「庚水」即「食水」矣，俟攷。其上有玉，其下有金。湖水出焉，東流注于食水。其中多活師。科斗也。懿行案：蝦蟇叫而生子，其聲聒聒，謂之「聒子」。「活師」、「聒子」聲相近，科斗也。爾雅謂之「活東」。「科斗」、「活東」亦音相轉也。

又南三百里曰栒狀之山。懿行案：廣韻云：「汈水出拘扶山。」此作「栒狀」，字形相似，未審誰是。其上多金、玉，其下多青碧石。有獸焉，其狀如犬六足，其名曰從從，其鳴自詨。説文作「詨」。有鳥焉，其狀如雞而鼠毛，懿行案：「毛」，説文作「尾」。玉篇云：「鸓鼠似雞，鼠尾。」其名曰蚩鼠，音「咨」。懿行案：「蚩」，説文作「鸓」，玉篇云：「蚩，蟲也。」見則其邑大旱。澩水出焉，音「枳」。懿行案：玉篇云：「澩，水名。」而北流注于湖水。其中多箴魚，其狀

如鯑，〔懿行案：「鯑」即「鯑」字。〕其喙如箴，出東海。今江東水中亦有之。〔懿行案：今登萊海中有箴梁魚，碧色而長，其骨亦碧，其喙如箴，以此得名。太平御覽九百三十九卷引南楚記云：「箴魚，口四寸。」〕食之無疫疾。

又南三百里曰勃壘之山。〔懿行案：「壘」，篆文「齊」字。見說文。〕無草木，無水。

又南三百里曰番條之山。無草木，多沙。減水出焉，〔音同「減損」之「減」。懿行案：「減」即「減損」之字，何須用音？知經文必不作「減」。未審何字之譌。〕北流注于海。其中多鱤魚。〔一名黃頰。音「感」。懿行案：「鱤」一名「魠」。說文云：「魠，鱤也，一名黃頰」。廣雅云：「魠鮸，鯣魠也。」玉篇云：「魠，黃頰魚。」郭氏注上林賦云：「今黃頰魚也。似燕頭魚身，形厚而長大，頰骨正黃，魚之大而有力解飛者。」徐州人謂之「楊」。「黃頰」通語也。今江東呼黃鱨魚亦名黃頰魚，尾微黃，大者長尺七八寸許。又謂之「鱨」。小雅魚麗篇毛傳云：「鱨，楊也。」陸璣疏云：「……」……合。〕

又南四百里曰姑兒之山。其上多漆，其下多桑、柘。姑兒之水出焉，北流注于海，其中多鱤魚。

又南四百里曰高氏之山。其上多玉，其下多箴石。〔可以為砥針，治癰腫者。懿行案：「砥」當為「砭」字之譌，南史王僧孺傳引此注作「可以為砭針」是也。說文云：「砭，以石刺病

也。」素問云：「東方之域，其病爲癰瘍，其治宜砭石。」是砭石正東方所出也。又此云「箴石」，史記扁鵲傳有「鑱石」，「鑱」、「箴」聲相近，然非一物也。淮南說山訓云「病者寢席，醫之用針石」，高誘注云：「石針所砥彈人癰痤，出其惡血者也。」諸繩之水出焉，懿行案：水經注云：「澠水出營城東，西北入時水。」疑即此。

又南三百里曰嶽山。其上多桑，其下多樗。澧水出焉，音「樂」。懿行案：說文云：「澧，齊魯閒水也。」水經注云：「澧水出歷城縣故城西泉源上，北入於濟，謂之澧口。」計其道里，疑非此。東流注于澤，其中多金、玉。

又南三百里曰犲山。懿行案：「犲」即「豺」別字。其上無草木，其下多水。其中多堪予之魚。未詳。音「序」。懿行案：玉篇「序」從「予」，「不從二「予」。有獸焉，其狀如夸父，懿行案：「夸父」即「舉父」也，已見西山經「崇吾之山」、「北山經「梁渠之山」。而彘毛，其音如呼，見則天下大水。

又南三百里曰獨山。其上多金、玉，其下多美石。末塗之水出焉，而東南流注于沔。其中多儵䳆，「儵」「容」二音。懿行案：郭氏江賦云「儵䳆拂翼而掣耀」李善注引此經，玉篇有「儵」字，亦引此經，並與今本同。其狀如黃蛇，魚翼，出入有光，見則其邑大旱。

又南三百里曰泰山。 即東嶽岱宗也，今在泰山奉高縣西北。 從山下至頂四十八里三百

步也。 懿行案：「泰山郡，奉高」，見漢、晉地理志。 山在今山東泰安縣北。 史記秦始皇本紀正

義引此注作「百四十八里」，「百」字當爲衍文，故劉昭注祭祀志引此注作「四十八里二百步」，亦無

「百」字，初學記引漢官儀及泰山記，亦云「自下至古封禪處凡四十里」。 其上多玉，其下多金。

懿行案：史記秦始皇本紀正義引此，「玉」作「石」。 今案作「石」是也。 泰山下既多礧礊，又本草

經紫、白二石英俱生泰山，魏志高堂隆傳云「鑿泰山之石英」，正謂此也。 有獸焉，其狀如豚而

有珠，名曰狪狪，音如「吟恫」之「恫」。 懿行案：玉篇云「狪」「似豕，出泰山」，又「狪」云「獸

名」。 廣韻「狪」「狪」俱云「獸名，似豕，出泰山」，是知古本作「狪」或作「狪」，今本作「狪」，皆一

字也。 郭云「音如吟恫之恫」，疑「吟」當爲「呻」字之譌。 匡謬正俗云：「關中謂呻吟爲呻恫。」其

鳴自訆。 環水出焉，懿行案：水經注云：「汶水又南，合北汶水。 水東南流逕泰山，東又合天

門下谿水，水出泰山天門下谷，東南流。 又合環水，水出泰山南谿，南流歷中下兩廟間。 其水又屈

而東流，入於汶水。」引此經云云。 東流注于江，一作「海」。 懿行案： 當作「汶」。 水經注引

此經，作「注于汶」。 其中多水玉。

又南三百里曰竹山，錞于江。 一作「涯」。 懿行案：「江」亦當作「汶」。 「竹山」當即

「蜀山」，在今汶上縣，獨立波心，故名曰「蜀」。 無草木，多瑤碧。 激水出焉，而東南流注于

娶檀之水，其中多此蠃。懿行案：「蠃」當爲「蠃」字之譌。「此蠃」，紫色蠃也。

凡東山經之首自樕𧑤之山以至于竹山，凡十二山，三千六百里。懿行案：今才三千五百里。其神狀皆人身龍首，祠：毛用一犬，祈聇用魚。以血塗祭爲聇也。公羊傳云：「蓋叩其鼻，以聇社。」音「釣餌」之「餌」。懿行案：玉篇云：「以牲告神，欲神聽之，曰聇。」此說與郭異。據郭注，「聇」疑當爲「衄」，玉篇云「耳血也」，禮雜記云「其衄皆于屋下」，鄭注云「衄，謂將刲割牲以釁，先滅耳傍毛薦之」。郭引公羊傳者，僖十九年文，然傳云「蓋叩其鼻，以血社」「不作」衄」字。穀梁傳正作「叩其鼻以衄社」，范甯注云：「衄者，釁也。」是郭此注當由誤記，故竟以穀梁爲公羊耳。

東次二經之首曰空桑之山，此山出琴瑟材，見周禮也。懿行案：此究地之空桑也。淮南本經訓云「共工振滔洪水，以薄空桑」，高誘注云：「空桑，地名，在魯也。」思玄賦舊注云：「少皞金天氏居窮桑，在魯北。」太平寰宇記引干寶云：「徵在生孔子於空桑之地，今名孔竇，在魯南山之六。」郭引周禮者，春官大司樂文。北臨食水，懿行案：「食水」已見篇首「樕𧑤山」。東望沮吳，南望沙陵，西望滑澤。音「旻」。懿行案：「滑」疑即「汶」字之異文。有獸焉，其狀如牛而虎文，懿行案：上文「狀如犛牛」，郭注云「牛似虎文者」。其音如欽，或作「吟」。其名曰

輪輪，音「靈」。其鳴自叫，見則天下大水。

又南六百里曰曹夕之山。其下多穀而無水，多鳥獸。

又西南四百里曰崿皋之山。音「亦」。懿行案：爾雅云：山，「屬者崿」。其上多

金、玉，其下多白堊。崿皋之水出焉，東流注于激女之水，懿行案：爾雅疏引此經作「激

汝之水」。玉篇同。其中多蜃、珧。蜃，蚌也。珧，玉珧，亦蚌屬。「腎」、「遙」兩音。懿行案：

爾雅云「蜃，小者珧」，郭注云：「珧，玉珧，即小蚌也。」

又南水行五百里，流沙三百里，至于葛山之尾。無草木，多砥、礪。

又南三百八十里曰葛山之首，無草木。澧水出焉，懿行案：呂氏春秋作「朱鼈」，郭氏江賦

東流注于余澤。其中多珠鼈魚，音「鼈」。懿行案：呂氏春秋本味篇作「體

作「賴鼈」，是經文「珠」「朱」、「鼈」「鼈」並古字通用。其狀如肺而有目，懿行案：此物圖作四

目。初學記八卷引南越志云「海中多朱鼈，狀如肺〔二〕，有四眼六腳而吐珠」，正與圖合。疑此經

「有目」當爲「四目」，字之譌也。文選江賦注引此經仍作「有目」，譌與今本同，並當釆正。六足

有珠，懿行案：呂氏春秋本味篇云：「六足有珠百碧。」「百碧」疑「青碧」字之譌也。高誘注云：

〔二〕「肺」，原本作「肺」，據初學記改。

「有珠如蛟皮。」「蛟」當爲「鮫」，皮有珠文。但郭氏江賦云「頳螫胏躍而吐璣」，南越志亦云「朱鼇

吐珠」。高誘以爲皮有珠，蓋非也。　無時氣病也。呂氏春秋曰：「澧水

之魚，名曰朱鱉，六足有珠，魚之美也。」　**其味酸甘，食之無瘖。**

之鱗，狀如浮肺。　體兼三才，以貨賈害。　厥用既多，何以自衛。」

懿行案：太平御覽九百三十九卷引此經圖讚云：「澧水

又南三百八十里曰餘峩之山。　懿行案：廣韻引此經，「峩」作「我」。　**其上多梓、枏，**

其下多荊、芑。　懿行案：南山經「虖勺之山，下多荊、杞」，此經作「芑」同聲假借字也。下文並

言佯死也。　懿行案：「眠」，依字當爲「瞑」。　名曰犰狳，「仇」「餘」二音。　懿行案：玉篇

同。　**雜余之水出焉，東流注于黃水。有獸焉，其狀如菟而鳥喙鴟目蛇尾，見人則眠，**

「犰」、「狳」二字並云「獸，似兔」。「犰」音「几」，無「犰」字。是經文「犰」當爲「犰」，郭注「仇」當

爲「几」，並字形之譌也。　廣韻「犰」字，注云「兔喙」，蓋脫「鳥」字。　**其鳴自訆，見則螽蝗爲敗。**

螽，蝗類也，言傷敗田苗。音「終」。　懿行案：説文云「螽，蝗也」，「螽，蝗也」，以爲一物。据此

又似二種。　太平御覽九百十三卷引此經，「螽」作「蟲」。

又南三百里曰杜父之山。　無草木，多水。

又南三百里曰耿山。　無草木，多水碧，亦水玉類。　懿行案：李善注江賦引此經及郭

注，並與今本同。　又注謝靈運入彭蠡湖口詩及注江淹雜體詩並引此經郭注，云「碧，亦玉也」，與今

本異。又經言水碧生於山間，謝靈運詩云「水碧輟流濕」，江淹詩云「凌波采水碧」，並與經不合。

多大蛇。 有獸焉，其狀如狐而魚翼，其名曰朱獳，音「儒」。懿行案：説文云「獳，需聲，讀若槈。」與郭音異。然云「需聲」，則與「儒」音相近。樂記云「朱儒獿雜。」蓋獿是獼猴，朱儒似狐，樂記所言，皆獸名也，正與此經義合。 其鳴自詨，見則其國有恐。懿行案：太平御覽九百二十五卷引此經，「盧其」作「憲期」。

又南三百里曰盧其之山。懿行案：無草木，多沙石。 沙水出焉，南流注于涔水。 其中多鴛鴣，音「黎」。懿行案：御覽引此經作「鶒鴶」。「鶍」、「鶒」聲相近也。 其狀如鴛鴦而人足，今鶒胡足頗有似人腳形狀也。「鶒鴶」見爾雅。 陸璣詩疏又名「淘河」，即「鶒鴶」聲之轉。 魏志：黃初四年，「有鶒鴶鳥集靈芝池，詔曰『此詩人所謂汙澤』」是也。 其鳴自詨，懿行案：御覽引「詨」作「呼」。 見則其國多土功。

又南三百八十里曰姑射之山。懿行案：莊子逍遙遊篇云「藐姑射之山，汾水之陽」，隋書地理志云「臨汾……有姑射山」，山在今山西平陽府西。 又案，已下三山俱名「姑射」，但分南北耳，皆山在中國者。 海内北經有「列姑射」，有「姑射國」，俱地在遠裔者。 無草木，多水。

又南水行三百里，流沙百里，曰北姑射之山。 無草木，多石。

又南三百里曰南姑射之山。 無草木，多水。

又南三百里曰碧山。無草木，多大蛇，多碧水玉。

又南五百里曰緱氏之山。一曰「俠氏之山」。懿行案：「俠」即「緱」聲之轉。「緱」本或作「維」，誤。　地理志云「河南郡，緱氏」，蓋縣因山爲名也。　無草木，多金、玉。　原水出焉，東流注于沙澤。

又南三百里曰姑逢之山。　無草木，多金、玉。　有獸焉，其狀如狐而有翼，其音如鴻鴈，其名曰獙獙，音「斃」。懿行案：「斃」、「獙」同。經文「獙」即「斃」字異文。玉篇作「獘」，云「獸名」，即此。　見則天下大旱。

又南五百里曰鳧麗之山。　其上多金、玉，其下多箴石。　有獸焉，其狀如狐而九尾九首，懿行案：廣韻說「蠪蛭」，無「九首」二字，餘並同。虎爪，名曰蠪姪，「蠪」「蛭」二音。懿行案：中次二經「昆吾之山」有獸名曰「蠪蚳」，郭云「上已有此獸，疑同名」，是此經「姪」當爲「蛭」，注文「蛭」當爲「姪」，並傳寫之誤也，廣韻作「蠪蛭」可證。又云「一名蛫蠪」。　其音如嬰兒，是食人。

又南五百里曰碥山，音一真反。懿行案：玉篇云：「碥，音真。石山。」蓋即此。郭注〔二〕「一」、「反」二字疑衍，中次十一經注可證。南臨碥水，東望湖澤。　有獸焉，其狀如馬而羊目，懿行案：藏經本「目」作「首」。　四角牛尾，其音如犥狗，其名曰峳峳，音「攸」。懿行

案：説文、玉篇無「犻」字，疑「犻」當爲「狨」，古从「艸」之字或从「少」，「少」亦「艸」也。海內經有

「菌狗」，即「菌狗」，亦其例。　見則其國多狨客。　狨，狨猾也。　有鳥焉，其狀如鳧而鼠尾，

善登木，其名曰縶鉤，見則其國多疫。

凡東次二經之首自空桑之山至于硹山，凡十七山，六千六百四十里。　其神狀皆

獸身人面載觡。　麋，鹿屬，角爲觡，音「格」。　懿行案：「載」亦「戴」也。　説文云：「觡，骨角之

名也。」鄭注樂記云：「無鰓曰觡。」説文云：「鰓，角中骨也。」史記樂書索隱云：「牛羊有鰓曰角，

麋鹿無鰓曰觡。」其祠：毛用一雞祈，嬰用一璧瘞。

又東次三經之首曰尸胡之山，北望�육山。　音「詳」。　懿行案：玉篇云「㼱，女鬼也」，

非此。　其上多金、玉，其下多棘。　有獸焉，其狀如麋而魚目，名曰婴胡，音「婉」。　懿

行案：玉篇云：「婴，同婉。」其鳴自訆。　懿行案：嘉慶五年，冊使封琉球，歸舟泊馬齒山下。人

進二鹿，毛淺而小，眼似魚眼。　使者箸記，謂是海魚所化。　余以經證之，知是婴胡也。　沙魚化麋，

海人常見之，非此。

又南水行八百里曰岐山。　其木多桃、李，其獸多虎。

又南水行五百里曰諸鉤之山。　無草木，多沙石。　是山也，廣員百里，多寐魚。

即鮇魚，音「味」。

懿行案：鮇魚今未詳。玉篇云：「鮇音未，魚名。」與郭義合。又有「鮇」字，與「鯻」同，非此也。

又南水行七百里曰中父之山。無草木，多沙。

又東水行千里曰胡射之山。無草木，多沙石。

又南水行七百里曰孟子之山。懿行案：畢氏據藏經本作「孟于」。

桃、李，其草多菌、蒲，未詳。音「咽晒」之「咽」。懿行案：「咽」當從目旁作「睏」，音「窨」。晒未聞。藝文類聚八十二卷引此經，無「菌」字。其木多梓、桐，多

水出焉，名曰碧陽，懿行案：開元占經一百十三卷引竹書紀年云：「今王四年，碧陽君之諸御產二龍。」碧陽君豈即斯水之神邪？ 其中多鱣、鮪。鮪即鱏也，似鱣而長鼻，體無鱗甲，別名鮥鱏，一名鮥也。 懿行案：「鱣」、「鮪」並見爾雅。郭云「別名鮥鱏」者，史記集解引郭氏注上林賦云：「鮥鱏，鮪也。」李奇注漢書云：「周、洛曰鮪，蜀曰鮥鱏。」説文作「鮥鮛」，蓋古今字耳。云「一名鮥也」者，鱣魚一名鮥鱏魚，鱣、鮪同類，故亦同名。郭注爾雅「鱣」云：「今江東呼爲黃魚。」「黃」即「鮥」矣。

其獸多麋鹿。是山也，廣員百里。其上有

又南水行五百里曰流沙，行五百里，有山焉，曰跂踵之山。「跂」音「企」。廣員二百里，無草木，有大蛇，其上多玉。有水焉，廣員四十里皆涌，今河東汾陰縣有瀵水，源

在地底，瀆沸涌出，其深無限，即此類也。

詳略，其義則同。**其名曰深澤，其中多蠵龜。** 懿行案：爾雅云：「蠵，觜蠵，大龜也，甲有文彩，似瑇瑁而薄。音遺

知反。懿行案：「瑇瑁」，玉篇作「蝳蝐」。說文云：「蠵，大龜也，以胃鳴者。」郭注爾雅「靈蠵」

云：「緣中文似瑇瑁，俗呼爲靈龜，即今觜蠵龜，一名靈蠵，能鳴。」初學記三十卷引郭氏此經圖讚

曰：「水圓二方，潛源溢沸。靈龜爰處，掉尾養氣。莊生是感，揮竿傲[一]貴。」**有魚焉，其狀如**

鯉而六足鳥尾，名曰鮯鮯之魚， 音「蛤」。懿行案：廣雅釋地本此經云：「東方有魚焉，如

鯉，六足鳥尾，其名曰鮯。」不作重文。玉篇亦然。**其名自叫。** 懿行案：「名」，藏經本作

「鳴」，是。

又南水行九百里曰踇隅之山。 音「敏」字。懿行案：玉篇、廣韻並作「踇偶山」。踇，

莫后切。**其上多草木，多金、玉，多赭。有獸焉，其狀如牛而馬尾，名曰精精，其鳴**

自叫。

又南水行五百里，流沙三百里，至于無皋之山。南望幼海， 即少海也。淮南子曰：

東方大渚曰少海。 懿行案：初學記六卷引此經及郭注，並與今本同。又，「少海」即「裨海」

[一]「傲」，原本作「儌」，還讀樓本改作「傲」，初學記正作「傲」，據改。

也，史記驟衍傳云「禆海環之」，索隱云：「禆海，小海也。」郭引淮南子者，墬形訓文也。**東望榑**

木，**扶**「桑」二音。懿行案：「榑木」即「扶桑」，但不當讀「木」爲「桑」，注有脫誤。洪範五行

傳〔二〕云：「東方之極，自碣石東至日出榑木之野。」呂氏春秋求人篇云「禹東至榑木之地，日出九

津」，高誘注云：「榑木，大木。」案：「津，崖也。」案「扶桑」見海外東經。**無草木，多風。**懿行案：東

極多風。爰有神人，「來風曰俊，處東極以出入風」也，見大荒東經。**是山也，廣員百里。**

凡東次三經之首自尸胡之山至于無皋之山，凡九山，六千九百里。懿行案：今才

六千四百里。**其神狀皆人身而羊角。其祠：用一牡羊，米用黍。是神也，見則風雨**

水爲敗。

又東次四經之首曰北號之山，臨于北海。有木焉，其狀如楊，赤華，其實如棗而

無核，懿行案：爾雅云「哲，無實棗」，郭注云：「不著子者。」即此。今樂陵縣亦出無核棗。**其味**

酸甘，食之不瘧。懿行案：本草經「腐婢」，陶注云：「今海邊有小樹，狀如卮子，莖條多曲，氣

作腐臭，土人呼爲腐婢，用療瘧有效。」即此。**食水出焉，而東北流注于海。**懿行案：「食水」

〔一〕「洪」原本作「鴻」，據尚書大傳改。

已見篇首，其云「北臨乾昧」，當即此經「北號之山」。有獸焉，其狀如狼，赤首鼠目，其音如

豚，名曰猲狙，「葛」「狙」二音。懿行案：經文「猲狙」當爲「獨狙」，注文「葛狙」當爲「葛旦」，

俱字形之譌也。玉篇、廣韻並作「獨狙」，云「狙，丁旦切，獸名」，可證今本之譌。説文云：「狙，玃

屬。」莊子齊物論釋文引司馬彪云：「狙，一名獨犴，似猨而狗頭，憙與雌猨交。」所説形狀與此經

異，非一物也。是食人。有鳥焉，其狀如雞而白首，鼠足而虎爪，其名曰鴸音「祈」。

雀，懿行案：楚詞天問云「鴸堆焉處」，王逸注云：「鴸堆，奇獸也。」柳子天對云「鴸雀在北號，惟

人是食」，則以「鴸堆」爲即「鴸雀」字之誤。王逸注蓋失之。亦食人。

又南三百里曰旄山。無草木。蒼體之水出焉，而西流注于展水。其中多鯥魚，

今「蝦鯥」字亦或作「鱃」，音「秋」。懿行案：廣雅云：「鱃，鯥也。」是本二字，郭音「鱃」爲

「秋」，與「鯥」同音。其狀如鯉懿行案：太平御覽七百四十卷引此經，「鯉」作「鱧」。而大首，

食者不疕。懿行案：「疕」當爲「肬」。

又南三百二十里曰東始之山，上多蒼玉。有木焉，其狀如楊而赤理，其汁如血，

不實，其名曰芑，音「起」。懿行案：李善注西京賦引此經作「杞」，云「杞如楊，赤理」，是知

「杞」假借作「芑」也，經内多此例。李善又云：「杞即梗木也。」未知其審。可以服馬。以汁塗

之則馬調良。懿行案：良馬有汗血者，以芑汁塗馬則調良，或取此義與？泚水出焉，而東

北流注于海，其中多美貝。多茈魚，其狀如鮒，一首而十身，【懿行案：似何羅魚。】其臭
如蘪蕪，食之不糟。【孚謂反。止失氣也。】【懿行案：廣韻云：「糟同屁，氣下洩也。」匹寐切。】
玉篇音義同郭注。

又東南三百里曰女烝之山，其上無草木。石膏水出焉，而西注于鬲水。其中多
薄魚，【懿行案：玉篇、廣韻並作「鱅魚」，又云「似鯉」也。】其狀如鱣魚而一目，其音如歐，如
人嘔吐聲也。【懿行案：「歐吐」之字古書作「歐」，俗作「嘔」。】初學記三十卷引此經及郭注，並
與今本同。見則天下大旱。【懿行案：初學記引此經，作「見則天下反」。】

又東南二百里曰欽山，多金、玉而無石。師水出焉，而北流注于皋澤。其中多
鱅魚，多文貝。有獸焉，其狀如豚而有牙，其名曰當康，【懿行案：太平御覽九百十三卷引
神異經云：「南方有獸，似鹿而豕首，有牙，善依人求五穀，名無損之獸。」所說形狀與此獸近，當即
此。其鳴自叫，見則天下大穰。【懿行案：「當康」、「大穰」聲轉義近。蓋歲將豐稔，茲獸先出
以鳴瑞。聖人通知鳥獸之音，故特記之。凡經中諸物，或出而兆妖祥，皆動於幾先，非所常有，故
世人希得見之爾。

又東南二百里曰子桐之山。【懿行案：玉篇引司馬相如梓桐山賦云「礛碏」，疑即斯山
也。「梓」、「子」聲同。】子桐之水出焉，而西流注于餘如之澤。其中多鱛魚，【音「滑」。】

懿行案：「鰩魚」見郭氏江賦。李善注引此經及郭音，並與今本同。玉篇云「鰩魚如鳥」。太平御覽九百三十九卷引此經作「鯩魚」誤。

其狀如魚而鳥翼，出入有光，其音如鴛鴦，見則天下大旱。 懿行案：廣韻引此經同。

又東北二百里曰剡山。 懿行案：藝文類聚八卷引「剡山」作「剡山」，蓋誤。 多金、玉。有獸焉，其狀如彘而人面，黃身而赤尾，其名曰合窳，音「庾」。 其音如嬰兒。 是獸也食人，亦食蟲蛇，見則天下大水。 懿行案：是獸蓋即彘屬而異者也。 彘爲水祥者，以「坎爲豕，爲水」故也。 彘能啗蛇，見蘇鶚杜陽雜編。

又東二百里曰太山，上多金、玉、楨木。 女楨也，葉冬不凋。 懿行案：説文云：「楨，剛木也。 上郡有楨林縣。」玉篇云「楨，堅木也」引此經作「大山多楨木」，又引郭注，與今本同。有獸焉，其狀如牛而白首，一目而蛇尾，其名曰蜚，音如「翡翠」之「翡」。 懿行案：「蜚」，廣韻作「犥」，非也。 玉篇引此經，與今本同。 又此與春秋之「蜚」同名異實，劉歆解春秋便引此經，以爲一物，非也。 行水則竭，行草則死，見則天下大疫。 言其體含災氣也。 其銘曰：「蜚之爲名，體似無害。 所經枯竭，其於鳩屬。 萬物斯懼，思爾遐逝。」 懿行案：廣韻引此經作「見則有兵役」，與今本異。 又引郭氏讚，即今注中銘語也。「萬物斯懼」「斯」作「攸」，餘同。 又案藏經本所載圖讚復與此絕異，所未能詳。 鉤水出焉，而北流注于勞水，其中多鱃魚。

凡東次四經之首自北號之山至于太山，凡八山，一千七百二十里。懿行案：畢氏

本「里」字作「三」，此字形之譌。又案此經不言神狀及祠物所宜，疑有闕脱。

右東經之山志凡四十六山，萬八千八百六十里。懿行案：今才萬八千二百六

十里。

山海經第五

晉郭璞傳　棲霞郝懿行箋疏

中山經

中山經薄山之首懿行案：山在今山西蒲州府南。禹都平陽，或在安邑，故以薄山爲「中山」也。地理志云：「河東郡，蒲反。」雷首山在南。」史記封禪書云「薄山者，襄山也」，正義引括地志云：「薄山亦名襄山，一名雷首山。」案正義「襄」音色眉反，則當作「衰」。然穆天子傳云「河首襄山」，是字仍當作「襄」也。水經河水注引揚雄河東賦注云「襄山在潼關北十餘里」，又引此經「薄山」作「蒲山」，蓋「薄」、「蒲」聲有輕重耳。**曰甘棗之山。**懿行案：「甘棗」，水經注引作「甘桑」。又括地志説茲山凡十餘名，以州縣分之，多在蒲州，見史記正義。**共水出焉，**音「恭」。**而西流注于河。**懿行案：水經注云「蓐水出襄山蓐谷，西南注於河」，又云「今詒蓐水川流所趣，與共水相扶」，是酈氏以蓐水即共水也。**其上多枏木。其下有草焉，葵本而杏葉，**或作「桔葉」。懿行案：説文云：「葵物，菨葵，王棘之屬。」名曰蘀，他落反。**可以已聾。**音「盲」。懿行案：説文云：「聾，不明也。」**有獸焉，其**

狀如軹鼠而文題，軹鼠，所未詳。音「虬」，字亦或作「虬」。

「獨」字，非郭義也。廣韻「軹」音徒各切，云「獸名，似鼠」，又與郭音異。軹鼠，爾雅十三鼠中無

之。其字「或作虬」，蓋同聲假借也。其名曰難，音「那」。或作「熊」也。
懿行案：「軹」玉篇以爲古文

即古「熊」字，非也。古文「熊」字作「難」，見玉篇。又玉篇云：「難，乃何切。獸，似鼠，食之明

目。」廣韻亦云：「獸名，似鼠，班頭，食之明目。」蓋皆本此經而誤記也。「可以已瞢」在上文。　食

之已瘦。

又東二十曰歷兒之山。懿行案：水經注云：「河東郡南有歷山，舜所耕處也。」史記

正義引括地志云「蒲山亦名歷山」，即此也。蓋與薄山連麓而異名。太平御覽四百九十卷引此經

作「歷小之山」，疑「兒」本或作「尔」，聲近而通，「尔」又譌作「小」也。其上多橿，多櫪木，音

「屬」。
懿行案：玉篇云：「櫔，木名，實如栗。」是木也，方莖而員葉，黃華而毛，其實如

揀，揀，木名，子如指頭，白而黏，可以浣衣也。音「練」，或作「簡」。
懿行案：「揀」當作「楝」。

説文云：「楝，木也。」玉篇云：「子可以浣衣。」爾雅翼云：「木高丈餘，葉密如槐而尖，三四月開

花，紅紫色。實如小鈴，名金鈴子。俗謂之苦楝。可以涷，故名。」服之不忘。

又東十五里曰渠豬之山，懿行案：史記正義引括地志云「雷首山亦名渠山」，又云「薄山

亦名豬山」，即此。其上多竹。渠豬之水出焉，懿行案：水經注云：「永樂谿水又南，入於河。

余按中山經，即渠豬之水也。」太平寰宇記云：「永樂縣渠豬水，一名蓼水，今名百丈澗，源出縣北中條山。」今案括地志，中條山亦雷首之異名也。**而南流注于河。其中是多豪魚，狀如鮪，**鮪似鱣也。**赤喙尾，赤羽**，懿行案：太平御覽九百三十九卷引此經，「赤喙」上有「而」字。廣韻引作「赤尾赤喙有羽」，而無「狀如鮪」三字。**可以已白癬。**懿行案：説文云：「癬，乾瘍也。」

又東三十五里曰蔥聾之山，懿行案：自此已下七山，亦皆與薄山連麓而異名。**其中多大谷。是多白堊，黑、青、黃堊。**言有雜色堊也。

又東十五里曰泿山。音「倭」。懿行案：玉篇云：「泿，山名也。」**其上多赤銅，其陰多鐵。**

又東七十里曰脫扈之山。有草焉，其狀如葵葉而赤華、荚實，實如棕荚，今棕木結實作房如魚子狀，絕不似皁荚也。**名曰植楮，可以已癙，**癙，病也。懿行案：太平御覽七百四十二卷引郭注，作「癙瘻也」。今本作「癙病」，蓋本爾雅釋詁文，非誤也。又引淮南子者，説山訓文，本作「貍頭愈鼠」，今人正以貍頭療鼠瘡。鼠瘡即瘻，説文云：「瘻，頸腫也。」

又東二十里曰金星之山。多天嬰，其狀如龍骨，懿行案：本草別錄云：「龍骨生晉地川谷及太山巖水岸土穴中死龍處。」**可以已痤。**痤，痤也。懿行案：注疑當爲「痤，癰也」。

説文云：「瘱，小腫也，一曰族豦。」韓非子六反篇云：「彈瘱者痛。」

又東七十里曰泰威之山。　其中有谷，曰梟谷，或無「谷」字。　其中多鐵。

又東十五里曰橿谷之山，或作「檀谷之山」。　其中多赤銅。

城。」史記正義引括地志云「雷首山亦名吳山」，即此也。

又東百二十里曰吳林之山，懿行案：地理志云：「河東郡，大陽：吳山在西，上有吳名，大體相屬也。　吳山在今山西平陸縣。　其中多葌草。　亦「菅」字。　懿行案：説文云「葌，香艸，出吳林山」，本此經爲説也。　衆經音義引聲類云「葌，蘭也」，又引字書云「葌，與莔同。莔即蘭也」。　是葌乃香艸。　中次十二經「洞庭之山」以「葌」與「蘪蕪」並稱，其爲香艸審矣。　郭注以「葌」爲「菅」字，菅乃茅屬，恐非也。

又北三十里曰牛首之山。　今長安西南有牛首山，上有水，未知此是非。　懿行案：此山在霍太山之南，當在今山西浮山縣界，非長安鄠縣之牛首山也。　水經汾水注有「黑山」，即此。　太平寰宇記云：「神山縣黑山，在縣東四十四里，一名牛首，今名烏嶺山。」有草焉，名曰鬼草，其葉如葵而赤莖，其秀如禾，懿行案：大雅生民篇云「實發實秀」，是禾之秀也。　服之不憂。　懿行案：太平御覽四百六十九卷引此經圖讚曰：「焉得鬼草，是樹是藝。 服之不憂，樂天傲世。 如彼浪舟，任波流滯。」勞水出焉，而西流注于潏水。　音如「譎詐」之「譎」。　懿行

案⋯長安亦有潦水、滿水，見地理志，非此也。

水是也。

即巢山之水也。 水源東南出巢山東谷，北逕浮山東，又西北流與勞水合，亂流西北，

水經注云「黑水出黑山，西逕楊城南，又西與巢山水會」，引此經云云「疑是水也」，滿水

太平寰宇記云「臨汾縣，潦水源出烏嶺山，俗名長壽

西流入於汾」。 元和郡縣志云「臨汾縣滿水，今名三交水」也。 **是多飛魚，其狀如鮒魚，**懿行

案⋯中次三經復有「飛魚」，與此異。 太平御覽九百三十九卷引張駿山海經飛魚讚曰⋯「如鮒，登

雲游波。」今案「如鮒」之上當脫「飛魚」二字，遂不成文。 又引林邑國記曰⋯「飛魚身圓，長丈餘，

羽重沓，翼如胡蟬，出入羣飛，遊翔翳薈，而沈則泳海底。」 **食之已痔衕。**

又北四十里曰霍山，今平陽永安縣、廬江潛縣、晉安羅江縣、河南鞏縣皆有霍山，明山以霍

爲名者非一矣。 按爾雅大山繞小山爲霍。 懿行案⋯此平陽永安之霍山也，山在今山西霍州東

南。 地理志⋯「河東郡，彘」、「霍水」，並出霍太山，西南流注於汾水，此經絕不言有水。 又爾雅

東。」案水經汾水注有「彘水」、「霍水」。霍太山在東，冀州山。」晉書地理志云「平陽郡，永安⋯霍山在

記「西方之美」有「霍山之多珠玉」，此經亦復不言。 **其木多榖。 有獸焉，其狀如狸而白尾有**

鬣，名曰胐胐，養之可以已憂。 謂畜養之也。 普昧反。 懿行案⋯陳藏器本草拾遺云⋯「風

狸似兔而短，人取籠養之。」即此也。

又北五十二里曰合谷之山，懿行案⋯玉篇作「金谷多蒼棘」。 **是多蒼棘。** 未詳。 音

「瞻」。 懿行案：本草云：「天薺冬，一名顛棘。」即爾雅「髦，顛棘」也。「蒼」，玉篇云「丁敢切」，疑「蒼」、「顛」古字或通。

又北三十五里曰陰山，亦曰「險山」。多礪石、文石。 礪石，石中磨者。 懿行案：「礪」當為「厲」。說文云：「厲，旱石也。」少水出焉， 懿行案：水經注云：「沁水又逕沁水縣故城北，春秋之少水也。」又云：「少水，今沁水。」酈氏此說，蓋言沁水隨地異名耳，不云即此經之少水也。且沁水出謁戾山，少水出陰山，既不同源，非一水明矣。其中多彫棠， 懿行案：西次二經云「中皇之山多蕙、棠」，郭云「彫棠之屬。」此作「彫棠」，疑形近而譌。其葉如榆葉而方，其實如赤菽，食之已聾。 菽，豆。 懿行案：「菽」當為「尗」，見說文。

又東北四百里曰鼓鐙之山， 懿行案：畢氏云：「即鼓鍾山，在今山西垣曲縣。『鍾』、『鐙』形聲皆相近。」水經注云：「平水南流，歷鼓鍾上峽，水廣一十許步，南流歷鼓鍾川，分為二澗。一水歷冶官西，世人謂之鼓鍾城。城之左右猶有遺銅及銅錢也。」即此山，而引中次七經鼓鍾山，蓋酈元之疏也。多赤銅。 懿行案：「詳水經注，云有冶官遺銅，則知古者冶銅於此，經言多赤銅，信也。」有草焉，名曰榮草，其葉如柳，其本如雞卵，食之已風。 懿行案：本草經云「藺茹，味辛寒，除大風」，陶注云「葉似大戟」，蜀本注云「根如蘿蔔」，並與此合，豈是與？

凡薄山之首自甘棗之山至于鼓鐙之山，凡十五山，六千六百七十里。 懿行案：

今才九百三十七里。經有誤。

歷兒，冢也，其祠禮：毛，太牢之具，縣以吉玉。縣，祭山之名也，見爾雅。懿行案：爾雅云「祭山曰庪縣」，郭注云「或庪或縣，置之於山。」亦引此經文。

其餘十三山者，懿行案：風俗通云：「趙襄子齋三日，親自剖竹，有朱書曰『無邮，余霍太山陽侯大吏』云云。是霍山之神名「陽侯」也，其餘未聞。

毛用一羊，縣嬰用桑封，瘞而不糈。桑封者，懿行案：畢氏云：「『桑封』以下疑周、秦人釋語亂入經文。」是土神、山神之主桑主也。懿行案：穆天子傳云：「乃駕鹿以遊于山上，爲之石主」，例當用石，此則用木耳。又，祭山不獨有主，兼亦有尸，故中次五經云「尸水合天」也。

方其下而銳其上，而中穿之，加金。言作神主而祭，以金銀飾之也。公羊傳曰：「虞主用桑。」「主」或作「玉」。懿行案：郭引公羊文二年傳也。經言「作僖公主」，何休注云：「主狀正方，穿中央，達四方。」彼是說天子、諸侯之主。此言山神之主，所未聞也。郭云「主或作玉」，蓋字形之譌。

中次二經濟山之首曰煇諸之山，懿行案：山在上黨。其上多桑。其獸多閭麋，其鳥多鶡。似雉而大，青色有毛，勇健，鬭死乃止。音「曷」。出上黨也。懿行案：張揖注上林賦云：「鶡似雉，鬭死不卻。」說文云：「鶡似雉，出上黨。」劉昭注郡國志「上黨郡，猗氏」引漢書音義云：「縣出鶡」因知此經「煇諸之山」在上黨猗氏縣矣。李善注鷦鷯賦引此經郭注作「青色有角」，

今本作「有毛」，二者皆誤。李賢注後漢書西南夷傳引此注，云：「髐雞似雉而大，青色，有毛角，鬪敵死乃止。」是「鵁」或作「髐」，又增「雞」字，非也。其作「毛角」則是。玉篇云：「鵁，何葛切。鳥似雉而大，青色，有毛角，鬪死乃止。」藝文類聚九十卷引郭氏讚云：「鵁之爲鳥，同羣相爲。疇類被侵，雖死不避。毛飾武士，兼厲以義。」

又西南二百里曰發視之山。其上多金、玉，其下多砥、礪。即魚之水出焉，而西流注于伊水。

又西三百里曰豪山，其上多金、玉而無草木。

又西三百里曰鮮山，懿行案：爾雅云：「小山別，大山鮮。」水經伊水注有「鮮山」。山當在今河南嵩縣。多金、玉，無草木。鮮水出焉，而北流注于伊水。懿行案：水經云「伊水東北過郭落山」，注云：「伊水又東北，鮮水入焉。水出鮮山，北流注於伊水。」其中多鳴蛇，其狀如蛇而四翼，其音如磬，見則其邑大旱。懿行案：「鳴蛇」見南都賦，李善注引此經，與今本同。

又西三百里懿行案：「三百」當爲「三十」，字之譌。曰陽山，懿行案：「陽山」見水經伊水注。隋書地理志云：「陸渾縣：有陽山。」多石，無草木。陽水出焉，而北流注于伊水。懿行案：水經注云：「陽水出陽山陽谿，世人謂之太陽谷，水亦取名焉。東流入伊水。」其中多

化蛇，其狀如人面而豺身，鳥翼而蛇行，[懿行案：廣雅釋地説「化蛇」本此經，文同。] 其音
如叱呼，見則其邑大水。

又西二百里曰昆吾之山，其上多赤銅。 [此山出名銅，色赤如火，以之作刀，切玉如割泥
也，周穆王時西戎獻之，尸子所謂「昆吾之劍」也。 越絕書曰：「赤堇之山破而出錫，若邪之谷涸而
出銅，歐冶子因以為純鉤之劍。」汲郡冢中得銅劍一枚，長三尺五寸，乃今所名為干將劍。 汲郡亦
皆非鐵也，明古者通以錫雜銅為兵器也。] 懿行案：列子湯問篇云：「周穆王大征西戎，西戎獻
錕鋙之劍。 其劍長尺有咫，練鋼赤刃，用之切玉如切泥焉。」是郭所本也。 又博物志引周書曰：
「昆吾氏獻切玉刀，切玉如蠟[一]也。」子虛賦云「琳瑉昆吾」，張揖注云：「昆吾，山名也，出美金
尸子曰『昆吾之金』。」又郭注海内經「昆吾之丘」亦引尸子，曰「昆吾之金」，此注引作「劍」，蓋字之
譌也。 又「銅劍一枝」，「枝」當為「枚」，亦字之譌也；藝文類聚六十卷引此注，「枝」正作「枚」。
又「汲郡亦皆非鐵」，郭氏欲明古劍皆銅為之耳。 然越絕書云「歐冶子、干將鑿茨山，洩其溪，取鐵
英，作為鐵劍三枚」，史記亦云「楚之鐵劍利而倡優拙」，是知古劍亦不盡用銅矣。 類聚又引龍魚河
圖云：「流洲在西海中，上多積石，名為昆吾石。 冶[二]其石成鐵，作劍，光明四照，洞如水精。」案

[一]「蠟」，今本博物志作「脂」。
[二]「冶」，原本誤作「治」，據藝文類聚改。

河圖所說，此自別有昆吾石，非昆吾山之所出銅也。類聚六卷引十洲記與河圖同。

有獸焉，其狀如彘而有角，其音如號，如人號哭。**名曰蠪蚳，**上已有此獸，疑同名。懿行案：「蚳」，疑當為「蛭」，已見東次二經「鳧麗之山」。**食之不眯。**

又西百二十里曰葌山。音「間」。懿行案：水經伊水注有「葌山」。山當在今河南盧氏縣西南。**葌水出焉，而北流注于伊水。**懿行案：水經注云：「伊水自熊耳東北，逕鸞川亭北。葌水出葌山，北流，際其城東而北入伊水。」世人謂伊水為鸞水，葌水為交水，故名斯川為鸞川也。**其上多金、玉，其下多青雄黃。有木焉，其狀如棠而赤葉，名曰芒草，**音「忘」。懿行案：「芒草」亦單謂之「芒」。海內經說「建木」云「其葉如芒」，郭注云「芒木，似棠梨」，本此經為說也。又爾雅云「蕄，春草」，郭注引本草云「一名芒草」，疑此非也。然芒草即草類，而經言「木」者，雖名為木，其實則草。正如侖者之山「有木如穀而赤理，其名白蕃」，白蕃即蘽蘇，亦草屬也，故廣雅列於草部。又如竹屬，爾雅居於釋草，而此經或言「草」或言「木」也。**可以毒魚。**

又西二百里曰蔓渠之山。懿行案：水經注云「即熊耳山之連麓」是也。山在今河南盧氏縣熊耳山西。**其上多金、玉，其下多竹箭。伊水出焉，而東流注于洛。**今伊水出上洛盧氏縣熊耳山，東北至河南洛陽縣入洛。懿行案：地理志云「弘農郡，盧氏：熊耳山在東，伊水

又西一百五十里曰獨蘇之山，無草木而多水。

出，東北入雒」，是郭所本也。

水經云「伊水出南陽魯陽縣西蔓渠山」，注引此經云云，又引「淮南子曰『伊水出上魏山』」，地理志

曰『出熊耳山』，即麓大同，陵巒互別爾」。**有獸焉，其名曰馬腹，其狀如人面虎身，其音如**

嬰兒，是食人。 懿行案：刀劍録云：「漢章帝建初八年鑄一金劍，令投伊水中，以厭人膝之怪

弘景案：水經……『伊水有一物，如人膝頭，有爪，人浴輒沒不復出。』」陶氏所説參以劉昭注郡國

志「南郡，中盧」引荆州記，云：「陵水中有物如馬，甲如鯪鯉不可入。七八月中，好在磧上自曝

膝頭如虎掌爪，小兒不知，欲取弄戲，便殺人。或曰生得者摘其鼻，厭可小，小便名爲水盧。」水經

沔水注與荆州記小有異同。然則「人膝」之名蓋取此。据陶、劉二家所説，形狀與「馬腹」相近，因

附記焉。　陶氏所引水經，蓋即郭所注者，今亡無攷。

今一千七百七十里。

凡濟山經之首自煇諸之山至于蔓渠之山，凡九山，一千六百七十里。 懿行案：

其神皆人面而鳥身，祠用毛，擇用毛色。用一吉玉，投而不糈。 懿行案：

中次三經萯山之首「萯」音「倍」。　懿行案：竹書云「夏帝孔甲三年，畋于萯山」，即此。

水經河水注引「呂氏春秋音初篇云『田於東陽萯山』」，帝王世紀以爲『即東首陽山』也，蓋是山之殊

目矣」。　**曰敖岸之山。** 或作「獻」。　懿行案：畢氏云：「春秋傳云『敖、鄗之閒』，疑即此山，音

相近。」其陽多琈瑶之玉，其陰多赭、黃金。神熏池居之。是常出美玉。或作「石」。北

賦及李賢注後漢書張衡傳引此經，並無「如舉」二字，蓋脫。有獸焉，其狀如白鹿而四角，名

也，未詳。「蒨」音「倩」。懿行案：蒨，草也；舉，木也。舉即櫸柳，本草陶注詳之。李善注思玄

望河林，懿行案：思玄賦云「怬河林之蓁蓁」，即此。其狀如舉。說者云：蒨、舉皆木名

曰夫諸，懿行案：玉篇云「麐音夫，麐音諸」，蓋「夫諸」本或作「麐麐」也。水經注云：「新安縣青

要山，今謂之彊山。實維帝之密都。天帝曲密之邑。懿行案：山在今河南新安縣西北二十里。水經注云：「山如堂者，密。」北

望河曲，河千里一曲一直也。懿行案：「河曲」及郭注並見爾雅。爾雅云：「山如堂者，密。」是多駕鳥。未詳也。或曰

「駕」宜爲「駕」。駕，鵝也，音「加」。懿行案：說文云：「䳒，䳠䳒也。」「䳠」通作「駕」，又通作

「駕」。漢書司馬相如傳云「連駕鵝」，史記正作「駕」。又，魯大夫有榮駕鵝也。南望墠渚，水中

小洲名渚。「墠」音「填」。懿行案：水經伊水注云：「禪渚水上承陸渾縣東禪渚，渚在原上，陂

方十里，佳饒魚葦。」即引此經云云「墠」作「禪」。又引郭注云禪「一音暖」，今本脫此三字。禹

父之所化，鯀化於羽淵，爲黃熊。今復云在此，然則一已有變化之性者，亦無往而不化矣。」與今詳略異。懿

行案：水經注引郭注，云：「鯀化羽淵，而復在此，然已變怪，亦無往而不化也。」懿

又案山海經，禹所著書，不應自道「禹父之所化」，疑此語亦後人羼入之。是多僕纍、蒲盧。僕

纍，蝸牛也。爾雅曰：「蒲盧者，螔蝓也。」蒲盧者，夏小正傳

云：「蜃者，蒲盧也。」廣雅云：「蚶蛤，蒲盧也。」懿行案：蝸牛名蚹蠃，見爾雅。

「蝼螺」也。郭注西次三經「槐江之山」云「蠃母即蝶螺」是矣。又聲轉爲「蚹蠃」，即「蒲蠃」，

吳語云「其民必移就蒲蠃於東海之濱」是矣。是「僕纍」、「蒲盧」同類之物，並生於水澤下溼之地。

至於爾雅之「蒲盧」，非水蟲也，郭氏引之誤矣，以「蒲盧」爲螔蝓，尤誤。**魁武羅司之，**武羅，神

名。「魁」即「神」字。 懿行案：說文云：「魁，神也。」玉篇云：「山神也。」俱本此。李善注魏都

賦引此經郭注云「魁，音神」，與今本不同。 **其狀人面而豹文，小要而白齒，**或作「首」。 懿

行案：「白齒」即左傳所云「晳幘」。 **而穿耳以鐻，**鐻，金銀器之名，未詳也。音「渠」。 懿行

案：「鐻」，假借字也。說文以爲「虡」或字，其「新附字」引此經則作「璩」，云「璩，環屬也」。 後漢

書張奐傳云「遺金鐻八枚」，魏都賦云「鐻耳之傑」，李善、李賢注並引此注。 **其鳴如鳴玉。**如人

鳴玉佩聲。 **是山也，宜女子。** 懿行案：「宜女」之義未詳。 吳氏引淮南子「青要玉女，降霜神

也。」 今攷淮南天文訓雖有「青女乃出，以降霜雪」之文，而無「青要玉女」之說，當在闕疑。 **畛水**

出焉，音「軫」。 **而北流注于河。** 懿行案：水經注云：「河水與教水合，又與畛水合。水出新

安縣青要山，其水北流入於河。」引此經云云，即是水也。 **其中有鳥焉，名曰鴢，**音如「窈窕」之

「窈」。 懿行案：爾雅云「鴢，頭鵁」，郭注云：「似鳧，腳近尾，略不能行，江東謂之魚鵁。」李善

注江賦引此經與今本同。

其狀如鳧，青身而朱目赤尾，朱，淺赤也。懿行案：李善注江賦引此經同。食之宜子。有草焉，其狀如蓍菅，蓍非「菅」，已見上文。似茅也。而方莖、黃華赤實，其本如藁本，根似藁本，亦香草。懿行案：廣雅云：「山茝，蔚香，藁本也。」名曰荀草，或曰「苞草」。服之美人色。令人更美豔。懿行案：本草經云：「旋花主面皯黑，色媚好。一名金沸。」別錄云：「一名美草，生豫州平澤。」陶注云：「根似杜若，亦似高良薑。」又云：「葉似薑，花赤色，子狀如豆蔻。」今案旋花一名金沸，明是黃花，陶注云「赤色」誤矣。又唐、宋本草或以旋花為今鼓子花，然與本經不合。此皆非矣，唯陶說形狀與此經同，別錄云「生豫州」，地亦相近。「荀」、「旋」聲近也。

又東十里曰騩山。音「巍」。懿行案：水經注云：「騩山，彊山東皁也。」鄭語云：「主芣、騩而食溱、洧。」「隗」即「騩」也，古字通用。其上有美棗，其陰有㻬琈之玉。正回之水出焉，而北流注于河。懿行案：水經注云：「河水與畛水合。又東，正回之水入焉。水出騩山，東流，俗謂之彊川水，與石瓜疇川合。又東逕冶鐵官東，東北流注於河。」其中多飛魚，其狀如豚而赤文，服之不畏雷，可以禦兵。懿行案：上文勞水飛魚，與此同名，非一物也。初學記一卷引郭氏讚云：「飛魚如豚，赤文無君。食之辟兵，不畏雷音。」案「無君」二字譌。藝文類聚二卷引作「赤文無羽」是矣，而「不畏雷」下復脫一字，疑初學記「雷音」當為「雷鼓」字之譌。

又東四十里曰宜蘇之山。懿行案：水經注：「山在河南垣縣。」今為孟津縣。「垣」上當

脱「東」字。

其上多金、玉，其下多蔓居之木。 未詳。 懿行案：廣雅云：「牡荊，曼荊也。」「曼」，本草作「蔓」，此經「蔓居」疑「蔓荊」聲之轉。「蔓荊」列本草「木部」，故此亦云「蔓居之木」也。

瀟瀟之水出焉，音「容」。**而北流注于河，**懿行案：「瀟瀟」，水經注作「庸庸」，云：「河水又東，正回之水入焉。又東合庸庸之水。水出河南垣縣宜蘇山，俗謂之長泉水。伊、洛門也。

其水北流，分爲二水，一水北入河，一水又東北流注於河。是多黃貝。

又東二十里曰和山。今河南孟津縣界。**其上無草木而多瑤碧，**懿行案：水經注云「河水又東，溴水入焉」，引此經云。案山當在

實惟河之九都。九水所潛，故曰九都。懿行案：都者，瀦也。史記夏本紀索隱曰：「都，古文尚書作『豬』。孔安國云『水所停曰豬』，鄭玄云『南方謂都爲豬』」，則是水聚會之義。郭注「瀦」字誤，藏經本作「聚」。李善注海賦引此經及郭注，並與今本同。注沈約鍾山應西陽王教詩引此經郭注，作「曲」，回也」。

是山也五曲，曲回五重。懿行案：李善注洛神賦引此經，與今本同。

九水出焉，懿行案：水經注据帝王世紀，以是山即東首陽山也，云：「今於首陽東山無水以應之，當是今世懸，川域改狀矣。」

合而北流注于河。其中多蒼玉。懿行案：水經注引此經，作「其陽多蒼玉」。

吉神泰逢司之，吉，猶善也。「逢」，玉篇作「逄」，云「神名」。廣韻亦作「逄」。

其狀如人而虎尾，或作「雀尾」。**是好居于萯山之陽，出入有光。泰逢神動天地氣也。**言其有靈爽能興雲雨也。 夏

后孔甲田於蕡山之下，天大風晦冥，孔甲迷惑，入於民室。見呂氏春

秋音初篇。廣韻「蘳」字云：「大黃蕡山神，能動天地氣，昔孔甲遇之。」廣韻此言蓋以大風晦冥即

是神所爲也。「大黃」二字今未詳。太平御覽十一卷引遁甲開山圖曰：「鄭有不毛山，上有無爲之

君，分布雲雨於九州之内。」榮氏解曰：「不毛山不生樹木，古無爲君常處其上，布灑雲雨，九州之

内平均。」今案和山上無草木，當即不毛山，其無爲君當即泰逢矣。存以俟攷。

凡蕡山之首自敖岸之山至于和山，凡五山，四百四十里。懿行案：今才八十里。

其祠泰逢、熏池、武羅，皆一牡羊，副，副謂破羊骨，磔之以祭也，見周禮。音「恫恫」之

「恫」。
懿行案：説文云「副，判也」引周禮曰「副辜」，籀文作「疈」。今周禮大宗伯正作「疈」。

嬰用吉玉。其二神用一雄雞，瘞之，糈用稌。

中次四經釐山之首音「狸」。曰鹿蹄之山。懿行案：水經云「鹿蹄山在宜陽縣」，注云

「山在河南陸渾縣故城西北，俗謂之縱山」，又云「世謂之非山」，又云「山石之上有鹿蹄，自然成

著，非人功所刊。其山陰峻絶百仞，陽則原阜隆平」。其上多玉，其下多金。甘水出焉，而

北流注于洛，懿行案：水經云「甘水出弘農宜陽縣鹿蹄山」，注引京相璠曰「今河南縣西南有甘

水，北入洛」，又云「甘水發於東麓，北流注於洛水也」。其中多泠石。「泠石」未聞也。「泠」或

作「涂」。

懿行案：「泠」當爲「泠」，西次四經「嶽山多泠石」是也。郭云「泠或作涂」，「涂」亦借

作泥塗字，「泠」「泥」二字義同，故得通用。又「涂」或「淦」字之譌也，説文「泠」「淦」同。

西五十里曰扶豬之山。

懿行案：水經注云「南則鹿蹦之山也」，此經云「西」者，蓋在西

北。　玉篇引此經作「狀膰之山」，蓋「豬」亦作「膰」，見玉篇。

其上多礝石。　音「奭」。　今鴈門山

中出礝石，白者如冰，水中有赤色者。　懿行案：「礝」當爲「碝」。　説文云：「碝，石次玉者。」玉

篇同，云「亦作瑌」，引此經作「瑌石」，或所見本異也。　張揖注上林賦云「碝石白者如冰，半有赤

色」，玉篇引此郭注同，與今本異。　**有獸焉，其狀如貉而人目，**　玉篇、廣韻引此經「人目」並作「八目」，誤。

案：玉篇「貜同貊」，本於郭注也。　**其名曰䝙。**　音

「銀」。　或作「𪏮」。　懿行案：玉篇云「䝙，獸名」，引此經。　**虢水出焉，而北流注于洛，**　懿行

案：水經注云：「洛水又與虢水會。　水出扶豬之山，北流注於洛。」**其中多瑬石。**　言亦出水

中。　懿行案：「瑬」亦當爲「碝」。

又西一百二十里曰釐山。

懿行案：山在今河南嵩縣西。　**其陽多玉，其陰多蒐。**　音

「搜」。　茅蒐，今之蒨草也。　懿行案：「茹藘，茅蒐」，見爾雅。郭音「蒐」爲「搜」，非也。詩鄭箋

及晉語韋昭注並以「茅蒐」、「𣗥鞈」爲合聲及聲轉之字，是蒐從鬼得聲，當讀如「鬼」，不合音「搜」。

後人借爲「春蒐」之字，亦誤矣，説見爾雅略。　**有獸焉，其狀如牛，蒼身，其音如嬰兒，是食**

人，其名曰犀渠。懿行案：「犀渠」，蓋犀牛之屬也。吳語云「奉文犀之渠」，吳都賦云「戶有犀渠」。疑古用此獸皮蒙楯，故因名楯為「犀渠」矣。

案：水經云「伊水又東北過陸渾縣南」，注引此經云云，「今水出陸渾縣之西南王母澗，澗北山上有王母祠，故世因以名谿。東流注於伊水，即滽滽之水也。」是酈氏所稱王母澗當即釐山。

滽滽之水出焉，而南流注于伊水。懿行

有獸焉，名曰獺，音「蒼頡」之「頡」。懿行案：「獺」字諸書所無。郭氏江賦有「獱獺」，李善注引此經亦作「獺」。又引郭注云「音蒼頡之頡，與獺同」，然「獺」不與「頡」同音，未知其審。

其狀如獳犬而有鱗，而有鱗，懿行案：說文云：「獳，怒犬皃。讀若耨。」李善注江賦引此經作「狀如鱬」，無「犬」字，云「鱬，如珠切」，與今本異也。懿行案：江賦注引經無此三字，

其毛如彘鬣。生鱗間也。

又西二百里曰箕尾之山。懿行案：或云即箕山，許由所隱，非也。箕山在釐山之東二百里，與經言「西」不合。

多榖，多涂石，懿行案：上文「鹿蹄山」云「多泠石」，郭云「泠」或作「涂」，說已見上。

其上多㻬琈之玉。

又西二百五十里曰柄山。懿行案：「柄山」、「滔雕水」及下文「白邊山」，計其道里，當在宜陽、永寧、盧氏三縣之境。其上多玉，其下多銅。滔雕之水出焉，而北流注于洛。

其中多羬羊。懿行案：「羬」當為「麙」，見說文。

有木焉，其狀如樗，其葉如桐而莢實，

其名曰茇，可以毒魚。懿行案：爾雅云「杬，魚毒」，說文「杬」從艸作「茇」。「茇」一作「艾」。

「芃」，疑作「艾」者因字形近「芃」而誤。又本草別錄云「狼跋子，主殺蟲魚」，陶注云：「出廣，形扁扁，制擣以雜木，投水中，魚無大小，皆浮水而死。」今案「狼跋」之名雖與此經名「芨」相合，但彼列草部，非此木之比也。

又西二百里曰白邊之山。 **其上多金、玉，其下多青雄黄。**

又西二百里曰熊耳之山。 今在上洛縣南。懿行案：地理志云：「弘農郡，上雒：熊耳，獲輿山在東北。」是郭所本也。山在今陝西洛南縣東南，河南盧氏縣西南，洛水所經。史記正義引括地志云「熊耳山在虢州，洛所經」。又云「在虢州盧氏縣南五十里，與禹貢『導洛自熊耳』別一山也」。

其上多漆，其下多棫。 **浮濠之水出焉，** 懿行案：「濠」，水經注及劉昭注郡國志並作「豪」。水經注云：「洛水逕鵂渠關北。鵂渠水南出鵂渠山，即荀渠山也。其水一源兩分，川流半解。一水西北流，屈而東北入於洛。」引此經云云，疑即是水也。懿行案：水經注及劉昭注郡國志並引此經，「西」下有「北」字。 **其中多水玉，** 懿行案：劉昭注郡國志引此經，作「美玉」。玉篇作「熊耳山有細草」。 **而西流注于洛。**

其狀如蘇而赤華，名曰葶藶， 「亭寧」、「盯瞪」二音。 **多人魚。有草焉，** 懿行案：玉篇云：「熊耳山有細草」。 **其狀如蘇，** 懿行案：廣雅云：「葶藶，蘇也。」上疑脫「葶」字。此經云「其狀如蘇」，是必蘇類。其味辛香，故可以毒魚也。蘇頌本草圖經云：「蘇有魚蘇，似茵蔯，大葉而香，吳人以煮魚者。一名魚蓊。生山石間者名山魚蘇。」可

以毒魚。

又西三百里曰牡山。懿行案：爾雅疏引此經作「牝山」，藏經本作「壯山」。其上多文
石，其下多竹箭、竹䉋。懿行案：「䉋」上「竹」字疑衍。其獸多㸲牛、羬羊，鳥多赤鷩。
音「閉」，即鷩雉也。懿行案：「鷩雉」見爾雅。

又西三百五十里曰讙舉之山。懿行案：水經云「洛水出京兆上洛縣讙舉山」，地理志
云：「弘農郡，上雒⋯⋯禹貢雒水出冢領山。」「冢領山」當即「讙舉山」也。地理志又云：「上雒⋯⋯熊
耳，獲輿山在東北。」或以「獲輿」、「讙舉」字形相近疑爲一山，然据地理志及水經注，蓋二山也。
劉昭注郡國志引此經，「讙」作「護」。雒水出焉，而東北流注于玄扈之水，懿行案：水經注
云「洛水又東至陽虛山，合玄扈之水」，引此經文是也。「洛水」又見海內東經。其中多馬腸
之物。懿行案：上文「蔓渠山」「馬腹」一本作「馬腸」，蓋此是也。大荒西經「女娲之腸」或作「女娲
之腹」，亦其例。此二山者，洛閒也。洛水今出上洛縣冢嶺山。河圖曰「玄扈洛汭」，謂此閒
也。懿行案：經言「此二山者」，謂玄扈、讙舉也。水經注引此經，又云「玄扈之水出於玄扈之
山」，蓋山水兼受其目也。

凡釐山之首自鹿蹄之山至于玄扈之山，凡九山，懿行案：水經注引此經而釋之云：
「玄扈亦山名也」，而通與讙舉爲九山之次焉。」千六百七十里。其神狀皆人面獸身，其祠

之：**毛用一白雞，祈而不糈**，言直祈禱。懿行案：「祈」當爲「盤」。**以采衣之。**以采飾雞。懿行案：「以彩飾雞」，猶如以文繡被牛。

中次五經薄山之首懿行案：薄山，即篇首「薄山曰甘棗山」者。**曰苟牀之山。**或作「苟林山」。懿行案：下文正作「苟林山」，文選江賦注引此經亦作「苟林山」。**無草木，多怪石。**怪石似玉也。書曰「鉛、松、怪石」也。

東三百里曰首山。懿行案：史記封禪書：申公曰：「天下名山八，而三在蠻夷，五在中國。五山，黃帝之所常游。」首山其一。以首山與華山、太室並稱，蓋山起蒲州蒲坂，與嵩、華連接而爲首，故山因取名與？呂氏春秋有始覽亦以首山與太華並稱，高誘注云：「首山在蒲坂之南，河曲之中，伯夷所隱也。」**其陰多穀、柞，草多𦬸、芫。**𦬸，山薊也。芫，華中藥。懿行案：「𦬸」見爾雅，「芫」見本草。又爾雅有「杬，魚毒」，在釋木，亦是也。芫，魚毒也。懿行案：**其陽多瑀琈之玉。木多槐。其陰有谷曰机谷。多䳗鳥，**音如「鉗鈦」之「鈦」。懿行案：玉篇有「䳗」字，云「徒賴切」。**其狀如梟**懿行案：李善注江賦引此經作「其狀如梟」，玉篇作「䳗鳥似鳥」。**而三目有耳，其音如錄，**懿行案：「錄」蓋「鹿」字假音。玉篇作「音如豕」。**食之已墊。**未聞。懿行案：尚書云：「下民昏墊。」方言云：「墊，下也。」是墊蓋下溼之疾。玉篇説此

鳥，作「食之亡熱」，非郭義也。又說文云「霷，寒也，讀若春秋傳『墊陁』」，義亦相近。

又東三百里曰縣斸之山。　音如「斤剧」之「剧」。　無草木，多文石。

又東三百里曰蔥聾之山。　無草木，多庳石。　未詳。　懿行案：畢氏云：「庳當爲玞。

說文云：『石之次玉者。』」

東北五百里曰條谷之山。　其木多槐、桐，其草多芍藥、虋冬。　本草經曰：「虋冬一名滿冬。」今作「門」，俗作「耳」。　懿行案：「虋」當作「虋」。爾雅云「蘠蘼，虋冬」郭引本草與此同。今檢本草無「滿冬」之名，必郭所見本尚有之，今闕脫。

又北十里曰超山。　其陰多蒼玉，其陽有井，冬有水而夏竭。　懿行案：視山有井，「夏有水，冬竭」，與此相反。見中次十一經。

又東五百里曰成侯之山。　其上多櫄木，似樗樹，材中車轅。吳人呼櫄音「輴」，車或曰「輴車」。　懿行案：說文云「杶，或作櫄」。即今「椿」字也。　其草多芃。　懿行案：「芃」說文訓「草盛」，非草名也。疑「芃」當爲「芁」字之譌。「芁」音「交」，即藥草「秦芁」也，見本草。玉篇云：「芁，秦芁，藥。同芁。」

又東五百里曰朝歌之山。　谷多美堊。

又東五百里曰槐山。　懿行案：畢氏云：「『槐』當爲『稷』」，即『稷』字古文，見說文，形相

近，字之誤也。稷山在今山西稷山縣。杜預注左傳云：『河南聞喜有稷山。』今案杜預注「河南」

當爲「河東」，字之譌也。太平御覽四十五卷引隋圖經曰：「稷山在絳郡，后稷播百穀於此山。」亦

左氏傳謂「晉侯治兵於稷，以略狄土」是此也。谷多金、錫。

又東十里曰歷山。懿行案：即上文「歷兒山」。水經注云：「河南郡南有歷山，舜所耕處

名，出歷山」。疑此經「槐」本或作「楚」，抑或經文脫「楚」字也。

也。」其木多槐，懿行案：廣韻「去聲九御」及「上聲八語」並收「楚」字。「九御」「楚」云：「木

廳。似鹿而小，黑色。懿行案：爾雅云：「麐，大麌，牛尾，一角。」說文云：「麐，或作麐。」是麐

當似鹿而大，郭云「小」，疑誤。尸水出焉，南流注于洛水，懿行案：水經注云：「洛水又東，尸

水注之。水北發尸山，南流入洛。」「尸」，水經注作「尸」。其中多美玉。

又東十里曰尸山。懿行案：水經洛水注有「尸山」「尸」作「户」。其陽多玉。多蒼玉。其獸多

又東十里曰良餘之山。懿行案：水經注有「良餘山」，本或作「粮」，非。其上多穀、

柞，無石。餘水出于其陰，而北流注于河。懿行案：水經云「渭水又東過鄭縣北」注云：

「渭水又東，餘水注之。水南出粮餘山之陰，北流入於渭，俗謂之宣水也。」案餘水入渭，此經云「注

河」者，蓋合渭而入於河。乳水出于其陽，而東南流注于洛。懿行案：水經注云：「洛水又

東，得乳水。水北出良餘山南，南流注於洛。」

山海經箋疏

一六八

又東南十里曰蠱尾之山，〔懿行案：水經注作「蟲尾」。〕多礪石、赤銅。龍餘之水出

焉，而東南流注于洛。〔懿行案：水經注云：「洛水得乳水，又東，會於龍餘之水。水出蟲尾之

山，東流入洛。」〕

又東北二十里曰升山。〔懿行案：水經渭水注有「升山」。〕其木多穀、柞、棘，其草多

藷藇、蕙，〔蕙，香草也。〕〔懿行案：「蕙」已見西山經「浮山」及「繙冢山」。〕多寇脱。〔寇脱即

南方，高丈許，似荷葉，而莖中有瓤正白。〕〔零、桂人植而日灌之，以爲樹也。〕〔懿行案：

「活脱」也。〕〔「寇」、「活」聲之轉。爾雅云「離南，活莌」，郭注與此注同。又云「倚商，活脱」，亦是

也。〕黃酸之水出焉，而北流注于河，〔懿行案：水經注云：「渭水又東，合黃酸之水，世名之爲

千渠水。水南出升山，北流注於渭。」案此經云「注河」者，亦合渭而入河。〕其中多璇玉。〔石次

玉者也。〕〔孫卿曰：「璇玉瑤珠不知佩。」〕〔「璇」音「旋」。〕〔懿行案：「孫卿」本作「荀卿」。所引見

荀子賦篇。〕〔韓詩外傳亦引作「璇」。古無「璇」字，有「琁」，與「瓊」同，赤玉也。「璇玉」之

「璇」當爲「璿」，古文作「璿」，美玉也，並非也。後世作字通，以「琁」代「璿」，故經典多誤。李

善注顏延之陶徵士誄引此經，亦作「琁玉」。又引說文曰「琁亦璿字」非也。〕

又東十二里曰陽虛之山，多金，臨于玄扈之水。〔河圖曰：「蒼頡爲帝，南巡狩，登陽

虛之山，臨于玄扈洛汭，靈龜負書，丹甲青文，以授之。」出此水中也。〕〔懿行案：水經注云「洛水

又東至楊虛山，合玄扈之水」，又云「玄扈水逕於陽虛之下」，引此經云云，有「是爲洛汭」四字，今本蓋脫去之。又引河圖玉版，與郭所引同也。陽虛山在今陝西洛南縣。

凡薄山之首自苟林之山至于陽虛之山，凡十六山，懿行案：今才十五山。二千九百八十二里。升山冢也，其祠禮：太牢，嬰用吉玉。首山，魋也，其祠：用稌，黑犧，太牢之具，蘗釀，以蘗作醴酒也。懿行案：蘗，牙米也，見說文。今以牙米釀酒極甘，謂之餔酒。干儛，干儛，萬儛。干，楯也。懿行案：「儛」與「舞」同。夏小正傳云：「萬也者，干戚舞也，邶風簡兮篇云『方將萬舞』是也。」置鼓，擊之以舞。懿行案：「置」亦「植」也，古字通用。鄭注明堂位引殷頌曰「植我鼗鼓」，今商頌那篇「植」作「置」也。肥牲祠之，用一黑犬于上，用一雌雞于下，刉一牝羊，獻血。以血祭天，神之所馮也。刉猶刲也。周禮曰：「刉珥，奉犬牲。」懿行案：秋官「士師」云「凡刉珥，則奉犬牲」，鄭注云：「釁禮之事用牲，毛者曰刉，羽者曰衈。」嬰用吉玉，采之，又加以繒彩之飾也。饗之。饗，勸強之也。特牲饋食禮曰「執奠、祝饗」是也。懿行案：「勸強之」者，考工記云：「祭侯之禮，以酒、脯、醢，其辭曰：強飲強食，詒女曾孫，諸侯百福。」特牲饋食禮云「尸答拜，執奠祝饗」鄭注云：「饗，勸彊之也。」是郭注所本。

山海經箋疏

一七〇

中次六經縞羝山之首曰平逢之山，懿行案：水經穀水注引此經作「平蓬山」，即北邙

山，郟山之異名也。　太平寰宇記云：「河南縣芒山，在縣北[二]十里，一名平逢山。」南望伊、洛，

東望穀城之山。　在濟北穀城縣西，黃石公石在此山下，張良取以合葬爾。　懿行案：地理志云

「河南郡，穀成」，蓋縣因山爲名，山在今河南洛陽縣西北。郭云「在濟北」者，晉書地理志云「濟北

國，穀城」是矣。　水經「濟水過穀城縣西」，注引魏土地記曰：「縣有穀城山，山出文石。」又云：

「有黃山臺，黃石公與張子房期處也。」無草木，無水，多沙石。有神焉，其狀如人而二首，

名曰驕蟲，懿行案：太平御覽九百五十卷引此經「驕」作「嬌」。是爲螫蟲，爲螫蟲之長。實

惟蜂蜜之廬。　言羣蜂之所舍集。　蜜，赤蜂名。　懿行案：「赤」疑「亦」字之譌。蜂凡數種，作

蜜者即呼蜜蜂，故曰「蜜，亦蜂名」。說文云：「䗖，或作蜜，䗖甘飴也。」其祠之：用一雄雞，禳

而勿殺。　禳亦祭名，謂禳卻惡氣也。

西十里曰縞羝之山。　懿行案：水經注云「平蓬山西十里厬山」，是不數此山也。然得此

乃合於此經十四山之數，疑水經注脫去之。　無草木，多金、玉。

又西十里曰厬山。　音如「瓌偉」之「瓌」。　懿行案：初學記二十八卷引此經作「沃山」，

〔二〕「北」原作「地」，據太平寰宇記卷三改。

誤。畢氏云：「山當在今河南河南縣西。隋地理志云『新安有魏山，有孝水』，『魏』、『廆』音同也。

新安與河南接境。」其陰懿行案：水經注及太平御覽六十三卷引此經，作「其陽」。多瓈珸之

玉。其西有谷焉，名曰雚谷，懿行案：左傳昭二十六年云「王次于雚谷」，杜預注云：「雚谷，

周地。」釋文云：「雚音丸，本又作萑，古亂反。」即此經「雚谷」也。其地當去河南洛陽爲近。初學

記引此經云：「沃山之西有谷焉，名均雚谷，其木多柳。」「均」字衍。其木多柳，楮。其中有

鳥焉，狀如山雞而長尾，赤如丹火而青喙，名曰鴒鵌，「鈴」「要」二音。懿行案：玉篇

「鵌」字，說與此經同。其鳴自呼，服之不眯。交觸之水出于其陽，而南流注于洛。懿行

案：「觸」，水經洛水注作「觸」，云：「惠水又東南，謝水北出瞻諸之山。東南流，又有交觸之水，

北出廆山，南流，俱合惠水。惠水又南流，入於洛水。」俞隨之水出于其陰，而北流注于穀

水。懿行案：水經洛水注云「穀水又東，俞隨之水注之」引此經云「世謂之孝水也。潘岳西征賦

曰：『澡孝水以濯纓，嘉美名之在茲。』是水在河南城西十餘里，故呂忱曰『孝水在河南』也。」

又西三十里曰瞻諸之山。懿行案：山見水經注。玉篇作「瞻渚山」。其陽多金，其陰

多文石。謝水出焉，而東南流注于洛。音「謝」。懿行案：玉篇云：「謝水出瞻渚山。」少水出其

「謝」，水經注作「謝」，已見上文。蓋謝水會交觸之水，南流俱合惠水，又南流入洛也。

陰，而東流注于穀水。世謂之慈澗。懿行案：水經注云「穀水又東，少水注之」引此經云

云,「控引彙谿,積以成川。東流注於穀,世謂之慈澗也」。又澗水注云:「今孝水東十里有水,世謂之慈澗,又謂之澗水。按山海經則少水也,而非澗水,蓋習俗之誤爾。」

懿行案:水經洛水注云:「惠水出白石山之陽,東南流,與瞻水合。水東出婁涿之山,而南流入惠水。」陂水出于其陰,世謂之百苔水。而北流注于穀水。懿行案:「陂」,水經注作「波」,云「穀水又東,波水注之」,引此經云云,「世謂之百苔水,北流注於穀」。其中多茈石、文石。懿行案:北山經首「濝水」中多此二石,其「茈」誤作「芘」也。

又西三十里曰婁涿之山。無草木,多金、玉。瞻水出于其陽,而東流注于洛。懿行案:水經云「瞻水出新安縣南白石山」,注云:「世謂是山曰廣陽山。」惠水出于其陽,而南流注于洛。懿行案:水經注云「洛水自枝瀆,又東出關,惠水右注之,世謂之八關水。水出白石山之陽」,引此經云云。又澗水注引此經作「東南注于洛」,洛水注引此經又無「東」字,與今本同。其中多水玉。澗水出于其陰,書曰「伊、洛、瀍、澗」。懿行案:說文云「澗水出弘農新安」,東南入洛」,本地理志爲説也。水經云「澗水出新安縣南白石山」,注引此經云云,「世謂是水曰赤岸水,亦曰石子澗」。西北流注于穀水,懿行案:地理志、說文、水經並言澗水入洛水,此經云「注于穀水」者,蓋合穀水而入洛水也。

又西四十里曰白石之山。惠水出于其陽,而南流注于洛。懿行案:水經「澗水出新安縣南白石山」,注云:「洛水自枝瀆,又東出關,惠水右注之」,引此經云云。又澗水注引此經云云。其中多水玉。澗水出于其陰,西北流注于穀水,懿行案:地理志、說文、水經並言澗水入洛水,此經云「注于穀水」者,蓋合穀水而入洛水也。引此經,並無「西」字。其中多麋石、櫨丹。皆未聞。懿行案:「麋石」或是畫眉石。「眉」、

「麇」古字通也。「櫨丹」疑即黑丹，「櫨」、「盧」通也。又說文云：「宅櫨木，出弘農山。」陶注本草

引李當之曰「溲疏，一名楊櫨」，別錄云「生熊耳川谷」，說文「宅櫨」或即此。

又西五十里曰穀山。 懿行案：山見水經注。太平寰宇記云：「澠池縣，穀山在縣南八十

里。」其上多穀，其下多桑。爽水出焉，世謂之絍麻澗。而西北流注于穀水，懿行案：水

經注云：「穀水又東北，逕函谷關城東，右合爽水。」引此經云「世謂之絍麻澗，北流，注於穀」。

案酈氏引此經直作「北流」，無「西」字。「世謂之絍麻澗」句，蓋並引郭注也。上文同。 其中多

碧綠。

又西七十二里曰密山。 今滎陽密縣亦有密山，疑非也。 懿行案：爾雅云：「山如堂

者，密」此密在今河南新安縣也。 水經注云：「洛水又東與豪水會。 水出新安縣密山。」其陽多

玉，其陰多鐵。豪水出焉，而南流注于洛。 懿行案：水經注云：「洛水又東，與豪水會，南

流，歷九曲東，而南流入於洛。」其中多旋龜，其狀鳥首而鼈尾，其音如判木。 懿行案：「旋

龜」之狀已見南山經「杻陽之山」。 無草木。

又西百里曰長石之山。 懿行案：山在今河南新安縣。 見水經注。 無草木，多金、玉。

其西有谷焉，名曰共谷，多竹。共水出焉，西南流注于洛，懿行案：水經注云：「洛水又

東，共水入焉。 水北出長石之山，山無草木。 其西有谷焉，厥名共谷，共水出焉。 南流得尹谿口，

又西南與左澗水會，又南與李谷水合。共水，世謂之石頭泉，而南流注於洛。」其中多鳴石。晉永康元年，襄陽郡上鳴石，似玉，色青，撞之聲聞七八里。今零陵泉陵縣永正鄉有鳴石二所，其一狀如鼓，俗因名爲石鼓，即此類也。　懿行案：郭氏江賦云「鳴石列於陽渚」，李善注引此經及郭注，並與今本同。初學記十六卷引王韶之始興記云「縣下流有石室，內有懸石，扣之聲若磬，響十餘里」，亦此類也。　郭云「襄陽郡上鳴石」，見晉書五行志。

又西一百四十里曰傅山，　懿行案：山見水經注。無草木，多瑤、碧。厭染之水出于其陽，而南流注于洛，　懿行案：「染」，水經注作「梁」，云：「洛水又東逕宜陽縣故城南，又東與厭梁之水合。水出縣北傅山大陂，山無草木，其水自陂。」其中多人魚。　懿行案：「人魚」已見北次三經「決決之水」。其西有林焉，名曰墦冢。音「番」。穀水出焉，而東流注于洛，今穀水出穀陽谷，東北至穀城縣入洛河。　懿行案：地理志云「弘農郡，黽池：穀水出穀陽谷，東北至穀城入雒」，是郭所本也。「洛」者，北方人凡水通名河也。水經云「穀水出弘農黽池縣南墦冢林穀陽谷」，注引此經云云，「今穀水出于崤東馬頭山穀陽谷」，其中多珇玉。未聞也。「珇」音「埋」。　懿行案：太平御覽六十二卷引此經作「珇玉」。廣雅云：「瓃、珇玉」玉篇云：「珇，齊玉。」奇殞切。是此經「珇」本又作「珇」也。水經注引此經又作「瑉玉」。

又西五十里曰橐山，其木多樗，　懿行案：「樗」當爲「枰」，說文云「枰木出橐山」，謂此

也。廣韻「十一模」曰：「黃枰木，可染。」「十姥」曰：「枰，木名，可染繒。」多楠木。今蜀中有楠

木，七八月中吐穗，穗成，如有鹽粉著狀，可以酢羹。音「備」。懿行案：玉篇云：「楠，木名。」說

與郭同。郭注「酢」蓋「作」字之譌也。本草：「鹽麩子即五楠子，俗譌爲『五倍子』。」陳藏器本草

拾遺云「鹽麩子，生吳、蜀山谷，樹狀如椿。七月子成穗，粒如小豆，上有鹽似雪，可爲羹用」是也。

太平御覽引此經作「楠」，云「音謾」，或所見本異也。管子地員篇云：「其木乃楠。」其陽多金、

玉，其陰多鐵多蕭。蕭，蒿。見爾雅。懿行案：爾雅云「蕭，荻〔一〕」郭注云「即蒿也」。橐

水出焉，而北流注于河。懿行案：水經云「河水又東過陝縣北」注云：「橐水出橐山，西〔三〕

北流出谷，謂之漫澗。西逕陝縣故城南。又西北逕陝城西，西北入於河。」其中多脩辟之魚，懿

行案：此魚即䖻屬也。䖻，亦名䖻魚。見漢書東方朔傳。狀如鼁黽，蛙屬也。其音如鷗，懿行案：詹諸，

在水者名黽，見爾雅。而白喙，其音如鷗，食之已白癬。

又西九十里曰常烝之山。懿行案：山見水經注。無草木，多堊。潐水出焉，音

「譙」。而東北流注于河。懿行案：水經注云：「河水又東合潐水。水導源常烝之山，俗謂之干

〔一〕「荻」，原本作「萩」，據爾雅改。
〔三〕「西」字，據水經注似爲衍文。

山。山在陝城南八十里。其川二源雙導，同注一壑，而西北流注於河。」其中多蒼玉。菡水出

焉，而北流注于河。懿行案：水經注云：「河水又東，菡水注之，水出常烝之山。西北迤曲沃

城南，又屈逕其城西，西北入河。」又引「潘岳西征賦曰『憇於曹陽之墟』以山海經求之，菡、曹字

相類，是或有曹陽之名也」。

又西九十里曰夸父之山。懿行案：山一名秦山，與太華相連，在今河南靈寶縣東南。水

經注云：「槃澗水出湖縣夸父山」其木多椶、枏〔一〕，多竹箭。其獸多柞牛、羬羊，其鳥多

鷩。其陽多玉，其陰多鐵。其北有林焉，名曰桃林，桃林，今弘農湖縣閿鄉南谷中是也，饒

野馬、山羊、山牛也。懿行案：郡國志「弘農郡，湖」有「閿鄉」「閡」，俗字也。水經注引三秦記

曰「桃林塞在長安東四百里」，又引春秋文公十三年「晉侯使詹嘉守桃林之塞，處此以備秦」。史記

趙世家正義引括地志云：「桃林在陝州桃林縣，西至潼關皆為桃林塞地。」又留侯世家索隱引應劭

十三州記：「弘農有桃丘聚，古桃林也。」亦見郡國志，劉昭注引博物記曰：「在湖縣休與之山。」

是廣員三百里，其中多馬。懿行案：史記趙世家云「造父取桃林盜驪、驊騮、綠耳、獻之穆

王」正義引此經，「廣員」作「廣闊」，蓋誤。留侯世家索隱引此經又作「廣三百里」，無「員」字。

〔一〕「枏」原本作「枏」，諸本俱作「柟」，「枏」係形近而誤，據改。

湖水出焉，而北流注于河，〔懿行案：水經注云：「河水又東，逕湖縣故城北。湖水出桃林塞之夸父山，又北逕湖縣東，而北流入於河。 魏土地記曰：弘農湖縣有軒轅黃帝登仙處，名其地爲鼎湖也。」〕其中多珇玉。

又西九十里曰陽華之山。〔懿行案：呂氏春秋有始覽說「九藪」云「秦之楊華」，高誘注云：「或曰在華陰西，又云桃林縣西長城是也。」劉昭注郡國志，於「弘農，華陰」亦引呂氏春秋及高注。又爾雅十藪「秦有楊陓」，郭注云：「今在扶風汧縣西。」劉昭注郡國志，於「右扶風，汧」亦引爾雅及郭注。然則「陽華」、「楊陓」非一地明矣。或說以二者是一，故附辨于此。〕其陽多金、玉，其陰多青雄黃。 其草多藷藇，多苦辛，其狀如橚，〔即「楸」字也。 說文云：「橚，長木皃。」玉篇同，非郭義也。 晏子春秋外篇云：「景公登箐室而望，見人有斷雍門之橚者。」橚即楸也。 左傳有「伐雍門之萩」之語，「萩」蓋「楸」之同聲假借字也，「橚」亦一音爾。〕其實如瓜，其味酸甘，食之已瘧。〔懿行案：本草經云「常山味苦辛，主溫瘧」，又云「蜀漆主瘧」，別錄云「常山苗也」，蘇頌圖經云「海州出者，葉似楸葉」，與此經合。但「常山味苦辛」，此云「味酸甘」爲異，常山實又不似瓜也。 玉篇云「薈，草名，其實似瓜，食之治瘧」，蓋即此矣，而經復無「薈」名，未審玉篇何据。〕楊水出焉，而西南流注于洛，〔懿行案：楊水即絡姑水之分流岐出者也。 其水流入門水，又注於洛水，說見下文。〕其中多人魚。 門水出焉，而東北流注于河，〔懿行案：水

經注云：「河水東合柏谷水，又東，右合門水。　門水又東北歷陽華之山，即山海經所謂『陽華之山，

門水出焉』者也。」又云：「門水又北逕弘農縣故城東，其水側城北流，而注於河。」　蓋

黑砥石，生水中。　懿行案：玉篇「礚，思六、先鳥二切」云「黑砥石」；又云「礚礚、青礚也」。　**其中多玄礚。**

亦礚類。　**繡姑之水出于其陰，**「繡」音「藉」。　**而東流注于門水，**懿行案：水經注云：「門水

又東北歷邑川，二水注之。　左水出於陽華之陰，東北流逕盛牆亭西，東北流與右水合；右水出陽

華之陽，東北流逕盛牆亭東，東北與左水合，即山海經所謂『繡姑之水，出於陽華之陰，東北流注於

門水』者也。」今本無「北」字，蓋脱去之。　又云：「東北，爛水注之。　是水亂流東注於繡姑之水，二

水悉得通稱矣。　爛水又北入門水，水之左右即函谷山也。」　**其上多銅。　門水出于河，七百九**

十里入雒水。　懿行案：水經注云：「門水，即洛水之枝流者也。　洛水自上洛縣東北，於拒陽城

之西北分爲二水，枝渠東北出爲門水也。」然則門水本出洛水，此經又云「入洛」者，蓋其枝流復入

於本水也。　爾雅云：「洛爲波」，水經注引其文，蓋以門水即爾雅所謂波水矣。

凡縞羝山之首自平逢之山至于陽華之山，凡十四山，七百九十里。　懿行案：今八

百二里。　**嶽在其中，以六月祭之，**六月亦歲之中。　懿行案：嶽當謂華山也。　蓋

失之，中嶽在下文。　**如諸嶽之祠法，則天下安寧。**　懿行案：後漢順帝陽嘉元年，望都蒲陰狼

殺人，東觀書言：「朱遂不祠北嶽，致有斯災。」推此而言，嶽祠如法即天下安寧，經語不虛也。

中次七經苦山之首曰休與之山。「與」或作「輿」，下同。 懿行案：劉昭注郡國志「弘農，桃林」，引博物志曰「在湖縣」。「休與之山」，初學記五卷引博物志作「休馬之山」。「馬」、「與」聲相近。；藝文類聚六卷又引作「休牛之山」，「牛」、「與」聲之轉也。 其上有石焉，名曰帝臺之棋，帝臺，神人名。 棋，謂博棋也。 懿行案：南次二經「漆吳之山多博石」，郭云「可以爲博棊石」，亦此類。 五色而文，其狀如鶉卵。 懿行案：初學記引博物志作「狀如雞卵」，藝文類聚引此經與今本同。 帝臺之石，所以禱百神者也。 禱祀百神，則用此石。 服之不蠱。 懿行案：本草經云「石膽，主諸邪毒氣」，別錄云「一名棊石」，蘇恭注云「有塊如雞卵者爲真」，並與此經義合。 有草焉，其狀如菁，懿行案：説文云：「菁，蒿屬。」廣雅云：「菁，耆也。」赤葉，而本叢生，名曰夙條，懿行案：「夙」，俗字，説文作「夙」。可以爲籤。 中箭笴也。 懿行案：「籤」當爲「笴」，鄭注考工記云：「笴，矢榦也。」廣雅云：「笴，箭也。」

東三百里曰鼓鍾之山，懿行案：吳氏云：「今名鍾山，在河南陸渾縣西南三十里。」畢氏云：「別有鼓鍾峽，在山西垣曲縣。」水經注引此經以爲即山西鼓鍾山，非也。已見上文『鼓鐙山』注。」帝臺之所以觴百神也。 舉觴燕會，則於此山，因名爲鼓鍾也。 懿行案：初學記八卷引郭注，「此山」句下有「在伊闕西南」五字，蓋今本脫去之。 有草焉，方莖而黃華，員葉而三成，葉三重也。 其名曰焉酸，懿行案：「焉酸」一本作「烏酸」。可以爲毒。爲，治。 懿行

案：治，去之也。**其上多礫，其下多砥。**

又東二百里曰姑媱之山。 音「遙」。或無「之山」字。

「姑瑤」。

懿行案：博物志作「古詹」。俗本譌爲「古詹」。文選別賦云「惜瑤草之徒芳」，李善注引宋玉高唐賦曰：「我帝之季女，名曰瑤姬，未行而亡，封於巫山之臺。精魂爲草，實爲靈芝。」今高唐賦引襄陽耆舊傳云「赤帝女曰瑤姬」，此說非也。水經「江水東過巫縣南」注云「巫山，帝女居焉。宋玉所謂『天帝之季女，名曰瑤姬，未行而亡，封於巫山之陽。精魂爲草，實爲靈芝』」，與別賦注同。是「帝女」即天帝之女，以爲「赤帝女」者誤也。又，宣山有「帝女之桑」，亦是天帝之女明矣。

又案別賦雖作「瑤草」，注引此經仍作「䔄草」，又引郭注云「瑤與䔄並音遙」，亦今本所無。

帝女死焉，其名曰女尸，化爲䔄草， 亦音「遙」。

懿行案：文選別賦注引此經，作「䔄」通作「瑤」。

其葉胥成， 胥成，言葉相重也。

懿行案：博物志作「詹草，其葉鬱茂」。

其華黃，其實如菟丘， 菟丘，菟絲也，見爾雅。

懿行案：「菟丘，菟絲也」，見廣雅，今各本俱作爾雅，誤。又別賦注引此經文竟作「兔絲」，亦誤，博物志作「實如豆」。

服之媚于人。 爲人所愛也。傳曰：「人服媚之如是。」一名荒夫草。

又東二十里曰苦山。有獸焉，名曰山膏，其狀如逐， 即「豚」字。

懿行案：玉篇云「騄，音逐，獸名」，即此。郭云「即豚字」者，畢氏云：「借遜字爲之。逐又遜省文。」懿行謂「遜」，

古文作「遂」，見鄭易。「遯」從「豚」得聲。「遂」作「員」，並古字省文也。是此經之「遂」從「遯」省，當讀爲「豚」，故曰「遂即豚字」也。

丹火善譽。 好罵人。 其上有木焉，名曰黃棘，黃華而員葉，其實如蘭，服之不字。 赤若字，生也。易曰：「女子貞，不字。」 懿行案：蘭、蕙皆有實。女子種蘭，美而芳。 有草焉，員葉而無莖， 懿行案：管子地員篇云「葉下於蘽」，房氏注云：「葉，草名，唯生葉，無莖。」與此經合，即是物也。 赤華而不實，名曰無條， 懿行案：「無條」已見西山經「皋塗之山」，與此經同名異物。服之不癭。

又東二十七里曰堵山。 懿行案：地理志云「南陽郡，堵陽」，疑縣因山爲名。 神天愚居之，是多怪風雨。 其上有木焉，名曰天楄，音「鞭」。 懿行案：説文云：「楄部，方木也。」此木方莖，故以名焉。 方莖而葵狀，服者不噎。 食不噎也。 懿行案：玉篇「噎同咽」。廣韻「楄」字兩見，並云「木名」。 一云「食不噎」，一云「食之不咽」，蓋「咽」、「噎」聲轉，故古字通也。説文云：「噎，飯窒也。」

又東五十二里曰放皋之山。 「放」或作「效」，又作「牧」。 懿行案：初學記引此經作「放皋」，水經注作「狼皋山」。 山在今河南魯山縣北。 明水出焉，南流注于伊水， 懿行案：水經云「伊水又東北過新城縣南」，注云：「明水出梁縣西狼皋山，俗謂之石澗水也。西北流逕楊亮

畢南，西北合庫水。又西南流，入於伊。」引此經云。

其中多蒼玉。有木焉，其葉如槐，黃華而不實，其名曰蒙木，懿行案：此即槐屬，但「不實」爲異爾。「蒙」，玉篇作「檬」，云「木名，似槐，葉黃」。「葉」蓋「華」字之譌也。服之不惑。懿行案：槐味苦寒，主熱，可以通神明，故服之不惑與？

有獸焉，其狀如蜂，枝尾而反舌，懿行案：「枝尾」，岐尾也。說文云「燕，枝尾反舌」者，蓋舌本在前，不向喉。淮南墬形訓有「反舌民」。善呼，好呼喚也。其名曰文文。

又東五十七里曰大𦤏之山。懿行案：「𦤏」當爲「苦」。初學記「龜」下引此經作「丈若山」，誤。多㻌琈之玉，懿行案：水經注引此經作「瑾瑜」，亦古字所無。說已見前。多麋玉。懿行案：「麋」，疑「瑂」之假借字也。說文云「瑂，石之似玉者」，讀若「眉」。

有草焉，其狀葉懿行案：當爲「葉狀」，本或無「葉」字。如榆，方莖而蒼傷，懿行案：本草經「續斷」，陶注引李當之云「是虎薊，能療血。」蜀本圖經云「葉似苎，莖方。」范汪方云「葉似旁翁菜而小厚，兩邊有刺刺人。」其名曰牛傷，猶言牛棘。懿行案：「牛棘」見爾雅。郭注方言云「山海經謂刺爲傷也」，即指此。下文「講山」亦云「反傷赤實」。其根蒼文，服者不厥，厥，逆氣病。懿行案：說文云「瘚，屰氣也，或作欮。氣從下厥起上行，外及心脅也」，與此義合。是「瘚」與「厥」通。可以禦兵。懿行案：本草經云「續斷，主金創」，與此義合。

其陽狂水出焉，西南流注于伊水。懿行案：水經注云「伊水又北，逕當階城

西，狂水入焉。水東出陽城縣之大苦山」，引此經云云。李善注東京賦引此經作「陽狂水」，以「陽狂」為水名，誤也。 其中多三足龜，今吳興陽羨縣有君山，山上有池，水中有三足六眼龜。鱉、龜三足者名賁，出爾雅。 懿行案：爾雅注亦引此經，與今本同。 地理志云「會稽郡，陽羨」晉志有「吳興郡」，無「陽羨」。 食者無大疾，可以已腫。

又東七十里曰半石之山。 懿行案：山在今河南偃師縣東南，見水經注。 其上有草焉，生而秀，其高丈餘，赤葉赤華，華而不實，初生先作穗，卻著葉，花生穗間。 懿行案：爾雅云：「草謂之榮，不榮而實者謂之秀。」此草既謂之秀，又名為榮，卻又不實，所以異也。 其名曰嘉榮， 懿行案：呂氏春秋本味篇云「有菜名曰嘉樹，其色若碧」，高誘注云：「食之而靈。」疑即此草。「而靁」或「不霆」字之譌也。又案本草經有「蘘荷」，與巴蕉同類。太平御覽引干寶搜神記，以嘉荷為「嘉草」，蓋即嘉榮草也。秋官庶氏「掌除蠱毒，以嘉草攻之」，是干實所本。蘘荷，華生根中，可食，見古今注，而不說實狀，證知此草有華無實也。因其可食，故呂氏春秋謂之「菜」矣。名醫別錄云「蘘草主邪氣，辟不祥」，又與此經「服者不霆」義合。 服之者不霆。不畏雷霆霹靂也。音「廷搏」之「廷」。 懿行案：北堂書鈔一百五十二卷引此經，「霆」上有「畏」字，注無「雷霆」二字，今本脫衍也。說文云：「霆，雷餘聲也鈴鈴，所以挺出萬物。」又云：「震，劈歷振物者。」郭云「音廷搏之廷」不成語，當為「脡脯」，「脡脯」字之譌也，公羊傳昭二十五年云「與四脡脯」。 來需之水

出于其陽，而西流注于伊水。懿行案：「需」，水經注作「儒」，云：「伊水又北逕高都城東，來儒之水出於半石之山，至高都城東，西入伊水，謂之曲水也。」

狀如鮒，懿行案：廣雅云：「鯖，鮒也。」即今之鯽魚。食之不腫。其中多鯩魚，音「倫」。黑文，其經，作「食之不腫」，太平御覽九百三十九卷亦引作「食者不腫」。懿行案：水經云「洛水東過洛陽縣南」，注云：「合水南出半石之山，北逕合水隝而東北流，注於公路澗。合水北與劉水合，水出半石東山。合水又北流，注於洛水也。」多騰魚，音「騰」。

狀如鮒，食者不睡。其中多鯩魚，黑文，其狀如鮒，食者不睡。合水出于其陰，而北流注于洛。懿行案：玉篇云：「騰魚似魶，蒼文赤尾。」郭氏江賦作「鰧」，李善注引此注，云「鰧音滕」。狀如鰧，居逮，鰧魚大口大目，細鱗，有班彩。逮，水中之穴道交通者。「鰧」音「劇」。懿行案：爾雅云：「鰧，鯞」，注云：「小魚也，似鮒子而黑。」初學記「魚」下引此經云：「鰧魚大口而細鱗，有班彩。」蓋引郭注誤作經文也。「如鰧」，玉篇作「似魶」。

蒼文赤尾，食者不癉，可以為瘻。瘻，頸癭屬也，中多有蟲。淮南子曰：「雞頭已瘻。」音「漏」。懿行案：說文云：「癉，腫也。」「瘻，頸腫也。」郭引淮南說山訓文，高誘注云：「瘻，頸腫疾。雞頭，水中芡。」

又東五十里曰少室之山。今在河南陽城西，俗名泰室。懿行案：晉書地理志云「河南郡，陽城」。郡國志：「潁川郡，陽城。有嵩高山。」地理志云：「崈高，武帝置，以奉泰室山，是為中岳。有太室、少室山廟。古文以崇高為外方山也。」初學記五卷引戴延之西征記云：「其山東謂

太室，西謂少室，相去十七里，嵩其總名也。謂之室者，以其下各有石室焉。」百草木成囷。未

詳。　　懿行案：説文云：「囷，廪之圓者。」經蓋言草木屯聚如倉囷之形也。其上有木焉，其名

曰帝休，葉狀如楊，懿行案：文選注王巾頭陁寺碑引此經，「葉」下有「茂」字，疑衍。其枝五

衢，言樹枝交錯，相重五出，有象衢路也。離騷曰：「靡萍九衢。」　懿行案：王逸注楚詞天問

云：「九交道曰衢。」文選注頭陁寺碑引此注作「靡萍九衢」。黃華黑實，服者不怒。其上多

玉，此山巔亦有白玉膏，得服之，即得仙道，世人不能上也。　　懿行案：郭注西次三

經「峚山」引河圖玉版曰「少室山，其上有白玉膏，一服即仙矣」，謂此。詩含神霧云：

焉，而北流注于洛。　　懿行案：水經注云：「洛水東逕偃師故縣南，與緱氏分水。又東，休水自

南注之。其水導源少室山。」其中多鯑魚，狀如盩蜼，未詳。「盩」音「俯」。　懿行案：「盩」當

為「盩」。　廣雅云：「狄，蜼也。」「狄」、「盩」聲相近。郭注爾雅云：「蜼似獮猴。」北次

三經注云：「鯑見中山經」，謂此也。「鯑」省作「兒」。周書王會篇云「兒若獮猴」，鯑即鯢也。北次

距，足白而對，未詳。　　懿行案：「對」，蓋謂足趾相向也。史記天官書云：「疾其對國。」食者

無蠱疾，　懿行案：北次三經云「人魚如鯑魚，四足，食之無癡疾」，此言「食者無蠱疾」。蠱，疑惑

也。；癡，不慧也，其義同。可以禦兵。

又東三十里曰泰室之山。即中嶽嵩高山也，今在陽城縣西。　懿行案：今在河南登封

縣北。藝文類聚七卷引郭氏讚云：「嵩惟嶽宗，華岱恒衡。氣通元漠，神洞幽明。崛然中立，衆山之英。」其上有木焉，葉狀如棃而赤理，其名曰栯木，音「郁」。懿行案：玉篇云：「栯，於六、禹九二切。」引此經。類聚七卷及三十五卷引此經，「栯」並作「指」，疑誤。服者不妒。有草焉，其狀如茉，茉似薊也。懿行案：茉有赤茉、白茉二種。爾雅云：「茉，山薊。楊，枹薊。」白華黑實，澤如蘡薁，言子滑澤。懿行案：說文云：「薁，嬰薁也。」廣雅云：「燕薁，蘡舌也。」蓋即今之山葡萄。齊民要術引陸璣詩義疏云：「櫻薁，實大如龍眼，黑色，今車鞅藤實是。」又引疏云：「櫐似燕薁，連蔓生。」皆其形狀也。其名曰蓇草，服之不昧。上多美石。次玉者也。啓母化爲石而生啓，在此山，見淮南子。懿行案：郭注穆天子傳云：「太室之丘嵩高山，啓母在此山化爲石，而子啓亦登仙，故其上有啓石也。皆見歸藏及淮南子。」今淮南子無之，蓋有闕脫也。劉昭注郡國志引帝王世紀曰：「陽城有啓母冢。」太平御覽一百三十五卷引連山易曰：「禹娶塗山之子名曰攸女，生啓也。」

又北三十里曰講山。其上多玉，多柘，多柏。有木焉，名曰帝屋，葉狀如椒，反傷赤實，反傷，刺下勾也。懿行案：郭注方言云：「山海經謂刺爲傷也。」可以禦凶。懿行案：此別一種椒也。蘇頌本草圖經云：「蔓子出閩中、江東，其木似樗，莖閒有刺，子辛辣如椒，主遊蠱飛尸。」

又北三十里曰嬰梁之山。　上多蒼玉，錞于玄石。　言蒼玉依黑石而生也。　或曰：錞

于，樂器名，形似椎頭。　懿行案：「錞于」已見西山經首「騩山」。　或曰樂器，似非也。

又東三十里曰浮戲之山。　懿行案：山見水經注。　有木焉，葉狀如樗而赤實，名曰

亢木，食之不蠱。　懿行案：本草經：「衛矛，一名鬼箭，主除邪殺蠱。葉狀如野茶，實赤如冬

青。」即此也。　汜水出焉，懿行案：郡國志云：「成皋有汜水。」今在汜水縣東。「汜」音「似」。

水經云「河水又東過成皋縣北」，注云：「河水又東合汜水，水南出浮戲山，世謂之曰方山也。」又

云：「洄水東流，綏水會焉。水出方山綏谿，即山海經所謂浮戲之山也。」案綏水即汜水，聲之轉。

而北流注于河。　其東有谷，因名曰蛇谷，言此中出蛇，故以名之。　上多少辛。　細辛

也。　懿行案：廣雅云：「細條，少辛，細辛也。」是郭所本。　又名「小辛」，見本草及管子地員篇。

又東四十里曰少陘之山。　懿行案：水經注云：「濟水右受黃水，黃水北至故市縣，重泉

水出京城西南少陘山。」太平寰宇記云：「滎陽縣嵩渚山，一名小陘山，俗名周山，在縣南三十五

里。」有草焉，名曰䓘草，音「剛」。　懿行案：「䓘草」見玉篇。　葉狀如葵，而赤莖白華，實

如藜蕿，食之不愚。　言益人智。　器難之水出焉，或作「䃁」。　懿行案：水經濟水注云：

「索水出京縣西南嵩渚山，即古䒚水也。其水東北流，器難之水注之。其水北流逕金亭，又北逕

京縣故城西，入於䒚然之水。」而北流注于役水。　一作「侵」。　懿行案：水經注引此經正作

「侵水」，又云：「器難之水入於旃然之水，亦謂之鴻溝水。」疑「侵水」即「索水」。

又東南十里曰太山。別有東小太山，今在朱虛縣，汶水所出，疑此非山。懿行案：地理志云：「琅邪郡，朱虛，東泰山，汶水所出。」以道里計之，非此明矣。懿行案：本草別錄云：「芥，一名棃，葉如大青。」即此。**有草焉，名曰棃，其葉狀如荻**荻亦蒿也。音狄。爾雅云「蕭，萩」，郭注云：「即蒿。」**而赤華，可以已疽。**懿行案：太平御覽九百九十八卷引此經作「可以爲菹」，郭注云「爲，治也」，與今本異。案：「荻」當爲「萩」，「狄」亦當爲「秋」，皆字形之譌也。

太水出于其陽，而東南流注于役水。世謂之禮水。懿行案：水經注云「承水東北流，太水注之。水出太山東平地」，引此經云「世謂之禮水」，蓋并引郭注也。下同。

承水出于其陰，而東北流注于役。世謂之靖澗水。懿行案：水經注引司馬彪郡國志云「中牟有清口水。白溝水注之。水有二源，北水出密之梅山東南，而東逕靖城南，與南水合；南水出太山，西北流至靖城南，左注北水，即承水也」，引此經云「世亦謂之靖澗水」。畢氏云：「此經太山、承水皆云『注于役』與水經注不同者。案水經注太水注承水，承水注清水，清水注渠水，渠水又東逕陽武縣故城南，與役水合也。」

又東二十里曰末山，懿行案：水經渠水注引此經作「沫」，云「沫山，沫水所出」。**上多赤金。末水出焉，北流注于役。**水經作「沫」。懿行案：水經注引此經亦作「役水」，云「役

水東逕曹公壘南，東與沫水合，東北流逕中牟縣故城西。又案，郭云「水經作

『沫』」，郭注水經二卷，今亡無攷。

又東二十五里曰役山，上多白金，多鐵。役水出焉，懿行案：水經注云：「渠水左逕

陽武縣故城南，東爲官渡水，渡在中牟。又東，役水注之。水出苑陵縣西隙候亭東中平陂，世名之

涅泉也，即古役水矣。」引此經云云。北注于河。懿行案：水經注云「役水注渠水」，此云「注

河」，未詳。

又東三十五里曰敏山。懿行案：郡國志云：「密…有大騩山，有梅山。」劉昭注引「左傳

襄十八年楚伐鄭，『右迴梅山』，在縣西北」。今案山在河南鄭州。梅山蓋即敏山，「梅」、「敏」聲之

轉也。此經敏山去大騩山三十里，是今梅山審矣。上有木焉，其狀如荊，白華而赤實，名曰

薊。音「計」。懿行案：玉篇云：「薊，俗薊字。」初學記二十八卷引廣志云：「柏有計柏。」

「計」、「薊」聲同，疑是也。柏，服者不寒。令人耐寒。其陽多㻬琈之玉。

又東三十里曰大騩之山。今榮陽密縣有大騩山。騩，固溝水所出。音「歸」。懿行

案：…地理志云：「河南郡，密…有大騩山，潩水所出。」此注云「河南郡，密…有大騩山，固溝水所出」，疑「溝」即「潩」字

之譌，「固」即「山」字之譌也。「騩」說文作「隗」，廣韻同。莊子徐無鬼篇云「黃帝將見大隗乎具

茨之山」，釋文引司馬彪云：「在滎陽密縣東，今名泰隗山。」水經注云：「大騩，即具茨山也。」廣

韻云：「具次山在滎陽，出山海經。」即此。**其陰多鐵，美玉、青堊。**懿行案：劉昭注郡國志引

此經作「多美堊」。**有草焉，其狀如蓍而毛，青華而白實，其名曰萯，**音「狼戾」。懿行

案：玉篇云：「萯，胡墾切。草名。似蓍，花青白。」廣韻同。是「茛」當爲「莨」，「狼」當爲「很」，

今本經、注並譌。**服之不夭，**言盡壽也。或作「芺」。懿行案：「盡壽」蓋「益壽」字之譌也。

「芺」即「夭」，古今字爾。**可以爲腹病。**爲，治也。一作「已」。

凡苦山之首自休與之山至于大騩之山，凡十有九山，千一百八十四里。懿行

案：今才一千有五十六里。**其十六神者皆豕身而人面，其祠：毛牷，用一羊羞，**言以羊

爲羞。**嬰用一藻玉，瘞。**藻玉，玉有五彩者也。或曰所以盛玉。藻，藉也。懿行案：「藻

玉」已見西次二經「泰冒山」，此「藻」疑當與「璪」同。說文云：「璪，玉飾，如水藻之文也。」「藻

藉」見周官「大行人」。**苦山、少室、太室皆冢也，其祠之：太牢之具，嬰以吉玉。其神**

狀皆人面而三首，其餘屬皆豕身人面也。

中次八經荊山之首曰景山。今在南郡界中。懿行案：山在今湖北房縣西南二百里，

俗名馬塞山。初學記三十卷引荊州圖記曰：「沮縣西北半里有鴈浮山，是山海經所謂景山，沮水

之所出也。高三十餘里，修巖遐亙，擢幹千霄，鴈南翔北歸，徧經其上，土人由茲改名焉。」**其上多**

金、玉，其木多柤、檀。　柤音「楂柤」之「柤」。　懿行案：「柤」見爾雅及陸璣詩疏。雎水出焉，　「雎」音「癰疽」之「疽」。　懿行案：「雎」亦作「沮」，地理志云「南郡，臨沮」是也。水經云「沮水出漢中房陵縣景山〔一〕」。注云：「沮水出東汶陽郡沮陽縣西北景山，即荊山首也，故淮南子云『沮出荊山』。」又引杜預云：「水出新城郡之西南發阿山，蓋山異名也。」與郭義合。李善注南都賦引此經。

東南流注于江，　今雎水出新城魏昌縣東南發阿山，東南至南郡枝江縣入江也。　懿行案：晉書地理志云「新城郡，昌魏」，郭作「魏昌」，譌也。水經云「沮水東南過臨沮縣界，又東南過枝江縣，東南入於江」。注云：「謂之沮口也。」李善注江賦引此經，「江」上有「沔」字，疑衍。

其中多丹粟，　懿行案：李善注南都賦引此經郭注，云「細沙如粟」，今本無之。已見南次二經「柜山」注。　多文魚。　有斑彩也。

東北百里曰荊山。　今在新城沶鄉縣南。　懿行案：晉書地理志云「新城郡，沶鄉」。水經注云：「荊山在景山東百餘里新城沶鄉縣界。」「沶」，郭注作「沭」，字形之譌也。地理志云：「南郡，臨沮：禹貢南條荊山在東北，漳水所出。」劉昭注郡國志引荊州記曰：「西北三十里有清谿，谿北即荊山首曰景山，即卞和抱璞之處。」藝文類聚七卷引河圖括地象云：「荊山為地雌，上為

〔一〕「景山」，原本作「東山」，據水經注改。

軒轅星。」**其陰多鐵，其陽多赤金。** 懿行案：劉昭注郡國志引此經云：「其陽多鐵，其陰多赤

金。」**其中多㸩牛**，㸩牛屬也，黑色，出西南徼外也。音「貍」，一音「來」。 懿行案：說文云：

「㸩，西南夷長髦牛也。从牛，犛聲。」是知「㸩」古音「貍」也。「貍」、「來」古同聲。「旄牛」見北次

二經「潘侯之山」。郭意以㸩牛非即旄牛，故云「旄牛屬也」。文選

西都賦注及後漢書班固傳注引此注，並云「㸩，力之切」，與今本小異，其音則同。**多豹、虎。其**

木多松、柏，其草多竹，多橘、櫾。 櫾，似橘而大也，皮厚味酸。 懿行案：說文云：「橘果出

江南。」劉逵注蜀都賦云：「大曰柚，小曰橘。犍為南安縣出黃甘橘。」地理志云：「蜀郡嚴道、巴郡

胸忍、魚復二縣出橘，有橘官。」案今地理志嚴道「有木官」，「木」蓋「橘」字之譌也。「櫾」，本字作

「柚」。說文云「柚，條也」。本爾雅。又云「似橙而酢」，引夏書曰「厥包橘柚」。又呂氏春秋本味篇

云：「江浦之橘，雲夢之柚。」**漳水出焉，而東南流注于雎**，出荊山，至南郡當陽縣入沮水。

懿行案：水經云「漳水出臨沮縣東荊山」，注云：「地理志曰：『荊山，漳水所出，東至江陵入陽水，

注於沔。』非也。今漳水於當陽縣之東南百里餘而右會沮水也。」文選江賦及登樓賦注引此經，並

作「注于雎」，云「雎與沮同」。**其中多黃金，多鮫魚**，鮫，鮒魚類也，皮有珠文而堅，尾長三四

尺，末有毒螫人。皮可飾刀劍口，錯治材角。今臨海郡亦有之。音「交」。 懿行案：鮫魚即今沙

魚，郭注「鮀」字譌。李善注南都賦引此注云「鮫，鯖屬」是也。又云「皮有斑文而堅」，「斑」疑

「珠」字之譌。初學記三十卷引劉欣期交州記曰：「鮫魚出合浦，長三尺，背上有甲，珠文堅彊，可以飾刀口，又可以礪物。」與郭注合。「三尺」疑當爲「三丈」字之譌。又引此經「荊山」譌作「燕山」，郭注「尾有毒」譌作「尾青毒」。張揖注子虛賦云：「蛟狀魚身而蛇尾，皮有珠也。」「蛟」即「鮫」字，古通用。 **其獸多閭、麋。** 似鹿而大也。 懿行案：「閭」，注已見北次二經「縣雍之山」。「麋」，注已見西次二經「西皇之山」。此注又云「似鹿而大」，疑經文「麋」當爲「麈」字之譌。張揖注上林賦云「麈似鹿而大」，埤雅亦云「麈似鹿而大」，並與郭注合。埤雅又云「其尾辟塵」，又引名苑曰「鹿之大者曰麈，羣鹿隨之，皆視塵所往，塵尾所轉爲準。古之談者揮焉，良爲是也」。李石續博物志云：「麈尾掃氈，氈不蠹。」說文云：「麈，麋屬。」周書世俘篇云：「武王狩，禽麈十有六。」王會篇云「稷慎大麈」，孔晁注云：「麈，似鹿。」廣韻亦云「麈，鹿屬」，引華陽國志曰：「郪縣宜君山出塵尾。」 懿行案：李善注南都賦引此經郭注，云「腜，勵屬，音瓠」，今本無之。已見南山經「青丘之山」注。 懿行案：南都賦注引此經郭注，云「腜，勵屬，音瓠」，今本無之。已見南山經「青丘之山」注。

又東北百五十里曰驕山。 懿行案：李善注南都賦引此經，云「景山之西曰驕山」，誤。

其上多玉，其下多青雘。 懿行案：廣韻「雘」字注本此文，無「面」字。

其木多松、柏，多桃枝、鉤端。神𧑒圍處之， 「𧑒」音「童」。 懿行案：廣韻「𧑒」字注本此文，無「面」字。

其狀如人面，羊角虎爪，恒遊于雎、漳之淵， 淵，水之府奧也。 **出入有光。**

又東北百二十里曰女几之山。懿行案：山在今河南宜陽縣西。水經注云：「洛水又東，渠谷水出宜陽縣女几山。」又云：「七谷水西出女几山，東南流注於伊水。」又云：「蚤谷水出女几山，東流入於伊水。」今本水經注作「女机山」，玉篇作「女𪨶山」。

其上多玉，其下多黃金。

其獸多豹、虎，多閭、麈、麢、麂。郭注云：「麂似獐而大，偎毛豹腳。」音「几」。懿行案：「麂」、「麈」同。爾雅云：「麜，大麕，旄毛狗足」郭注云：「旄，毛獷長。」疑此注「偎」當爲「獷」，「豹」當爲「狗」，皆字形之譌也。

其鳥多白鷮。鷮似雉而長尾，走且鳴。音「驕」。懿行案：「鷮雉」見爾雅，郭注云：「即鷸雞也。」餘同此注。

多翟，多鴆。鴆大如鵰，紫綠色，長頸赤喙，食蝮蛇頭。雄名「運日」，雌名「陰諧」也。懿行案：説文云：「鴆，毒鳥也，一名運日。」廣雅云：「鴆鳥，其雄謂之運日，其雌謂之陰諧。」是郭所本也。郭云「大如鵰」，廣韻引廣志云「大如鶚」，疑誤也。又云「紫綠色，有毒，頸長七八寸。以其毛歷飲食則殺人」餘與郭同也。劉逵注吳都賦云：「鴆鳥一名雲白，黑色，長頸赤喙，食蝮蛇，體有毒，古人謂之鴆毒。江東諸大山中皆有之。」案「雲白」蓋「雲日」之譌。淮南繆稱訓云：「暉目知晏，陰諧知雨。」「目」亦「日」字之譌，「雲」、「暉」並聲近假借字也。

又東北二百里曰宜諸之山。懿行案：即滽山，因水得名。

其上多金、玉，其下多青雘。滽滽水出焉，音「詭」。而南流注于漳，今滽水出南郡東滽山，至華容縣入江也。懿行

案：説文云：「溈水出南郡高成溈山，東入繇。」本地理志文也。志云：「繇水南至華容入江。」此言「注于漳」者，水經注云「漳水又南逕當陽縣，又南，溈水注之」，引此經云云。据諸書所說，「溈山」即「宜諸山」之異名矣。

其中多白玉。

又東北三百五十里曰綸山。　音「倫」。　其木多梓、枏，多桃枝，多柤、栗、橘、櫾。　柤似棃而酢濇。懿行案：注與爾雅注同。説文云：「櫨，果似棃而酢。」鄭注内則云：「櫨，棃之不臧者。」　其獸多閭、麈、麢、臭。　臭似菟而鹿腳，青色。音「綽」。懿行案：「臭」，俗字也，當爲「㲋」，見説文。

又東北二百里曰陸䧚之山。　音如「跪告」之「跪」。懿行案：玉篇引此經云：「綸山東，陸䧚山。」李善注南都賦引此注，云「䧚音跪」。　其上多瑘琈之玉，其下多堊。　懿行案：李善注南都賦引此注，云「㟼似土，白色也」，今本無之。已見西次二經「大次之山」。　其木多杻、橿。

又東百三十里曰光山。　懿行案：今汝寧有光山，春秋時爲弦國，未審此是非。　其上多碧，其下多木。　懿行案：「木」疑「水」之譌。　神計蒙處之，其狀人身而龍首，恒遊于漳淵，出入必有飄風暴雨。

又東百五十里曰岐山。　其陽多赤金，其陰多白珉。　石似玉者。音「旻」。　懿行

案：説文云：「珉，石之美者。」通作「瑶」，聘義云「君子貴玉賤瑶」，鄭注云：「石似玉。」又作

「玟」，玉藻云：「士佩瓀玟。」經典諸書無言珉色者，此言「白珉」，明珉多白者也。下文「琴鼓之

山」、「岷山」、「崌山」皆多白珉。 **其上多金、玉，其下多青雘，其木多橿。神涉鼍處之**，徒

河切。 一作「鼉」，笑遊切。

懿行案：「鼉」字音義並所未詳。 **其狀人身而方面、三足。**

獸也，見西次二經「鹿陽之山」。

又東北一百里曰**美山**。 **其獸多兕牛，多閭、麈，多豕、鹿。其上多金，其下多**

青雘。

又東北百二十里曰**銅山**。 懿行案：「銅山」蓋以所產三物得名。 **其上多金、銀、鐵，** 懿行案：

木多穀、柞、柤、栗、橘、櫾。 **其獸多豹。** 懿行案：「豹」本或作「豹」，非。「豹」音「灼」，豹文

又東北百三十里曰**大堯之山**。 懿行案：水經有堯山，潕水所出。劉昭注郡國志「魯陽魯山」

引南都賦注，有堯山，「封劉累，立堯祠」，疑非此。 **其木多松、柏，多梓、桑，多机，** 懿行案：

「机」已見北山經首「單狐山」，注云「木似榆，出蜀中」，即此。 **其草多竹。 其獸多豹、虎、麢、**

臭。

又東北三百里曰**靈山**。 懿行案：今汝寧府信陽州有靈山，非此。 **其上多金、玉，其下**

多青雘。 其木多桃、李、梅、杏。 梅，似杏而酢也。 懿行案：郭注爾雅「梅，柟」云「似杏，實

酢」，非也。説見南山經注。此「梅」蓋爾雅「時，英梅」，説文作「某」，云「酸果」是也。見陸璣詩疏。

又東北七十里曰龍山。上多寓木。寄生也，一名宛童，見爾雅。懿行案：郭注爾雅云：「寄生樹，一名蔦。」廣雅釋草云：「寄屑，寄生也。」釋木云：「宛童，寄生榭也。」「榭」與「蔦」同。蓋此物雖生於木，其質則草，故廣雅列於釋草、釋木，而寄生樹今亦謂之寄生草也。其上多碧，其下多赤錫。其草多桃枝、鉤端。

又東南五十里曰衡山。上多寓木、榖、柞，多黃堊、白堊。

又東南七十里曰石山。其上多金，其下多青䕅，多寓木。

又南二百二十里曰若山。「若」或作「前」。懿行案：地理志云：「南郡，若⋯⋯楚昭王畏吳，自郢徙此。」疑縣因山爲名。其上多瑘琈之玉，多赭，懿行案：李善注南都賦引此經，云「若之山，其上多赭」，「之」字衍。又引郭注，云：「赭，赤土也」，與今本同。多寓木，多柘。

又東南一百二十里曰嶘山。多美石，多柘。多邦石，未詳。懿行案：「邦」疑「封」字之譌也。「封石」見中次十經「虎尾之山」。

又東南一百五十里曰玉山。其上多金、玉，其下多碧、鐵，其木多柏。一作「栢」。懿行案：藝文類聚七卷引王韶之始興記，云：「郡東有玉山，草木滋茂，泉石澄潤。」當作「栖」。

即斯山也，侯攷。

又東南七十里曰謹山。其木多檀，多邽石，懿行案：疑即「封石」之譌，見下文「虎尾山」。多白錫。懿行案：夏官「職方」云「揚州，其利金、錫」，鄭注云：「錫、鑞也。」「爾雅釋器云「錫謂之鈏」，郭注云：「白鑞也。」案經內亦有「赤錫」，見上文「龍山」，下文「嬰侯山」、「服山」。郁水出于其上，潛于其下，其中多砥、礪。

又東北百五十里曰仁舉之山。其木多穀、柞。其陽多赤金，其陰多赭。

又東五十里曰師每之山。其陽多砥、礪，其陰多青雘。其木多柏，多檀，多柘，其草多竹。

又東南二百里曰琴鼓之山。其木多穀、柞、椒、柘。椒爲樹小而叢生，下有草木則蠚死。懿行案：「樧，大椒」，見爾雅。李善注顏延之陶徵士誄引此經。其上多白珉，其下多洗石。懿行案：「洗石」已見西山經首「錢來之山」。其獸多豕、鹿，多白犀，懿行案：茲山有白犀，西域有白象，皆異種也。其鳥多鴆。

凡荊山之首自景山至琴鼓之山，凡二十三山，二千八百九十里。懿行案：今三千有一十里。其神狀皆鳥身而人面。其祠：用一雄雞祈、瘞，禱請已，蘏之也。驕山冢也，其祠：用羞酒、少牢祈、瘞，嬰毛用一藻圭，糈用稌。「祈」當爲「黌」。

一璧。

中次九經岷山之首曰女几之山。懿行案：畢氏云：「山在今四川雙流縣。淮南子天文訓云『日回於女紀』，是謂大遷』，隋書地理志云『蜀郡，雙流：有女伎山』。紀、伎、几三音同也。」其上多石涅，其木多杻、橿，其草多菊、茱。懿行案：「大菊，瞿麥」，見爾雅。洛水出焉，東注于江，懿行案：地理志云：「廣漢郡，雒：……章山，雒水所出，南至新都谷入湔。」水經云：「江水又東過江陽縣南。雒水從三危山，東過廣魏雒縣南，東南注之。」注云：「雒水出雒縣漳山，亦言出梓潼縣柏山。」又云：「洛水與縣水合，又與湔水合，亦謂之郫江也。」案左思蜀都賦云「浸以縣、洛」，即此洛水。劉逵注以爲上雒桐柏山之雒水，誤矣。此洛在四川入江，李冰之所導也。其中多雄黄。雄黃亦出水中。懿行案：吳氏引蘇頌曰：「階州出水窟雄黄，生於山巖中有水流處。」其獸多虎、豹。

又東北三百里曰岷山。江水出焉，岷山，今在汶山郡廣陽縣西，大江所出。懿行案：說文云：「崏山在蜀湔氐西徼外。」地理志云：「蜀郡，湔氐道：禹貢崏山在西徼外，江水所出，東南至江都入海。」水經注云：「岷山即瀆山也，又謂之汶阜山。在徼外，江水所導也。」今案「汶」即「岷」，古字通。岷山在今四川茂州東南，即漢之徼外地也。汶山郡，漢武帝所開，宣帝省并

蜀郡，見後漢書西南夷傳。 郭注「廣陽」，史記封禪書索隱引此注亦作「廣陽」，蓋晉時縣也。漢汶

江縣，晉改爲廣陽縣，屬汶山郡，見晉書地理志。 藝文類聚八卷引郭氏讚云：「岷山之精，上絡東

井。 始出一勺，終致森溟。 作紀南夏，天清地靜。」**東北流注于海，**至廣陽縣入海。 懿行案：

海內東經注云「至廣陵郡入海」此注「廣陽縣」當爲「廣陵郡」或「廣陵縣」字之譌也，並見晉書地

理志。 劉昭注郡國志引此經「注」上無「流」字「海」下有「中」字。 **其中多良龜，**良，善。 多

鼉。 似蜥蜴，大者長二丈，有鱗，彩皮可以冒鼓。 懿行案：說文云：「鼉，水蟲，似蜥易，長大。」

陸璣詩疏云：「鼉似蜥蜴，長丈餘，其甲如鎧，皮堅厚，可冒鼓。」是郭所本也。 「鼉」亦作「鼉」周

書王會篇云：「會稽以鼉。」又或作「鼉」，夏小正云「二月剝鼉」，傳云「以爲鼓也」是「鼉」即「鼉」

矣。 李善注西京賦引此注，有「徒多切」三字，蓋今本脫去之。 **其上多金、玉，其下多白珉。**

其木多梅、棠。 懿行案：棠有赤、白二種，具見爾雅。 又劉逵注蜀都賦云：「風連出岷山。」岷山

獨多藥草，其椒尤好，異於天下。」而此經曾不言焉。 **其獸多犀、象，多夔牛。** 今蜀山中有大

牛，重數千斤，名爲夔牛。 晉太興元年，此牛出上庸，郡人弩射殺，得三十八擔肉，即爾雅所謂

「魏」。 懿行案：注「射殺」下當脫「之」字。 今本爾雅作「犩」，注引此經作「犪」並加「牛」非。

其鳥多翰、鷩。 白翰、赤鷩。 懿行案：「翰」、「鷩」並見爾雅。

又東北一百四十里曰崍山。 江水出焉，邛來山，今在漢嘉嚴道縣，南江水所自出

也。山有九折坂，出狷，狷似熊而黑白駁，亦食銅鐵也。

懿行案：初學記八卷引此經，作「峽山，邛水出焉」，「峽」蓋「峽」字之譌也。晉志有「漢嘉郡，嚴道」。漢地理志云：「蜀郡，嚴道：邛崍山，邛水所出，東入青衣。」劉昭注引華陽國志云：「邛崍山，今名邛莋。」水經注云：「崍山，邛崍山也，在漢嘉嚴道縣。一曰新道南山有九折阪，夏則凝冰，冬則毒寒，平恒言是中江所出矣。」案酈氏言，崍山，中江所出，郭云「南江所出」，蓋據海內東經「南江出高山」之文也。是「崍山」一名「高山」、「南江」一名「邛水」，皆山水之異名者也。「崍」俗字也，當作「來」。山在今雅州榮經縣西。又劉昭注引此經郭注，云「中江所出」，李善注江賦及李賢注後漢書西南夷傳引此經郭注，並云「崍山，中江所出」，俱誤矣。「狷」即「獏」，白豹，見爾雅及注。又即「猛豹」，見西山經首「南山」注。東流注大江。懿行案：水經云「青衣水至犍爲南安縣入於江」，注云：「青衣水又東，邛水注之，又東流注於大江。」其陽多黃金，其陰多麋、麈。其木多檀、柘，其草多蘺、韭，多藥、空奪。即蘺。懿行案：郭云「藥即蘺」，非也。西次四經「號山，草多藥、蘺」，郭既分釋於下，此注又謂一草，誤也。玉篇云「藥，白芷，葉即蘺也」，又承郭注而誤。空奪。即蛇皮脫也。懿行案：郭知「空奪即蛇皮脫」者，玉篇、廣韻並云「蛂，蟬脫蛇皮」。蓋「空」字後人加「虫」作「蛂」也。説文云：「蛻，蛇、蟬所解皮」，廣韻云：「蛻，又他卧切。」與「奪」聲近。「奪」古字作「敓」。疑「空蛻」本作「空敓」，譌「蛻」爲「敓」，又改「敓」爲「奪」耳。

又東一百五十里曰崌山。音「居」。江水出焉，北江。懿行案：畢氏云：「海內東經云『北江出曼山』，今四川名山縣西有蒙山，曼、蒙音相近，疑是也。沫水經此，或即郭所云北江與？」今案畢説當是也。 郡國志云「蜀郡，漢嘉：有蒙山」劉昭注引華陽國志云：「有沫水從西來出岷江[二]，又從岷山西來入江，合郡下青衣江入大江。」又水經亦云：「沫水與青衣水合，東入於江。」案其道里，「沫水」當即「中江」矣。 李善注江賦引此經郭注云：「崌山，北江所出。」東流注于大江，其中多怪蛇，今永昌郡有鉤蛇，長數丈，尾岐，在水中鉤取岸上人牛馬啖之，又呼馬絆蛇，謂此類也。 懿行案：水經若水注云：「山有鉤蛇，長七八丈，尾末有岐。蛇在山澗水中，以尾鉤岸上人牛食之。」李善注江賦引此注，作「鉤取斷岸人及牛馬啖之」，其餘則同。又李石續博物志云「先提山有鉤蛇」云云，與水經注所説同。 多䰽魚。音「贊」。 懿行案：「䰽」未聞。見玉篇，云「魚名」。 其木多楢、杻，楢，剛木也，中車材。音「秋」。 多梅、梓。 其獸多夔牛、麔、奐、犀、兕。 有鳥焉，狀如鴞木也，工官以爲矦輪。讀若糗。郭以楢爲「剛木」，而云「楢音秋」，未詳。 懿行案：説文云「楢，柔鴞行案：太平御覽四十四卷及八百七十卷引此經，「鴞」而赤身白首，其名曰竊脂，今呼小青雀曲觜肉食者爲「竊脂」，疑此非也。 懿行作「鶚」。

[二]「有沫水從西來出岷江」，中華書局點校本後漢書此句作「有沫水從邡來出岷江」。

案：與爾雅「竊脂」同名異物。可以禦火。

又東三百里曰高梁之山。懿行案：畢氏云：「山在今四川劍州北。太平寰宇記云：

『劍門縣大劍山亦曰梁山，山海經高梁之山西接岷、崌，東引荆、衡。』其上多堊，其下多砥、

礪。其木多桃枝、鉤端。有草焉，狀如葵而赤華，莢實白柎，可以走馬。懿行案：

「柎」當爲「柎」。西山經首「天帝之山，有草焉，其狀如葵，臭如蘼蕪，名曰杜衡，可以走馬」，亦此

之類。

又東四百里曰蛇山。其上多黃金，其下多堊。其木多枸，懿行案：「枸木」已見北

次三經「繡山」。多豫章。懿行案：「豫章」已見西次二經「嶓冢之山」。其草多嘉榮，懿行

案：「嘉榮」已見中次七經「半石之山」。少辛。懿行案：「少辛」已見中次七經「浮戲之山」。

有獸焉，其狀如狐而白尾長耳，名㹩狼，音「巴」。懿行案：郭蓋音「巳」字，譌作「巴」也，

玉篇云：「㹩，時爾切。」云：「獸，如狐白尾。」見則國內有兵。一作「國有亂」。

又東五百里曰鬲山。其陽多金，其陰多白珉。其中多白玉。蒲鸕音「巋」。懿行案：說文、玉篇

並無「鸕」字。之水出焉，而東流注于江，其中多白玉。其獸多犀、象、熊、羆，多猨、

蜼。蜼似獼猴，鼻露上向，尾四五尺，頭有岐，蒼黃色，雨則自懸樹，以尾塞鼻孔，或以兩指塞

之。懿行案：「蜼」見爾雅，郭注同此。廣雅云：「狖，蜼也。」高誘注淮南覽冥訓云：「狖，猨屬

也，長尾而昂鼻。狄讀『中山人相遺物』之遺。」郭注西次四經亦云：「蜼，獼猴屬也。音贈遺之

遺。」是則「蜼」即「狖」矣，音義同。

又東北三百里曰隅陽之山。其上多金、玉，其下多青雘。其木多梓、桑，其草多

茈。徐之水出焉，東流注于江，其中多丹粟。

又東二百五十里曰岐山。今在扶風美陽縣西。　懿行案：地理志云：「右扶風，美陽：禹

貢岐山在西北。」郡國志云：「美陽有岐山。」劉昭注引此經。　晉志「右扶風」爲「扶風郡」也。　其上

多白金，其下多鐵。其木多梅、梓，「梅」或作「薇」。多杻、楢。減水出焉，懿行案：劉昭

注郡國志引此經作「城水」。「城」疑「城」字之譌，或古本「減」有作「城」者也。畢氏云：「岐山當

在四川，俗失其名。減水疑即黔水也。說文又作『黔』，皆音相近。」地理志云：「犍爲，符：黔水南

至鱉入江。」水經注云：「闞駰謂之闞水。」東南流注于江。

又東三百里曰勾檷之山。音「絡梠」之「梠」。　懿行案：「絡梠之梠」不成語，疑「梠」

當爲「梠」字之譌也。說文云：「檷，絡絲檷。讀若梠。」又云：「梠，或作柅，簑柄也。」玉篇亦云「檷，絡絲柎也」，本說文。然則簑柄即絡絲之柅，故郭

檷也」，郭注云：「所以絡絲也。」　音「絡梠」。本說文、方言也。今譌爲「絡梠」，遂不復可讀。又玉篇云「擸拘，山名」，疑「擸拘」即

「句檷」，誤倒其文爾。　其上多玉，其下多黃金。其木多櫟、柘，其草多芍藥。

又東一百五十里曰風雨之山。　其上多白金，其下多石涅。　其木多椒、樿，椒木未

詳也。椿木，白理中櫛。「驪」「善」二音。　　懿行案：説文云：「椒，木薪也。」疑非此。　又云：

「樿，木也，可以爲櫛。」玉藻云「櫛用樿櫛」，鄭注云：「樿，白理木也。」　多楊，　　懿行

雅。　　宣余之水出焉，東流注于江，其中多蛇。　　　懿行案：水蛇也，一名公蠣蛇。　其獸多閭、

麋，多麈、豹、虎，其鳥多白鷮。　　　　　　案：「楊」見爾

又東北二百里曰玉山。　其陽多銅，其陰多赤金。　　懿行案：「銅」與「赤金」並見，非一

物明矣。　郭氏誤注，見南山經「杻陽之山」。　其木多豫章、楢、杻。　其獸多豕、鹿、麢、臭，其

鳥多鴆。

又東一百五十里曰熊山。　有穴焉，熊之穴，恒出神人，夏啓而冬閉。　是穴也，冬

啓乃必有兵。　今�西北有鼓山，下有石鼓象懸著山旁，鳴則有軍事，與此穴殊象而同應。　懿

行案：劉逵注魏都賦引「冀州圖：鄴西北鼓山，山上有石鼓之形，俗言時時自鳴」。「劉劭趙都賦

曰：『神鉦發聲。』俗云石鼓鳴則天下有兵革之事」。是郭所本也。　水經渭水注云：「朱圄山在梧

中聚，有石鼓，不擊自鳴，鳴則兵起。」亦此類。　其上多白玉，其下多白金。　其木多樗、柳，

其草多寇脱。

又東一百四十里曰騩山。　其陽多美玉、赤金，其陰多鐵。　其木多桃枝、荊、芑。

懿行案：「芑」蓋「芑」字之譌，「芑」又「杞」之假借字也。南次二經云：「虖勺之山，其下多荊、杞。」中次十一經云：「歷石之山，其木多荊、芑。」並以「荊芑」連文，此誤審矣。

又東二百里曰葛山。其上多赤金，其下多瑊石。瑊石，勁石似玉也。音「緘」。懿行案：「子虛賦云「瑊玏玄厲」，張揖注云：「瑊玏，石之次玉者。」説文作「玲璗」，云：「玲璗，石之次玉者。」玉篇云：「玲，同瑊。」郭云「勁石」，疑「勁」當爲「玏」字之譌。「瑊石」「石」字衍。

木多柤、栗、橘、櫾、楢、杻，懿行案：太平御覽九百六十四卷引此經，云：「葛山，其上多桐。」其今本無「桐」字，疑有脱誤。其獸多麢、臭，其草多嘉榮。

又東一百七十里曰賈超之山。其陽多黄堊，其陰多美赭。其木多柤、栗、橘、櫾，其中多龍脩。龍須也，似莞而細，生山石穴中，莖倒垂，可以爲席。懿行案：「龍脩」、「龍須」，聲轉耳。廣雅云：「龍木，龍修也。」述異記云：「周穆王東海島中養八駿處，有草名龍芻。」「龍芻」亦「龍須」也，「須」、「芻」聲相近。

凡岷山之首自女几山至于賈超之山，凡十六山，三千五百里。懿行案：今三千六百五十里。其神狀皆馬身而龍首，其祠：毛用一雄雞，瘞，糈用稌。文山，懿行案：此上無「文山」，蓋即岷山也。史記又作「汶山」，並古字通用。穆天子傳云「天子三日遊于文山，於是取采石」，郭注云：「以有采石，故號文山。」案經云「岷山多白珉」，傳言「取采石」，蓋謂此。然

則「文山」即「岷山」審矣。

勾欄、風雨、騩之山，是皆冢也，其祠之：羞酒，先進酒以酹神。畢沅案：「席」當爲「帝」，字形之譌也。上下經文並以「帝」「冢」爲對。此謂作「席」，郭氏意爲之說，蓋失之。

少牢具，嬰毛一吉玉。

熊山，席也。席者，神之所馮止也。

其祠：羞酒，太牢具，嬰毛一璧。干儛，用兵以禳，禳，被除之祭名。儛者，持盾武儛也。畢沅案：地官「舞師」云「掌教兵舞」。帥而舞山川之祭祀」，鄭注云：「兵舞，執干戚以舞。」祈，求福祥也。祭用玉，舞者冕服也。美玉曰璆，已求反。

祈，璆冕舞。云：「美玉名。」畢沅案：爾雅釋器云「璆琳，玉也」，郭注云：「美玉名。」

中次十經之首曰首陽之山。畢沅案：地理志云：「隴西郡，首陽：禹貢鳥鼠同穴山在西南。」蓋縣因山爲名也。此云「首陽」，下文又稱「首山」。史記封禪書説「天下名山八」，首山其一，又云「黃帝采首山銅，鑄鼎於荆山下」，蓋皆不謂此山也。晉灼据地理志「首山」屬河東蒲坂，彼中次五經「首山」也，非此。

又西五十里曰虎尾之山。其上多金、玉，無草木。

其木多椒、椐，多封石。畢沅案：本草別錄云：「封石，味甘無毒，生常山及少室。」下文「游戲之山」、「嬰侯之山」、「豐山」、「服山」、「聲匈之山」並多此石。

其陽多赤金，其陰多鐵。

又西南五十里曰繁繢音「憒」之山。其木多楢、杻，其草多枝勾。今山中有此
草。

懿行案：説文：「繢，多小意而止也。」一曰木也。」「繢，積繢也。」一曰木名。」然則「枝勾」
即「積繢」之省文，蓋草木通名耳。

又西南二十里曰勇石之山。無草木，多白金，多水。

又西二十里曰復州之山。其木多檀。其陽多黃金。有鳥焉，其狀如鴞懿行案：
太平御覽七百四十七卷引此經作「雞」。而一足、彘尾，其名曰跂踵，音「企」。懿行案：
「跂踵」，御覽引作「企踵」。海外北經有「跂踵國」，郭注云：「其人行，腳跟不著地也。」疑是鳥亦
以此得名。見則其國大疫。銘曰：「跂踵爲鳥，一足似夔。不爲樂興，反以來悲。」懿行案：
「銘」蓋亦郭氏圖讚之文，而與今世所傳復不同。

又西三十里曰楮山。一作「渚州之山」。多寓木，多椒、㭨，多柘，多堊。

又西二十里曰又原之山。其陽多青雘，其陰多鐵。其鳥多鸜鵒。傳曰
「鸜鵒來巢」。音「瞿」。懿行案：説文云：「鸜，鸜鵒也。古者鸜鵒不踰泲。鸜或作鴝。」説文
義本考工記。

又西五十里曰涿山。懿行案：郭注海內經引世本云：「顓頊母，濁山氏之子，名昌僕。」
大戴禮帝繫篇作「昌意娶于蜀山氏之子，謂之昌濮。」「濁」、「蜀」古字通，「涿」、「濁」聲又同。史

，記索隱云：『涿鹿』或作『蜀鹿』[一]。』是此經「涿山」即「蜀山」矣。史稱「昌意降居若水」，索隱

云：「若水在蜀。」然則昌意居蜀而娶蜀山氏之女，蓋蜀山國因山爲名也，即此經「涿山」矣。其木

多穀、柞、杻。其陽多㻬琈之玉。

又西七十里曰丙山。其木多梓、檀，多弞杻。弞，義所未詳。懿行案：方言云「弞，

長也。東齊曰弞」，郭注云：「弞，古矧字。」然則「弞杻」，長杻也。杻爲木多曲少直，見陸璣詩疏。

此杻獨長，故著之。俟攷。

凡首陽山之首自首山懿行案：首山即首陽山。至于丙山，凡九山，二百六十七里。

懿行案：今三百一十里。其神狀皆龍身而人面，懿行案：太平御覽九百四十卷引汲冢瑣語

云：「晉平公與齊景公乘，至于澮，見人乘白驂八駟以來平公之前。公問師曠曰：『有犬貍身而

狐尾者乎？』師曠有頃而答曰：『有之，來者其名首陽之神，飲酒霍太山而歸其居，而于澮乎見

之，其善，君有喜焉。』」所説神形狀與此經異。「汲冢瑣語」，水經澮水注引作「古文瑣語」。其

祠之：毛用一雄雞瘞，糈用五種之糈。堵山，冢也，懿行案：「堵山」即「楮山」，又「楮

山」注云：「一作『渚州之山』。」「渚」、「陼」古通用，「陼」、「堵」同音當古切，故古字俱得通

〔一〕「蜀鹿」，史記索隱原文作「濁鹿」。

與？其祠之：少牢具，羞酒祠，嬰毛一璧，瘞。**騩山，帝也，其祠：羞酒，太牢其，**懿

行案：「其」，當爲「具」字之譌。**合巫祝二人儛，嬰一璧。**

中次一十一山經荊山之首曰翼望之山。

懿行案：山在今河南內鄉縣，見水經注。元和郡縣志云：「臨湍縣，翼望山在縣西北二十里。」**湍水出焉，**鹿搏反。懿行案：水名之「湍」，集韻「朱遄切，音專」，郭音「鹿搏反」，似誤。然文選南都賦注引此經郭注，亦作「湍，鹿搏切」，又非誤也，未知其審。地理志云：「弘農郡，析：黃水出黃谷，鞠水出析谷，俱東至酈入湍水。」水經云「湍水出酈縣北芬山」，注云：「湍水出弘農界翼望山。」**東流注于濟。**今湍水逕南陽穰縣而入清水。懿行案：經文「濟」，注文「清」，並當爲「淯」字之譌也。文選南都賦注引此經郭注，云：「今湍水逕南陽穰縣而入淯也。」水經亦云：「湍水至新野縣東入於淯。」郡國志云：「盧氏：有熊耳山，淯水出，地理志作育水也。」又案晉書地理志南陽無穰縣，義陽郡有穰。義陽郡，太康中置，是郭注「南陽」當爲「義陽」字之譌也。**脫水出焉，**音「況」。懿行案：玉篇云：「脫，虛放切，水名。」蓋即此。是「脫」當爲「況」字之譌也。然其水今未聞。**東南流注于漢，其中多蛟。**似蛇而四腳，小頭細頸，有白癭。大者十數圍，卵如一二石甕，能吞人。懿行案：爾雅云：「有鱗曰蛟龍。」說文云：「蛟，龍之屬也。」池魚滿三千六百，蛟來爲之長，能率魚飛。置筍水中，即

蛟去。」史記司馬相如傳正義引此注，「小頭細頸」作「小細頭」，「瘦」作「嬰」，「十數圍」作「數十

圍」，「二二石」作「二二斛」。太平御覽九百三十卷引與史記正義同，「小頭細頸」句與今本同。藝

文類聚九十六卷引此注，「瘦」亦作「嬰」，「小頭細頸」下復有「頸」字，「十數圍」下有「卵生子」三

字，「二二石甕」作「三斛瓮」三字，又引郭氏讚云：「匪蛇匪龍，鱗采暉煥。騰躍濤波，蜿蜒江漢。

漢武飲羽，欽飛疊斷。」其上多松、柏，其下多漆、梓。其陽多赤金，其陰多珉。

又東北一百五十里曰朝歌之山。 懿行案：山在今河南泌陽縣西北，見水經注。 溮水

出焉，溮水今在南陽舞陽縣。 音「武」。 懿行案：地理志云「潁川郡，舞陽」，應劭注云：「舞水

出南。」蓋舞水即溮水矣。而水經云：「溮水出溮陰縣西北扶予山，東過其縣南。」注引此經而釋之

云：「經書『扶予』者，其山之異名乎？」明「扶予」即朝歌也。 東南流注于滎， 懿行案：說文

云：「溮水出南陽舞陰，東入潁。」水經注云「滎水又東北，於溮陰縣北左會溮水」。二說不同，蓋溮水合

汝而入潁也。經言「注于滎」者，水經注云「溮水東過定潁縣北，東入於汝」。 其中多人魚。 懿行案：

其上多梓、枏，其獸多麢、麋。有草焉，名曰莽草，可以毒魚。 今用之殺魚。 懿行案：

秋官翦氏「掌除蠹物，以莽草熏之」，鄭注云：「藥物殺蟲者。」本草云「莽草」，別錄云「一名葞，一

名春草」。爾雅云「葞，春草」，郭注引本草云：「一名芒草。」是「芒草」即「莽草」。中次二經云：

「葌山，有芒草，可以毒魚也。」「芒」又通作「茵」，水經夷水注云「邽人以茵草投淵上流，魚則多死」

是也。

又東南二百里曰帝囷之山。去倫反。郝行案：「囷」，廣韻引作「箘」。其陽多㻬琈之玉，其陰多鐵。帝囷之水出于其上，潛于其下，多鳴蛇。郝行案：「鳴蛇」已見中次二經「鮮山」。

又東南五十里曰視山。其上多韭。有井焉，名曰天井，夏有水，冬竭。郝行案：爾雅云「井一有水，一無水，爲瀱汋」，郭注引此經爲説也。又中次五經云「超山有井，冬有水而夏竭」，與此相反。其上多桑，多美堊、金、玉。

又東南二百里曰前山。郝行案：郭注中次八經「若山」云：「若，或作前。」其木多櫧，似柞，子可食，冬夏生，作屋柱難腐。音「諸」，或作「儲」。郝行案：上林賦云「沙棠櫟櫧」，郭注云：「櫧似樗，葉冬夏不落。」漢書音義云：「櫧似櫨，葉冬不落也。」玉篇亦云：「櫧，木名，冬不凋。」郭云「或作儲」者，聲近假借字。多柏。其陽多金，其陰多赭。

又東南三百里曰豐山。郝行案：山在今河南南陽府東北。有獸焉，其狀如蝯，赤目、赤喙、黃身，名曰雍和，見則國有大恐。郝行案：禺似蝯而赤目長尾，即此類。神耕父處之，郝行案：「耕」，玉篇作「畊」，云「神名」。李善注南都賦引此經。劉昭注郡國志引南都賦注，云：「耕父，旱鬼也。」其注禮儀志又引東京賦注，云：「耕父，旱鬼也。」今注並無之。常遊清泠

之淵，出入有光，清泠水在西虢郊縣山上，神來時水赤有光耀，今有屋祠之。懿行案：莊子讓王篇云：「舜友北人無擇，自投清泠之淵。」呂氏春秋離俗覽作「蒼領之淵」，高誘注云：「蒼領或作青泠。」莊子釋文引此經云：「在江南，一云在南陽郡西鄂山下。」所引蓋郭注之文也。薛綜注東京賦亦云「清泠，水名，在南陽西鄂山上」，與莊子釋文同。今本郭注「虢郊」當即「鄂」字之誤衍。劉昭注郡國志引此經郭注，作「今有屋祠也」。見則其國爲敗。有九鐘焉，是知霜鳴。霜降則鐘鳴，故言知也。物有自然感應而不可爲也。懿行案：北堂書鈔一百八卷引此經及郭注，「知」並作「和」，疑今本字形之譌。其上多金，其下多穀、柞、枏、橿。

又東北八百里曰兔牀之山。其陽多金。其陰多鐵。其木多藷藇。懿行案：木藷藇，未聞其狀。其草多雞穀，懿行案：廣雅云：「雞狗獴，哺公也。」說者謂即蒲公英。唐本草云：「蒲公草，一名構耨草。」與「狗獴」聲相近。「穀」字古有「構」音，「構」「狗」之聲又相近，疑此經「雞穀」即廣雅「雞狗」矣。下文「夫夫山」又作「雞鼓」，亦即「雞穀」也。又本草別録云：「黃精，一名雞格。」「格」、「穀」聲轉，疑亦近是。其本如雞卵，其味酸甘，食者利于人。

又東六十里曰皮山。多堊，多赭。其木多松、柏。

又東六十里曰瑤碧之山。懿行案：藝文類聚八十九卷引此經「瑤」作「搖」。其木多梓、枏。其陰多青䨼，其陽多白金。有鳥焉，其狀如雉，恒食蜚，蜚，負盤也，音「翡」。

懿行案：「蜚」見爾雅，郭注云：「蜚，負盤，臭蟲。」名曰鴒。此更一種鳥，非食蛇之鴒也。

又東四十里曰支離懿行案：水經及文選注並作「攻離」。畢氏云：「山今在河南嵩縣，疑即雙雞嶺。」之山。濟水出焉，南流注于漢。今濟水出酈縣西北山中，南入漢。「酈」音字亦同。懿行案：經文「濟」及注文「濟」，並「淯」字之譌也。說文云：「淯水出弘農盧氏山，東南入沔，或曰出酈山西。」「酈」、「離」聲同也。「淯」，地理志作「育」，云：「盧氏有育水，南至順陽入沔。」沔即漢也。故地理志「南陽郡，酈」又云「育水出西北，南入漢」，並說文所本也。郡國志作「清水」，誤。水經云：「淯水出弘農盧氏縣攻離山，又南過鄧縣東，南入於沔。」文選南都賦注引此經，作「攻離之山，淯水出焉」，可證今本之譌。酈縣、淯陽俱屬南陽國，見晉書地理志。有鳥焉，其名曰嬰勺，其狀如鵲，赤目赤喙白身，其尾若勺，似酒勺形。懿行案：鵲尾似勺，故後世作鵲尾勺，本此。

又東北五十里曰袟筒之山。音「彫」。懿行案：廣韻引此經，作「族薗之山」。其上多松、柏、机、柏。柏葉似柳，皮黃不措，子似揀，著酒中飲之，辟惡氣，浣衣去垢。核堅正黑，可以閒香纓。一名括樓也。懿行案：「机柏」，廣韻引此經作「机桓」。玉篇云：「桓木，葉似柳，皮黃白色。」與郭義合。是此經及注並當作「桓」，今本作「柏」，字形之譌也。且柏已屢見，人所習知，不須更注，注所云云又非是柏也。郭云「皮黃不措」，「措」當爲「樢」，與「皶」同，見玉篇。「子其鳴自呼。多㸯牛，多羬羊。

似揀」，當从木旁作「楝」。陳藏器本草拾遺云：「無患子，一名桓」，引博物志云：「桓葉似櫸柳葉，

核堅正黑如瑿，可作香纓及浣垢。」案所引正與郭注合，或即郭所本也。郭云「閩香纓」「閩」字疑

謁。又云「一名柂樓」，本草拾遺云「一名㯶槮」也。

又西北一百里曰菫理之山。其上多松、柏，多美梓。其陰多丹雘，多金。其獸

多豹、虎。有鳥焉，其狀如鵲，青身白喙，白目白尾，名曰青耕，可以禦疫，其鳴自叫。

又東南三十里曰依軲之山。音「枯」。其上多杻、橿，多苴。未詳，音「苴」。懿行

案：經內皆云「其木多苴」，疑「苴」即「柤」之假借字也。「柤」之借爲「苴」，亦如「杞」之借爲「芑」

矣。有獸焉，其狀如犬，虎爪有甲，其名曰獜，言體有鱗甲。音「吝」。善駚𤝞，跳躍自撲

也。「獜」「奮」兩音。懿行案：「駚」、「𤝞」二字，説文、玉篇所無。据郭音義，當爲鞅掌奮迅之

意。食者不風。不畏天風。懿行案：磔狗止風，見爾雅釋天注及鄭司農大宗伯注。此物蓋

亦狗類也。又案此物形狀頗似鮻鯉，「鮻」「獜」聲近。後世亦用鮻鯉療風痺。

又東南三十五里曰即谷之山。多美玉，多玄豹，黑豹也，即今荊州山中出黑虎也。

懿行案：周書王會篇云：「屠州玄豹。」海內經云：「幽都之山，多玄豹、玄虎。」郭注爾雅「黑虎」

云：「晉永嘉四年，建平秭歸檻得之，狀如小虎而黑，毛深者爲斑。」此注云「荊州黑虎」，即是物

也。晉建平秭歸縣屬荊州。注「出」當爲「之」字之謁。多閒、塵，多麢、臭。其陽多琘，其陰

多青䨼。

又東南四十里曰雞山。 其上多美梓，多桑，其草多韭。

又東南五十里曰高前之山。 懿行案：呂氏春秋本味篇云：「水之美者，高泉之山，其上

有涌泉焉。」即此。「泉」、「前」聲同也。太平寰宇記云「内鄉縣高前山，今名天池山」引此經云

云，「在翼望山東五十里」。 其上有水焉，甚寒而清，或作「潛」。 懿行案：北堂書鈔一百四

十四卷引此經，亦作「清」。 帝臺之漿也，今河東解縣南檀首山，上有水潛出，停不流，俗名爲盎

漿，即此類也。 懿行案：「檀首」釋名作「譚首」，聲近假借字。「檀首」當爲「檀道」字之譌也。

太平御覽五十九卷引此注，正作「檀道山」。水經涑水注又引作「鹽道山」。「盎漿」作「鴦漿」也。

「有水潛出，停不流」，太平寰宇記引作「有水泉出，停而不流」。 飲之者不心痛。 其上有金，

其下有赭。

又東南三十里曰游戲之山。 多杻、檀、穀，多玉，多封石。

又東南三十五里曰從山。 其上多松、柏，其下多竹。 從水出于其上，潛于其下，

其中多三足鼈，枝尾，三足鼈名能，見爾雅。 懿行案：郭注爾雅亦引此

經作「岐尾」。「岐」、「枝」古通用。 食之無蠱疫。

又東南三十里曰嬰硜之山。 音「真」。 懿行案：玉篇音與郭同。東次二經「硜山」，郭

音「一真反」，蓋「一」、「反」二字衍。

其上多松、柏，其下多梓、櫄。懿行案：「櫄」即「杶」字，見説文。

又東南三十里曰畢山。帝苑之水出焉，懿行案：畢氏云：「畢山疑即旱山，字相近。在河南泌陽。水經注有比水，出憮陰縣旱山，東北注於瀙。」此帝苑之水疑即比水也。東北流注于視，懿行案：「視」當爲「瀙」，字形相近，見下文。其中多水玉，多蛟。其上多㻬琈之玉。

又東南二十里曰樂馬之山。有獸焉，其狀如彙，懿行案：説文云：「彙，或作蝟，蟲似豪豬者。」爾雅云：「彙，毛刺。」赤如丹火，其名曰狼，音「戾」。懿行案：「狼」字，説文、玉篇所無，疑當爲「戾」。吳氏引『十六國春秋』云『南燕主超祀南郊，有獸如鼠而赤，大如馬，來至壇側。須臾大風晝晦」，疑即此獸也」。見則其國大疫。

又東南二十五里曰葴山。視水出焉，或曰「視」宜爲「瀙」。瀙水今在南陽也。懿行案：説文云：「瀙水出南陽舞陽中陽山，入潁。」地理志云：「舞陰，中陰山，瀙水所出，東至蔡入汝。」水經云「瀙水出憮陰縣東上界山」，注云：「山海經謂之視水也，出葴山，許慎云出中陽山，皆山之殊目也。」東南流注于汝水，懿行案：水經云「瀙水東過上蔡縣南，東入汝」與此經及地理志合，與説文則異。説文云「入潁」者，蓋合潁而入汝也。潁水逕汝陰縣，汝水枝津注之，見水經注。其中多人魚，多蛟，多頡。如青狗。懿行案：中次四經云「釐山，滫滫之水，有獸名

獺，其狀如獦犬而有鱗，其毛如彘鬣。」文選江賦注引「獺」作「瀨」，然獺故無鱗，恐非也。此經之

頡」，郭云「如青狗」，則真似獺矣，而獺復不名頡，亦所未詳。

又東四十里曰嬰山。其下多青雘，其上多金、玉。

又東三十里曰虎首之山，多苴、椆、椐。椆，未詳也，音「彫」。懿行案：說文云：「椆，木也。讀若丩。」類篇云：「椆，寒而不凋。」

又東二十里曰嬰侯之山。其上多封石，其下多赤錫。懿行案：中次八經已云「讙山多白錫」，此又云「多赤錫」，明錫非一色也。

又東五十里曰大孰之山。殺水出焉，東北流，注于視水，懿行案：水經注云：「瀙水又東北，殺水出西南大孰之山，東北流，入於瀙。」其中多白堊。

又東四十里曰卑山。其上多桃、李、苴、梓，多纍。纍，一名滕，音「誄」。懿行案：爾雅云「欇，虎櫐」，郭注云：「今虎豆。纏蔓林樹而生，莢有毛刺。」古今注云：「虎豆，似貍豆而大也。」郭云「纍，一名滕」者，廣雅云「虆，藤也」。今虎豆、貍豆之屬。纍，一名滕，

又東三十里曰倚帝之山。懿行案：新唐書吳筠傳云：「筠下第，遂居南陽倚帝山。」今案山在河南鎮平縣西北。其上多玉，其下多金。有獸焉，其狀如鼣鼠，爾雅說鼠有十三種，中有此鼠，形所未詳也。音「狗吠」之「吠」。懿行案：郭注爾雅亦引此經。釋文引舍人云：

「其鳴如犬也。」白耳白喙，名曰狙如，音「即狙」。

懿行案：爾雅云：「蒺藜，蝍蛆。」郭言此

「狙」音「蝍蛆」之「蛆」也，文省爾。見則其國有大兵。

又東三十里曰鮭山。音「倪」。鮭水出于其上，潛于其下。其中多美堊。其上多金，其下多青雘。

又東三十里曰雅山。澧水出焉，音「禮」。今澧水出南陽。懿行案：説文云：「澧水

出南陽雉衡山。」本地理志爲説也。玉篇云「澧水出衡山」，無「雉」字，非也。「澧」通作「醴」。水

經注云：「汝水又東，得醴水口。水出南陽雉縣，亦云導源雉衡山，即山海經衡山也。」今案此經，

雅山去衡山九十五里，是其連麓，疑「雅山」當爲「雉山」，字形相近。晉書地理志雉縣屬南陽國，

縣蓋因茲山得名也。後漢書馬融傳注引此經，正作「雉山」。山在今河南南陽縣北也。東流注

于視水，懿行案：説文云：「澧水東入汝。」地理志云「東至郾入汝」「郾」蓋「郾」字之譌也。水

經云「汝水東南過郾縣北」，注云「醴水東逕郾縣故城南，左入汝」，引此經云：「醴水東流注于滍

水也。」酈氏改經「視水」爲「滍水」，滍水即陂水，從呂忱之説也。然説文、地理志並云「入汝」，此

云「注滍水」者，蓋合滍水而入汝也。

其中多大魚。懿行案：史記秦本紀云：「占夢博士曰：

『水神不可見，以大魚、蛟龍爲候。』」其上多美桑，其下多苴，多赤金。

又東五十五里曰宣山。淪水出焉，東南流，注于視水，懿行案：水經注云：「瀙水

又東，渝水注之。水出宣山，東南流，注漷水。」其中多蛟。其上有桑焉，大五十尺，圍五丈

也。其枝四衢，言枝交互四出。其葉大尺餘，赤理黃華青柎，名曰帝女之桑。婦女主蠶

故以名桑。懿行案：李善注南都賦引此經及郭注，並與今本同。藝文類聚八十八卷引郭氏讚

云：「爰有洪桑，生濱淪潭。厥圍五丈，枝相交參。園客是采，帝女所蠶。」

又東四十五里曰衡山。今衡山在衡陽湘南縣，南嶽也，俗謂之岣嶁山。　懿行案：水經

汝水注云：「醴水導源雉衡山，即山海經衡山也。郭景純以爲南岳，非也。」馬融廣成頌曰「面據衡

陰」，指謂是山。在雉縣界，故世謂之雉衡山。　海內經云「南海之內有衡山」，郭注云「南嶽」是

也，此又云「南嶽」，誤矣。初學記五卷引此經，云「衡山，一名岣嶁山」，蓋并引郭注也。其上多

青雘，多桑。　懿行案：藝文類聚八十八卷引此經同。其鳥多鸜鵒。

又東四十里曰豐山。　懿行案：上文豐山在今南陽縣，漢西鄂縣地。此豐山蓋與連麓而

別一山，非重出也。其上多封石。其木多桑，多羊桃，狀如桃而方莖，一名鬼桃。　懿行

案：本草云：「羊桃，一名鬼桃。」郭注爾雅及此注所本也。可以爲皮張。　治皮腫起。　懿行

案：「張」，讀如「張脈憤興」之「張」。唐本草云：「羊桃煮汁，洗風痒及諸創腫極效。」

又東七十里曰嫗山。其上多美玉，其下多金。其草多雞穀。

又東三十里曰鮮山。其木多楢、杻、苴，其草多蘴冬。其陽多金，其陰多鐵。有

獸焉，其狀如膜大，懿行案：「大」當為「犬」字之譌，廣韻作「犬」可證。膜犬者，郭注穆天子傳云「西膜，沙漠之鄉」，是則膜犬即西膜之犬。今其犬高大獷毛、猛悍多力也。赤喙赤目白尾，懿行案：玉

見則其邑有火，懿行案：廣韻說「犵」云：「出則大兵。」名曰犵即。音「移」。

篇云：「犵，獸名。」

又東三十里曰章山。或作「童山」。懿行案：經「章山」當為「皋山」，注「童山」當為「章山」，並字形之譌也，見水經注。又漢、晉地理志並云「江夏郡」，竟陵：「章山在東北，古文以為內方山」，非此也。其陽多金，其陰多美石。皋水出焉，東流注于澧水，懿行案：水經汝水注云：「醴水東流，歷唐山下。」又東南與皋水合，水發皋山。郭景純言或作章山，東流注於醴水。」案唐山在今河南唐縣南。其中多脆石。未聞。魚脆反。懿行案：說文云：「脆，小㪏易斷也。」此石㪏薄易碎，故以名焉。本草別錄云：「石脾，無毒，味甘。一名膏石，一名消石。生隱蕃山谷石間。黑如大豆，有赤文，色微黃，而輕薄如碁子。」亦此類也。注「魚脆」之「脆」，誤，藏經本作「跪」。

又東二十五里曰大支之山。其陽多金。其木多穀、柞，無草木。懿行案：「木」字衍，藏經本無之。

又東五十里曰區吳之山。其木多苴。

又東五十里曰聲匈之山。其木多穀。多玉,上多封石。

又東五十里曰大騩之山。上[一]已有此山,疑同名。懿行案:畢氏疑即南都賦所謂「天封大胡」,「大胡」、「大騩」聲相近。李善注引南郡圖經曰:「大胡山,故縣縣南十里。」懿行案:水經云「比水出比陽東北太胡山」,注云:「太胡山在比陽北如東三十餘里,廣員五六十里,張衡賦南都所謂『天封大狐』者也。」如酈氏所說,不引此經大騩山,明「大胡」非「大騩」矣。此「大騩」又不言有水出,無以定之。其陽多赤金,其陰多砥石。

又東十里曰踵臼之山,無草木。

又東北七十里曰歷或作「磨」。懿行案:「磨」蓋「歷」字之譌。地官「遂師」云「及窆,抱磨」,「磨」亦當爲「磨」。又戰國策「磨室」,燕宮名,今本亦譌爲「磨」。石之山。其木多荊、芑。其陽多黃金,其陰多砥石。有獸焉,其狀如貍而白首虎爪,名曰梁渠,見則其國有大兵。

又東南一百里曰求山。求水出于其上,潛于其下。中有美赭。其木多苴,多蕳。篠屬。懿行案:「篠,箭」見爾雅。又中次十二經云:「暴山,多竹箭、蕳、蒻。」是蕳亦蒻屬。

[一]「上」,原本作「山」,誤,據諸本改。

屬，中箭也。」戴凱之竹譜云：「箭竹高者不過一丈，節閒三尺，堅勁中矢。江南諸山皆有之，會稽

所生最精好。」其陽多金，其陰多鐵。

又東二百里曰丑陽之山。其上多椆、椐。有鳥焉，其狀如烏而赤足，名曰䴏䴖，

音如「枳柑」之「枳」。 懿行案：玉篇、廣韻說䴏䴖鳥與此經同。郭云「音如枳柑」，「柑」當爲

「椇」字之譌。鄭注曲禮下云：「椇，枳也，有實，今邖、剡之東食之。」可以禦火。

又東三百里曰奧山。其上多柏、杻、橿。其陽多㻬琈之玉。奧水出焉，東流注

于視水。懿行案：水經注云：「灅陰縣，淪水東南流，注瀙水。瀙水又東，得奧水口。水西出奧

山，東入於瀙水也。」又水經比水注云：「比水又西，澳水注之。水北出芘丘山，東流，屈而南轉，又

南入於比水。」引此經云：「澳水又北入視，不注比水。」今案此澳似別一水，其引經又與今異，所未

詳也，存以俟攷。

又東三十五里曰服山。其木多杻。其上多封石，其下多赤錫。

又東三百十里懿行案：本多作「三百里」，非。曰杳山。其上多嘉榮草，多金、玉。

又東三百五十里曰几山。懿行案：玉篇作「犱出泰山」，誤。其木多楢、檀、杻，其草

多香。懿行案：「草多香」者，即如下文「洞庭之山，其草多葌、蘪蕪、芍藥、芎藭」之屬也。有獸

焉，其狀如彘，黃身白頭白尾，名曰聞獜，音「鄰」。「獜」一作「犵」，音「瓴」。 懿行案：玉

篇云：「獜，力人切。似豸，身黃，出泰山。」廣韻云：「獸名，似豸，黃身白首。出坪蒼。」郭云「

作魤」，蓋「鄰」字之譌也。玉篇云「鄰，獸名」，本此。見則天下大風。

凡荊山之首自翼望之山至于几山，凡四十八山，三千七百三十二里。懿行案：

今四千二百二十里。其神狀皆彘身人首，其祠：毛用一雄雞祈，懿行案：「祈」當爲「鑾」。

瘞用一珪，糈用五種之精。備五穀之美者。禾山，懿行案：上文無「禾山」，或云「困山」

之脫文，或云「求山」之誤文。帝也，其祠：太牢之具，羞瘞，倒毛，薦羞反倒牲薶之也。

懿行案：「倒」，古字作「到」，見説文。用一璧，牛無常。堵山、玉山，懿行案：「堵山」見中次

十經，「玉山」見中次八、九經，此經都無此二山，未審何字之譌。豕也，皆倒祠，懿行案：「倒

祠」，亦謂「倒毛」也。羞毛少牢，嬰毛吉玉。

中次十二經洞庭山之首曰篇遇之山。或作「肩」。無草木，多黃金。

又東南五十里曰雲山。懿行案：劉逵注吳都賦云：「梢雲，山名，出竹。」疑梢雲即雲山

也。無草木，有桂竹甚毒，傷人必死。今始興郡桂陽縣出筀竹，大者圍二尺，長四丈。又交

趾有篥竹，實中勁強，有毒，銳以刺虎，中之則死，亦此類也。懿行案：始興郡桂陽，見晉書地理

志。吳都賦注引異物志曰：「桂竹生於始興小桂縣，大者圍三尺，長四五丈。」又云：「篥竹大如戟

穉，實中勁強，交趾人銳以爲矛，甚利。簳竹有毒，夷人以爲魝，剌獸，中之則必死。」並與郭注合。

又郭注「篖」疑當爲「籚」，「笙」當爲「桂」。**其上多黃金，其下多琈琈之玉。**懿行案：初學記

「梅」下引此經云「雲山之上，其實乾臘」，又引郭注云「臘，乾梅也」。今經無之，蓋脫。

又東南一百三十里曰龜山。其木多榖、柞、椆、椐。其上多黃金，其下多青雄

黃，多扶竹。邛竹也。高節實中，中杖也，名之扶老竹。懿行案：劉逵注蜀都賦云「邛竹出

興古盤江以南，竹中實而高節，可以作杖。」

又東七十里曰丙山。多筍竹，懿行案：「笙」亦當爲「桂」。桂陽所生竹，因以爲名也。

多黃金、銅、鐵、無木。

又東南五十里曰風伯之山。懿行案：初學記「柳」下引此經，作「鳳伯之山」。其上多金、

玉，其下多痠石、文石，未詳「痠石」之義。懿行案：廣韻云：「痠，素官切，音酸。」廣雅云：「痠，痛

也。」多鐵。其木多柳、杻、檀、楮。其東有林焉，名曰莽浮之林，多美木、鳥獸。

又東一百五十里曰夫夫之山。懿行案：吳氏云：「釋義本作『大夫之山』，續通考引此

亦作〔一〕『大夫山』。又案秦繹山碑及漢印篆文，『大夫』都作『夫夫』，則二字古相通也。」余案宋景

〔一〕「作」字原本無，據吳任臣廣注補。

二三六

文筆記曰：「古者『大夫』字便用疊畫寫之，以『夫』有『大』音故也。莊子、李斯嶧山碑如此。」其

上多黃金，其下多青雄黃。其木多桑、楮，其草多竹、雞穀。懿行案：列子湯問篇說愚公事云

「穀」、「鼓」聲相轉。神于兒居之，其狀人身而身操兩蛇，懿行案：即「雞穀」也。

「操蛇之神聞之，告之於帝」「操蛇之神」蓋即此。常遊于江淵，出入有光。

又東南一百二十里曰洞庭之山。今長沙巴陵縣西又有洞庭陂，潛伏通江。離騷曰「遭

吾道兮洞庭」，「洞庭波兮木葉下」，皆謂此也。字或作「銅」，宜從水。懿行案：洞庭山在今蘇

州府城西太湖中，一名包山。初學記七卷引史記吳起傳裴駰集解云：「今太湖中苞山有石穴，其

深洞無知其極者，名洞庭。洞庭對彭蠡。」即斯山也。詳見水經沔水「過毗陵縣北為北江」注。郭

以此經洞庭山即君山也，在今湖南巴陵洞庭湖中。郭云「洞庭陂潛伏通江」詳見海內東經「湘水」

注。 其上多黃金，其下多銀、鐵。其木多柤、梨、橘、櫾，其草多葌、蘪蕪、芍藥、芎藭。

蘪蕪，似蛇牀而香也。 懿行案：淮南說林訓云「蛇牀似蘪蕪而不能香」高誘注云：「蛇牀臭，蘪

蕪香。帝之二女居之，天帝之二女，而處江為神，即列仙傳江妃二女也，離騷九歌所謂「湘夫

人」稱「帝子」者是也。而河圖玉版曰：「湘夫人者，帝堯女也。秦始皇浮江，至湘山，逢大風，而問

博士：『湘君何神？』博士曰：『聞之，堯二女，舜妃也，死而葬此。』」列女傳曰：「二女死於江湘

之間，俗謂爲湘君。」鄭司農亦以舜妃爲湘君。說者皆以舜陟方而死，二妃從之，俱溺死於湘江，遂

號爲湘夫人。按九歌湘君、湘夫人自是二神。江湘之有夫人，猶河洛之有處妃也。此之爲靈，與

天地並矣，安得謂之堯女？且既謂之堯女，安得復總云「湘君」哉？何以考之？禮記曰「舜葬蒼

梧，二妃不從」，明二妃生不從征，死不從葬，義可知矣。即令從之，二女靈達，鑒通無方，尚能以鳥

工龍裳救井廩之難，豈當不能自免於風波，而有淪之患乎？假復如此，傳曰「生爲上公，死爲貴

神」，禮「五嶽比三公，四瀆比諸侯」，今湘川不及四瀆，無秩於命祀，而二女帝者之后，配靈神祇，無

緣當復下降小水而爲夫人也。參互其義，義既混錯，錯綜其理，理無可據，斯不然矣。原其致謬之

由，由乎俱以「帝女」爲名。名實相亂，莫矯其失，習非勝是，終古不悟，可悲矣。　懿行案：初學

記八卷引此經作「帝女居之」，不言「二女」。可知帝女爲天帝之女，如言「帝女之

桑」之類，皆不辨爲何人也。郭云「二妃生不從征，死不從葬」，或難以鄭注禮記云「舜死於蒼梧，二

妃留處江湘之間」，又張衡思玄賦云「哀二女之未從，翩繽處彼湘濱」，是二妃不從葬而實從征也。余

案此論亦非佳證。竹書云「帝舜三十年，葬后育于渭」，注云：「后育，娥皇也。」大戴禮帝繫篇

云：「帝舜娶于帝堯之子，謂之女匽氏。」女匽或即娥皇也。藝文類聚十一卷引尸子云：「妻之以

媓，媵之以娥。」娥即女英也。海內北經云：「舜妻登比氏，一曰登北氏。」然則舜有三妃，娥皇先

卒，何言二妃處處江湘？假有此事，其非帝堯二女亦明矣。且舜年百有餘歲，正使二妃尚存，亦

當年近百歲，「生不從征」，郭氏斯言殆無可議爾。**是常遊于江淵。澧沅之風，交瀟湘之淵，**

此言二女遊戲江之淵府，則能鼓三江，令風波之氣共相交通，言其靈響之意也。江、湘、沅水皆共

會巴陵頭，故號爲三江之口。 澧又去之七八十里而入江焉。淮南子曰「弋釣瀟湘」，今所在未詳

也。「瀟」音「消」。 懿行案：水經湘水注引此經，「淵」作「浦」。思玄賦舊注引作「是常游江川

澧沅之側，交游瀟湘之淵」李善注謝朓新亭渚別范零陵詩，引作「是常游于江淵澧沅，風交瀟湘之

川」，又引郭注「靈響」作「靈䬆」，初學記引云「沉澧之交，瀟湘之淵」，並與今本異也。地理志

云：「武陵郡，充。歷山，澧水所出，東至下雋入沅。」又云：「群柯郡，且蘭。沅水東南至益陽入

水經云「湘水北過羅縣西」，注云：「瀟者，水清深也。」「瀟」當作「瀟」，說文云：「瀟，深清也。」「湘

水出零陵陽海山，北入江」。地理志云「北至酃入江也」。湘中記曰『湘川清照五六丈』是納瀟湘之

江。」水經注云：「澧水流於洞庭湖，俗謂之澧江口。」「沅水下注洞庭湖，方會於江。」說文云：「湘

名矣。」文選注顏延年登巴陵城樓詩引此注，作「共會巴陵」，無「頭」字。 是在九江之間，地理志

「九江」今在潯陽南，江自潯陽而分爲九，皆東會於大江，書曰「九江孔殷」是也。 懿行案：初學

記引此經作「是在九江之門」。 出入必以飄風暴雨。 懿行案：中次八經云：「光山之神計蒙，

恒遊于漳淵，出入必有飄風暴雨。」又博物志云：「文王夢見一婦人當道而哭，曰：『我東海泰山神

女，嫁爲西海婦，欲東歸，灌壇令當吾道。太公有德，吾不敢以暴風疾雨過也。』是山水之神出入

恒以風雨自隨，乃是其常。 秦始皇渡江，遭大風，而伐樹赭山，何其寃耶！ 是多怪神，狀如人

而載蛇， 懿行案：「載」亦「戴」也，古字通。 左右手操蛇，多怪鳥。

又東南一百八十里曰暴山。 懿行案：文選鷦鷯賦注引此經作「景山」。 其木多棕、

栯、荆、芑、竹、箭、䉋、箘。　箘亦筿類，中箭，見禹貢。　懿行案：説文云：「簬，箘簬也。」引夏

書曰：「惟箘簬楛。」戴凱之竹譜云：「箘、簬二竹，亦皆中矢。　出雲夢之澤，皮特黑澀。」又云：

「簹，亦箘徒，槪節而短，江漢之閒謂之簨竹。　簨，苦怪反。」「簹是箭竹類，一尺數節，葉大如履，可

以作篷，亦中作矢，其筍冬生。」引此經云：「其竹名箘。」据竹譜所説，「箘」即「簹」也。　郭氏説

「簹」已見西山經首「英山」注，與竹譜小異。　**其上多黄金、玉，其下多文石、鐵。　其獸多麋、**

鹿、麕、就。　就，鵰也，見廣雅。　懿行案：廣雅云：「鷲，鵰也。」説文云：「就，大雕，黄頭赤

目，其羽可爲箭。」皆其形狀也。　就，鳥也，經統謂之「獸」者，鳥、獸通名耳。

又東南二百里曰即公之山。　懿行案：史記司馬相如傳索隱載姚氏引此經，作「即山」，

無「公」字。，作「山經」，無「海」字。　**其上多黄金，其下多㻬琈之玉。　其木多柳、杻、檀、**

桑。　有獸焉，其狀如龜而白身赤首，名曰蜼，音「詭」。　懿行案：史記司馬相如傳云：「蜥

胡毅蜼」，索隱引郭注，云：「蜼，未聞。」**是可以禦火。**

又東南一百五十九里曰堯山。　懿行案：初學記二十四卷引王韶之始興記云：「含洭縣

有堯山，堯巡狩至於此，立行臺。」蓋即斯山也。　**其陰多黄堊，其陽多黄金。　其木多荆、芑、**

柳、檀，其草多藷藇、茉。　懿行案：水經淮水注云：「堯山盤紆數百里，有赭巖迭起，冠以青

林，與雲霞亂采。　山上有白石英，山下有平陵，有大堂基，耆舊云堯行宮所。」然則茲山草木蓋多云。

又東南一百里曰江浮之山。　其上多銀、砥、礪。無草木。　其獸多豕、鹿。　懿行案：江浮山亦堯山之連麓。水經注所云「堯山盤紆數百里」，是其證也。又引王歆始興記曰「含洭縣有白鹿城、白鹿岡」，以爲咸康中張魴爲縣，有善政，致白鹿。此說恐非也，經言茲山多鹿獸，當由記人附會爲説耳。

又東懿行案：畢本「東」下有「南」字。此經作「直陵之山」。二百里曰真陵之山。　其上多黃金，其下多玉。　其木多穀、柞、柳、杻，其草多榮草。　懿行案：榮草形狀已見中山經首「鼓鐙之山」。　懿行案：初學記「柳」下引　懿行

又南一百二十里曰陽帝之山。　多美銅。　其木多橿、杻、檿、楮。　檿，山桑也。

又南九十里曰柴桑之山。　今在尋陽柴桑縣南，共廬山相連也。　懿行案：地理志云「廬江郡，尋陽」「豫章郡，柴桑」。晉書地理志尋陽亦屬廬江郡，其柴桑屬武昌郡也。廬山在今九江府，廣興記云：在府城南。柴桑山在府城西南也。　其上多銀，其下多碧，多泠石、赭。　案：「泠石」當爲「冷石」已見上文。　其木多柳、芑、楮、桑。　其獸多麋、鹿，多白蛇、

懿行案：史記龜策傳云「求之於白蛇蟠杅林中」，索隱云：「謂白蛇嘗蟠杅此林中也。」飛蛇。即膉蛇，乘霧而飛者。懿行案：「膉蛇」見爾雅。

又東二百三十里曰榮余之山。其上多銅，其下多銀。其木多柳、芑。懿行案：「芑」亦「杞」之假借字。其蟲懿行案：海外南經云：「南山人以蟲爲蛇。」多怪蛇、怪蟲。

凡洞庭山之首自篇遇之山至于榮余之山，凡十五山，二千八百里。懿行案：今才一千八百四十九里。其神狀皆鳥身而龍首，其祠：毛用一雄雞，一牝豚刉，刉亦割刺之名。懿行案：説文云：「刉，割傷也，一曰斷也。」糈用稌。陳牲玉而後薶藏之。懿行案：「肆」通作「矢」。「矢，陳也」，見爾雅釋詁。凡夫夫之山、即公之山、堯山、陽帝之山，皆冢也，其祠皆肆瘞，祈用酒，毛用少牢，嬰毛一吉玉。洞庭、榮余山、神也，其祠皆肆瘞，肆竟，然後依前薶之也。祈酒太牢祠，嬰用圭璧十五，五采惠之。惠，猶飾也，方言也。懿行案：「惠」義同藻繪之「繪」，蓋同聲假借字也。

右中經之山志，大凡百九十七山，懿行案：校經文當有百九十八山，今除中次五經內闕一山，乃得百九十七山。二萬一千三百七十一里。懿行案：今二萬九千五百九十八里。

大凡天下名山五千三百七十，居地大凡六萬四千五十六里。

禹曰：懿行案：經即禹作，無緣又稱「禹曰」，蓋記者述禹之意而作之，非必禹所親筆。亦如禹貢非禹所爲，故篇內復稱「禹」，其義同也。天下名山，經懿行案：「經」言禹所經過也。五千三百七十山，六萬四千五百五十六里，居地也。懿行案：劉昭注郡國志引此經，云「名山五千三百五十，經六萬四千五百五十六里」，此文作「七十」者，古「五」、「七」字形相近，蓋傳寫之譌也。又廣雅釋地作「名山五千二百七十」，亦疑「三」譌爲「二」也。言其五藏，懿行案：「藏」字古作「臧」，才浪切。漢書云「山海，天地之藏」，故此經稱「五藏」。蓋其餘小山甚眾，不足記云。天地之東西二萬八千里，南北二萬六千里。出水之山者八千里，受水者八千里。懿行案：廣雅釋地引此經文，而云「夏禹所治，四海內地也」。管子地數篇，呂氏春秋有始覽、淮南墜形訓並與此同。出銅之山四百六十七，出鐵之山三千六百九十。懿行案：劉昭注郡國志引此經，作「三千六百九」，無「十」字；又上句作「出水者八千里」，無「之山」三字。管子地數篇及廣雅釋地並同。此天地之所分壤樹穀也，戈矛之所發也，刀鎩懿行案：「鎩」，管子地數篇作「幣」。之所起也。能者有餘，拙者不足。懿行案：劉昭注郡國志作「儉則有餘，奢則不足」。封于太山、禪于梁父者七十二家，管子地數云「封禪之王七十二家」。懿行案：管子封禪篇曰「古者封泰山、禪梁父者七十二家，而夷吾所記者十有二焉」，自無懷氏至周成王爲十二家，據此則非禹言也。得失之數皆在此內，是謂國用。懿行案：畢氏云：「自『此天地之

所分壤樹穀也』已下，當是周、秦人釋語，舊本亂入經文也。」今案自「禹曰」已下，蓋皆周人相傳舊

語，故管子援入地數篇，而校書者附著五臧山經之末。

五字。

右五臧山經五篇，大凡一萬五千五百三字。　懿行案：今二萬一千二百六十

山海經第六

晉郭璞傳　棲霞郝懿行箋疏

海外南經

地之所載，六合之間，四方上下爲六合也。　懿行案：淮南齊俗訓云：「往古來今謂之宙，四方上下謂之宇。」列子湯問篇夏革引此經「六合之間」以下四十七字，而稱「大禹曰」，則此經亦述禹言，與前文「禹曰」之例同。文選注歐陽建臨終詩及曹植七啓並引此經文。四海懿行案：淮南墜形訓本此經文作「四極」。之內，照懿行案：淮南墜形訓作「昭」。之以日月，經之以星辰，紀之以四時，要之以太歲，神靈所生，其物異形，懿行案：列子湯問篇作「其形」。或夭或壽，唯聖人能通其道。言自非窮理盡性者，則不能原極其情狀。

海外自西南陬至東南陬者：陬，猶隅也，音「騶」。懿行案：淮南墜形訓海外三十六國俱本此經文，有「結胷民」。

結匈國懿行案：淮南墜形訓海外三十六國俱本此經文，有「結胷民」。在其西南，其爲人結匈。臆前胅出，如人結喉也。懿行案：説文云：「胅，骨差也。讀與跌同。」郭注爾雅「懱牛」云「領上肉臃腫起」，義與此同。

南山在其東南。**自此山來，蟲爲蛇，蛇號爲魚。**以蟲爲蛇，以蛇爲魚。 懿行案：今東齊人亦呼蛇爲蟲也。埤雅云：「恩平郡譜：蛇謂之訛。」蓋「蛇」古字作「它」，與「訛」聲相近，訛聲轉爲魚，故蛇復號魚矣。**一曰南山在結匈東南。** 懿行案：經內凡「一曰」云云者，蓋後人校此經時附著所見，或別本不同也。疑初皆細字，郭氏作注，改爲大字，遂與經並行矣。

其爲鳥

比翼鳥在其東。 懿行案：「比翼鳥」即「蠻蠻」也，已見西次三經「崇吾之山」。

青、赤，似鳧。兩鳥比翼。**一曰在南山東。**

羽民國 懿行案：大戴禮五帝德篇云「東長鳥夷」，疑即此也。楚詞遠遊云「仍羽人於丹丘」，王逸注引此經，言「有羽人之國」。呂氏春秋求人篇亦作「羽人」，高誘注云：「羽人，鳥喙，背上有羽翼。」**在其東南。其爲人長頭，身生羽。**能飛，不能遠，卵生，畫似仙人也。 懿行案：博物志云：「羽民國，民有翼，飛不遠。多鸞鳥，民食其卵。去九疑四萬三千里。」太平御覽九百十六卷引括地圖同，唯「三千」作「一千」也。郭云「畫似仙人」者，謂此經圖畫如此也。下同。**一曰在比翼鳥東南，其爲人長頰。**啓筮曰：「羽民之狀，鳥喙赤目而白首。」 懿行案：文選鸚鵡賦注引歸藏啓筮曰：「金水之子，其名曰羽蒙，是生百鳥。」即此也。「羽民」、「羽蒙」聲相轉。

有神人二八， 懿行案：「八」淮南墬形訓作「人」，誤。**連臂，爲帝司夜于此野。**畫隱夜見。 懿行案：薛綜注東京賦云：「野仲、游光，惡鬼也，兄弟八人，常在人間作怪害。」案野仲、

二三六

游光二人兄弟各八人，正得十六人，疑即此也。**在羽民東。其爲人小頰赤肩，當脾上正赤**

也。懿行案：「脾」當爲「髆」字之譌。說文云：「髆，肩甲也。」「甲」俗作「胛」，廣韻云「背胛」，明

藏經本「脾」作「胛」可證。玉篇引此經「肩」作「眉」譌。**盡十六人。**疑此後人所增益語耳。懿

行案：此蓋校書者釋經之語。

畢方鳥懿行案：畢方形狀已見西次三經「章莪之山」。**在其東，青水西。**

水出昆侖西南隅，過畢方鳥東，見海內西經。**其爲鳥人面一腳。**懿行案：西次三經說畢方鳥

不言「人面」。**一曰在二八神東。**

讙頭國懿行案：驩頭國，鯀之苗裔，見大荒南經。淮南墜形訓有「讙頭國民」。**在其南。**

其爲人人面有翼，鳥喙，方捕魚。懿行案：「讙兜」古文作「鶤吺」，見尚書大傳注。「鶤」當爲「鴅」，玉篇

云：「鴅，呼丸切，人面鳥喙。」史記正義引神異經云：「南方荒中有人焉，人面鳥喙而有翼，兩手足

扶翼而行，食海中魚。即斯人也。**一曰在畢方東，或曰讙朱國。**懿行案：「頭」聲轉爲「徒」，

「徒」、「朱」聲相近，故「讙頭」爲「讙朱」。

厭火國懿行案：博物志作「厭光國」。淮南墜形訓云「裸國民」，與此異。**在其國南。獸**

身黑色，生懿行案：藝文類聚八十卷引此經無「生」字。**火出其口中。**言能吐火。畫似獼猴

而黑色也。

懿行案：博物志云「厭光國民，光出口中，形盡似獼猴，黑色」。一曰在讙朱東。

三株樹懿行案：初學記二十七卷引此經作「珠」。淮南墜形訓及博物志同。在厭火北，

生赤水上，懿行案：莊子天地篇云「黃帝遊乎赤水之北，遺其玄珠」。蓋本此爲説也。樹生赤

水之南，故陶潛讀山海經詩云「粲粲三珠樹，寄生赤水陰」。陰，謂水南也。其爲樹如柏，葉皆

爲珠。

懿行案：即琅玕樹之類。海內西經云開明北有珠樹。一曰其爲樹若彗。如彗星

狀。

懿行案：彗，埽竹也，見説文。彗星爲欃槍，見爾雅。

三苗國懿行案：史記五帝紀云「三苗在江淮、荆州，數爲亂」。正義曰：「左傳云自古諸侯不

用王命，『虞有三苗』也。吳起云：『三苗之國，左洞庭而右彭蠡。』今江州、鄂州、岳州，三苗之地

也。」案周書史記篇云「外內相間，下撓其民，民無所附，三苗以亡」，是三苗乃國名。高誘注淮南墜

形訓既云「三苗」國名，在豫章之彭蠡」，而注脩務訓又云「渾敦、窮奇、饕餮三族之苗裔謂之三苗」，

非也。在赤水東。其爲人相隨。昔堯以天下讓舜，三苗之君非之，帝殺之。有苗之民叛入南

海，爲三苗國。懿行案：郭説三苗，疑非實錄。當以周書史記篇爲据。一曰三毛國。懿行

案：「苗」、「毛」亦聲相近。

䑏國音「秩」，亦音「替」。懿行案：「䑏」疑當爲「䴢」，見説文。玉篇作「䴢」云：「䴢，國

名也，在三苗東。」本此。在其東。其爲人黃，能操弓射蛇。大荒經云：「此國自然有五穀衣

服。」懿行案：：䵺民國，盼姓，見大荒南經。　一曰䵺國在三毛東。

貫匈國懿行案：：竹書云：：「黄帝五十九年，貫匈氏來賓。」博物志云：：「穿匈人去會稽萬五千里。」詳見文選注。　在其東。　其爲人匈有竅。　尸子曰：：「四夷之民有貫匈者，有深目者，有長肱者，黄帝之德常致之。」異物志曰：：「穿匈之國，去其衣則無自然者，蓋似效此貫匈人也。」懿行案：：淮南墬形訓有「穿胷民」，高誘注云：：「穿胷，胷前穿孔達背。」文選注王融曲水詩序引此經，又引括地圖，文有脱誤。藝文類聚九十六卷引括地圖曰：：「禹誅防風氏。夏后德盛，二龍降之，禹使范氏御之以行。經南方，防風神見禹，怒射之，有迅雷，二龍升去。神懼，以刃自貫其心而死。禹哀之，瘞〔一〕以不死草，皆生，是名穿胷國。」博物志亦同兹説。然黄帝時已有貫匈民，防風之説盖未可信。　一曰在䵺國東。

交脛國在其東。　其爲人交脛。言脚脛曲戾相交，所謂「雕題、交趾」者也。或作「頸」，其爲人交頸而行也。懿行案：：廣韻引劉欣期交州記云：：「交阯之人出南定縣，身有毛，卧者更扶始得起。」引此經及郭注，並與今本同。太平御覽七百九十卷引外國圖曰：：「交脛民長四尺。」淮南墬形訓有「交股民」，高誘注云：：「交股民，腳相交切」即此也。說文云：：「𢚩，行脛

〔一〕「瘞」，原本作「瘗」，據藝文類聚改。

相交也。」亦此義。 宛，音力弔切。

一曰在穿匈東。 懿行案：此作「穿匈」者，「穿」、「貫」音義同。

不死民 懿行案：楚詞遠遊云「仍羽人於丹丘，留不死之舊鄉」，王逸注引此經，言「有不死之民」。天問云「何所不死」，王逸注引括地象曰：「有不死之國也。」呂氏春秋求人篇云：「禹南至不死之鄉。」在其東。其爲人黑色，壽，不死。 有員丘山，上有不死樹，食之乃壽，亦有赤泉，飲之不老。 懿行案：淮南墬形訓有「不死民」，高誘注云：「不死，不食也。」大戴禮易本命篇云：「食氣者神明而壽，不食者不死而神。」是高注所本。然則不死之民，蓋以不食不飲而得之。郭云食木飲泉，据大荒南經爲說也。 博物志説「員丘」、「赤泉」，與郭同。 又陶潛讀山海經詩亦同茲説。 蓋魏晉閒人祖尚清虛，舊有成語，郭氏述之爾。 一曰在穿匈國東。

岐舌國在其東。 其人舌皆岐，或云支舌也。 懿行案：「支舌」即「岐舌」也。爾雅釋地云：「枳首蛇即岐首蛇。」「岐」一作「枝」，「枝」、「支」古字通也。又「支」與「反」字形相近。淮南墬形訓有「反舌民」，高誘注云「語不可知而自相曉」；又注呂氏春秋功名篇云「一説南方有反舌國」，舌本在前，末倒向喉，故曰反舌」，是「支舌」古本作「反舌」也。 藝文類聚十七卷引此經，作「反舌國，其人反舌」。太平御覽三百六十七卷亦引此經同，而云「一曰交」。 案「交」蓋「支」字之譌也。 二書所引經文作「反舌」，與古本正合。 一曰在不死民東。

昆侖虛在其東。虛四方。

虛，山下基也。

郝行案：畢氏曰：「爾雅云『三成爲昆侖丘』，是昆侖者，高山皆得名之。此在東南方，當即方丈山也。水經河水注云：『東海方丈，亦有昆侖之稱。』」一曰在岐舌東，爲虛四方。

羿與鑿齒戰于壽華之野，羿射殺之，

鑿齒亦人也，齒如鑿，長五六尺，因以名齒。

說文云：「羿，帝嚳射官，夏少康滅之。」引論語曰：「羿善躲。」又云：「羿亦古諸侯也。一曰躲師。」吳越春秋云：「黃帝作弓，後有楚狐父以其道傳羿，羿傳逢蒙。」据二書所說，羿蓋非一人也。此經之羿，說者以爲堯臣，淮南本經訓云「堯之時，鑿齒爲民害，堯乃使羿誅鑿齒於疇華之野」，高誘注云：「鑿齒，獸名，齒長三尺，狀如鑿，徹領下。」疇華即壽華。

疇華，南方澤名。」又注墜形訓「鑿齒民」云：「吐一齒出口下，長三尺。」大意與郭注同，而唯以鑿齒爲獸非也。李善注長楊賦引服虔云「鑿齒，齒長五尺似鑿，亦食人」，與郭義近。北堂書鈔一百十八卷引此注「人」下有「貌」字，經文之下無「在」字，此脫衍。

在昆侖虛東。羿持弓矢，鑿齒持盾。

郝行案：亦謂圖畫如此也。太平御覽三百五十七卷引此經，作「持盾戟」。

一曰戈。

郝行案：一說鑿齒持戈也。

三首國在其東。其爲人一身三首。

郝行案：海內西經云「有三頭人，伺琅玕樹」，即斯類也。淮南墜形訓有「三頭民」，高誘注云「身有三頭」。

周饒國

郝行案：「周饒」亦「僬僥」聲之轉，又聲轉爲「朱儒」。魏志東夷傳云：「女王國，又

有侏儒國在其南，人長三四尺，去女王四千餘里。蓋斯類也。「焦僥國，幾姓」，見大荒南經。在

其東。**其爲人短小，冠帶。**其人長三尺，穴居，能爲機巧，有五穀也。懿行案：初學記十九

卷引拾遺記云：「員嶠山有陀移國，人長三尺，壽萬歲。」疑「陀移」即「周饒」之異名，員嶠山與方

丈山相近也。又引神異經曰：「西北荒中有小人，長一寸，朱衣玄冠。」與此經「短小，冠帶」合也。

又云：「有鶴國，人長七寸，海鵠遇則吞之。」史記正義引括地志云：「小人國在大秦南，人纔三尺。

其耕稼之時，懼鶴所食，大秦助之。即焦僥國，其人穴居也。」亦與郭注合。郭云「能爲機巧」者，案

竹書云「帝堯二十九年，僬僥氏來朝，貢沒羽」，是其機巧之事也。**一曰焦僥國在三首東。**外

傳云：「焦僥民長三尺，短之至也。」詩含神霧曰：「從中州以東西四十萬里，得焦僥國人，長尺五

寸也。」懿行案：説文云：「南方有焦僥人〔一〕，長三尺，短之極。」又云：「西南僰人、僬僥，長

人，蓋在坤地，頗有順理之性。」郭引「外傳」者，魯語文，「民」當爲「氏」字之譌也。韋昭注云：「僬

僥，西南蠻之別名也。」淮南墜形訓云「西南方曰焦僥」，高誘注云：「長不滿三尺。」案列子湯問篇

夏革所說與郭引詩含神霧同，唯「東」下無「西」字，此蓋衍文。太平御覽七百九十卷引外國圖曰：

「焦僥民善没游，善捕鷟鳥。其草木夏死而冬生。去九疑三萬里。」

長臂國 懿行案：淮南墜形訓有「脩臂民」，高誘云：「一國民皆長臂，臂長於身，南方之國

〔一〕「焦僥」，今本説文作「僬僥」。

也。」在其東。捕魚水中，兩手各操一魚。

舊説云：其人手下垂至地。魏黃初中，玄菟太守

王顗討高句麗王宮，窮追之，過沃沮國，其東界臨大海，近日之所出。問其耆老：「海東復有人

懿行案：穆天子

否？」云：「嘗在海中得一布褐，身如中人衣，兩袖長三丈。」即此長臂人也。

傳云「乃封長肱于黑水之西河」郭注云：「即長臂人也。身如中國，臂長三丈。」魏時在赤海中得

此人裾也。」案郭注與此注同，其「中國」當爲「中人」字之譌也。博物志亦同，唯「三丈」博物志作「二丈」也。

彼文作「布褐」「中人」作「中國人」。

東，捕魚海中。

懿行案：經云「兩手各操一魚」，又云「捕魚海中」，亦皆圖畫如此也。一曰在焦僥

狄山，帝堯葬于陽，

呂氏春秋曰：「堯葬穀林。」今陽城縣西，東阿縣城次鄉中，赭陽縣湘

懿行案：史記集解引「皇覽曰：『堯葬穀林。』皇甫謐曰：『穀林即城陽』。正義引括地志云：『堯陵在濮州雷

亭南，皆有堯家。

山。」呂氏春秋曰：『堯葬穀林。』皇甫謐曰：『穀林即城陽』。劉向曰：『堯葬濟陰丘壠

澤縣西三里。雷澤縣本漢郕陽縣也。」今案地理志云：「濟陰郡，成陽，有堯家、靈臺。」晉書地理

志云：「濟陽郡，城陽。堯家在西。」二志皆作「城陽」，郭注作「陽城」，譌。其引呂氏春秋、安死篇

文也，高誘注云：「傳曰堯葬成陽。」此云穀林，成陽山下有穀林。」是諸書所說其地皆不殊，唯墨子

云：「堯北教乎八狄，道死，葬蛩山之陰。」然則此經狄山，蓋狄中之山。今大名府清豐縣有狄山也。

司馬相如大人賦云「歷唐堯於崇山」，漢書張揖注云：「崇山，狄山也。」引此經云。 帝嚳葬于陰。

注亦引此經，而云「狄山一名崇山」。「崇」、「蛩」聲相近。蛩山又狄山之別名也。水經瓠子河

嚳，堯父，號高辛，今冢在頓丘縣城南臺陰野中也。音「酷」。

產玄囂，玄囂產蟜極，蟜極產高辛，是爲帝嚳。帝嚳產放勳，是爲帝堯也。」史記五帝紀索隱引皇覽

曰：「帝嚳冢在東郡濮陽頓丘城南臺陰野中。」案東郡、濮陽、頓丘具見地理志。**爰有熊、羆、文**

虎、彫虎也。尸子曰「中黃伯：余左執太行之獳，而右搏彫虎」也。　懿行案：大戴禮帝繫篇云：「黃帝

云「彫虎、象、獸名也」，引尸子「中黃伯曰」云云，劉逵注蜀都賦亦引尸子曰「中黃伯云」，並與此注

同。此注「中黃伯」下脫「曰」字。**蜼、豹、**蜼、玃猴類。　懿行案：「蜼」見爾雅。**離朱、**木名也，

見莊子。今圖作赤鳥。　懿行案：郭云「木名」者，蓋据子虛賦「檴離朱楊」爲說也。然郭於彼注

既以「朱楊」爲「赤莖柳」，則此注非也。又云「見莊子」者，天地篇有其文。然彼以離朱爲人名，則

此亦非矣。又云「今圖作赤鳥」者，「赤鳥」疑南方神鳥焦明之屬也，然大荒南經「離朱」又作「離

俞」。**視肉，**聚肉，形如牛肝，有兩目也，食之無盡，尋復更生如故。　懿行案：北堂書鈔一百四

十五卷引此注，作「食之盡」，今本「無」字衍也。初學記引神異經云：「西北荒有遺酒追復脯焉，

其味如麞，食一片，復一片。」疑即此也。博物志云「越巂國有牛，稍割取肉，牛不死，經日肉生如

故。」又神異經云「南方有獸，似鹿而豕首，有牙，善依人求五穀，名無損之獸。人割取其肉，肉

復自復」以上所說二物，義與郭近而形狀則異。郭注未見所出。又魏志公孫淵傳云「襄平北市生

肉，長圍各數尺，有頭目口喙，無手足而動搖。占曰『有形不成，有體無聲，其國滅亡』」亦其類也。

又高誘注淮南墬形訓云：「視肉其人，不知言也。」所說復與郭異，今所未詳。**吁咽。**所未詳也。

文王皆葬其所。今文王墓在長安鄗聚社中。按帝王冢墓皆有定處，而山海經往往復見之者，蓋以聖人久於其位，仁化廣及，恩洽鳥獸。至於殂亡，四海若喪考妣，無思不哀。故絕域殊俗之人，聞天子崩，各自立坐而祭醊哭泣，起土爲冢，是以所在有焉。亦猶漢氏諸遠郡國皆有天子廟，此其遺象也。　懿行案：尚書大傳金縢篇云：「畢者，文王之墓地。」史記集解引皇覽云：「文王、武王、周公冢皆在京兆長安鎬聚東社中也。」是文王之葬既不與堯、譽同地，又此經下及文王？　明海外經已下蓋周、秦間人讀此經者所附著也。

一曰湯山。一曰爰有熊、羆、文虎、蜼、豹、離朱、鴟久、鴟久，鵷鶵之屬。　懿行案：「鴟」當爲「鵂」，説文云：「雖舊，舊留也。舊或作鵂」，注文「鵷鶹」即「鵂鶹」也，皆聲近假借字。　**視肉、虖交。**所未詳也。　懿行案：即「吁咽」也。「吁」、「虖」聲相近。　**其范林方三百里。**言林木氾濫布衍也。　懿行案：「范林」，海內南經作「氾林」，「范」、「氾」通也。

南方祝融，獸身人面，乘兩龍。火神也。　懿行案：越絕書云：「祝融治南方，僕程佐之，使主火。」尚書大傳云：「南方之極，自北戶南至炎風之野，帝炎帝、神祝融司之。」呂氏春秋孟夏紀云「其神祝融」，高誘注云：「祝融，顓頊氏後，老童之子吳回也，爲高辛氏火正，死爲火官之神。」漢書司馬相如傳張揖注本此經。

山海經第七

晉郭璞傳　棲霞郝懿行箋疏

海外西經

海外自西南陬至西北陬者：

滅蒙鳥在結匈國北。懿行案：博物志云「結匈國有滅蒙鳥」，本此。海內西經又有「孟鳥」。

爲鳥青，赤尾。

大運山高三百仞，在滅蒙鳥北。

大樂之野，懿行案：畢氏云「即今山西太原」，疑非也。据大荒西經說，天穆之野在西南海外，不得近在晉陽也。

夏后啓懿行案：經稱「夏后」，即知非夏書也。于此儛九代，九代，馬名。儛，謂盤作之令舞也。竹書云：「夏帝啓十年，帝巡狩，舞九韶于大穆之野。」大荒西經亦云：「天穆之野，啓始歌九招。」「招」即「韶」也，疑「九代」即「九招」矣。又淮南齊俗訓云：「夏后氏，其樂，夏籥九成。」疑「九代」本作「九成」，今本傳寫形近而譌也。李善注王融三月三日曲水詩序引此經，云「舞九代馬」，疑「馬」字衍。而藝文類聚九十三卷及太平

御覽八十二卷引此經，亦有「馬」字，或并引郭注之文也。　舞馬之戲恐非上古所有。　乘兩龍，懿行

案：大荒西經同。　雲蓋三層。　層，猶重也。　李善注西京賦兩引此注，並同。又注潘岳

爲賈謐作贈陸機詩，引此注云：「層，重也。」慈登切。　今本脱郭音三字。又「層」經典通作「曾」。

据郭音，益知此經「層」當爲「曾」矣。　左手操翳，羽葆幢也。　懿行案：説文云：「翳，翿也，

以舞也。」右手操環，玉空邊等爲環。　懿行案：説文云：「環，璧也。」佩

玉璜。　半璧曰璜。　在大運山北。　歸藏鄭母經曰：「夏后啓筮，乘龍以登于天，占于皋陶，皋陶

也。　懿行案：太平御覽八十二卷引史記曰：「昔夏后啓筮，御飛龍登于天，吉。」明啓亦仙

曰：吉而必同，與神交通。以身爲帝，以王四鄉。」今案御覽此文即與郭注所引爲一事也。　一曰

大遺之野。　大荒西經云「大穆之野」。　懿行案：大荒西經作「天穆之野」，此注云「大穆之野」，

竹書「天穆」、「大穆」三文並見，此經又云「大遺之野」、「大樂之野」，諸文皆異，所未詳。

三身國　懿行案：三身國、姚姓，舜之苗裔，見大荒南經。　淮南墜形訓有「三身民」。　在夏后

啓北，一首而三身。　懿行案：藝文類聚三十五卷引博物志云：「三身國，一頭三身三手。」今此

經無「三手」字。

一臂國　懿行案：淮南墜形訓有「一臂民」。　在其北，一臂一目一鼻孔。　懿行案：郭注

爾雅釋地「比肩民」云：「此即半體之人，各有一目、一鼻孔、一臂、一脚。」蓋本此經爲説也。　有黄

馬，虎文，一目而一手。懿行案：手，馬臂也。內則云：「馬黑脊而般臂，漏。」

奇肱之國「肱」或作「弘」。「奇」音「羈」。懿行案：「肱」，說文作「厷」，古文作「厶」。此注云「或作弘」，即大荒南經「張弘之國」也。呂氏春秋求人篇云「其肱一臂」，「其肱」即「奇肱」。淮南墜形訓作「奇股」，高誘注云：「奇，隻也。股，腳也。」與此異。在其北。其人一臂三目，懿行案：博物志說奇肱民「善為拭扛，以殺百禽」，「拭扛」蓋「機巧」三字之異。又云「湯破其車，不以視民」，「視」即古「示」字，當作「際」。又云「十年，東風至，乃復作車遣返」，郭注作「西風至」，「西」字譌也，云「其國去玉門關四萬里」，當須東風至乃得遣返矣。有陰有陽，乘文馬。陰在上，陽在下。文馬，即吉良也。懿行案：「吉良」見海內北經。有鳥焉，兩頭，赤黃色，在其旁。其人善為機巧，以取百禽，能作飛車，從風遠行。湯時得之於豫州界中，即壞之，不以示人。後十年，西風至，復作遣之。

形天懿行案：淮南墜形訓作「形殘」，「天」、「殘」聲相近。或作「形天」，誤也。太平御覽五百五十五卷引此經作「形天」。懿行案：御覽引此經，無「至此」二字。與帝至此爭神，帝斷其首，葬之常羊之山。懿行案：宋書符瑞志云：「有神龍首，感女登於常羊山，生炎帝神農。」即此山也。大荒西經有「偏勾常羊之山」，亦即此。乃以乳為目，以臍為口，操干戚以舞。干，盾；戚，斧也。是為無首之民。懿行案：淮南墜形訓云「西方有形殘之尸」，高誘注云：「一說

曰：形殘之尸，於是以兩乳爲目，肥臍爲口，操干戚以舞。天神斷其手，後天帝斷其首也。高氏所説，即本此經。其「肥臍」疑「肶臍」之譌也。「肥」本亦作「腹」。

女祭、女戚懿行案：「女戚」一曰「女薎」，見大荒西經。**在其北，居兩水閒。戚操魚**鮭，鱔魚屬。懿行案：北次二經云「湖灌之水，其中多鮭」，郭注云：「亦鱔魚字。」是「鮭」即鱔字之異文。此注又云「鱔魚屬」，以爲二物，蓋失檢也。**祭操俎。**肉几。

鵹鳥、鶬鳥，「次」、「瞻」兩音。**其色青黃，所經國亡。在女祭北。**此應禍之鳥，即今梟、鵂鶹之類，以曉人。懿行案：玉篇云「鵹鶬即鵧鶬」，非也。大荒西經云「爰有青鵹、黃鷔、青鳥、黃鳥。其所集者其國亡。」是鵹、鷔即鵹，鶬之異名，非鵧鶬也。廣韻云：「鵹鳥似梟。」本此經及郭注。

鵹鳥人面，居山上。一曰維鳥，青鳥、黃鳥所集。懿行案：下云「丈夫國在維鳥北」，則作**維鳥**是也。「**青鳥**」、「**黃鳥**」見大荒西經。

丈夫國懿行案：淮南墬形訓有「丈夫民」，高誘注云：「其狀皆如丈夫，衣黃衣冠，帶劍。」高云「狀如丈夫」，非也，說見下「女子國」。**在維鳥北。其爲人衣冠帶劍。**殷帝太戊使王孟採藥，從西王母至此，絕糧不能進，食木實，衣木皮，終身無妻而生二子，從形中出，其父即死，是爲丈夫民。懿行案：竹書云「殷太戊三十六年，西戎來賓，王使王孟聘西戎」，即斯事也。「西戎」豈即「西王母」與？其無妻生子之説，本括地圖。太平御覽七百九十卷引其文，與郭注略同，但此言

「從形中出」,彼云「從背間出」,又玄中記云「從脅間出」,文有不同。

女丑之尸,生而十日炙殺之。 郝行案:十日並出,炙殺女丑,於是堯乃命羿射殺九日也。**在丈夫北。以右手鄣其面。** 蔽面。郝行案:大荒西經云「衣青,以袂蔽面」也。**十日居上,女丑居山之上。**

巫咸國 郝行案:地理志云:「河東郡,安邑……巫咸山在南。」非此也。此國亦當在海外,觀「登備山」在南荒經可見。水經涑水注以巫咸山即巫咸國,引此經云云,非矣。太平御覽七百九十卷引外國圖曰:「昔殷帝太戊使巫咸禱於山河,巫咸居於此,是為巫〔一〕咸氏,去南海萬千里。」即此國也。**在女丑北。右手操青蛇,左手操赤蛇。在登葆山,** 郝行案:「登葆山」,大荒南經作「登備山」,「葆」、「備」聲之轉也,淮南墬形訓作「保」。**羣巫所從上下也。** 採藥往來。

并封 郝行案:周書王會篇云:「區陽以鼈封。」鼈封者若彘,前後有首。是「鼈封」即「并封」,「并」、「鼈」聲轉也。大荒西經又作「屏蓬」,皆一物。或曰即兩頭鹿也。後漢書西南夷傳云「雲南縣有神鹿,兩頭,能食毒草」,注云「見華陽國志」。**在巫咸東。其狀如彘,前後皆有首,黑。** 郝行案:弩弦蛇,即兩頭蛇也,見爾雅釋地「枳首蛇」注。今弩弦蛇亦此類也。

〔一〕「巫」字原本闕,據御覽補。

女子國 懿行案：淮南墬形訓有「女子民」，高誘注云：「其貌無有須，皆如女子也。」此說非矣。經言丈夫、女子國，並真有其人，非但貌似之也。高氏不達，創爲異說，過矣。「女子」、「丈夫之國」又見大荒西經注。

在巫咸北。兩女子居，水 懿行案：太平御覽三百六十卷引外國圖曰：「方丘之上暑溼，生男子三歲而死。有潢水，婦人入浴，出則乳矣。」是去九嶷二萬四千里。今案「潢水」即此注所謂「黃池」矣。魏志云：「沃沮耆老言：有一國在海中，純女無男。」後漢書東夷傳云：「或傳其國有神井，闚之輒生子。」亦此類也。

一曰居一門中。 懿行案：「居一門中」，蓋謂女國所居同一聚落也。

軒轅之國 懿行案：西次三經有「軒轅之丘」，郭云「黃帝所居」，然則此經「軒轅之國」蓋黃帝所生也。水經渭水注云：「軒轅谷水出南山軒轅谿。」南安姚瞻以爲黃帝生於天水，在上邽城東七十里軒轅谷。」案地理志，上邽在隴西郡也。

岷山之南。 懿行案：大荒西經說軒轅之國「江山之南」，此云「岷山」者，以大江出岷山故也。

在此窮山之際。 其國在山南邊也。大荒經曰

「水」下有「外」字。**周之。** 有黃池，婦人入浴，出即懷姙矣。若生男子，三歲輒死。「周」，猶繞也。離騷曰「水周於堂下」也。

經文「此」字疑衍。李善注思玄賦引此經，云「在窮山之際」。史記五帝紀索隱引此經同，並無「此」字。周本紀正義引此經又作「此地窮桑之際」，蓋「山」字聲譌爲「桑」矣。**其不壽者八百**

歲。在女子國北。人面蛇身，尾交首上。

窮山在其北。不敢西射，懿行案：史記五帝紀索隱、周本紀正義引此經並作「西射之南」，蓋誤衍。畏軒轅之丘。言敬畏黄帝威靈，故不敢向西而射也。懿行案：軒轅之丘在積石山之東三百里也。在軒轅國北。其丘方，四蛇相繞。繚繞繆纏。懿行案：經文「此」字亦衍。「天」，郭音「妖」，蓋譌。「諸天」，「天野」，大荒西經作「沃野」，是此經之「天」乃「沃」字省文，郭注之「妖」乃「沃」字譌文也。藝文類聚九十九卷引作「清沃」，博物志作「渚沃」。淮南墜形訓有「沃民」，又云「西方曰金丘，曰沃野」，高誘注云：「沃猶白也。西方白，故曰沃野。」案高説非也，「沃野」蓋謂其地沃饒耳。此諸天之野，「天」音「妖」。鸞鳥自歌，鳳鳥自舞。鳳皇卵，民食之，甘露，民飲之，所欲自從也。言滋味無所不有，所願得自在，此謂天野也。百獸相與羣居。在四蛇北。其人兩手操卵食之，兩鳥居前導之。懿行案：亦言圖畫如此。

龍魚懿行案：「龍魚」，郭氏江賦作「龍鯉」，張衡思玄賦仍作「龍魚」。淮南墜形訓作「碹魚」，高誘注云：「碹魚如鯉魚也，有神聖者乘行九野。在無繼民之南。碹音蚌。」陵居在其北，狀如貍。或曰龍魚似貍，一角。懿行案：「貍」當爲「鯉」字之譌。李善注江賦引此經云：「龍鯉陵居，其狀如鯉。或曰龍魚，一角也。」蓋并引郭注。又注思玄賦引此經云「龍魚陵居在北，狀

如鯉」，高誘注淮南墜形訓亦云「如鯉魚也」，可證。

一曰鰕。音「遐」。懿行案：後漢書張衡傳注引此經，「鰕」作「蝦」，蓋古字通也。爾雅云「鰝，大者謂之蝦」，郭注云：「今鰕魚似鮚，四腳。」梁虞荔鼎録云：「宋文帝得鰕魚，遂作一鼎，其文曰鰕魚四足。」然則「鰕」即「龍魚」，其狀如鯉，故又名「龍鯉」矣。

即有神聖乘此以行九野。九域之野。懿行案：張衡傳注引此經，無「即」字，作「有神巫」。「神聖」若琴高、子英之屬，見列仙傳。高誘注淮南墜形訓作「有神聖者乘行九野」，可知今本不誤。「神聖」疑「巫」即「聖」字，形近而誤也。

一曰鼇魚「鼇」音「惡」，横也。懿行案：注有譌字，所未詳。思玄賦云「跨汪氏之龍魚」，謂此矣。明藏本作「鼇音猶也」亦譌。

在夭野北。懿行案：思玄賦注引此經云「在汪野北」又云「汪氏國在西海外，此國足龍魚也」。疑「汪氏」當爲「沃民」，「汪野」當爲「沃野」，並字形之誤也。張衡傳及注與文選注同。

其爲魚也如鯉。懿行案：藝文類聚九十六卷引郭氏讚云：「龍魚一角，似鯉居陵。候時而出，神聖攸乘。飛鶩九域，乘雲上升。」

白民之國懿行案：白民國，銷姓，見大荒東經。**在龍魚北。白身被髮。**言其人體洞白。懿行案：高誘注淮南墜形訓云：「白民，白身民，被髮亦白。」**有乘黄，其狀如狐，其背上有角，**周書曰「白民乘黄，似狐，背上有兩角」，即飛黄也。淮南子曰：「天下有道，飛黄伏阜。」懿行案：周書王會篇云「乘黄似騏」，郭引作「似狐」，初學記引與郭同。博物志亦作「狐」。

「兩角」，初學記引作「肉角」。皆所見本異也。郭又引淮南子者，覽冥訓，云：「青龍進駕，飛黃伏

皁。」「乘黃」又即「訾黃」，漢書禮樂志云「訾黃其何不徠下」，應劭注云：「訾黃一名乘黃，龍翼而

馬身，黃帝乘之而仙。」乘之壽二千歲。 懿行案：博物志作「三千歲」。

肅慎之國 懿行案：竹書云：「帝舜二十五年，息慎氏來朝。」「周成王九年，肅慎氏來朝。」

書序云：「賄肅慎之命。」周書王會篇云「稷慎大麈」，孔晁注云：「稷慎，肅慎也。」又大戴禮五帝

德篇及史記五帝紀並作「息慎」。鄭康成云：「息慎，或謂之肅慎也。」又大荒北經有「肅慎之國」。

在白民北。 有樹名曰雄 或作「雒」。 常，懿行案：「雒常」，淮南墜形訓謂之「雒棠」。 先入

伐帝，于此取之。 其俗無衣服。中國有聖帝代立者，則此木生，皮可衣也。 懿行案：經文

「伐」疑「代」字之譌，郭注可證。 太平御覽七百八十四卷引此經正作「代」。 穆天子傳云「至于蘇

谷，骨飦氏之所衣被」，郭注云：「言谷中有草木，皮可以為衣被。」廣韻云：「樇，青木。皮葉可作

衣，似絹。出西域烏耆國。」亦此類也。

長股之國 懿行案：竹書云：「黃帝五十九年，長股氏來賓。」淮南墜形訓有「修股民」。又

玉篇、廣韻並有「骹，巨支切」云：「長骹，國名，髮長於身。」與此經「被髮」義合。疑「長股」本或

作「長骹」也。 在雄常北。 被髮。 國在赤水東也。 長臂人身如中人，而臂長二丈，以類推之，則

此人腳過三丈矣。 黃帝時至。 或曰：長腳人常負長臂人入海中捕魚也。 懿行案：「長臂國」已

見海外南經。郭云「臂長二丈」「二」當爲「三」字之譌也。初學記十九卷引郭氏讚云:「雙臂三

丈,體如中人。彼曷爲者? 長臂之人。脩腳是負,捕魚海濱。」案「脩腳」即「長腳」。郭注穆天子

傳云「長腳人國又在赤海東」,謂是也。 大荒西經又有「長脛之國」。 一曰長腳。 或曰「有喬

國」,今伎家喬人,蓋象此身。 懿行案: 今喬人之戲,以木續足,謂之「蹻喬」是也。 懿行案: 郭説

西方蓐收,左耳有蛇,乘兩龍。 金神也,人面虎爪白毛,執鉞,見外傳。

「蓐收」本國語晉語,文已見西次三經「泑山」注。 尚書大傳云:「西方之極,自流沙西至三危之

野,帝少皥、神蓐收司之。」呂氏春秋孟秋紀云「其神蓐收」,高誘注云:「少皥氏裔子曰該,皆有金

德,死,託祀爲金神。」

山海經第八

晉郭璞傳　棲霞郝懿行箋疏

海外北經

海外自東北陬至西北陬者：

無啓之國 音「啓」。或作「綮」。 懿行案：淮南墜形訓作「無繼」，高誘注云：「其人蓋無嗣也」，北方之國也。與郭義異。大荒北經作「無繼」，郭云「當作啓」。在長股東。為人無啓。 脊，肥腸也。其人穴居食土，無男女，死即薶之，其心不朽，死百廿歲乃復更生。 懿行案：廣雅云：「腓，脊腨也。」説文云：「腨，腓腸也。」廣韻引字林云：「脊，腨腸。」是郭注「肥腸」當為「腓腸」，因聲同而譌也。玉篇亦作「肥腸」，又承郭注而譌。博物志説「無啓民」與郭同，唯「百廿歲」作「百年」，又云：「細民其肝不朽，百年而化為人，皆穴居處，二國同類也。」

鍾山之神，名曰燭陰， 燭龍也。是燭九陰，因名云。 懿行案：「鍾山」，大荒北經作「章尾山」，「章」、「鍾」聲轉也。「燭陰」作「燭龍」。 視為晝，瞑為夜，吹為冬，呼為夏，不飲不食不息，息為風， 息，氣息也。 身長千里。 在無啓之東。 其為物人面蛇身，赤色，居鍾山

下。

淮南子曰：「龍身一足。」懿行案：淮南墜形訓云：「燭龍在雁門北，其神人面龍身而無

足。」是郭所引也。「一」字譌。李善注思玄賦引此經作「人首蛇身」。藝文類聚九十六卷引郭氏

讚云：「天缺西北，龍銜火精。氣爲寒暑，眼作昏明。身長千里，可謂至靈。」

一目國 懿行案：一目國，其人威姓，見大荒北經。淮南墜形訓有「一目民」，在「柔利」之

次。在其東。一目中其面而居。一曰有手足。懿行案：「有手足」三字疑有譌。

柔利國 懿行案：大荒北經有「牛黎之國」，蓋此是也。「牛黎」、「柔利」聲相近。其人無骨，

故稱「柔利」與？在一目東。爲人一手一足，反膝，曲足居上。一曰留利之國，人足反折，

懿行案：博物志作「子利國人，一手二足，拳反曲」，疑「二」當爲「一」，「子」當爲「柔」，並字形之

譌也。一云留利之國，懿行案：「留」、「柔」之聲亦相近。人足反折。懿行案：足反卷曲，有

似折也。

共工之臣曰相柳氏，共工，霸九州者。懿行案：「相柳」，大荒北經作「相繇」。廣雅釋

地同。九首，以食于九山。頭各自食一山之物，言貪暴難饜。懿行案：「九山」，大荒北經作

「九土」。楚詞天問云「雄虺九首，儵忽焉在」，王逸注云：「虺，蛇別名也。言有雄虺，一身九頭。」

今案「雄虺」疑即此也，經言此物「九首蛇身」。相柳之所抵，厥爲澤谿。抵，觸。厥，掘也，音

「撅」。懿行案：説文云：「厥，發石也。」此「厥」義即同「撅」。周書周祝篇云：「獿有爪而不敢

以撅。」禹殺相柳，其血腥，不可以樹五穀種。禹厥之，三仞三沮，掘塞之而土三沮，言

其血膏浸潤壞也。　　　懿行案：注「湰」蓋「陷」字之譌。乃以爲衆帝之臺。言地潤濕，唯可積土

以爲臺觀。　　懿行案：海内北經云：「帝堯臺、帝嚳臺、帝丹朱臺、帝舜臺，在昆侖東北。」郭注亦

引此經爲説。在昆侖之北，此昆侖山在海外者。　　懿行案：海内北經云：「臺四方，在昆侖東

北。」是此昆侖亦在海内者，郭注恐非。柔利之東。相柳者九首，人面蛇身而青，不敢北

射，畏共工之臺。　　懿行案：臣避君也。臺在其東。臺四方，隅有一蛇，虎色，　懿行案：虎

文也。　首衝南方。　　衝，猶向也。

泆目國懿行案：泆目國，盼姓，食魚，見大荒北經。淮南墬形訓有「泆目民」。在泆目東。

爲人舉一手一目。一作「日」。　　懿行案：「一目」作「一日」，連下讀是也。在共工臺東。

無腸之國懿行案：無腸國，任姓，見大荒北經。淮南墬形訓有「無腸民」。在泆目東。

作「南」。　其爲人長而無腸。爲人長大，腹内無腸，所食之物直通過。　　懿行案：神異經云：

「有人知往，有腹無五藏，直而不旋，食物徑過。」疑即斯人也。

聶耳之國懿行案：淮南墬形訓無「聶耳國」，而云「夸父、耽耳在其北方」，是「耽耳」即此經

「聶耳」。「夸父」在下文。説文云：「耽，耳大垂也。」又云「耴，耳垂也。」在無腸國東。使兩

文虎，懿行案：文虎，雕虎也，已見海外南經注。爲人兩手聶其耳。言耳長，行則以手攝持之

二五八

也。音諾頰反。縣居海水中，縣，猶邑也。懿行案：初學記引此經作「縣居赤水中」。及水所出入奇物。言盡規有之。兩虎在其東。

夸父懿行案：大荒北經云：「后土生信，信生夸父。」或說夸父善走，爲丹朱臣。呂氏春秋云「禹北至夸父之野」，疑地因人爲名也。「逐」音「胄」。夸父追日景，列子湯問篇夏革說本此經。與日逐走，入日。言及日於將入也。懿行案：北堂書鈔一百三十三卷，李善注西京賦、鵝鵝賦及張協七命引此經，並作「與日競走」，初學記一卷引此經作「逐日」，史記禮書裴駰集解引此經作「與日逐走，日入」，並與今本異。渴欲得飲，飲于河渭。河渭不足，北飲大澤，未至，道渴而死。弃其杖，懿行案：列子湯問篇「棄其杖」下有「尸膏肉所浸」五字。化爲鄧林。夸父者，蓋神人之名也。其能及日景而傾河渭，豈以走飲哉？寄用於走飲耳。幾乎不疾而速、不行而至者矣。此以一體爲萬殊，存亡代謝，寄鄧林而遯形，惡得尋其靈化哉？懿行案：大荒北經云「應龍殺夸父」，蓋以道渴而死，形蛻神游，或言應龍殺之耳。列子湯問篇云「鄧林彌廣數千里」。今案其地，蓋在北海外。史記禮書云「楚阻之以鄧林」，裴駰集解引此經云云，非也。畢氏云：「即中山經所云『夸父之山，北有桃林』，其地則楚之北境。」恐未然。下云鄧林、積石山在其東，非近在楚地明矣。初學記十九卷引郭氏讚云：「神哉夸父，難以理尋。傾河及日，遁形鄧林。觸類而化，應無常心。」

博父國懿行案：博父，大人也，大人即豐人。方言云：「趙、魏之郊，燕之北鄙，凡大人謂之豐人。」燕記曰：『豐人杼首。』疑此是也。或云即夸父也。淮南墜形訓云「夸父在其北」，此經又云「鄧林在其東」，則「博父」當即夸父，蓋其苗裔所居成國也。懿行案：爾雅釋詁云：「甫，大也。」「甫」亦「博」也。**右手操青蛇，左手操黃蛇。在聶耳東。其爲人大。鄧林在其東，二樹木。**懿行案：「二樹木」，蓋謂鄧林二樹而成林，言其大也。**一曰博父。**

禹所積石之山在其東，河水所入。河出昆侖而潛行地下，至蔥嶺復出，注鹽澤。從鹽澤復行，南出於此山而爲中國河，遂注海也。書曰「導河積石」，言時有壅塞，故導利以通之。懿行案：西次三經云「積石之山，其下有石門，河水冒以西流」，非此也。郭据水經引此經，云「積石山在鄧林山東，河所入」，非矣。經蓋有兩積石山。即東南潛行吐谷渾界大積石山，又東北流，至小積石山。大昆侖東北隅，東北流逕于闐入鹽澤。史記正義引括地志云：「黃河源從西南下，出山在河州枹罕縣西七里」，然則此經所言蓋「小積石」也。大荒北經云「大荒之中有山，名曰先檻大逢之山。其西有山，名曰禹所積石」，即此。又海內西經云「河水出昆侖，入渤海，又出海外，入禹所導積石山」，亦此也。故經爲此二文，特於「積石」加「禹」以別之。

拘纓之國懿行案：淮南墜形訓有「句嬰民」，高誘注云「句嬰讀爲九嬰，北方之國」，即此也。「句嬰」疑即「拘纓」，古字通用。郭義恐非。高氏「讀爲九嬰」未詳也。郭云「纓宜作癭」，是

國蓋以一手把瘻得名也。 **在其東。 一手把纓。** 言其人常以一手持冠纓也。 或曰「纓」宜作

「瘻」。 **一曰利纓之國。**

尋木長千里，懿行案：穆天子傳云「天子乃釣于河，以觀姑繇之木」，郭注云：「姑繇，大木

也。」引此經云：「尋木長千里，生海邊。謂此木類。」吳都賦又作「樟木」，劉逵注引此經亦作「樟

木」，非也。李善注東京賦引此經仍作「尋木」，郭氏游仙詩亦作「樟木」也。廣韻云：「樟，木名，

似槐。尋，長也。」引此經。 **在拘纓南，生河上西北。** 懿行案：此木生河上，與穆天子傳合，郭

注謂「生海邊」，疑字之譌也。

跂踵國「跂」音「企」。 **在拘纓東。 其爲人大，兩足亦大。** 其人行，腳跟不著地也。 孝

經鉤命訣曰「焦僥、跂踵，重譯款塞」也。 懿行案：竹書云「夏帝癸六年，岐踵戎來賓」，呂氏春秋

當染篇云「夏桀染於岐踵戎」，即此也。 高誘注淮南墜形訓云：「跂踵民，踵不至地，以五指行

也。」又文選曲水詩序注引高誘注作「反踵」云：「反踵，國名，其人南行，跡北向也。」案「跂踵」之

爲「反踵」，亦猶「岐舌」之爲「反舌」矣，已見海外南經。玉篇說「跂踵國」與郭注同。 **一曰大踵。**

懿行案：「大踵」，疑當爲「支踵」或「反踵」，並字形之譌。

歐絲之野 懿行案：博物志作「嘔絲」。「嘔」俗字也。 **在大踵東。 一女子跪據樹歐**

絲。 言嘔桑而吐絲，蓋蠶類也。

三桑無枝在歐絲東，其木長百仞，無枝。言皆長百仞也。

懿行案：北次二經云：「洹山，三桑生之，其樹皆無枝，其高百仞。」即此。

范林方三百里，懿行案：「范」、「汎」通。太平御覽五十七卷引顧愷之啓蒙記曰「汎林鼓于浪嶺」，注云：「西北海有汎林，或方三百里，或百里，皆生海中浮土上，樹根隨浪鼓動。」即此也。昆侖虛南范林非此，見海內北經。

在三桑東，洲環其下。洲，水中可居者。環，繞也。

務隅之山，懿行案：「務隅」，大荒北經作「附禺」，海內東經作「鮒魚」，史記五帝紀索隱引此經亦作「鮒魚」，北堂書鈔九十二卷又引作「附隅」，皆聲相近字之通也。帝顓頊葬于陽，顓頊號爲高陽，冢今在濮陽故帝丘也。一曰頓丘縣城門外廣陽里中。

懿行案：大戴禮帝繫篇云：「黃帝產昌意，昌意產高陽，是爲帝顓頊。」杜預春秋釋例云：「古帝顓頊之墟，故曰帝丘，東郡濮陽縣是也。」頓丘縣屬頓丘郡，見晉書地理志。史記集解引皇覽云：「顓頊冢在東郡濮陽頓丘城門外廣陽里中。」九嬪葬于陰。嬪，婦。

懿行案：廣韻引埤蒼云：「娽，顓頊妻名。」餘未聞。

爰有熊、羆、文虎、離朱、鴟久、視肉。

平丘懿行案：淮南墜形訓作「華丘」。在三桑東。爰有遺玉、遺玉，玉石。懿行案：一曰

吳氏云：「遺玉即璗玉。琥珀千年爲璗。字書云：『璗，遺玉也。』」吳氏之說據本草舊注，未審是否。璗，黑玉也。說文無此字，而有「璗」，云「遺玉也」，從玉歐聲」，是遺玉名璗，與璗形聲皆近，當

從説文也。青鳥，懿行案：淮南墜形訓作「青馬」，海外東經「嵯丘」同。視肉、楊柳、甘柤、其

樹枝榦皆赤，黃華白葉黑實。　呂氏春秋曰：「其山之東有甘柤焉。」音如「柤棃」之「柤」。懿行

案：甘柤形狀見大荒南經。　郭云「黃華白葉」，當爲「黃葉白華」，字之譌也。「其山」即「箕山」，籀

文「箕」作「其」也。又案呂氏春秋本味篇云：「箕山之東，青鳥之所，有甘柤焉。」郭引作「甘柤」

「柤」依本字當爲「樝」。淮南墜形訓正作「樝」。然「樝」即樝棃之「樝」與「柤」訓「木閑」，假借爲

「樝」。即如此，郭以「柤棃」音「甘柤」，不幾於文爲贅乎？推尋文義，「樝」與「櫨」字形相近，疑

此經「甘柤」當爲「甘樝」，字之譌也。又説文及史記司馬相如傳索隱載應劭引吕氏春秋，並作「樝

橘夏孰」，文選上林賦注又据應劭作「盧橘夏熟」。今校此經「平丘」則作「青鳥」，玉篇同説

文；應劭引作「青馬」，顏師古注漢書引作「青馬」。其「青鳥之所」句，説文引作「青鳬」，又作

「青馬」；南荒經作「青馬」，北荒經復作「青鳥」。其文踳錯，難可得詳。甘華，亦赤枝榦黃華。

懿行案：「黃華」亦當爲「黃葉」，見大荒南經。　百果所生。有懿行案：「有」，明藏本作「在」。

兩山夾上谷，二大丘居中，名曰平丘。

北海內有獸，其狀如馬，名曰騊駼。　「陶」「塗」兩音，見爾雅。懿行案：爾雅注引此

經「騊駼」下有「色青」二字。史記匈奴傳徐廣注亦云「似馬而青」，疑此經今本有脱文矣。有獸

焉，其名曰駮，狀如白馬，鋸牙，懿行案：爾雅注引此經作「倨牙」。食虎豹。　周書曰：「義

渠兹白。 渠兹白若白馬，鋸牙，食虎豹。」 郝行案：爾雅注引此經有「黑尾，音如鼓」五字，蓋兼「中曲山」之駁而爲説也。已見西次四經。

注子虛賦云：「蛩蛩，青獸，狀如馬。」此作「素獸」，蓋所見本異。 **有素獸焉，狀如馬，** 郝行案：郭注穆天子傳引尸子曰：「距虛不擇地而走。」「蛩 **名曰蛩蛩。** 即蛩蛩鉅虛也。 郝行案：張揖

走百里，見穆天子傳。音「邛」。 距虛」亦見爾雅。 **有青獸焉，狀如虎，名曰羅羅。** 郝行案：吳氏引天中記云：「今雲南蠻人

呼虎亦爲羅羅。」

北方禺彊，人面鳥身，珥兩青蛇，踐兩青蛇。 字玄冥，水神也。 莊周曰：「禺彊立於北

極。」 **一曰禺京。** 一本云：「北方禺彊，黑身手足，乘兩龍。」 郝行案：「禺京」、「玄冥」聲相近

越絶書云：「玄冥治北方，白辯佐之，使主水。」尚書大傳云：「北方之極，自丁令至積雪之野，帝

顓頊，神玄冥司之。」吕氏春秋孟冬紀云「其神玄冥」，高誘注云：「少皞氏之子曰循，爲玄冥師。」

死，祀爲水神。」是玄冥即禺京，禺京即禺彊，「京」、「彊」亦聲相近也。莊子大宗師篇云「禺彊得

之，立於北極」，釋文引此經云：「北方禺彊，黑身手足，乘兩龍。」即郭氏此注「一本」云云。釋

文又引歸藏曰「昔穆王子筮卦於禺彊」，又引簡文云「北海神名也」，一名禺京，是黃帝之孫也」。案

列子湯問篇云「命禺彊使巨鼇十五」，即斯人也。 禺京處北海爲海神，見大荒東經。 禺彊踐兩赤

蛇，見大荒北經。 此經云「青蛇」又異。

山海經第九

晉郭璞傳　棲霞郝懿行箋疏

海外東經

海外自東南陬至東北陬者：

嗟丘，音「嗟」。或作「髮」。　懿行案：北堂書鈔九十二卷引「嗟」正作「髮」，即郭所見本

也。「嗟」，古或作「髭」。爾雅釋詁云：「髭，咨也。」廣韻作「㿟丘」。玉篇云：「鬈，好也。」義與

此異。淮南墜形訓作「華丘」。

爰有遺玉、青馬、視肉、楊柳、懿行案：淮南墜形訓作「楊桃」。

甘柤、懿行案：「柤」疑當爲「櫨」。下同。甘華，甘果所生。在東海，兩山夾丘，上有樹

木。一曰嗟丘。一曰百果所在，在堯葬東。懿行案：堯葬狄山，已見海外南經。

大人國懿行案：高誘注淮南墜形訓「大人國」云：「東南墟土，故人大也。」案大戴禮易本命

篇云「虛土之人大」，是高注所本。大荒東經云：「有波谷者，有大人之國。」即此。又淮南時則訓

云「東方之極，自竭石山過朝鮮，貫大人之國」是也。在其北。爲人大，懿行案：博物志云：

「大人國」，其人孕三十六年，生白頭，其兒則長大。能乘雲而不能走，蓋龍類。去會稽四萬六千

里。**坐而削船。**懿行案：「削」當讀若「稍」。削船謂操舟也。**一曰在鹺丘北。**

奢比之尸在其北。亦神名也。懿行案：管子五行篇云「黃帝得奢龍而辯於東方」，又云「奢龍辯乎東方，故使爲土師」。此經「奢比」在東海外，疑即是也。羅泌路史亦以奢龍即奢比。又三才圖會作「奢比」。又淮南墜形訓云：「諸比，涼風之所生。」「諸比」神名，或即「奢比」之異文也。**獸身人面，大耳，**懿行案：大荒東經說「奢比尸」與此同，唯「大耳」作「犬耳」爲異。**珥兩青蛇。**珥，以蛇貫耳也。音「釣餌」之「餌」。懿行案：說文云「珥，瑱也」，繫傳云：「瑱之狀，首直而末銳，以塞耳。」**一曰肝榆之尸在大人北。**

君子國在其北。懿行案：淮南墜形訓有此國。國在東口之山，見大荒東經。後漢書東夷傳注引外國圖曰：「去琅邪三萬里。」說文云：「東夷从大。大，人也。夷俗仁，仁者壽。有君子、不死之國。孔子曰『道不行，欲之九夷，乘桴浮于海』，有以也。」又云：「鳳出於東方君子之國。」高誘注

衣冠帶劍，食獸，使二大虎在旁，懿行案：後漢書東夷傳注引此經，「大虎」作「文虎」，淮南墜形訓亦作「文虎」，今此本作「大」，字形之譌也。**其人好讓不爭。**懿行案：博物志云：「君子國好禮讓不爭。土千里，民多疾風氣，故人不蕃息。好讓，故爲君子國也。」藝文類聚二十一卷引此經，「衣冠帶劍」下有「土方千里」四字，「其人好讓」下有「故爲君子國」五字，爲今本所無。

有薰或作「葷」。**華草，朝生夕死。**懿行案：木葷見爾雅。葷一名蕵，與「薰」聲相近。呂氏春

秋仲夏紀云「木菫榮」，高誘注云：「木菫朝榮莫落，是月榮華，可用作蒸。雜家謂之朝生。一名蕣，詩云『顏如蕣華』是也。」藝文類聚八十九卷引外國圖云：「君子之國多木槿之華，人民食之。去琅邪三萬里。」

一曰在肝榆之尸北。

蚕蚕在其北。音「虹」。懿行案：「虹」，漢書作「蚕」。

各有兩首。虹，蝀蝀也。懿行案：「蝀蝀，虹」，見爾雅。虹有兩首，能飲澗水，山行者或見之，亦能降人家庭院。蔡邕災異對「所謂天投虹者也」云「不見尾足」，明其有兩首。

一曰在君子國北。

朝陽之谷，懿行案：爾雅云「山東曰朝陽。」「水注谿曰谷。」神曰天吳，是為水伯。懿行案：天吳虎身十尾，見大荒東經。

在蚕蚕北兩水間。其為獸也，

八首人面，八足八尾，皆青黃。大荒東經云「十尾」。行案：李善注海賦及遊赤石進帆海詩引此經，並與今本同。初學記六卷引此經作「十八尾」，誤也。

青丘國懿行案：淮南墜形訓無之。大荒東經「青丘之國」即此也。孔晁注王會篇云：「青丘，海東地名。」子虛賦云「秋田乎青丘，彷徨乎海外」，服虔注云：「青丘國在海東三百里。」

在其北。

其人食五穀，衣絲帛。汲郡竹書曰：「柏杼子征于東海，及王壽，得一狐九尾。」即此類也。懿行案：李善注子虛賦引此經。周書王會篇云：「青丘狐九尾。」竹書云：「夏帝杼八年，征于東海，及三壽，得一狐九尾。」郭引作「柏杼子」，「柏」與「伯」通。「王壽」即「三

其狐四足九尾。

壽」，字之譌也。呂氏春秋云：「禹行塗山，乃有白狐九尾造於禹。塗山人歌曰：綏綏白狐，九尾龐龐。」然則九尾狐其色白也。

帝命豎亥豎亥，健行人。　一曰在朝陽北。**步自東極，至于西極，五億十選**選，萬也。　懿行案：「選」音同「算」。**九千八百步。**

懿行案：劉昭注郡國志云：「山海經稱：『禹使大章步自東極至于西垂，二億三千三百里七十一步。又使豎亥步南極北盡于北垂，二億三千五百里七十五步。』」今案淮南墜形訓所說，大旨相同。以校此經，無「禹使大章」云云，又其數與劉昭所引不合，未知其審。又中山經云：「天地東西二萬八千里，南北二萬六千里。」與此復不同者，此通海外而計，彼据中國穀土而言耳。

豎亥右手把算，左手指青丘北。懿行案：亦言圖畫如此也。「算」當爲「筭」，說文云：「筭，長六寸，計歷數者。」　一曰禹令豎亥。　一曰五億十萬九千八百步。

詩含神霧曰：「天地東西二億三萬三千里，南北二億一千五百里，天地相去一億五萬里。」　懿行案：含神霧所說里數，與淮南子及劉昭注又異。藝文類聚、初學記引此經，並云「帝令豎亥步自東極至西極，五億十萬九千八百步」，與今本復不同。吳越春秋云：「禹行，使大章步東西，豎亥度南北。」此經雖不及大章，其地數則合東西、南北而計也。

黑齒國在其北。

東夷傳曰：「倭國東四十餘里有裸國，裸國東南有黑齒國，船行一年可至

也。」異物志云「西屠染齒」，亦以放此人。

黑齒國，姜姓，帝俊之裔，見大荒東經。淮南墜形訓有「黑齒民」。周書王會篇云「黑齒白鹿、白馬」，又伊尹四方令云「正西漆齒」，非此也。魏志東夷傳云「女王國東，渡海千餘里復有國，皆倭種。又有侏儒國在其南，人長三四尺。去女王四千餘里，又有裸國。黑齒國復在其東南，船行一年可至。」此即郭所引也。「四千餘里」，郭引作「四十餘里」，字形之誤也。又引「西屠染齒」者，劉逵注吳都賦引異物志，云「西屠以草染齒，染白作黑」，即與郭所引同也。

爲人黑，懿行案：「黑」下當脫「齒」字。齒牙盡黑。」高誘注淮南墜形訓云：「其人黑齒，食稻啖蛇，在湯谷上。」是古本有「齒」字之證。太平御覽三百六十八卷引此經，「黑」下亦有「齒」字。食稻啖蛇，一赤一青，在其旁。

一曰在豎亥北，爲人黑首，懿行案：「首」蓋「齒」字之譌也。古文「首」作「囚」，「齒」作「囚」，形近相亂，所以致誤。食稻使蛇，其一蛇赤。

下有湯谷，谷中水熱也。懿行案：說文作「崵谷」。虞書及史記五帝紀作「暘谷」。文選思玄賦及海賦、月賦注引此經，亦並作「暘谷」。索隱云：「史記舊本作『湯谷』，淮南子曰：『日出湯谷，浴於咸池。』」今案楚詞天問亦云「出自湯谷」也。

湯谷上有扶桑，扶桑，木也。懿行案：「扶」當爲「榑」。東次三經云「無皋之山，東望榑木」，謂此。說文云：「榑桑，神木，日所出也。」又云：「日初出東方湯谷，所登榑桑，叒木也。」李善注思玄賦引十洲記云：「扶桑葉似桑，樹

長數千丈，大二十圍，兩兩同根生，更相依倚，是以名之扶桑。」初學記一卷引此經，「扶桑」下有「木」字，蓋并引郭注也。 **十日所浴。** 懿行案：楚詞招魂云「十日代出，流金鑠石」，王逸注云：「鑠，銷也。」言東方有扶桑之木，十日並在其上，以次更行，其勢酷烈，金石堅剛皆爲銷釋也。」淮南墬形訓云「若木在建木西，末有十日，其華照下地」，高誘注云：「若木端有十日，狀如蓮〔一〕華，光照其下也。」**在黑齒北，居水中，有大木，九日居下枝，**懿行案：楚詞遠遊云：「朝濯髮於湯谷兮，夕晞余身兮九陽。」「九陽」即此云「九日」也。 **一日居上枝。** 莊周云：「昔者十日並出，草木焦枯。」淮南子亦云：「堯乃令羿射十日，中其九日，日中烏盡死。」離騷所謂「羿焉畢日，烏焉落羽」者也。 歸藏鄭母經云：「昔者羿善射，畢十日，果畢之。」汲郡竹書曰：「胤甲即位，居西河，有妖孽，十日並出。」明此自然之異，有自來矣。 傳曰「天有十日」，日之數十，此云「九日居下枝，一日居上枝」，大荒經又云「一日方至，一日方出」，明天地雖有十日，自使以次第送出運照，而今俱見，爲天下妖災，故羿稟堯之命，洞其靈誠，仰天控弦，而九日潛退也。假令器用可以激水烈火，精感可以降霜回景，然則羿之鑠明離而斃陽烏，未足爲難也。若搜之常情則無理矣，然推之以數則無往不通。達觀之客，宜領其玄致，歸之冥會，則逸義無滯，言奇不廢矣。 懿行案：郭注「搜」疑當爲「揆」字之譌也。「十日」之説，儒者多疑鮮信，故郭氏推廣證明之。至於怪奇之迹，理所不無。

〔一〕「蓮」原本作「連」，據淮南子高誘注改。

如呂氏春秋求人篇云「堯朝許由於沛澤之中，曰十日出而焦火不息」，淮南兵略訓云「武王伐紂，

當戰之時，十日亂於上」，竹書云「帝廑八年，天有祅孽，十日並出」，又云「桀時三日並出」，「紂時

二日並出」，是皆變怪之徵，非常所有，即與此經殊旨，既不足取證，當歸之刪除矣。

雨師妾在其北。雨師，謂屏翳也。　懿行案：楚詞天問云「蓱號起雨」，王逸注云「蓱，蓱

翳，雨師名也。號，呼也。」初學記云：「雨師曰屏翳，亦曰屏號。」列仙傳云『赤松子，神農時雨師』，焦氏易林乃云

風俗通云『玄冥爲雨師』。」今案「雨師妾」蓋亦國名，即如王會篇有「姑妹國」矣。

「雨師娶婦」，蓋假託爲詞耳。

玄股之國在其北。髀以下盡黑，故云。　懿行案：玄股國在招搖山，見大荒東經。淮南

墜形訓有「玄股民」。**其爲人衣魚**以魚皮爲衣也。　懿行案：今東北邊有魚皮島夷，正以魚爲

衣也。其冠以羊鹿皮戴其角，如羊鹿然。**食䴲，**䴲，水鳥也，音「憂」。　懿行案：説文云：「䴲，

水鴞也。」文選吳都賦注引蒼頡篇云：「鷗，大如鳩。」　懿行案：高誘注淮南墜形

訓引此經，無「使」字，「兩鳥夾之」上有「其股黑」三字。　一曰在雨師妾北。

曰在十日北，爲人黑身人面，各操一龜。

毛民之國在其北。懿行案：毛民國，依姓，禹之裔也，見大荒北經。淮南墜形訓云「東北

方有毛民」，高誘注云：「其人體半生毛若矢鏃也。」**爲人身生毛。**今去臨海郡東南二千里，有毛

其爲人黑，兩手各操一蛇，左耳有青蛇，右耳有赤蛇。一

使兩鳥夾之。

人，在大海洲島上。為人短小，而體盡有毛如豬能〔一〕，穴居無衣服。晉永嘉四年，吳郡司鹽都尉戴逢，在海邊得一船，上有男女四人，狀皆如此，言語不通。送詣丞相府，未至道死。唯有一人在，上賜之婦，生子，出入市井，漸曉人語。自説其所在，是毛民也，大荒經云「毛民食黍」者是矣。懿行案：太平御覽三百七十三卷引臨海異物志曰：「毛人洲王張焃，毛長短如熊。周綽得毛人，送詣秣陵。」即此國人也。郭注「而體」，明藏本作「面體」。大荒北經注亦同，此蓋字譌。一曰在玄股北。

勞民國在其北。懿行案：淮南墬形訓有「勞民」，高誘注云：「正理躁擾不定也。」其為人黑。食果草實也，有一鳥兩頭。懿行案：郭注此語疑本在經內，今亡。又奇肱國有鳥兩頭，見海外西經，非此。或曰教民。懿行案：「教」、「勞」聲相近。一曰在毛民北，為人面目手足盡黑。懿行案：今魚皮島夷之東北有勞國，疑即此。其人與魚皮夷面目手足皆黑色也。

東方句芒，鳥身人面，乘兩龍。木神也。方面素服。墨子曰：「昔秦穆公有明德，上帝使句芒賜之壽十九年。」懿行案：注「秦穆公」，今墨子明鬼下篇作「鄭穆公」，論衡無形篇正與此注同也。越絶書云：「太皞治東方，袁何佐之，使主木。」疑「袁何」即「句芒」之異名也。尚書大

〔一〕太平御覽卷九三三引「而」作「面」，「能」作「熊」。

傳云：「東方之極，自碣石東至日出榑木之野，帝太皞、神句芒司之。」呂氏春秋孟春紀云「其神句芒」，高誘注云：「句芒，少皞氏之裔子，曰重，佐木德之帝，死爲木官之神。」漢書張揖注司馬相如大人賦云：「句芒東方青帝之佐也，鳥身人面，乘兩龍。」本此經爲説也。白虎通云：「句芒者，芒之爲言萌也。」

秀，劉歆也。

建平元年四月丙戌，待詔太常屬臣望校治，侍中光祿勳臣龔、侍中奉車都尉光祿大夫臣秀領主省。　懿行案：建平元年，漢哀帝乙卯年也。望蓋丁望；；龔，王龔；

山海經第十

晉郭璞傳　棲霞郝懿行箋疏

海內南經

海內東南陬以西者：從南頭起之也。

甌，懿行案：周書王會篇云「歐人蟬蛇」，孔晁注云：「東越，歐人也。」又云「且甌文蜃」，注云：「且甌在越。」伊尹四方令云：「正東：越漚。正南：甌鄧。」疑「甌」與「漚」、「歐」並古字通也。史記索隱引劉氏云：「今珠厓、儋耳謂之甌人。」正義曰：「輿地志云『交阯，周時為駱越，秦時曰西甌。』」懿行案：臨海郡永寧縣，見晉書地理志。初學記六卷引此經云：「甌、閩皆在岐海中。」蓋并引郭注之文也。「岐海」謂海之槎枝，東次三經云「無皋之山，南望幼海」，即此。**閩，**懿行案：說文云：「閩，東南越，蛇種，从虫。」夏官職方氏「掌七閩」，是閩非一種，舉其大名耳。劉逵注左思賦云：「閩，越名也。秦并天下，以其地為閩中郡。」閩越即西甌，今建安郡是也，亦在岐海中。音「旻」。**在海中。**

甌居海中。今臨海永寧縣即東甌，在岐海中也。音「嘔」。懿行案：建安郡，故秦閩中郡，見晉書地理志。漢書惠帝紀「三年，立閩越君搖為東海王」，顏師古注

云…「即今泉州是其地。」其西北有山。一曰閩中山在海中。

三天子鄣山，音「章」。　懿行案：海內東經云「浙江出三天子都」，「廬江出三天子都」，

「一曰天子鄣」，即此。　在閩西海北。　今在新安歙縣東，今謂之三王山，浙江出其源也。張氏土

地記曰：「東陽永康縣南四里，有石城山，上有小石城，云黃帝曾遊此，即三天子都也。」懿行

案：海內東經云：「三天子都在閩西北。」無「海」字，此經「海」字疑衍。劉昭注郡國志「丹陽郡，

歙」引此經郭注云：「在縣東，今謂之玉山。」又注「會稽郡，浙江」引郭注云：「江出歙縣玉山。」

初學記八卷亦引郭注云：「玉山，浙江出其邊。」疑二書「玉」即「三王山」之脫誤。古「玉」字作

「王」也。　山在今安徽歙縣西北。　顧野王云：「今永康縉雲山〔一〕是三天子都，今在續谿縣東九十

里，吳於此山分界。」見太平寰宇記。　一曰在海中。

桂林八樹，懿行案：伊尹四方令云：「正南…甌鄧、桂國。」疑即此。　八樹而

成林，信其大也。　番隅，今番隅縣。　懿行案：劉昭注郡國志「南海郡，番隅」引此經云：「桂林八

樹在賁禺東。」水經溮水注及文選遊天台山賦注引此經，並作「賁禺」，又引郭注云：「八樹成林，

言其大也。　賁禺，音番隅。」今本脫郭音五字，又「言」譌爲「信」也。　然上林賦注及張衡四愁詩注

及初學記八卷引此經，仍作「番禺」，蓋古有二本也。　初學記引南越志云：「番禺縣有番、禺二山，

在番隅東。　八樹而

〔一〕「縉」原本作「晉」，據太平寰宇記卷一百四改。

因以爲名。 「水經浪水注又云：『縣有番山，名番禺，謂番山之禺也。』」

伯慮國、未詳。 懿行案：伊尹四方令云：「正東……伊慮。」疑即此。 **離耳國**、鏤離其耳，分令下垂，以爲飾，即儋耳也。在朱崖海渚中。不食五穀，但噉蚌及藷藇也。 懿行案：伊尹四方令云：「正西……離耳。」郭云「即儋耳」者，此南儋耳也。又有北儋耳，見大荒北經。 儋當爲「瞻」。 説文云：「瞻，垂耳也。从耳詹聲。南方瞻耳之國。」劉逵注吳都賦引異物志云：「儋耳人鏤其耳匡」漢書張晏注云：「儋耳鏤其頰，皮上連耳，分爲數支，狀似雞腸，累耳下垂。」水經注引林邑記曰：「漢置九郡，儋耳與焉。民好徒跣，耳廣垂以爲飾。」又云：「儋耳即離耳也。」後漢書西南夷傳云：「哀牢人皆穿鼻儋耳，其渠帥自謂王者，耳皆下肩三寸，庶人則至肩而已。」

雕題國、點涅其面，畫體爲鱗采，即鮫人也。 懿行案：伊尹四方令云：「正西……雕題。」楚詞招魂王逸注云：「雕，畫。題，額。」言南極之人雕畫其額，常食蠃蟌也。」桂海虞衡志云：「黎人女及笄，即黥頰爲細花紋，謂之繡面女。」亦其類也。 郭云「即鮫人」恐非，或有譌字。「鮫人」見劉逵吳都賦注。

北朐國，音朐。未詳。 懿行案：疑即「北戶」也。爾雅疏引此經作「北煦」，「戶」、「煦」聲之轉。 爾雅釋地「四荒」有「北戶」，郭注云：「北戶在南。」**皆在鬱水南。鬱水出湘陵南海。** 懿行案：「鬱水」見海內東經。此云「出湘陵南海」，疑有脫誤。又水經温水注引此經，云「離耳國、雕題國皆在鬱水南」，無「伯慮」、「北朐」三國。李善注王褒四子講德論引此經，作「雕題國在鬱林南」，亦與今本異。 明藏本「南海」作「南山也」。 **一曰相慮。** 懿行案：「相慮」蓋「伯慮」之異文，

或「柏盧」之譌文，「柏」、「伯」古字通也。若以海內東經「鬱水入須陵」之文校之，又疑「相盧」即「須陵」之聲轉，此經「出湘陵」當爲「入湘陵」矣。

梟陽國，（懿行案：揚雄羽獵賦、淮南氾論訓並作「嗥陽」，左思吳都賦作「梟羊」，說文作「梟陽」。）在北朐之西。（懿行案：爾雅疏引此經作「北煦之西」。）其爲人（懿行案：郭注爾雅「狒狒」引此經，作「其狀如人」。）人面長脣，黑身有毛，反踵，見人笑亦笑，（懿行案：郭注爾雅「狒狒」引此經，云「見人則笑」，劉逵注吳都賦引此經與爾雅注同，高誘注淮南氾論訓亦云「嗥陽山精，見人而笑」，是古本並如此。且此物唯喜自笑，非見人笑方亦笑也，故吳都賦云「萬萬笑而被格」。劉逵注引異物志云：「梟羊善食人，大口，其初得人，喜笑，則脣上覆額，移時而後食之。人因爲筒貫於臂上，待執人，人即抽手從筒中出，鑿其脣於額而得擒之。」是其笑惟自笑，不因人笑之證。以此參校，可知今本爲非矣。其云爲筒貫臂，正與此經「左手操管」合。左手操管。（周書曰：「州靡髴髴者，人身，反踵，自笑，笑則上脣掩其面。」爾雅云「髴髴」。大傳曰：「周書成王時州靡國獻之。」海內經謂之「贛巨人」。今交州南康郡深山中皆有此物也。南康今有贛水，以有此人，因以名水，猶大荒說地有「蜮人」，人因號其山爲「蜮山」，亦此類也。又所引爾雅當爲「狒狒」。太平御覽九百八卷引此經圖讚云：「萬萬怪獸，被髮操竹。獲人則笑，脣蓋其目。終亦號咷，反爲我戮。」廣韻走，被髮，好笑。雌者能作汁，灑中人即病。土俗呼爲「山都」。）（懿行案：今周書王會篇作「州靡費費」，郭引作「髴髴」，說文引作「翩翩」，蓋所見本異也。

亦引此讚，字小異。

兜，在舜葬東，湘水南，懿行案：皆說圖畫如此。 其狀如牛，蒼黑，一角。懿行案：兜

形狀已見南次三經「禱過之山」注。竹書云：「周昭王十六年，伐楚，涉漢，遇大兜。」

蒼梧之山，懿行案：高誘注淮南子云：「蒼梧之山，在蒼梧馮乘縣東北，零陵之南。」帝舜

葬于陽，即九疑山也。禮記亦曰「舜葬蒼梧之野」。懿行案：史記五帝紀注引皇覽云：「舜冢

在零陵營浦縣，其山九谿皆相似，故曰九疑。」呂氏春秋安死篇云「舜葬於紀市」，高誘注云：「傳

曰『舜葬蒼梧九疑之山』，此云『於紀市』，九疑山下亦有紀邑。」太平御覽五百五十五卷引尸子

曰：「舜葬西教乎七戎，道死，葬於南己之中。」『已』即『紀』矣。 帝丹朱葬于陰。今丹陽復有丹朱

冢也。 竹書亦曰：「后稷放帝朱于丹水。」與此義符。 丹朱稱「帝」者，猶漢山陽公死，加「獻帝」之

謚也。 竹書云：「帝堯五十八年，使后稷放帝子朱于丹水。」今本「朱」上有「子」字，與

郭所引異。 又史記五帝紀注引此經，云「丹朱葬于陰」，亦無「帝」字。推尋經文所以稱「帝」之義，

或上古樸略，不以爲嫌。水經溱水注云「有鼻天子城」，「鼻天子」所未聞，亦斯之類。郭以漢山陽

公事例之，非矣。

氾林，方三百里，在狌狌東。或作「猩猩」，字同耳。懿行案：海內經云：「猩猩，青

獸。」狌狌知人名，懿行案：淮南氾論訓云「猩猩知往而不知來」，高誘注云：「見人往走，則知

人姓氏。」後漢書西南夷傳云哀牢出猩猩，李賢注引南中志云：「猩猩在山谷，見酒及屬，知其設張者，即知張者先祖名字，乃呼其名而罵云『奴欲張我』云云。」**其為獸，如豕而人面。**周書曰：「鄭郭狌狌者，狀如黃狗而人面。頭如雄雞，食之不眯。」今交州封谿出狌狌，土俗人說云：「狀如豚而腹似狗，聲如小兒嗁也。」懿行案：劉逵注吳都賦引此經，云「猩猩豕身人面」，郭注爾雅引此經亦同，蓋所見本異也。周書王會篇云：「都郭生生」，此注引作「鄭郭狌狌」，亦所見本異也。其「頭如雄雞」三句，彼文所說「奇榦善芳」，自別一物，此注不加剗削，妄行牽引，似非郭氏原文，或後人寫書者羼入之耳。郡國志云「交阯郡，封谿」，郭注爾雅亦云「交阯封谿縣出猩猩」，晉書地理志亦作「交阯郡」，「州」字譌也。又「腹似狗」，一本作「後似狗」。云「聲如小兒嗁」者，爾雅云「猩猩小而好嗁」，郭注亦與此注同也。水經葉榆河注云：「封谿縣有猩猩獸，形若黃狗，又狀貙狚，人面，頭顏端正。善與人言，音聲麗妙，如婦人好女對語交言，聞之無不酸楚。其肉甘美，可以斷穀，窮年不厭。」**在舜葬西。**

狌狌西北有犀牛，其狀如牛而黑。 犀牛似水牛，豬頭，在「狌狌知人名」之西北，庫腳，三角。 懿行案：犀牛形狀已見南次三經「禱過之山」注。此注「庫腳三角」四字當與「豬頭」句相屬，疑寫書者誤分之。

夏后啓之臣曰孟涂， 懿行案：竹書云：「帝啓八年，帝使孟涂如巴涖訟。」水經江水注引此經作「血涂」，太平御覽六百三十九卷引作「孟余」或「孟徐」。 **是司神于巴，人聽其獄訟，為之**

神主。 請訟于孟涂之所，令斷之也。 懿行案：水經注引此經云「是司神于巴」，巴人訟于血涂

之所」，疑今本脫一「巴」字。 其衣有血者乃執之，不直者則血見於衣。是請生也。言好生也。 丹山在

丹陽南，丹陽居屬也。 今建平郡丹陽城秭歸縣東七里，即孟涂所居也。 懿行案：晉書地理

居山上，在丹山西。 懿行案：水經注引經止此，酈氏又釋之云「丹山西即巫山者也」。 丹山在

志建平郡有秭歸，無丹陽，其丹陽屬丹陽郡也。 水經注引郭景純云：「丹山在丹陽，屬巴。」是此經

十一字乃郭注之文，酈氏節引之，寫書者誤作經文耳。「居屬」又「巴蜀」字之譌。

窫窳，龍首，居弱水中，在㹀㹀知人名之西。其狀如龍首，食人。 窫窳本蛇身人

面，為貳負臣所殺，復化而成此物也。 懿行案：劉逵注吳都賦引此經，云「南海之外有猰㺄，狀

如貙，龍首，食人」，蓋參引爾雅之文。爾雅云「猰㺄類貙」，以引此經則誤矣。窫窳形狀又見海內

西經。 又北山經「少咸之山」說窫窳形狀復與此異。

有木，其狀如牛， 河圖玉版說「芝草樹生，或如車馬，或如龍蛇之狀」，亦此類也。 懿行

案：博物志云：「名山生神芝，不死之草，上芝為車馬，中芝為人形，下芝為六畜。」引之有皮，若

纓黃蛇， 言牽之皮剥，如人冠纓及黃蛇狀也。 懿行案：纓，謂纓帶也，引其皮，纓帶若黃蛇之狀

也。 其葉如羅， 如綾羅也。 懿行案：郭説非也。上世淳朴，無綾羅之名，疑當為網羅也。淮南

氾論訓云：「伯余之初作衣也，緂麻索縷，手經指挂，其成猶網羅。」是綾羅之名非上古所有審矣。

又楊檖一名羅,見爾雅。 吳氏云: **其實如樂,** 樂,木名。 黄本赤枝青葉,生雲雨山。 或作「卵」, **其木**

或作「麻」。 音「變」。 懿行案: 玉篇云:「樂木似欄。」郭說樂生雲雨山者,見大荒南經。 **其**

若藟, 藟,亦木名,未詳。 懿行案: 藟,刺榆也。 爾雅云「蓲,莖」,郭注引詩云「山有藟」「今之

刺榆」。 **其名曰建木。** 建木,青葉紫莖,黑華黃實,其下聲無響,立無影也。 懿行案: 郭說「建

木」本海內經及淮南子。 淮南墬形訓云:「建木在都廣,眾帝所自上下,日中無景,呼而無響,蓋天

地[一]之中也。」呂氏春秋有始覽亦同茲說。 **在窫窳西弱水上。**

氐人國, 音「觸抵」之「抵」。 懿行案:「氐人」,大荒西經作「互人」。 **在建木西。 其爲**

人,人面而魚身,無足。 盡胷以上人,胷以下魚也。 懿行案: 竹書云:「禹觀於河,有長人白

面魚身出,曰:『吾河精也。』」吳氏引徐鉉稽神錄云「謝仲玉者,見婦人出沒水中,腰以下皆魚」,

又引徂異記曰「查道奉使高麗,見海沙中一婦人,肘後有紅鬣,問之,曰人魚也」,形狀俱與此同。

巴蛇食象,三歲而出其骨。 懿行案: 劉逵注吳都賦引此經。 **君子服之,無心腹之**

疾。 今南方蚦蛇吞鹿,鹿已爛,自絞於樹,腹中骨皆穿鱗甲間出。 此其類也。 楚詞曰:「有蛇吞

象,厥大何如。」說者云「長千尋」。 懿行案: 今楚詞天問作「一蛇吞象」,與郭所引異。 王逸注

[一]「地」,原本誤作「帝」,據淮南子改。

引此經作「靈蛇吞象」，並與今本異也。「蚺蛇」見本草。淮南精神訓云：「越人得髯蛇以爲上肴，

中國得而棄之無用。」又水經「葉榆河過交趾巻泠縣北」注云「山多大虵，名曰髯蛇，長十丈，圍七

八尺。常在樹上伺鹿獸，鹿獸過，便低頭繞之。有頃鹿死，先濡令溼，訖，便吞頭角，骨皆鑽皮出。

山夷始見虵不動時，便以大竹籤籤虵頭至尾，殺而食之，以爲珍異」云云。桂海虞衡志云：「蚺蛇膽入藥。南人臘其

甚肥，搏之，以婦人衣投之，則蟠而不起走，便可得也」。又云：「養創之時，肪腴

皮，刮去鱗，以鞭鼓。」藝文類聚九十六卷引郭氏讚云：「象實巨獸，有蛇吞之。越出其骨，三年爲

期。厥大何如？屈生是疑」。

青首，懿行案：黑蛇青首，食象，出朱卷之國，見海内經。

其爲蛇，青黄赤黑。懿行案：劉逵注吳都賦引此經。在犀牛西。一曰黑蛇

旄馬，其狀如馬，四節有毛。穆天子傳所謂「豪馬」者。亦有「旄牛」。懿行案：今穆

天子傳作「豪馬」、「豪牛」，郭氏注云「毫猶髭也」，引此經云「髭馬如馬，足四節皆有毛」。疑「髭」

當爲「髦」，引經「髭馬」亦當爲「髦馬」，並字形之譌也。郭又注「豪羊」云「似髦牛」，可知「旄牛」

皆當爲「髦牛」矣。又「旄牛」已見北山經首「潘侯之山」。在巴蛇西北，高山南。

匈奴、一曰「獫狁」。懿行案：伊尹四方令云：「正北：匈奴。」史記匈奴傳索隱引應劭風

俗通云：「殷時曰獯粥，改曰匈奴。」又晉灼云：「堯時曰葷粥，周曰獫狁，秦曰匈奴。」案已上三名

並一聲之轉。

開題之國、(音「提」) 列人之國，並在西北。三國並在旄馬西北。

山海經第十一

晉郭璞傳　棲霞郝懿行箋疏

海內西經

海內西南陬以北者：

貳負之臣曰危。危與貳負殺窫窳，懿行案：劉逵注吳都賦引此經作「狖貐」，李善注張

協七命引此經又作「猰貐」。**帝**懿行案：李善注張協七命引此經作「黃帝」，「黃」字衍。**乃梏之**

疏屬之山，梏，猶繫縛也。古沃切。　懿行案：地理志「上郡，雕陰」，應劭注云：「雕山在西

南。」即斯山也。山在今陝西綏德州城內。元和郡縣志云：「龍泉縣疏屬山，亦名彫陰山。」**桎其**

右足，桎，械也。　懿行案：說文云：「桎，足械也。梏，手械也。」**反縛兩手與髮，**并髮合縛之

也。　懿行案：劉逵注吳都賦及李善注張協七命引此經，並無「與髮」二字。北堂書鈔四十五卷

引則有之，又上句作「梏其右足大道」，下句作「繫之山木之上」，與今本異。此據影鈔宋本，雖多誤

字，極是善本。其「大道」二字疑「及首」之譌也。**繫之山上木。**漢宣帝使人上郡發盤石石室，中

得一人，跣裸被髮，反縛，械一足。以問羣臣，莫能知。劉子政按此言對之，宣帝大驚。於是時人

争學山海經矣。論者多以爲是其尸象，非真體也。意者以靈怪變化論，難以理測，物稟異氣，出於不然，不可以常運推，不可以近數揆矣。魏時有人發故周王冢者，得殉女子，不死不生，數日時有氣，數月而能語，狀如廿許人。送詣京師，郭太后愛養之，恒在左右。十餘年，太后崩，此女哀思哭泣，一年餘而死。即此類也。

懿行案：經云「繫之山上木」，注言「得之石室中」，與今本異。劉遠注吳都賦引此注「盤石」作「磻石」，又云「陷得石室，其中有反縛械人」云云，與今本異。海内經云「北海之内有反縛盜械，名曰相顧之尸」，亦此之類。又水經洛水注云：「温泉水側有僵人六穴，穴中有僵尸。」戴延之從劉武王西征記曰：「有此尸，尸今猶在。夫物無不化之理，魂無不遷之道，而此尸無神識，事同木偶之狀，喻其推移，未若正形之速遷矣。」郭云「魏時發故周王冢，得殉女子」，與顧愷[二]之啓蒙注同，見魏志明帝紀注。其博物志所載與此則異。又郭云「出於不然」，「不」當爲「自」字之譌，見太平御覽五十卷所引。

在開題西北。 懿行案：畢氏云：「開題疑即筓頭山也，音皆相近。」

大澤，方百里，懿行案：大荒北經作「大澤方千里」。郭注穆天子傳引此經，亦云「大澤方千里，羣鳥之所生及所解」，是「百」當爲「千」矣。然郭注又引此經，云「羣鳥所集，澤有兩處，一方百里，一方千里」，是又以爲非一地，所未詳也。李善注别賦引此經，亦云「大澤方百里」可證今本

〔二〕「愷」原本作「凱」，據三國志改。

不誤。　羣鳥所生及所解。百鳥於此生乳，解之毛羽。　懿行案：此地即翰海也，說見大荒北

經。　在鴈門北。鴈門山，懿行案：淮南墬形訓云「燭龍在鴈門北，蔽於委羽之山。」疑委羽山

即鴈門山之連麓，委羽亦即解羽之義。江淹別賦所謂「鴈山參雲」也。　懿行案：水

經注及初學記三十卷引此經，並作「鴈出其門」。　在高柳北。　懿行案：高柳山在今山西代州北

三十五里。

高柳，在代北。　懿行案：水經灅水注引此經，「北」作「中」，云：「其山重巒疊巘，霞舉雲

高，連山隱隱，東出遼塞。」

后稷之葬，山水環之。　在廣都之野。　懿行案：「廣都」海內經作「都廣」，是。　在氐

國西。

流黃酆氏之國，懿行案：海內經作「流黃辛氏」，淮南墬形訓云「流黃沃氏在其北，方三百

里」，即此也。　中方三百里，言國城內。　有塗四方，塗，道。　中有山。　懿行案：海內經說「流

黃辛氏」有「巴遂山」，蓋即此。　在后稷葬西。

流沙，出鍾山，懿行案：楚詞招魂云「流沙千里」，王逸注云：「流沙，沙流而行

也。」高誘注呂氏春秋本味篇云：「流沙在敦煌郡西八百里。」水經云「流沙，地在張掖居延縣東

北」，注云「流沙，沙與水流行也。亦言出鍾山，西行極崦嵫之山，在西海郡北」。　西行，又南行

昆侖之虛，西南入海，黑水之山。　今西海居延澤，尚書所謂「流沙」者，形如月生五日也。

懿行案：地理志云：「張掖郡，居延：居延澤在東北，古文以爲流沙。」是郭所本也。水經注云：

「流沙西歷昆山，西南出於過瀛之山，又歷員丘不死山之西，入於南海。」

東胡，　懿行案：國名也。伊尹四方令云：「正北：東胡。」詳後漢書烏桓鮮卑傳。廣韻引前

燕録云「昔高辛氏游於海濱，留少子厭越以居北夷，邑于紫蒙之野，號曰東胡」云云，其後爲慕容

氏。　在大澤東。

夷人，在東胡東。

貊國，在漢水東北。　今扶餘國即濊貊故地，在長城北，去玄菟千里。出名馬、赤玉、貂皮，

大珠如酸棗也。　懿行案：魏志東夷傳説夫餘與此注同，即郭所本也，唯「貂皮」作「貂狖」，後漢

書東夷傳又作「貂豽」。藝文類聚八十三卷引廣志曰：「赤玉出夫餘。」地近于燕，滅之。　懿行

案：大雅韓奕篇云「其追其貊」，謂此。

孟鳥，亦鳥名也。　懿行案：博物志云：「孟舒國民，人首鳥身。其先主爲雪氏訓百禽，夏

后之世始食卵，孟舒去之，鳳皇隨焉。」太平御覽九百十五卷引括地圖曰：「孟虧人首鳥身，其先爲

虞氏馴百獸。夏后之末世，民始食卵。孟虧去之，鳳凰隨，與止於此。山多竹，長千仞，鳳凰食竹

實，孟虧食木實。去九疑萬八千里。」据括地圖及博物志所説，蓋即孟鳥也。又海外西經有「滅蒙

鳥，在結匈國北」，疑亦此鳥也。「滅」、「蒙」之聲近「孟」。 **在貃國東北。其鳥文赤、黃、青，**

東鄉。 懿行案：明藏本「黃」上無「赤」字。

海內昆崙之虛，

言「海內」者，明海內復有昆崙山。 懿行案：「海內昆崙」即西次三經「昆崙之丘」也，禹貢「昆崙」亦當指此。海內東經云「昆崙山在西胡西」，蓋別一昆崙也。又水經河水注引此經郭注，云「此自別有小昆崙也」，疑今本脫此句。又荒外之山以昆崙名者蓋多焉，故水經、禹本紀並言昆崙「去嵩高五萬里」，水經注又言晉去昆崙七萬里，又引十洲記「昆崙山在西海之戍地，北海之亥地，去岸十三萬里」，似皆別指一山。然則郭云「海外復有昆崙」，豈不信哉？說文云：「虛，大丘也。」昆崙丘謂之昆崙虛。 **在西北，帝之下都。** 懿行案：史記司馬相如傳正義引此經云：「昆崙去中國五萬里，天帝之下都。」蓋并引郭注也。「天」字疑衍。 **昆崙之虛方八百里，高萬仞。** 皆謂其虛基廣輪之高庫耳。自此以上二千五百餘里，上有醴泉、華池。去嵩高五萬里，蓋天地之中也。 見禹本紀。 懿行案：王逸注離騷引河圖括地象言「昆崙在西北，其高一萬一千里」。初學記引此經，云「昆崙山縱廣萬里，高萬一千里，去嵩山五萬里」云云，所引蓋禹本紀文，即郭所引者。 水經注亦引此經及郭注，并稱禹本紀。初學記引作此經，誤也。 **上有木禾，長五尋，大五圍。** 木禾，穀類也，生黑水之阿，可食。見穆天子傳。 懿行案：穆天子傳云「黑水之阿，爰有野麥，爰有荅堇（「祇」「謹」兩音）」，西膜之所謂木禾」，郭注引此經。 李善注思玄

賦亦引此經及郭注。面懿行案：初學記七卷引此經作「上」。有九井，懿行案：呂氏春秋本味

篇云：「水之美者，昆侖之井。」以玉爲檻。檻，欄。懿行案：淮南墜形訓云：「昆侖旁有九

井，玉橫維其西北隅。」面有九門，懿行案：史記司馬相如傳正義引此經作「旁有五門」。門有

開明懿行案：淮南墜形訓云「東方曰東極之山，曰開明之門」，是開明乃門名也。此經自是獸名，

非門名，形狀見下。獸守之，百神之所在。懿行案：水經注引遁甲開山圖注云：「天下仙聖

治，在柱州昆侖山上。」在八隅之巖，在巖閒也。赤水之際，非仁羿莫能上岡之巖。言非仁

人及有才藝如羿者不能得登此山之岡嶺巉巖也。羿嘗請藥西王母，亦言其得道也。「羿」一或作

「聖」。懿行案：論語釋文云「魯讀『仍』爲『仁』」是「仁」、「仍」古字通。說文云「羿，羽之

風」，則「羿」、「羽」義近。楚詞遠遊篇云「仍羽人於丹丘」，王逸注云：「人得道，身生羽毛也。」是

此經「仁羿」即楚詞「仍羽人」言羽化登仙也。郭云「羿嘗請藥西王母」事見歸藏及淮南覽冥訓。

李淳風乙巳占引連山易云：「有馮羿者，得不死之藥於西王母，恒娥竊之以奔月，將往，枚筮於有

黃。有黃占之曰：『吉。翩翩歸妹，獨將西行，逢天晦芒，无恐无驚，後且大昌。』恒娥遂託身於

月。」即斯事也。赤水出東南隅，以行其東北。懿行案：穆天子傳云「宿于昆侖之阿，赤水之陽」，郭注

云：「昆侖山有五色水，赤水出東南隅而東北流。皆見山海經。」又案經文「東北」下，明藏本有

「西南流，注南海厭火東」九字，爲今本所無。

河水出東北隅，懿行案：郭注爾雅釋水及李賢注後漢書張衡傳及廣韻引此經，並作「河出昆侖西北隅」，淮南墜形訓、廣雅及水經注並從此經作「東北隅」，疑傳寫之譌，說見爾雅略。**以行昆侖，河水出其東北陬，**懿行案：渤海蓋即翰海。或云蒲昌海，非也。水經云：「昆侖，河水出其東北陬，屈從其東南流，入於渤海，又出海外，南至積石山下。又南入蔥嶺，出于闐，又東注蒲昌海。」然則水經之意蓋不以渤海即蒲昌海也。

其北，西南又入渤海，又出海外，懿行案：水經注引此經云云，「山在隴西郡河關縣西南羌中」。據水經說，積石山在蒲昌海之上，蓋「大積石」也，此及海外北經所說，皆「小積石」也。酈氏不知，誤以大積石爲小積石，故濫引此經之文，又議水經爲非，其謬甚矣。

而北，入禹所導積石山。禹治水，復決疏出之，故云「導河積石」。懿行案：括地志所謂「小積石」也，說已見海外北經。水經注引此經云云，「山在隴西郡河關縣西南羌中」。然據水經說，積石山在蒲昌海之上，蓋「大積石」也，與此經合，則其海即渤海明矣。**即西逢之山，河、濟所入海北注焉。**其西有山，名曰禹所積石，大荒北經云「大荒之中有山，名曰先檻大逢之山，河、濟所入海北注焉。」其西有山，名曰禹所積石」，與此經合，則其海即渤海明矣。

洋音「翔」。水，懿行案：高誘注淮南墜形訓云：「洋水經隴西氏道東，至武都爲漢陽。」或作「養」[一]也，水經注引闞駰云：「漢或爲漾。漾水出昆侖西北隅，至氐道，重源顯發而爲漾水。」

〔一〕「養」，據下文所引水經注，疑是「漾」字之誤。

是洋水即漾水，字之異也。

黑水出西北隅，懿行案：史記夏本紀正義引括地志云：「黑水源出伊吾縣北百二十里，又南流二十里而絕。三危山在河州敦煌縣東南四十里。」〔一〕**以東，東行又東北，南入海。**懿行案：禹貢云：「導黑水，至于三危，入于南海。」或云南海即揚州東大海，非也。海在羽民南，非中國近地。**羽民南。**懿行案：「羽民」已見海外南經。

弱水、青水出西南隅，西域傳：「烏弋國去長安萬五千餘里，西行可百餘日，至條枝國，臨西海。長老傳聞有弱水、西王母云。」東夷傳亦曰：「長城外數千里亦有弱水，皆所未見也。」淮南子云：「弱水出窮石。」窮石，今之西郡邢冉，蓋其派別之源耳。懿行案：「弱」，説文作「溺」，云：「溺水自張掖刪丹西至酒泉合黎，餘波入於流沙。從水弱聲。」桑欽所説。」地理志引桑欽與説文同。離騷云「夕歸次於窮石」，王逸注引淮南子言：「弱水出於窮石，入於流沙也。」史記正義引括地志云：「蘭門山一名合黎，一名窮石山，在甘州刪丹縣西南七里〔二〕。**以東，又北，又西南過畢方鳥東。**懿行案：海外南經云：「畢方鳥在青水西。」然青水竟無攷。

昆侖南淵，深三百仞。靈淵。懿行案：即海內北經云「從極之淵，深三百仞」者也。

〔一〕 以上引文，「史記正義」「伊吾縣」上有「伊州」，「二十里」作「二千里」，「河州」作「沙州」。

〔二〕 「七里」，「史記正義」作「七十里」。

開明獸身大類虎，懿行案：明藏本有郭注「身或作直」四字。而九首，皆人面，東嚮立昆侖上。天獸也。銘曰：「開明爲獸，稟資乾精。瞪視昆侖，威振百靈。」懿行案：銘亦郭氏圖讚也。

開明西有鳳皇、鸞鳥，皆戴蛇踐蛇，膺有赤蛇。開明北有視肉、珠樹、懿行案：海外南經云「三珠樹生赤水上」，即此。淮南墜形訓云「昆侖之上有珠樹」，又云「曾城九重，珠樹在其西」。文玉樹、五彩玉樹。懿行案：淮南子云「昆侖之上有玉樹」，王逸注離騷引括地象，言昆侖「有瓊玉之樹也」。玗琪樹、玗琪，赤玉屬也。吳天璽元年，臨海郡吏伍曜在海水際得石樹，高二尺餘，莖葉紫色，詰曲傾靡，有光彩，即玉樹之類也。「于」「其」兩音。懿行案：郭注見宋書符瑞志，唯「二尺」作「三尺」、「莖葉」作「枝莖」、「詰曲」作「詰屈」爲異，其餘則同。但據郭所說，則似珊瑚樹，恐非玗琪樹也。「玗琪」見爾雅釋地。又穆天子傳云：「重氏之所守，曰玗琪徽尾。」不死樹。言長生也。懿行案：李善注思玄賦引此經，云：「有不死樹，壽木之華」高誘注云：「壽木，昆侖山上木也。華，實也。食其實者不死，故曰壽木。」是「壽木」即「不死樹」也。淮南子云：「昆侖之上有不死樹。」藝文類聚八十八卷引郭氏讚云：「萬物暫見，人生如寄。不死之樹，壽蔽天地。請藥西姥，焉得如羿。」春秋本味篇云「菜之美者，壽木之華」案呂氏鳳皇、鸞鳥

皆戴勝。　音「伐」。盾也。　懿行案：太平御覽三百五十七卷引此經，「敂」作「盾」。　又有離

朱、木禾、柏樹、甘水，即醴泉也。　懿行案：史記大宛傳云：「禹本紀言，昆侖上有醴泉。」聖

木、食之令人智聖也。　懿行案：藝文類聚八十八卷引郭氏圖讚云：「醴泉睿木，養齡盡性。增

氣之和，去神之冥。何必生知，然後爲聖。」曼兌。　未詳。　一曰挺木牙交。　淮南作「璇樹」。

璇，玉類也。　懿行案：淮南子云：「昆侖之上有璇樹。」蓋璇樹一名「挺木牙交」，故郭氏引之。

疑經文上下當有脫誤，或「挺木牙交」四字即「璇樹」二字之形譌，亦未可知。「璇」當爲「琁」，高誘

注淮南墬形訓云「琁音窮」是也。　明藏本「牙」作「互」。　臧庸曰：「『挺木牙交』爲『曼兌』之異文。

『兌』讀爲『銳』，『挺』當爲『梴』字之譌也。」

開明東有巫彭、巫抵、巫陽、巫履、巫凡、巫相，皆神醫也。　世本曰「巫彭作醫」，楚詞曰

「帝告巫陽」。　懿行案：說文云：「古者巫彭初作醫。」郭引楚詞者，招魂篇文也。　餘詳大荒西

經。　夾窫窳之尸，皆操不死之藥以距之。　爲距卻死氣，求更生。　窫窳者，蛇身人面，貳

負臣所殺也。

服常樹，服常木，未詳。　懿行案：淮南子云：「昆侖之上，沙棠、琅玕在其東。」疑「服常」

即「沙棠」也。　「服」，玉篇、廣韻並作「柀」，云「木出昆侖」也。　其上有三頭人，懿行案：海外南

經云「三首國，一身三首」，亦此類也。　伺琅玕樹。　琅玕，子似珠。　爾雅曰：「西北之美者，有昆

侖之琅玕焉。」莊周曰：「有人三頭，遞臥遞起，以伺琅玕與玗琪子。」謂此人也。　懿行案：説文云：「琅玕，佀珠者。」郭注爾雅釋地引此經云：「昆侖有琅玕樹也。」又玉篇引莊子云：「積石爲樹，名曰瓊枝，其高一百二十仞，大三十圍，以琅玕爲之實。」是「琅玕」即瓊枝之子佀珠者也。「瓊枝」亦見離騷。又王逸注九歌云：「瓊芳、瓊玉枝也。」騷客佀標瓊枝之文，玉篇空衍琅玕之實而莊子逸文缺然，未覩厥略。惟藝文類聚九十卷及太平御覽九百一十五卷引莊子曰：「老子見孔子從弟子五人，問曰：『前爲誰？』對曰：『子路爲勇，其次子貢爲智，曾子爲孝，顏回爲仁，子張爲武。』老子歎曰：『吾聞南方有鳥，其名爲鳳，所居積石千里。天爲生食，其樹名瓊枝，高百仞，以璆琳、琅玗爲實。天又爲生離珠，一人三頭，遞臥遞起，以伺琅玕。鳳鳥之文，戴聖嬰仁，右智左賢。』」以此參校郭注所引，「與玗琪子」四字蓋誤衍也。

開明南有樹，懿行案：樹蓋絳樹也。淮南子云：「昆侖之上，絳樹在其南。」**鳥六首，**懿行案：大荒西經「互人國」下云：「有青鳥，身黃，赤足，六首，名曰鸀鳥。」即此類。**蛟，**蛟似蛇四腳，龍類也。**蝮蛇、蜼、豹、鳥秩樹，**木名，未詳。**于表池樹木，**言列樹以表，池即華池也。**誦鳥、**鳥名，形未詳。**鶬，**鶊也。穆天子傳曰：「爰有白鶬、青鵰」音「竹箭」之「箭」。懿行案：今穆天子傳作「白鳥、青雕」，已見西次三經「鍾山」注。**視肉。**

山海經第十二

晉郭璞傳　棲霞郝懿行箋疏

海內北經

海內西北陬以東者：

蛇巫之山，上有人操桮「柸」或作「棓」字同。 懿行案：「柸」即「棓」字之異文。説文云：「棓，梲也。」玉篇云：「棓與棒同。步項切。」太平御覽三百五十七卷引服虔通俗文曰：「大杖曰棓。」**而東向立。一曰龜山。** 懿行案：越絕書云：「龜山一曰怪山。怪山者，往古一夜自來，民怪之，故謂怪山。」吳越春秋云：「怪山者，琅琊東武海中山也，一夕自來，故名怪山。」水經漸江水注云：「山形似龜，故有龜山之稱。」疑此之類也。

西王母，梯几而戴勝杖。 梯謂馮也。懿行案：如淳注漢書司馬相如大人賦引此經，無「杖」字。

其南有三青鳥，爲西王母取食。 又有三足鳥主給使。懿行案：三青鳥居三危

山，見西次三經。史記正義引括〔一〕地圖云：「有三足神鳥爲王母取食。」在昆侖虛北。

有人曰大行伯，把戈。其東有犬封國。昔盤瓠殺戎王，高辛以美女妻之，不可以訓，乃浮之會稽東海中，得三百里地封之。生男爲狗，女爲美人，是爲狗封之國也。　懿行案：郭説本後漢書南蠻傳有其文，李賢注引魏略云：「高辛氏有老婦，居王室，得耳疾，挑之，乃得物大如繭。婦人盛瓠中，覆之以槃，俄頃化爲犬，其文五色，因名槃瓠。」案水經沅水注亦載其事。

貳負之尸在大行伯東。

犬封國，曰犬戎國，狀如犬。黃帝之後卞明，生白犬二頭，自相牝牡，遂爲此國。言狗國也。　懿行案：「犬封」、「犬戎」聲相近。郭注本大荒北經。**有一女子，方跪進杯食。**與酒食也。　懿行案：藝文類聚七十三卷引此經，「杯」上有「玉」字。明藏本「杯」作「杯」，注「酒」字作「狗」。**有文馬，**懿行案：「文」説文作「騅」，爾雅作「駮」。**縞身色白如縞。朱鬛，目若黃金，名曰吉量，**一作「良」。　懿行案：李善注東京賦引此經，正作「吉良」。**乘之壽千歲。**周書曰：「犬戎文馬，赤鬛白身，目若黃金，名曰吉黃之乘。」成王時獻之。」六韜曰：「文身朱鬛，眼若黃金，項若雞尾，名曰雞斯之乘。」大傳曰：「駮身朱鬛雞目」山海經亦有「吉黃之乘，壽千歲」者，

〔一〕「括」原本作「興」，據史記正義改。

惟名有不同，説有小錯，其實一物耳。今博舉之，以廣異聞也。　懿行案：今周書王會篇作「古黃

之乘」。初學記二十九卷引亦同，郭引作「吉黃」。六韜云「犬戎氏文馬，豪毛朱鬣」，郭引無「豪毛」

二字。尚書大傳云：「散宜生遂之犬戎氏，取美馬駮身、朱鬣、雞目者，取九六焉。」郭又云「山海經

亦有吉黃之乘」，是此經「吉量」本或有作「吉黃」者。又名吉光，亦名騰黃，李善注東京賦引瑞應

圖云：「騰黃神馬，一名吉光。」藝文類聚九十三卷引此經又作「吉彊」。九十九卷引瑞應圖云「騰

黃者，其色黃」，非也，經云「縞身朱鬣」，明非黃色。

鬼國，　懿行案：伊尹四方令云：「正西：鬼親。」又魏志東夷傳云：「女王國北有鬼國。」論

衡訂鬼篇引此經曰：「北方有鬼國。」　懿行案：與窫窳同狀。　云：「北方有蜪犬，食人。」如

已見海外北經。　一曰貳負神在其東，爲物人面蛇身。在貳負之尸北，爲物人面而一目。　懿行案：「一目國」

蜪犬，音「陶」。或作「蚼」，音「鉤」。　懿行案：説文作「蚼」云：「北方有蚼犬，食人。」

犬，青，　懿行案：藝文類聚九十四卷引此經，「青」下有「色」字。　食人從首始。

窮奇，狀如虎，有翼，毛如蝟。　懿行案：窮奇蝟毛，已見西次四經「邽山」。史記正義引

神異經云：「西北有獸，其狀似虎，有翼能飛，便勌食人。知人言語，聞人鬥，輒食直者；聞人忠

信，輒食其鼻；；聞人惡逆不善，輒殺獸往饋之。名曰窮奇。」食人從首始，所食被髮。在蜪犬

北。　一曰從足。　懿行案：郭注方言云：「虎食物，值耳即止，以觸其諱故。」是知虎食人從足

始也。

帝堯臺、帝嚳臺，珂行案：初學記二十四卷引王韶之始興記云「含洭縣有堯山，堯巡狩至於此，立行臺」，是帝堯有臺也。楚詞天問云「簡狄在臺嚳何宜」，離騷云「望瑤臺之偃蹇，見有娀之佚女」，是帝嚳有臺也。帝丹朱臺、帝舜臺，珂行案：大荒西經有「軒轅臺」，北經有「共工臺」，亦此之類。各二臺，臺四方，在昆侖東北。珂行案：一本云「所殺相柳地，腥臊不可種五穀，以爲衆帝之臺。」珂行案：「衆帝之臺」已見海外北經。

大蠭，其狀如螽。珂行案：蠭有極榤大者，僅曰「如螽」似不足方之。疑「螽」即「蠭」字之譌，與下句詞義相比。古文「蠭」作「螽」，與「螽」字形近，故譌耳。郭注云：「赤駮蚍蜉。」蓋此之類。其狀如蛾。蛾，蚍蜉也。珂行案：郭引楚詞見招魂篇。

蟜，「蟜」音「橋」。珂行案：說文云：「蟜，蟲也。」非此。廣韻「蟜」字注引此經云：「野人，身有獸文」與今本小異。其爲人虎文，脛有膂，言腳有膞腸也。珂行案：已見海外北經「無膂國」。「膞」當爲「腨」，說文云：「腨，腓腸也。腓，脛腨也。」已見海外北經。在窮奇東。一曰狀如人。昆侖虛北所有。此同上物事也。珂行案：郭意此已上物事皆昆侖虛北所有也。明藏

本「同」作「目」。

闥非，「闥」音「榻」。懿行案：伊尹四方令云：「正西：闥耳。」疑即此。「非」、「耳」形相近。

人面而獸身，青色。

據比 一云「掾比」。懿行案：「掾比」一本作「掾北」。

之尸，其爲人折頸被髮，無一手。

環狗，懿行案：伊尹四方令云「正西：昆侖、狗國」，易林云「穿胸、狗邦」，即此也。淮南墜形訓有「狗國」。其爲人獸首人身。一曰蝟狀如狗，黃色。

袜，「袜」即「魅」也。懿行案：「魁魅」漢碑作「褵袜」。禮儀志云：「雄伯食魅。」玉篇云：「袜即鬼魅也。」本此。其爲物人身，黑首從目。懿行案：楚詞大招云「豕首從目，被髮鬖只」，疑即此。

戎，懿行案：周書史記篇云：「昔有林氏，召離戎之君而朝之。」或單呼爲「戎」，又與「林氏國」相比，疑是也。其爲人人首三角。懿行案：「戎」，廣韻作「俄」，云：「俄，人身，有三角也。」「首」作「身」，與今本異。

林氏國，懿行案：周書史記篇云：「昔有林氏，召離戎之君而朝之。」又云：「林氏與上衡氏争權，俱身死國亡。」即此國也。有珍獸，大若虎，五采畢具，懿行案：毛詩傳云：「騶虞，白虎

黑文，不食生物。與此異。

尾長于身，名曰騶吾，乘之日行千里。　六韜云：「紂囚文王，閎夭之徒詣林氏國，求得此獸，獻之，紂大悅，乃釋之。」周書曰：「夾林酋耳。酋耳若虎，尾參於身，食虎豹。」大傳謂之「侄獸」。「吾」宜作「虞」也。　懿行案：尚書大傳云「散宜生之於陵氏，取怪獸大不辟虎狼閒，尾倍其身，名曰虞」。鄭康成注云：「虞，騶虞也。」是鄭以「虞」即此經之「騶吾」，則「於陵氏」即「林氏國」也。「於」，「陵」、「林」聲近。「騶虞」亦即「騶吾」也，郭引作「夾」，字形之譌也。　周禮賈疏引經作「鄒吾」，古字假借也。　周書王會篇云「央林酋耳」，「央」一作「英」，之聲又相近。　郭又引大傳謂之「侄獸」，「侄」音「質」，今大傳作「怪獸」也。　藝文類聚九十九卷引郭氏讚云：「怪獸五采，尾參於身。矯足千里，儵忽若神。是謂騶虞，詩歎其仁。」

昆侖虛南所有，　懿行案：此目下物事也，郭無注，蓋失檢。

氾林，方三百里。　懿行案：淮南墬形訓云：「樊桐在昆侖閶闔之中。」廣雅云：「昆侖虛有板桐。」水經注云：「昆侖之山，下曰樊桐，一名板桐。」「樊」、「板」聲相近，「林」、「桐」字相似，當即一也。　畢氏云：

從極之淵，　懿行案：李善注江賦引此經，「淵」作「川」。

深三百仞，維冰夷恒都焉。　冰夷，馮夷也。　淮南云：「馮夷得道，以潛大川。」即河伯也，穆天子傳所謂「河伯無夷」者，竹書作「馮夷」，字或作「水」也。　懿行案：水經注引此經作「馮夷」。　穆天子傳云「河伯無夷之所都居」，郭注云：「無夷，馮夷也。」引此經云「冰夷」，「冰」、「馮」聲相近也。　史記索隱又引太公金匱云「馮修也」。「修」、「夷」亦聲相近也。　竹書云：「夏帝芬十六年，洛伯用與河伯馮夷鬭。」郭引「淮

南云」者，齊俗訓文也。莊子大宗師篇云「馮夷得之，以游大川」，釋文引司馬彪云：「清泠傳曰：馮夷，華陰潼鄉隄首人也，服八石得水仙，是爲河伯。」一云以八月庚子浴於河而溺死。」今案古書馮夷姓名多有異説，兹不備述云。

冰夷人面，乘兩龍。 畫四面，各乘靈車，駕二龍。

懿行案：郭注「靈」蓋「雲」字之譌也。水經注引括地圖云：「馮夷恒乘雲車，駕二龍。」是「靈」當爲「雲」，太平御覽六十一卷引此注正作「雲車」可證。李善注江賦引此經，作「冰夷人面而乘龍」，無「兩」字，疑「兩」譌爲「而」。「乘」字又誤置「而」字下也。史記封禪書正義引此經與今本同，可證。

一曰忠極之淵。 懿行案：水經注引此經作「中極」，「中」、「忠」古字通。

陽汙之山，河出其中。凌門之山，河出其中。 皆河之枝源所出之處也。懿行案：水經注云「河水又出于陽紆、陵門之山，而注于馮逸之山」，蓋即引此經之文，「陽紆」、「陵門」，與水經注合。或云即「龍門」其地皆當在秦，故淮南子云「昔禹治洪水，具禱陽紆」，高誘注云「陽紆，秦藪」是也[二]。水經注「陽汙」即「陽紆」，聲相近。穆天子傳云：「至于陽紆之山，河伯無夷之所都居。」水經注云「河水」，「凌」、「龍」亦聲相轉也。藝文類聚八卷引此經正作「陽紆」、「陵門」，「陵門」即「凌門」也。

王子夜之尸，兩手、兩股、胷、懿行案：「胷」當爲「匈」。**首、齒皆斷，異處。**此蓋形解反以高誘爲非，謬矣。

[二] 上引淮南子及高注，今本淮南子無其文，郝氏蓋轉引自水經注。

而神連，貌乖而氣合，合不爲密，離不爲疏。

懿行案：楚詞天問注有「王子僑之尸」，未審與此經

所説即一人不。或説「王子夜之尸」即「尸虞」，恐非也。「尸虞」即「天虞」，見大荒西經，所未能

詳。漢書郊祀志云「形解銷化」，服虔注云「尸解也」，蓋此類與？郭氏圖讚云：「子夜之尸，體分

成七。離不爲疏，合不爲密。苟以神御，形歸於一。」

舜妻登比氏， 懿行案：大荒南經云「帝俊妻娥皇」，即竹書云「后育」是也。大戴禮帝繫篇

云：「帝舜娶於帝堯之子，謂之女匽氏。」尸子云：「妻之以媓，媵之以娥，此二妃皆堯女」。鄭注禮

記云舜有「三妃」，蓋其一即「登比」矣。**生宵明、燭光，** 即二女字也。以能光照，因名云。懿

行案：初學記十卷云「舜女有宵明、燭光」，本此。**處河大澤。** 澤，河邊溢漫處。**二女之靈能**

照此所方百里。 言二女神光所燭及者方百里。懿行案：淮南墬形訓云：「宵明、燭光在河

洲，所照方千里。」疑「千」當爲「百」，或所見本異。**一曰登北氏。**

蓋國， 懿行案：魏志東夷傳云：「東沃沮在高句麗蓋馬大山之東。」後漢書東夷傳同。李賢

注云：「蓋馬，縣名，屬玄菟郡。」今案蓋馬疑本蓋國地。**在鉅燕南，倭北。倭屬燕。** 倭國在帶

方東，大海内，以女爲主，其俗露紒，衣服無針功，以丹朱塗身，不妒忌，一男子數十婦也。懿行

案：魏志東夷傳云：「倭人在帶方東南大海之中，依山島爲國邑。舊百餘國。其國本亦以男子爲

王，國亂，相攻伐歷年，乃共立一女子爲王，名曰卑彌呼。其俗，男子皆露紒，以木棉招頭。其衣橫

幅，但結束相連，略無縫。婦人被髮屈紛，作衣如單被，穿其中央，貫頭衣之。皆徒跣，以朱丹塗其身體，如中國用粉也。其俗，國大人皆四五婦，下戶或二三婦。婦人不淫，不妒忌。」是皆郭注所本也。地理志云：「樂浪海中有倭人，分爲百餘國。」魏志亦云「女王國東，渡海千餘里復有國，皆倭種」是也。其國有青玉，藝文類聚八十三卷引廣志曰「青玉出倭國」。史記正義云：「武后改倭國爲日本國。」經云「倭屬燕」者，蓋周初事與？

朝鮮，懿行案：尚書大傳云：「武王勝殷，釋箕子之囚。箕子不忍爲周之釋，走之朝鮮。武王聞之，因以朝鮮封之。」魏志東夷傳云「濊，南與辰韓，北與高句麗、沃沮接，東窮大海，今朝鮮之東皆其地也。昔箕子既適朝鮮，作八條之教以教之，無門戶之閉，而民不爲盜」云云。史記正義云：「朝音潮，鮮音仙。」

在列陽東、海北山南。列陽屬燕。朝鮮，今樂浪縣，箕子所封也。列亦水名也，今在帶方。帶方有列口縣。懿行案：地理志云：「樂浪郡，朝鮮。」又：「呑列，分黎山，列水所出，西至黏蟬入海。」又云：「含資，帶水西至帶方入海。」又，「帶方、列口並屬樂浪郡。晉書地理志：列口屬帶方郡。

列姑射，在海河州中。山名也。山有神人。河州在海中，河水所經者。莊子所謂「藐姑射之山」也。懿行案：列子黃帝篇云「列姑射山在海河洲中，山上有神人焉，吸風飲露，不食五

穀，心如淵泉，形如處女」云云，與莊子逍遙游篇所云「藐姑射〔一〕之山，汾水之陽」者非一地也。

說已見東次二經「姑射之山」。郭引莊子說此經，蓋非。

射姑國〔二〕，在海中，屬列姑射。西南，山環之。 懿行案：山環西南，海據東北也。

大蟹，在海中。 蓋千里之蟹也。懿行案：周書王會篇云「海陽大蟹」，孔晁注云：「海水之陽，一蟹盈車。」此云「千里」，疑字之譌也。然大荒北經注亦同，又似不譌。呂氏春秋恃君覽云：「夷穢之鄉，大解、陵魚。」「大解」即「大蟹」也，古字通用。「陵魚」在下。

陵魚，人面，手、足，魚身，在海中。 懿行案：楚詞天問云「鯪魚何所」，王逸注云：「鯪魚，鯉也。一云：鯪魚，鯪鯉也，有四足，出南方。」吳都賦云「陵鯉若獸」，劉逵注云：「陵鯉有四足，狀如獺，鱗甲似鯉，居土穴中，性好食蟻。」引楚詞云「陵魚曷止」，王逸曰「陵魚，陵鯉也」。所引楚詞與今本異。其說陵魚，即今穿山甲也。云「性好食蟻」，陶注本草說之極詳，然非此經之陵魚也。穿山甲又不在海中，此皆非矣。查通奉使高麗，見海沙中一婦人，肘後有紅鬣，號曰人魚，蓋即陵魚也。「陵」「人」聲相轉，形狀又符，是此魚審矣。又初學記三十卷引此經云「鯪鯉吞舟」，太平御覽九百三十八腹皆有刺，如三角菱。」北堂書鈔一百三十七卷亦引此經，而云「鯪鯉背

〔一〕「姑射」，原本作「射姑」。

〔三〕「射姑國」，山海經宋淳熙本、吳氏本、畢氏本均作「姑射國」。

〔二〕「射姑」，據莊子乙。

卷引作「鯪魚吞舟」，疑此皆郭注誤引作經文，今本並脱去之也。

大鯾，居海中。鯾即魴也。音「鞭」。

懿行案：爾雅云「魴，魾」，郭注云：「江東呼魴魚

爲鯿。」案「鯿」同「鯾」，見說文。

明組音「祖」。邑，居海中。懿行案：明組邑，蓋海中聚落之名，今未詳。或說以爾雅云

「組似組，東海有之」，恐非。

蓬萊山，在海中。上有仙人宮室，皆以金玉爲之，鳥獸盡白，望之如雲，在渤海中也。懿

行案：史記封禪書云「蓬萊、方丈、瀛洲，此三神山者，其傳在渤海中，諸仙人及不死之藥皆在焉。

其物禽獸盡白，而黄金銀爲宮闕。未至，望之如雲」云云，是郭所本也。列子夏革説勃海之東有五

山，中有蓬萊云。

大人之市，在海中。懿行案：今登州海中州島上，春夏之交，恒見城郭市廛，人物往來，有

飛仙遨游，俄頃變幻，土人謂之「海市」，疑即此。秦、漢之君所以甘心，方士所以誑惑其君，豈不以

此邪？

山海經第十三

晉郭璞傳　棲霞郝懿行箋疏

海內東經

海內東北陬以南者：

鉅燕，在東北陬。

國在流沙中者，埻端、璽㬇，「埻」音「敦」。懿行案：玉篇作「埻端，國名」。「璽㬇」，「㬇」音「唤」。或作「繭㬇」。懿行案：「㬇」即「暖」字也。玉篇作「璽㬇國」。在崑崙虛東南。一

懿行案：海內東經之篇而說流沙內外之國，下又雜廁東南諸州及諸水，疑皆古經之錯簡。

國在流沙外者，大夏、大夏國，城方二三百里，分為數十國，地和溫，宜五穀。懿行案：周書王會篇云「大夏茲白牛」，孔晁注云：「大夏，西北戎。」伊尹四方令云：「正北…大夏。」史記大宛傳云：「大夏在大宛西南二千餘里媯水南。其俗土著有城屋，與大宛同俗。無大王長，往往城邑置小長。」裴松之注三國志引魏略云：「西王母西有脩流沙，脩流沙西有大夏國。」豎沙、懿行

案：説文云：「古者宿沙初作煮海鹽。」宿沙蓋國名。「宿」、「竪」音相近，疑即「竪沙」也。三國志

注引魏略作「堅沙國」。 居繇，「繇」音「遥」。 懿行案：三國志注引魏略作「屬繇國」。 月支之

國。 月支國，多好馬美果，有大尾羊，如驢尾，即羬羊也。 小月支，天竺國皆附庸云。 懿行案：

伊尹四方令云：「正北：月氏。」「氏」、「支」同。三國志注引魏略云：「月氏國」。漢書西域傳云：

「大月氏國治監氏城。」

西胡白玉山，懿行案：三國志注引魏略云：「大秦西有海水，海水西有河水，河水西南北

行有大山，西有赤水，赤水西有白玉山，白玉山西有西王母。」今案「大山」蓋即昆侖也。「白玉

山」、「西王母」皆國名。藝文類聚八十三卷引十洲記曰「周穆王時，西胡獻玉杯，是百玉之精，明夜

照夕」云云。然則白玉山蓋以出美玉得名也。 在大夏東，蒼梧 懿行案：此別一蒼梧，非南海蒼

梧也。 在白玉山西南，皆在流沙西，昆侖虛東南。 昆侖山在西胡西，皆在西北。 地理

志：「昆侖山在臨羌西，又有西王母祠也。」 懿行案：地理志云「金城郡，臨羌：西北至塞外，有

西王母石室」，又云「有弱水、昆侖山祠」。是郭所本也。 然詳此經所說，蓋海内西經注所云「海外

復有昆侖」者也。 郭引地理志復以海内昆侖說之，似非。

雷澤中有雷神，龍身而人頭，鼓其腹。在吳西。 今城陽有堯冢、靈臺，雷澤在北也。

河圖曰：「大迹在雷澤，華胥履之而生伏羲。」 懿行案：淮南墜形訓云「雷澤有神，龍身人頭，鼓

其腹而熙」，高誘注云：「雷澤，大澤也。」地理志云：「濟陰郡，成陽……有堯冢、靈臺。禹貢雷澤在西北。」史記五帝紀正義引括地志云「雷夏澤在濮州雷澤縣郭外西北」，又引此經云「雷澤有雷神，龍首人頰，鼓其腹則雷」與今本異也。

都州，在海中。　懿行案：水經淮水注引此經作「郁山」。劉昭注郡國志引此經與今本同。

一曰郁州。　今在東海朐縣界。世傳此山自蒼梧從南徙來，上皆有南方物也。「郁」音「鬱」。

懿行案：劉昭注郡國志引此注，云「在蒼梧徙來，上皆有南方樹木」，與今本異，疑今本「從南」二字衍也。水經注亦云「言是山自蒼梧徙此，云山上猶有南方草木」。

琅邪臺，在渤海間，琅邪之東。　今琅邪在海邊，有山嶕嶢特起，狀如高臺，此即琅邪臺也。琅邪者，越王句踐入霸中國之所都。　懿行案：史記封禪書索隱及文選注謝朓和王著作八公山詩引此經，並與今本同。越絕書云：「句踐徙琅邪，起觀臺，臺周七里，以望東海。」今詳此經，是地本有臺，句踐特更增築之耳，故史記索隱云是山「形如臺」也，斯言得之。

在海間。　懿行案：琅邪臺在今沂州府，其東北有山，蓋勞山也。勞山在海間，一曰牢山。

韓鴈，　懿行案：韓鴈，蓋三韓古國名。韓有三種，見魏志東夷傳。在海中，都州南。　懿行案：「轅厲」疑即「韓鴈」之譌也。「韓」

始鳩，國名，或曰鳥名也。　在海中，轅厲南。　懿行案：「轅厲」

「轅」、「鴈」、「厲」並字形相近。

會稽山，在大楚南。

岷三江，首大江，出汶山，今江出汶山郡升遷縣岷山，東南經淮南、下邳至廣陵郡入海。懿行案：「汶」即「岷」也，已見中次九經「岷山」，郭云「岷山，大江所出」。「岷」字一作「嵋」，廣雅云：「蜀山謂之嵋山。」「蜀」讀爲「獨」，字或作「瀆」，史記封禪書云：「瀆山，蜀之汶山也。」水經注又謂之「汶阜山」。又郭注自「蜀郡」已下凡有十四名，並見晉書地理志。

東、建平、宜都、南郡、江夏、弋陽、安豐至廬江南界，東北經淮南、下邳至廣陵郡入海。

山」即「嵋山」，郭云「北江所出」。 南江出高山。懿行案：「高山」即「嵊山」，郭云「南江所出」。 北江出曼山，懿行案：「曼

高山在城都西。懿行案：「城」當爲「成」。又案「成都」、「長州」亦皆周以後地名，蓋校書者記注之。

浙江出三天子都，按地理志「浙江出新安黟縣南蠻中，東入海」，今錢塘浙江是也。黟即歙也。「浙」音「折」。

屬臨淮，有長洲澤。」「洲」當爲「州」也。

懿行案：說文云：「漸水出丹陽黟南蠻中，東入海」，又云：「浙江水東至會稽山陰爲浙江。」地理志云「丹陽郡，黟……漸江水出南蠻夷中，東入海」，顏師古注云「黟音伊」，字本作黟」是也。晉書地理志亦作「黟」，屬新安郡。新安即丹陽，晉改漢制，郭引地理志，据所改爲名，故不稱「丹陽」也。水經云「漸江水出三天子都」，注云：「山海經謂之浙江也。」案初出名「漸江」，其流曲折，至會稽名「浙江」，說文之旨與水經正合。莊子謂之「制河」。「制」、「浙」、「漸」三字聲

轉,其實一也。水出今安徽歙縣西北黃山。三天子都在績谿縣,即「三天子都」,已見海內南經。

文選注謝惠連西陵遇風獻康樂詩引此注,云「今錢塘有浙江」,疑今本脫「有」字也。**在其東。**懿行案:「其」字疑譌。太平御覽六十五卷引作「率」,亦非也。據太平寰宇記引作「蠻」。郭注「黟即歙也」,「黟」亦引作「蠻」。今以地理志、説文證之,當是也。**在閩西北。**云:「三天子鄣山在閩西海北。」**入海餘暨南。**餘暨縣屬會稽,今爲永興縣。懿行案:餘暨,今蕭山也。地理志云「會稽郡,餘暨」,晉書地理志云「會稽郡,永興」。

廬江出三天子都,懿行案:地理志云:「廬江郡,廬江出陵陽東南,北入江。」水經云「廬江水出三天子都,北過彭澤縣,西北入於江」,注引此經。**入江彭澤西。**彭澤,今彭蠡也,在尋陽彭澤縣。懿行案:地理志云「廬江郡,尋陽」「豫章郡,彭澤」。郡國志云:「彭澤,彭蠡澤在西。」**一曰天子鄣。**懿行案:「三天子鄣」已見海內南經。

淮水出餘山。餘山在朝陽東,朝陽縣今屬新野。懿行案:地理志云「南陽郡,朝陽」,應劭注云:「在朝水之陽。」藝文類聚八卷引此經無「東」字。晉書地理志朝陽、新野並屬義陽郡,郭注「新野」疑當爲「義陽」,字之譌也。**義鄉西,**懿行案:「義鄉」今無攷。郭云「義陽」者,水經注云:「闞駰言:晉太始中,割南陽東鄙之安昌、平林、平氏、義陽四縣,置義陽郡於安昌城。」「義陽」或即此經之「義鄉」。**入海淮浦北。**今淮水出義陽平氏縣桐柏山山東,北經汝南、汝陰、淮

南、譙國、下邳，至廣陵縣入海。　懿行案：說文云：「淮水出南陽平氏桐柏大復山，東南入海。」

地理志云：「南陽郡，平氏。禹貢桐柏大復山在東南，淮水所出，東南至淮陵入海。」水經云：「出

胎簪山，東北過桐柏山。」蓋引郭注誤作經文耳。「南陽」當作「義陽」，字之譌。初學記又引郭注

水出南陽平氏縣桐柏山。」然則此經云「餘山」者，或「桐柏」之異名也。初學記六卷引此經云：「淮

作「義陽」，與今本同。又陶弘景注本草「丹蔘」云：「此桐柏山是淮水原所出之山，在義陽」，亦與

郭注同也。「義陽，平氏」見晉書地理志。「淮浦」者，地理志云「臨淮郡，淮浦……游水北入海」，應

劭注云：「淮浦也。」水經云「淮水至廣陵淮浦縣入於海」，注云：「淮水於縣枝分，北爲游水，又東

北逕紀鄣故城南，東北入海。」今案水經云「廣陵淮浦縣」，此注作「廣陵縣」，疑脫「淮浦」二字。初

學記引郭注作「淮陰縣」，又「淮浦縣」之譌也。

湘水出舜葬東南陬，西環之。　環，繞也。　今湘水出零陵營道縣陽湖山，入江。　懿行

案：說文云：「湘水出零陵陽海山。」地理志云：「零陵郡，零陵……陽海山，湘水所出，北至酃入

江。」水經云「湘水出零陵始安縣陽海山」，注云：「即陽朔山也。」李善注江賦引此注，亦作「陽

朔山」，今本作「陽湖山」，譌。

入洞庭下。　洞庭，地穴也，在長沙巴陵。　今吳縣南太湖中有包

山，下有洞庭穴道，潛行水底，云無所不通，號爲地脈。　懿行案：郭氏江賦云：「爰有包山洞

庭，巴陵地道，潛逯傍通，幽岫窈窕。」李善注引此注與今本同。其注羽獵賦引此注亦同。　今湘

水至湖南長沙縣入洞庭湖。

一曰東南西澤。　懿行案：蓋言一本作「東南入西澤」也，經文疑

有脱誤。

漢水出鮒魚之山，書曰「嶓冢導漾，東流爲漢」。按水經…「漢水出武都沮縣東狼谷，經漢中，魏興至南鄉，東經襄陽，至江夏安陸縣入江。」別爲沔水，又爲滄浪之水。」懿行案：漢水所出，已見西山經「嶓冢之山」。此經云「出鮒魚之山」，「鮒魚」或作「鮒隅」，一作「鮒鮦」，即海外北經「務隅之山」，大荒北經又作「附魚之山」，皆即廣陽山之異名也，與漢水源流絕不相蒙，疑經有譌文。北堂書鈔九十二卷引「漢水」作「濮水」，水在東郡濮陽，正顓頊所葬，似作「濮」者得之矣，宜據以訂正。帝顓頊葬于陽，九嬪葬于陰，懿行案：二句已見海外北經，但此經方釋諸水而又述此，疑後人見「鮒魚」與「務隅」山名相涉，因取彼文羼入之耳。又此經「漢水」但言所出，不言歸入，蓋有脱文矣。四蛇衛之。言有四蛇衛守山下。

濛水懿行案：地理志云：「蜀郡，青衣：禹貢蒙山谿，大渡水東南至南安入濛。」濛東入江。大渡水即濛水，蓋因山爲名也。水經江水注云：「濛水即大渡水也，發蒙谿，東南流與濛水合，又東入江。」引此經文也。「濛」，説文作「溁」。出漢陽西，漢陽縣屬朱提。地理志云：「漢陽，山阘谷：漢水所出，東至灊入延。」入江聶陽西。「漢陽」並漢縣，屬犍爲郡。晉因蜀置漢陽，屬朱提郡也。懿行案：「朱提」、地理志云：「漢陽，山阘谷：漢水所出，懿行案：水經注引此經作「灊陽」。

温水出崆峒山，在臨汾南，今温水在京兆陰盤縣，水常温也。臨汾縣屬平陽。懿行

案：史記五帝紀云「西至於空桐」，正義引括地志云：「空桐山在肅州禄福縣〔二〕東南。」又云：「笄頭山一名崆峒山，在原州平陽縣西百里，禹貢涇水所出。」案地理志云：「安定郡，涇陽：开頭山在西，禹貢涇水所出。」又臨涇亦屬安定。據此，則經文「臨汾」疑當爲「臨涇」，字之譌矣。又地理志云「安定郡，陰槃」，郭云「京兆陰槃」，亦譌也。劉昭注郡國志「陰盤」，引此經及郭注。　入河

華陽北。　懿行案：此「華陽」未詳其地。

穎水出少室，少室山在雍氏南，　懿行案：史記周本紀云「楚〔三〕圍雍氏」，徐廣注云：「雍氏城也。」即此。　入淮西鄢北。今穎水出河南陽城縣乾山，東南經穎水、汝陰，至淮南下蔡入淮。　說文云：「穎水出潁川陽城乾山，東入淮。」水經云：「穎水出潁川陽城縣陽乾山也。」地理志云：「穎川郡，陽城：陽乾山，穎水所出，東至下蔡入淮。」水經云：「穎水出潁川陽城縣西北少室山。」注引此經云云，「今穎水有三源奇發，故作者互舉二山也。」云「入淮西鄢北」者，地理志云「穎川郡，傿陵」，晉書地理志同，「傿」作「傿」。案「二山」謂少室及陽乾山也。云「入鄢」，「鄢」音「鈞」。　懿行案：一言「少室山在緱氏南」也。緱氏，今偃師縣地，東南與少室接。漢、晉地理志並云「河南郡，緱氏」。　一曰緱氏。縣屬河南。音「鈎」。

〔一〕「禄福縣」，今本史記作「福禄縣」。

〔二〕「楚」，原本作「禹」，據史記改。下引徐廣注本作「陽翟，雍氏城也」，郝氏略「陽翟」二字不妥。

汝水出天息山，懿行案：玉篇引此經作「天恩山」，蓋譌。在梁勉鄉西南，入淮極西北。

今汝水出南陽魯陽縣大盂山，東北至河南梁縣，東南經襄城、潁川、汝南，至汝陰褒信縣入淮。

淮極，地名。懿行案：說文云：「汝水出弘農盧氏還歸山，東入淮。」地理志云：「汝南郡，定陵：…高陵山，汝水，東南至新蔡入淮。」水經云「汝水出河南梁縣勉鄉西天息山」，注云：「地理志曰出高陵山，即猛山也。亦言出南陽魯陽縣之大盂山，又言出弘農盧氏縣還歸山，博物志曰汝出燕泉山，並異名也。」史記正義引括地志云：「源出汝州魯山縣西伏牛山，亦名猛山，至豫州郾城縣名瀋。」案經云「在梁勉鄉西南」者，梁，縣名也，漢，晉地理志並云梁屬河南郡，今汝州也，西南與魯山接。經云「入淮極西北」者，水經云「汝水東至原鹿縣南，入於淮」，注云：「所謂汝口。側水有汝口戍，淮、汝之交會也。」文選枚乘七發云「北望汝海」，李善注引此郭注，云「汝水出魯陽山，東北入淮海」，與今本異，今本無「海」字。李善又云：「汝稱海，大言之也。」「汝陰郡，褒信」見晉書地理志。一曰淮在期思北。期思縣，屬弋陽。懿行案：一云入淮在期思北也。地理志期思、弋陽並屬汝南郡，晉書地理志期思屬弋陽郡。

涇水出長城北山，懿行案：長城即秦所築長城也。北山即笄頭山。山在郁郅長垣北，皆縣名也。「郅」音「桎」。地理志云「北地郡，郁郅」，即今甘肅慶陽府治也，西南與平涼接。長垣即長城也。北入渭今涇水出安定朝那縣西笄頭山，東南經新平、扶風，至京兆高陵縣入渭。

懿行案：說文云：「涇水出安定涇陽开頭山，東南入渭。」地理志云：「安定郡，涇陽：…开

頭山在西，禹貢涇水所出，東南至陽陵入渭。」案「开頭山」，土俗譌爲「汧屯山」，見顏師古注；一名「薄落山」，見高誘淮南墜形訓注。 涇水入渭之地在今陝西高陵縣也。 又案西次二經云「涇水出高山」，高山當即开頭山，郭注與此注同，初學記六卷引此注亦同。 晉書地理志云「京兆郡高陸」，至「陸」「蓋」「陵」字之譌。 **戲北。**戲，地名，今新豐縣也。 懿行案：漢書高帝紀云「周章西入關，至「戲」，顏師古注云：「戲在新豐東。今有戲水驛。其水本出藍田北界橫嶺，至此而北流入渭。」然則戲亦水名也。

渭水出鳥鼠同穴山，東注河，入華陰北。 鳥鼠同穴山，今在隴西首陽縣，渭水出其東，經南安、天水、略陽、扶風、始平、京兆、弘農華陰縣入河。 懿行案：「渭水」已見西次四經「鳥鼠同穴之山」。 水經云「渭水出隴西首陽縣渭谷亭南鳥鼠山」，注云「縣有高城嶺，嶺上有城，號渭源城，渭水出焉。 三源合注，東北流逕首陽縣西」云云。 史記正義引括地志云「渭有三源，並出鳥鼠山，東流入河。」案地理志云：「東至船司空入河。」船司空，縣名，與華陰並屬京兆尹。 晉書地理志華陰縣屬弘農郡。

白水出蜀，而東南注江，色微白濁，今在梓潼白水縣，源從臨洮之西西傾山來，經沓中東流通陰平，至漢壽縣入潛。 懿行案：地理志云：「廣漢郡，甸氏道：『白水出徼外，東至葭明〔一〕

〔一〕「明」，原本作「萌」，據漢書改。

入漢。」水經河水注云：「洮水與墊江水俱出強臺山，山南即墊江源，山東則洮水源。」引此經云

「白水出蜀。」又引郭注云：「從臨洮之西傾山，東南流入漢，而至墊江，故段國以爲墊江水也。強

臺，西傾之異名也。」今案酈氏説墊江即白水，所引郭注與今本異，未知其審。又水經漾水注云「白

水出於臨洮縣西南西傾山，水色白濁，東南流與黑水合」云云，「又東南於吐費城南，即西傾之東

北也，東南流，注西漢水。西晉壽，即蜀王弟葭萌所封，劉備改曰漢壽，太康中又曰晉壽」云云，與

郭注及地理志俱合，是白水流入西漢水。郭云「入潛」，潛即漢也，爾雅云「水自漢出爲潛」是矣。

此經云「白水注江」，所未詳，或江即墊江也。白水在今四川昭化縣界入於漢，昭化即葭萌地也。

入江州城下。 江州縣屬巴郡。 懿行案：此言白水入江之地也。經文「城下」二字蓋誤衍。今

四川巴州即古江州，西北與昭化接境。 地理志云「巴郡，江州、墊江二縣」，蓋白水入漢，而至江州

又爲墊江水，正與水經注引郭注「至墊江」之文合。

沅水山 懿行案：「山」字衍。文選注江賦引此經無「山」字。 **出象郡鐔城西，** 象郡，今日

南也。 鐔城縣今屬武陵。 音「尋」。 懿行案：地理志云「日南郡，故秦象郡」，又云「武陵郡，鐔

城」。 晉書地理志同。 此經言「象郡鐔城」，則知秦時鐔城屬象郡矣。 **入東注江，** 懿行案：「入

字疑衍，或「又」字之譌。説文云：「沅水出牂牁故且蘭，東北入江。」地理志云：「沅水東至益陽

入江。」水經下注洞庭湖，方會於江。」 **入下雋西，** 下雋縣今屬長沙。 音昨兗反。

懿行案：……地理志云「長沙國」下雋」。 **合洞庭中。** 水經曰：「沅水出牂牁且蘭縣，又東北至鐔城

縣爲沇水，又東過臨沅縣南，又東至長沙下雋縣。懿行案：今本水經云「沇水出牂牁故且蘭縣，爲旁溝水，又東至鐔成縣，爲沇水。東過無陽縣。又東北過臨沅縣南，又東至長沙下雋縣西北，入於江。」與郭所引微異。郭注水經今亡，酈注水經，郭亦未見也。

贛水 懿行案：地理志云「豫章郡，贛：豫章水出西南，北入江」，郡國志亦云「贛有豫章水」，是贛水一名豫章水，郡、縣俱因水得名矣。

出聶都東山， 今贛水出南康南野縣西北。音「感」。 懿行案：水經云「贛水出豫章南野縣西北，過贛縣東」，注引此經云「贛水出聶都山」，無「東」字。又案晉書地理志南野屬廬陵郡，不屬南康，晉地記云「太康中，以贛、南野等縣割爲南康郡」也。

東北注江， 懿行案：水經云「北過彭澤縣，西北入於江」，注引此經與今本同。今水入鄱陽湖，出湖口縣入大江，俗云章江也。

入彭澤西。 懿行案：地理志云「豫章郡，彭澤：禹貢彭蠡澤在西。」案今江西新建縣東鄱陽湖即彭蠡澤也。

泗水出魯東北 懿行案：地理志云「濟陰郡，乘氏：泗水東南至睢陵入淮。」水經云「泗水出魯卞縣北水，非此經所説也。地理志又云「魯國，卞：泗水西南至方與入沛。」水經云「泗水出魯卞縣故城東南山」，注引此經，又云：「余尋其源流，水出卞縣故城東南，桃墟西北。博物志曰『泗出陪尾』，蓋斯阜者矣。」是酈氏以水出卞縣東南，不從此經及水經並地志之文也。史記正義引括地志云「泗水源在兗州泗水縣東陪尾山，其源有四道，因以爲名。」

而南，西南過湖陵西， 懿行案：地理志

云：「山陽郡，湖陵」。禹貢『浮于泗、淮，通于菏〔二〕』，水在南。莽曰湖陸。」水經云「泗水南過」方

與縣東，菏水從西來注之，又屈東南過湖陸縣南」，注云：「菏水即沛水之所苞注以成湖澤也，而

東與泗水合於湖陵縣西六十里穀庭城下，俗謂之黃水口。」

而東南注東海，懿行案：說文

云：「泗受沛水，東入淮。」水經云「泗水東南過下邳縣西，又東南入於海也。」是水經、説文並云

「入淮」。此經則云「注海」者，言泗合淮而入於海也。 **入淮陰北。**今泗水出魯國卞縣，西南

至高平湖陸縣，東南經沛國、彭城、下邳，至臨淮下相縣入淮。 懿行案：晉書地理志云「臨淮

郡，下相」。

鬱水出象郡，懿行案：即豚水也。地理志云：「牂牁郡，夜郎……豚水東至廣鬱。」又

云：「鬱林郡，廣鬱：鬱水首受夜郎豚水，東至四會入海。」又

云：「温水出牂牁夜郎縣，又東至鬱林廣鬱縣爲鬱水，又東至領方縣，東與斤員水合，東北入於鬱」，水經

注云：「鬱水即夜郎豚水也。」**而西南注南海，**懿行案：即地理志云「至四會入海」也。水經注

云：「鬱水又南，自壽泠縣注於海。」引此經云云。 **入須陵東南。**懿行案：海內南經云：「鬱水

出湘陵南海，一曰相慮。」此經「須陵」，疑「須陵」即「湘陵」，聲轉爲「相慮」。水經注又云「壽

泠」，疑亦聲轉也。

〔二〕「通于菏」，地理志原文作「通于河」。禹貢原文作「達于河」，説文引禹貢作「達于菏」。

肆音如「肆習」之「肆」。　懿行案：今經文正作「肆習」之「肆」，如此便不須用音，知郭本不

作「肆」也。水經注引作「肆」，當是。　**水出臨晉**懿行案：「晉」當爲「武」字之譌，見水經注所引。

西南，懿行案：即溱水也。說文云：「溱水出桂陽臨武，入匯。」地理志云：「桂陽郡，臨武：秦水蓋

東南至楨陽入匯。」水經云：「溱水出桂陽臨武縣南，繞城西北，屈東流。」注引此經云云，「肆水蓋

溱水之別名也」。案水經注「肆」本作「肆」，「肆」、「肆」字形相亂，故郭音「肆習」以別之耳。**而**

東南注海，懿行案：水經云「溱水過湞陽縣，出洭浦關，與桂水合，南入於海」注云：「西南迆中

宿縣南，又南注於鬱，而入於海。」**入番禺西。**番禺縣屬南海，越之城下也。　懿行案：地理志

云「南海郡，番禺」。今南海、番禺並爲縣，屬廣州府也。

潢懿行案：水經注引此經作「湟」，疑「湟」、「潢」古字通。

水出桂陽西北山，懿行案：即

洭水也。亦曰桂水。方言云「南楚瀑洭之間」，郭注云：「洭水在桂陽。」即此也。說文云：「洭水

出桂陽縣盧聚山洭浦關，爲桂水。」與水經合。水經云「洭水出桂陽縣盧聚，東南過含洭縣。南出

洭浦關，爲桂水」，注云：「洭水出關，左合溱水，謂之洭口。」山海經謂之『湟水』。徐廣曰：『湟

水，一名洭水，出桂陽，通四會，亦曰灕水也。』桂水其別名也。」「地理志曰：『洭水出桂陽，南至四

會是也。』」案今地理志「洭」作「匯」，云：「桂陽，匯水南至四會，入鬱林。」應劭以爲桂水所出。又

「含洭」，應劭以爲「洭水所出」，似分爲二水，非也。「匯」當從水經注作「洭」。　**東南注肆水，**懿

行案：水經云：「溱水過楨陽縣，出洭浦關，與桂水合。」**入敦浦西。** 懿行案：「敦浦」未詳。水

經溱水注引此經作「郭浦」。

洛水出洛西山， 懿行案：洛水所出，中次四經謂之「讙舉山」，地理志謂之「冢領山」，此經

又謂之「洛西山」。水經注引此經云洛水「出上洛西山」，疑今本脱「上」字。**東北注河，** 懿行案：地

理志云：「弘農郡，上雒：禹貢雒水出冢領山，東北至鞏，入河。」水經云「洛水東北過鞏縣東，又北

入於河」，注云：「謂之洛汭，即什谷也。」劉昭注郡國志「京兆尹，上雒：冢領山，雒水出」，引此經

云：「雒出王城南，至相谷西，東北流。」案劉昭所引與今經文既異，又非郭注，未審出何書也。入

河。」成皋縣亦屬河南也。　　懿行案：水經注引此經云「洛水，成皋西入河」，蓋以意引經也。郭引

成皋之西。 書云「道洛自熊耳」。按水經：「洛水今出上洛冢嶺山，東北經弘農，至河南鞏縣入

水經亦與今水經異。

汾水出上窳北， 音「愈」。　　懿行案：「上窳」無攷，「汾水」已見北次二經「管涔之山」。

而西南注河， 今汾水出太原晉陽故汾陽縣，東南經晉陽，西南經西河[一]、平陽，至河東汾陰入

河。　　懿行案：水經云：「汾水出太原汾陽縣北管涔山。」說文云：「汾水出太原晉陽山，西南入

河。」

[一]「西河」，箋疏諸本俱作「河西」，宋淳熙本、吳氏本、畢氏本山海經俱作「西河」，據改。

海。」或曰出汾陽北山，地理志云：「太原郡，汾陽：北山，汾水所出，西南至汾陰入河。」案水經亦云「至汾陰入河」，說文作「入海」，蓋字形之譌。入皮氏南。 皮氏縣屬平陽。 懿行案：水經云：「汾水西過皮氏縣南，又西至汾陰縣北，西注於河。」皮氏，漢志屬河東郡，晉志屬平陽郡。

沁水出井陘山東， 懿行案：「沁水」已見北次三經「謁戾之山」。說文云：「沁水出上黨羊頭山。」地理志云：「穀遠羊頭山世靡谷，沁水所出。」水經云「出上黨涅縣謁戾山」，注云：「三源奇注，逕瀉一壑。」然則水經、說文、地理志各據所見爲說也。 此經又云「出井陘山東」，地理志云「常山郡，井陘」，應劭云：「井陘山在南。」東南注河， 懿行案：說文云：「東南入河。」地理志云：「東南至滎陽入河。」水經云：「東南至滎陽縣北，東入於河。」入懷東南。 懷縣屬河內，河內北有井陘山。 懿行案：懷屬河內郡，見地理志。 水經云「沁水東過懷縣之北，又東過武德縣南，又東南至滎陽入河」，與此經合。

濟水出共山南東丘，「共」與「恭」同。 懿行案：「濟」當爲「泲」，古字通用。說文云：「泲，沇也，東入于海。」水經云「濟水出河東垣縣東王屋山，爲沇水。又東至溫縣西北，爲濟水」，注云：「潛行地下，至共山南復出於東丘。今原城東北有東丘城。孔安國曰：『泉源爲沇，流去爲濟。』」案「濟水」已見北次二經「王屋之山」。 絕鉅鹿澤，絕，猶截度也。 鉅鹿今在高平。 懿行案：水經注及初學記六卷並引此經云「絕鉅野」，今本作「鹿」，字之譌也。 地理志云：「山陽郡，

鉅樴：大樾澤在北。爾雅十藪云「魯有大野」，郭注云「今高平鉅野縣東北大澤是也。」水經

云：「濟水東至乘氏縣西，分爲二。其一水東南流，其一水從縣東北流，入鉅野澤。」**注渤海。**懿行

案：初學記引此經作「注入于海」。水經注引此經與今本同，惟「渤」作「勃」字耳。水經云「東北

過甲下邑，入於河」，注云：「濟水東北至甲下邑南，東歷琅槐縣故城北，又東北，河水枝津注之。

水經以爲入河，非也。斯乃河水注濟，非濟入河。又東北入海。」**入齊琅槐東北。**今濟水自滎陽

卷縣，東經陳留至濟陰北，東北至高平，東北經濟南，至樂安博昌縣入海，今碣石也。諸水所出，又

與水經違錯，以爲凡山川或有同名而異實，或同實而異名，或一實而數名，似是而非，似非而是。

且歷代久遠，古今變易，語有楚夏，名號不同，未得詳也。　懿行案：地理志云「千乘郡，琅槐」。

水經注引地理風俗記曰「博昌東北八十里有琅槐鄉，故縣也」，引此經云云。又引郭注云：「濟自

滎陽至樂安博昌入海，今河竭。」案酈氏以濟水仍流不絕，故議郭說爲非。然則此注「今碣石也」，

當從水經注作「今河竭也」，蓋傳寫之譌耳。水經注又云：「濟水當王莽之世，川瀆枯竭。其後水

流逕通，津渠勢改，尋梁脈水，不與昔同。」是則濟水枯竭後仍流不絕之證也。又案郭云「諸水所

出，又與水經違錯」，郭氏注水經二卷，今不存，見隋書經籍志。

潦水懿行案：水經、地理志並作「遼水」。　**出衛皋**懿行案：「皋」，水經作「白平」二字，劉昭

注郡國志引此經亦云「遼水出白平東」，並譌。　**東，出塞外衛皋山。**玄菟高句驪縣有遼山，小遼水

所出，西河注大遼。音「遼」。　懿行案：地理志云：「玄菟郡，高句驪：遼山，遼水所出，西南至

遼隊，入大遼水。」案郭注本此，其「西河」當爲「西南」，字之誤也。地理志又云：「遼東郡，望平

大遼水出塞外，南至安市入海。」水經云「大遼水出塞外衛皋山，東南入塞，過遼東襄平縣西」注

云：「遼水亦言出砥石山。」案淮南墜形訓云「遼出砥石」是也。東南注渤海，懿行案：水經

云：「遼水又東南過房縣西，又東過安市縣，西南入於海。」案大遼水注海，其小遼水但注大遼水。

入遼陽。遼陽縣屬遼東。懿行案：地理志云「遼東郡，遼陽」。

虖沱水出晉陽城南，而西懿行案：虖沱所出已見北次三經「泰戲之山」。地理志云「太

原郡，晉陽」。至陽曲北，懿行案：地理志云「太原郡，陽曲」。而東注渤海，經河間樂城，東北

注渤海也。晉陽、陽曲縣皆屬太原。懿行案：地理志云「河間國，樂成：虖池別水首受虖池

河，東至東光入虖池河。」又云：「弓高：虖池別河首受虖池河，至東平舒入海。」又云：「勃海郡，

成平：虖池河，民曰徒駭。」案此更虖池入勃海之證。入越章武北。章武，郡名。懿行案：地

理志云：章武，勃海縣也。晉書地理志云「章武國，章武縣」。今詳此注，當謂漢縣，郭云「章武

郡」，疑「郡」當爲「縣」，字之誤也。經文「越」字疑衍。下文「漳水」亦有此句，經無「越」字可證。

漳水出山陽東，懿行案：濁漳水出發鳩山，清漳水出少山，已見北次三經。是二漳並出今

山西樂平、長子兩縣地。此經又云「出山陽東」者，地理志有「山陽郡」，非此也。晉書地理志云

「河內郡，山陽」。史記秦本紀正義引括地志云：「山陽故城在懷州修武縣西北，太行山南。」案修

武，今河南修武縣，與山西澤州接界，漳水在其東北也。**東注渤海**，懿行案：地理志云：「信都國，信都：故章河、故虖池皆在北，東入海。」又云：「清漳水東北至阜城，入大河。」又云：「魏郡，鄴：故大河在東北入海。」水經云：「濁漳東北過阜城縣北，又東北至昌亭〔一〕，與虖沱河會，又東北過成平縣南，又東北過章武縣西，又東北過平舒縣南，東入海。」**入章武南。** 新城汴陰縣亦有漳水。懿行案：「汴陰」當爲「沵鄉」，字之譌也。 新城郡沵鄉，見晉書地理志。 南方別有漳水，入沮，見中次八經「荆山」也。

懿行案：右海外、海內經八篇，大凡四千二百二十八字。

尉光祿大夫臣秀領主省。

建平元年四月丙戌，待詔太常屬臣望校治，侍中光祿勳臣龔、侍中奉車都

〔一〕「昌」，原本作「易」，據冰經改。

山海經第十四

晉郭璞傳　棲霞郝懿行箋疏

大荒東經

郭注本目録云：「此海内經及大荒經本皆進在外。」懿行案：据郭此言，是自此已下五篇皆後人所述也，但不知所自始，郭氏作注亦不言及，蓋在晉以前，郭氏已不能詳矣。今攷本經篇第，皆以南西北東爲叙，茲篇已後，則以東南西北爲次。蓋作者分別部居，令不雜厠，所以自別於古經也。又海外、海内經篇末皆有「建平元年四月丙戌」已下三十九字，爲校書款識，此下亦並無之。又此下諸篇大抵本之海外、内諸經而加以詮釋，文多凌雜，漫無統紀，蓋本諸家紀録，非一手所成故也。

東海之外大壑，詩含神霧曰「東注無底之谷」，謂此壑也。離騷曰：「降望大壑。」懿行案：列子湯問篇云：「夏革曰：勃海之東，不知幾億萬里，有大壑焉，實惟無底之谷，其下無底，名曰歸虛。」莊子天地篇云：「諄芒將東之大壑，適遇苑風於東海之濱。」釋文云：「李云：大壑，東海也。」案經文「大壑」上當脱「有」字，藝文類聚九卷引此經有「有」字可證。郭引離騷見遠遊篇。

少昊之國。少昊金天氏，帝摯之號也。懿行案：白帝少暤，其神居長留山，已見西次三經。

少昊孺帝顓頊于此，「孺」義未詳。棄其琴瑟。言其窫中有琴瑟也。懿行案：説文云：「孺，乳子也。」莊子天運篇云「烏鵲孺」，蓋育養之義也。懿行案：此言少暤孺養帝顓頊於此，以琴瑟為戲弄之具而留遺於此也。初學記九卷引帝王世紀云「顓頊生十年而佐少暤」，鬻子書云「顓頊生十五而佐少暤」，義皆與此合。路史諸書或以孺帝為顓頊長子之名，斯不然矣。郭注以少暤為金天氏帝摯之號，徵之往籍，亦多齟齬。大戴禮帝繫篇云：黃帝產青陽及昌意，皆不立，而昌意產高陽，是為帝顓頊」。史記五帝紀同。竹書載「昌意降居若水，產帝乾荒」，「乾荒」即「高陽」，聲相近，與帝繫合。周書嘗麥篇云：「乃命少暤清司馬鳥師，以正五帝之官，故名曰質。」「質」、「摯」亦聲相近，張衡集引此書以為「清」即「青陽」也。案青陽即玄囂，玄囂不得在帝位，見史記，是其不立之證。高誘注淮南子及史記索隱引宋衷、皇甫謐，並以青陽即少暤，與周書合。然則少暤蓋以帝子而為諸侯，封於下國，即此經云「少暤之國」也。由斯以談，少暤即顓頊之世父，顓頊是其猶子，世父就國，猶子隨侍，眷彼童幼，娛以琴瑟，蒙養攸基，此事理之平，無足異者。諸家之説，多有岐出，故詳述於篇，以俟攷焉。

有甘山者，甘水出焉，懿行案：甘水窮于成山，見大荒南經。生甘淵。水積則成淵也。懿行案：即義和浴日之處，見大荒南經。

大荒東南隅有山，名皮母地丘。懿行案：淮南墜形訓云「東南方曰波母之山」，蓋「波

母」之「波」字脱水旁，因爲「皮」爾。臧庸曰：「波母即皮母，同聲字也。」

東海之外，大荒之中有山，名曰大言，懿行案：初學記五卷引此經作「大谷」。日月

所出。有波谷山者，有大人之國。晉永嘉二年，有鶖鳥集於始安縣南廿里之鷲陂中，民周虎

張得之，木矢貫之鐵鏃，其長六尺有半，以箭計之，其射者人身應長一丈五六尺也。又平州別駕高

會語云：「倭國人嘗行，遭風吹度大海外，見一國人皆長長丈餘，形狀似胡，蓋是長翟別種，箭殆將從

此國來也。」外傳曰：「焦僥人長三尺，短之至也。長者不過十丈，數之極也。」按河圖玉版曰：「從

昆侖以北九萬里，得龍伯國，人長三十丈，生萬八千歲而死。從昆侖以東十萬里，得大秦，人長十丈，皆衣

帛。從此以東十萬里，得佻人國，長三丈五尺。從此以東十萬里，得中秦國，人長一丈。」穀梁傳

曰：「長翟身橫九畝，載其頭，眉見於軾。」即長數丈人也。秦時大人見臨洮，身長五丈，腳跡六尺。

準斯以言，則此大人之長短未可得限度也。　懿行案：海外東經「大人國」謂此也。楚詞招魂云

「長人千仞」，王逸注云「東方有長人之國，其高千仞」蓋本此經爲説。　郭引外傳者，魯語文，「十

丈」當爲「十之」之譌，史記孔子世家集解引王肅曰：『『十之』謂三丈也，數極於此也。」列子夏革

云：「龍伯之國有大人，舉足不盈數步而暨五山之所，一釣而連六鼇。」即郭引河圖玉版之說也。

博物志引河圖玉版與郭同，唯「佻人國」作「臨洮人」「長三十丈」作「長三丈」。其「佻人國」作「佻國人」

譌，「十」字衍也。初學記十九卷引河圖龍魚亦作「長三丈」，無「十」字。疑此注「佻」字

也。　又漢書王莽傳云：「夙夜連率韓博上言：有奇士，長丈，大十圍，自謂巨毋霸，出於蓬萊東南，

五城西北昭如海瀕，輜車不能載，三馬不能勝，臥則枕鼓，以鐵箸食。」然則此人將從大人之國來邪？

有大人之市，名曰大人之堂。亦山名，形狀如堂室耳，大人時集會其上作市肆也。懿行案：海內北經云「大人之市在海中」，今登州海市常有狀如堂陛者，望之卻在雲霧中，即此也。蓋去岸極遠，故不見其大耳。郭云「亦山名，形狀如堂室」者，爾雅云「山如堂者密」，郭注云「形如堂室者」也。有一大人踆其上，張其兩耳。「踆」或作「俊」，皆古「蹲」字。莊子曰「踆於會稽」也。懿行案：郭云「踆或作俊，皆古蹲字」，疑「俊」當爲「夋」，字之譌也。說文云：「夋，倨也。」「蹲」、「踞」其義同，故曰「皆古蹲字」也。太平御覽三百七十七卷及三百九十四卷並引此經，「耳」作「臂」。

有小人國，懿行案：海外南經「周饒國」非此。名靖人。詩含神霧曰「東北極有人長九寸」，殆謂此小小人也。或作「竫」，音同。懿行案：說文云：「靖，細皃。」蓋細小之義，故小人名「靖」也。淮南子作「竫人」，列子作「諍人」，並古字通用。列子湯問篇云：「東北極有人，名曰諍人，長九寸。」與郭引詩含神霧同。初學記十九卷引郭氏讚云：「僬僥極麼，諍人又小。四體取足，眉目纔了。」

有神，人面獸身，名曰犂䰛之尸。音「靈」。懿行案：玉篇云：「䰛，同䰨，又作靈，神也，或作䰡。」廣韻引此經作「䰨」，云「或作䰡」，與玉篇同。「䰛」見說文。

有潙山，楊水出焉。音如「譎詐」之「譎」。

有蔿國，黍食，言此國中惟有黍穀也。「蔿」音口偽反。 懿行案：蔿國蓋即濊貊也。後漢書烏桓傳云：「其土地宜穄及東牆。」今穄似黍而大，即黍之別種也。眾經音義引倉頡篇云：「穄，大黍也。」東方地宜穄黍，故茲篇所記並云黍食矣。

使四鳥：虎、豹、熊、羆。 懿行案：經言皆獸而云「使四鳥」者，鳥獸通名耳。「使」者，謂能馴擾役使之也。秋官司寇職云：「閩隸掌役畜養鳥而阜蕃教擾之。夷隸掌役牧人養牛馬，與鳥言。」貉隸掌役服不氏，養獸而教擾之，掌與獸言。」此三隸者皆當在東荒界內，秋官記其養鳥獸，荒經書其「使四鳥」，厥義彰矣。 春秋傳稱介葛盧聞牛鳴而知生三犧，亦是東夷能通鳥獸之音者也。

大荒之中有山，名曰合虛，懿行案：北堂書鈔一百四十九卷引此經「合」作「含」。 日月所出。

有中容之國。帝俊生中容，「俊」亦「舜」字，假借音也。 懿行案：初學記九卷引帝王世紀云：「帝嚳生而神異，自言其名曰夋。」疑「夋」即「俊」也，古字通用。郭云「俊亦舜字」，未審何据。南荒經云「帝俊妻娥皇」，郭蓋本此為說。然西荒經又云「帝俊生后稷」，大戴禮帝繫篇以后稷為帝嚳所產，是帝俊即帝嚳矣。但經內「帝俊」疊見，似非專指一人。此云「帝俊生中容」，据左傳文十八年云「高陽氏才子八人」內有中容，然則此經帝俊又當為顓頊矣。經文蹖駁，當在闕

疑。

中容人食獸、木實，此國中有赤木、玄木，其華實美，見呂氏春秋。　懿行案：呂氏春秋本味篇云「指姑之東，中容之國，有赤木、玄木之葉焉」，高誘注云：「赤木、玄木，其葉皆可食，食之而仙。」即郭注所引也。「其華」當爲「其葉」，字之譌。

有東口之山。有君子之國，其人衣冠帶劍。使四鳥：豹、虎、熊、羆。亦使虎豹，好謙讓也。　懿行案：其人又食獸也，見海外東經。

有司幽懿行案：「司幽」一作「思幽」。**之國。帝俊生晏龍，**懿行案：「晏龍是爲琴瑟」，見海內經。**晏龍生司幽，司幽生思士，不妻，思女，不夫。**言其人直思感而氣通，無配合而生子。此莊子所謂「白鵠相視，眸子不運而感風化」之類也。　懿行案：列子天瑞篇云「思士不妻而感，思女不夫而孕」，本此也。又云「河澤之鳥視而生，曰鶂」。　懿行案：莊子天運篇云「思士不妻子不運而風化」，釋文引：「三蒼云：『鶂，鶬鶂也。』司馬彪云：『相待風氣而化生也。』」又云：「相視而成陰陽。」此注「鵠」疑「鶂」字之譌，「感」字衍也。

食黍食獸，是使四鳥。懿行案：「四鳥」亦當爲虎、豹、熊、羆。　此篇言使四鳥多矣，其義並同。

有大阿之山者。

大荒中有山，名曰明星，日月所出。

有白民之國。帝俊生帝鴻，懿行案：帝鴻，黃帝也，見賈逵左傳注。　然則此帝俊又爲少

典矣，見大戴禮帝繫篇。路史後紀〔一〕引此經云「帝律生帝鴻」，律，黃帝之字也，或羅氏所見本與今異。

帝鴻生白民。白民銷姓，黍食，使四鳥：虎、豹、熊、羆。又有乘黃獸，乘之以致壽考也。　　　懿行案：白民乘黃，「乘之壽二千歲」，已見海外西經。

有青丘之國，有狐九尾。太平則出而爲瑞也。　　　懿行案：青丘國九尾狐，已見海外東經。　郭氏此注云「太平則出爲瑞」者，白虎通云「德至鳥獸則九尾狐見」，王褒四子講德論云「昔文王應九尾狐而東國歸周」，李善注引春秋元命苞曰「天命文王以九尾狐見」。初學記二十九卷引郭氏圖讚云：「青丘奇獸，九尾之狐。有道翔見，出則銜書。作瑞周文，以標靈符。」藝文類聚九十五卷引「翔」作「祥」。

有柔僕民，是維嬴土之國。嬴，猶沃衍也。音「盈」。

有黑齒之國。齒如漆也。　　　懿行案：黑齒國已見海外東經。**帝俊生黑齒，**聖人神化無方，故其後世所降育，多有殊類異狀之人。諸言「生」者，多謂其苗裔，未必是親所產。**姜姓，黍食，使四鳥。**

有夏州之國。有蓋余之國。

〔一〕「紀」原本誤作「記」。

有神人，八首人面，虎身十尾，名曰天吳。水伯。懿行案：「天吳」已見海外東經。

大荒之中有山，名曰鞠陵于天、音「菊」。東極、懿行案：淮南墬形訓云「東方曰東極之山」，謂此。離瞀，三山名也。音「穀瞀」。懿行案：初學記一卷引此經與今本同，注「穀瞀」。二字當有譌文。日月所出，名曰折丹。神人。懿行案：「名曰折丹」上疑脱「有神」二字，大荒南經「有神名曰因因乎」可證。北堂書鈔一百五十一卷引此經作「有人曰折丹」，太平御覽九卷引亦同。東方曰折，單吁之。懿行案：「吁」當爲「呼」字之譌。處東極以出入風。來風曰俊。未詳來風所在也。懿行案：吳氏引夏小正云正月「時有俊風」爲説，恐非也。處東極以出入風。言此人能節宣風氣，時其出入。懿行案：大荒南經亦有神「處南極以出入風」也。二神司之，時其節宣焉。東次三經云無皋之山「多風」，初學記引荆州記云「風井，夏則風出，冬則風入」，亦其義也。

東海之渚中渚，島。有神，人面鳥身，珥兩黃蛇，以蛇貫耳。踐兩黃蛇，名曰禺䝞。黃帝生禺䝞，禺䝞生禺京。即禺彊也。懿行案：禺彊，北方神，已見海外北經。莊子釋文引此經云「北海之神，名曰禺彊，靈龜爲之使」，今經無此語。其云「靈龜爲之使」者，蓋據列子云「夏革曰：五山之根無所連著，常隨潮波上下往還，帝命禺彊使巨鼇十五舉首而戴之，五山始峙」云云，所謂「靈龜」」豈是與？禺京處北海，禺䝞處東海，是惟海神。言分治一海而爲神也。

「虢」，一本作「號」。　懿行案：「虢」，疑即「號」字異文。海內經云「帝俊生禺號」是也。然則此

帝俊又爲黄帝矣。

有招搖山，融水出焉。有國曰玄股，自髀以下如漆。　懿行案：「玄股國」已見海外東

經。

黍食，使四鳥。　懿行案：高誘注淮南墬形訓引此經作「兩鳥夾之」，與今本異。

有困民國，勾姓而食。　懿行案：「勾姓」下、「而食」上當有闕脱。有人曰王亥，兩手

操鳥，方食其頭。王亥託于有易、河伯、僕牛，河伯、僕牛，皆人姓名。託，寄也。見汲郡竹

書。有易殺王亥，取僕牛。竹書曰：「殷王子亥賓于有易而淫焉，有易之君緜臣殺而放之，是

故殷主甲微假師于河伯，以伐有易，滅之，遂殺其君緜臣也。」　懿行案：竹書作「殷侯子亥」，郭引

作「殷王」，疑誤也。事在夏帝泄十二年及十六年。河念有易，有易潛出，爲國于獸，方食

之，名曰搖民。　言有易本與河伯友善，上甲微，殷之賢王，假師以義伐罪，故河伯不得不助滅之，

既而哀念有易，使得潛化而出，化爲搖民國。帝舜生戲，戲生搖民。　懿行案：今廣西猺民疑其

類，見桂海虞衡志。

海內有兩人，此乃有易所化者也。　懿行案：「兩人」，蓋一爲搖民，一爲女丑。名曰女

丑。即女丑之尸，言其變化無常也。然則一以涉化津而遯神域者，亦無往而不之，觸感而寄迹矣。

女丑有大蟹。　廣千里也。　懿行案：「女丑之尸」見海外西經。　女丑有大蟹。

范蠡之倫，亦聞其風者也。

懿行案：海內北經云「大蟹在海中」注與此注同。

大荒之中有山，名曰孼搖頵羝，懿行案：呂氏春秋諭大篇云「地大則有常祥、不庭、歧母、羣抵、天翟、不周」，高誘注以不周爲山名，其餘皆獸名，非也。尋覽文義，蓋皆山名耳。其「羣抵」當即此經之「頵羝」，形聲相近，古字或通。上有扶木，懿行案：「扶木」當爲「榑木」。柱三百里，其葉如芥。柱猶起，高也。葉似芥菜。有谷曰溫源谷。懿行案：溫源即湯谷也。懿行案：「湯谷」已見海外東經。湯谷上有扶木。扶桑在上。懿行案：説文云「日初出東方湯谷所登榑桑，叒木也」，即此。「叒」通作「若」。李善注海賦及注孫楚爲石仲容與孫晧書引此經，並作「暘谷上有扶木」，其注歐逝賦引此經，又作「湯谷上於扶桑」，郭注云「上於扶桑，在上也」。又注枚乘七發引此經，云「湯谷上有扶木，扶桑也」，蓋亦并引郭注之文。一日方至，一日方出，言交會相代也。皆載于烏。中有三足烏。懿行案：初學記一卷引此經云「皆戴烏」，「戴」、「載」古字通也。…三十卷引春秋元命包云「日中有三足烏者，陽精，其僂呼也」，注云：「僂呼，温潤生長之言。」楚詞天問云：「羿焉彃日？烏焉解羽？」淮南精神訓云「日中有踆烏」，高誘注云：「踆猶蹲也，謂三足烏。踆音逡。」

有神，人面、犬耳、獸身，珥兩青蛇，名曰奢比尸。懿行案：「奢比之尸」見海外東經。

有五采之鳥，相鄉棄沙，未聞沙義。懿行案：「沙」疑與「娑」同，鳥羽娑娑然也。惟

帝俊下友。亦未聞也。帝下兩壇，采鳥是司。言山下有舜二壇，五采鳥主之。

大荒之中有山，名曰猗天蘇門，日月所生。有壎民之國。音如「誼譁」之「誼」。又有門戶山。又有盛山。有

綦山。音「忌」。又有搖山。有䳑山。音如「金甀」之「甀」。

又有待山。有五采之鳥。

東荒之中有山，名曰壑明俊疾，日月所出。有中容之國。懿行案：「中容之國」已

見上文。諸文重複雜沓，踳駮不倫，蓋作者非一人、書成非一家故也。

東北海外，又有三青馬、三騅，馬蒼白雜毛爲騅。懿行案：「蒼白雜毛，騅」，見爾雅。

「三騅」詳大荒南經。爰有遺玉、三青鳥、懿行案：「三青鳥」詳大荒西經。三騅、視

肉、聚肉有眼。甘華、甘柤。百穀所在。言自生也。懿行案：海外北經云「平丘，甘柤、甘

華、百果所在」，海外東經云「嗟丘，甘柤、甘華、甘果所生」，皆有遺玉、青馬、視肉之類。此經似釋

彼文也。

有女和月母之國。懿行案：女和月母即羲和、常儀之屬也。謂之「女」與「母」者，史記趙

世家索隱引譙周云：「余嘗聞之，代俗以東西陰陽所出入，宗其神，謂之王父母。」據譙周斯語，此

經「女和月母」之名蓋以此也。有人名曰鵷。音「婉」。北方曰鵷，來之風曰狻，言亦有兩名

也。音「剡」。是處東極隅以止日月，懿行案：此人處東極以止日月者，日月皆出東方故也。

史記封禪書云「八神」，六曰「月主」，祠之萊山，七曰「日主」，祠成山，亦皆在東極隅也。

使無相閒出沒，司其短長。 言羲主察日月出入，不令得相閒錯，知景之短長。

大荒東北隅中有山，名曰凶犁土丘。 懿行案：史記五帝紀索隱引皇甫謐云「黃帝使應龍殺蚩尤於凶黎之谷」，即此。「黎」、「犁」古字通。懿行案：「有翼曰應龍」，見廣雅。

殺蚩尤與夸父， 蚩尤，作兵者。 **應龍處南極，** 懿行案：應龍，龍有翼者也。懿行案：「蚩尤作兵」見大荒北經。

應龍遂住地下。不得復上。 懿行案：初學記三十卷引此經云「應龍遂在地」，蓋引郭注之文也。今文「住」字當作「在」，「下」字蓋衍。

故下數旱， 上無復作雨者故也。 **旱而為應龍之狀，乃得大雨。** 今之土龍本此。氣應自然冥感，非人所能為也。 懿行案：劉昭注禮儀志引此經及郭注，並與今本同。「土龍致雨」見淮南說山訓及墬形訓。又楚詞天問云「應龍何畫？河海何歷」王逸注云：「或曰禹治洪水時，有神龍以尾畫導水徑所當決者，因而治之。」案後世以應龍致雨，義蓋本此也。

東海中有流波山，入海七千里。其上有獸，狀如牛，蒼身而無角，一足，出入水則必風雨，其光如日月，其聲如雷，其名曰夔。黃帝得之，以其皮為鼓， 懿行案：說文云：「夔，神魖也，如龍一足，從夊，象有角手、人面之形。」薛綜注東京賦云：「夔，木石之怪，如龍，

有角鱗甲，光如日月，見則其邑大旱。」韋昭注國語云：「夔一足，越人謂之山㺜〔一〕。」案此三說，夔形狀俱與此經異也。莊子秋水篇釋文引李云「黃帝在位，諸侯於東海流山得奇獸，其狀如牛，蒼色無角，一足能走，出入水即風雨，目光如日月，其音如雷，名曰夔。黃帝殺之，取皮以冒鼓，聲聞五百里」，蓋本此經爲說也。其文與今本小有異同，「流波山」作「流山」，「其光如日月」作「目光如日月」，似較今本爲長也。又「以其皮爲鼓」作「以其皮冒鼓」，劉逵注吳都賦引此經亦作「冒」字是也。初學記九卷引帝王世紀作「流波山」，與今本同，而下文小異。

橛以雷獸之骨，雷獸即雷神也，人面龍身，鼓其腹者。橛，猶擊也。　懿行案：「雷神」已見海內東經。

聲聞五百里，以威天下。　懿行案：莊子釋文本此經及劉逵注吳都賦引此經，並無「橛以雷獸之骨」及「以威天下」四字，北堂書鈔一百八卷引有四字。

〔一〕「㺜」，原本誤作「纆」，據國語注改。

山海經第十五

晉郭璞傳　棲霞郝懿行箋疏

大荒南經

南海之外，赤水之西，流沙之東，赤水出昆侖山，流沙出鍾山也。有獸，左右有首，懿行案：并封前後有首，此左右有首，所以不同。并封見海外西經。然大荒西經之「屏蓬」即「并逢」也，亦云左右有首。名曰跊踢。出狄名國。「黜」「惕」兩音。懿行案：狄名國未詳所在，疑本在經內，今逸也。畢氏云：「『跊踢』當爲『述蕩』之譌。篆文𧺆、足相似，故亂之。」引呂氏春秋本味篇云「肉之美者，述蕩之掔」，高誘注云「獸名，形則未聞」，即是此也。懿行案：玉篇無「踢」字，有「踢」而於「跊」字下引此經仍作「跊踢」。廣韻引經與玉篇同，但「跊」別作「狄」，云「獸名」，唯此爲異。

有三青獸相并，名曰雙雙。言體合爲一也。公羊傳所云「雙雙而俱至」者，蓋謂此也。懿行案：郭引宣五年傳文也。楊士勛疏引舊說云：「雙雙之鳥，一身二首，尾有雌雄，隨便而偶，常不離散，故以喻焉。」是以雙雙爲鳥名，與郭異也。

有阿山者。南海之中，有氾天之山，赤水窮焉。流極於此山也。懿行案：西次三

經云：昆侖之丘「赤水出焉，而東南流注于氾天之水」。赤水之東，有〔懿行案：藝文類聚八十四卷及太平御覽五百五十五卷並引此經，無「有」字。〕蒼梧之野，舜與叔均之所葬也。〔叔均，商均也。舜巡狩，死於蒼梧而葬之，商均因留，死亦葬焉，基今在九疑之中。〕〔懿行案：海內南經既云「蒼梧之山，帝舜葬于陽，帝丹朱葬于陰」，此又云「舜與叔均之所葬」，將朱、均二人皆於此焉埋邪？又郭云「叔均，商均」，蓋以為舜之子也。然舜子名義鈞，封于商，見竹書紀年，不名叔均。而大荒西經有叔均為稷弟台璽之子，海內經又有叔均為稷之孫，準斯以言，此經叔均蓋未審為何人也。郭云「基今在九疑之中」，「基」當為「墓」字之譌。御覽五百五十五卷引此注作「墓今在九疑山中」也。〕

爰有文貝、〔即紫貝也。〕〔懿行案：「紫貝」見郭氏爾雅注。〕離俞、〔即離朱。〕鴟久、〔即鵂鶹也。〕鷹、賈、〔賈亦鷹屬。〕〔懿行案：水經灅水注引莊子曰「雅，賈」，馬融亦曰「賈，烏」，皆烏類，非郭義也。〕委維、〔即委蛇也。〕〔懿行案：「委蛇」即「延維」也，見海內經。〕熊、羆、象、虎、豹、狼、視肉。

有榮山，榮水出焉。黑水之南有玄蛇，食塵。〔今南山蚺蛇吞鹿，亦此類。〕〔懿行案：「南方蚺蛇吞鹿」已見海內南經注。「南山」當為「南方」，字之譌也。〕

有巫山者，西有黃鳥。帝藥八齋。〔天帝神仙藥在此也。〕〔懿行案：後世謂精舍為齋，蓋本於此。〕

黃鳥于巫山，司此玄蛇。〔言主之也。〕

大荒之中有不庭之山，懿行案：呂氏春秋諭大篇云「地大則有常祥、不庭、不周」，高誘注以不周爲山，則不庭亦山名矣，即此。榮水窮焉。懿行案：榮水出榮山，流極於此也。有人三身，帝俊妻娥皇，生此三身之國，蓋後裔所出也。懿行案：竹書云：「帝舜三十年葬后育于渭。」地理志云：「右扶風，陳倉，有舜帝祠〔一〕。」蓋舜妻即后育，后育即娥皇與？海外西經有「三身」，而不言所生，此經及海內經始言帝俊生三身也。三身國姚姓，故知此帝俊是舜矣。姚姓，黍食，使四鳥。懿行案：姚，舜姓也。說文云：「虞舜居姚虛，因以爲姓。」有淵四懿行案：太平御覽三百九十五卷引此經「四」作「正」。方，四隅皆達。言淵四角皆旁通也。北屬黑水，南屬大荒，屬，猶連也。北旁名曰少和之淵，南旁名曰從淵，音「驄馬」之「驄」。舜之所浴也。言舜嘗在此中澡浴也。又有成山，甘水窮焉。甘水出甘山，極此中也。懿行案：「甘水」已見大荒東經。有季禺之國，顓頊之子，食黍。言此國人顓頊之裔子也。有羽民之國，其民皆生毛羽。懿行案：「羽民」見海外南經。有卵民之國，其民皆生卵。即卵生也。懿行案：郭注「羽民國」云「卵生」，是羽民即卵生也。此又有卵民國，民皆卵生，蓋別一國。郭云「即卵生也」似有

〔一〕漢書地理志原文作「舜妻育冢祠」。

成文，疑此國本在經中，今逸。

大荒之中有不姜之山，黑水窮焉。黑水出昆侖山。　　懿行案：黑水出昆侖西北隅，已見海內西經。又有賈山，汍水出焉。又有言山，又有登備之山，即登葆山，羣巫所從上下者也。懿行案：「登葆山」見海外西經「巫咸國」。有恝恝之山。音如「券契」之「契」。又有蒲山，澧音「禮」。水出焉。又有隗山，音如「隗喦」之「隗」。其東有玉。又南有山，漂水出焉。音「票」。懿行案：經內丹類非一，此但名之曰「丹」，疑即「丹臛」之省文也。懿行案：內則云「舒鴈翠，舒鳧翠。」

有尾山，有翠山。言此山有翠鳥也。懿行案：翠亦尾也。

有盈民之國，於姓，黍食。又有人方食木葉。懿行案：呂氏春秋本味篇高誘注云：

「赤木、玄木，其葉皆可食，食之而仙也。」又穆天子傳云「有模堇，其葉是食明后」，亦此類。

有不死之國，阿姓，甘木是食。甘木即不死樹，食之不老。懿行案：不死樹在昆侖山上，見海內西經。「不死民」見海外南經。

大荒之中有山，名曰去痓。南極果，北不成，去痓果。音如「風痓」之「痓」，未詳。懿行案：集韻云：「痓，充至切，音廁，風病也。」是痓即「風痓」之「痓」，郭氏又音如之，疑有譌字。

南海渚中有神，人面，珥兩青蛇，踐兩赤蛇，曰不廷胡余。神名耳。有神名曰因

因乎，南方曰因乎，夸風曰乎民，亦有二名。**處南極以出入風。**[懿行案：大荒東經有神名

曰折丹，處東極以出入風。此神處南極以出入風。二神處異位以調八風之氣也。

有襄山，又有重陰之山。有人食獸，曰季釐。**帝俊生季釐，**[懿行案：文十八年左傳

云：高辛氏才子八人，有季貍。「貍」「釐」聲同，疑是也。是此帝俊又為帝嚳矣。故曰季釐之

國。有緡淵。音「昏」。[懿行案：竹書云夏帝癸十一年「滅有緡」，疑即此。**少昊生倍伐，**

倍伐降處緡淵。有水四方，名曰俊壇。水狀似土壇，因名舜壇也。[懿行案：尸子云

「水方折者有玉。」此經「有水四方」疑其類。

有載民之國。為人黃色。[懿行案：「載國」已見海外南經。**帝舜生無淫，降載處，**

是謂巫載民。巫載民盼姓，食穀，不績不經，服也；言自然有布帛也。不稼不穡，食

也。言五穀自生也。種之為稼，收之為穡。**爰有歌舞之鳥，鸞鳥自歌，鳳鳥自舞。爰有百**

獸，相羣爰處，百穀所聚。

大荒之中有山，名曰融天，海水南入焉。[懿行案：大荒北經云「不句之山，海水入

焉」，蓋海所瀉處，必有歸虛，尾閭為之孔穴，地脈潛通，故曰「入」也。下又有「天臺高山為海水所

入」，「大荒北經亦有「北極天櫃，海水北注焉」，皆海之所瀉也。

有人曰鑿齒，羿殺之。射殺之也。[懿行案：羿殺鑿齒，已見海外南經。

有蟓山者，有蟓民之國，音「惑」。桑姓，食黍，射蟓是食。蟓，短狐也，似鼈，含沙射人，中之則病死。此山出之，亦以名云。懿行案：說文云：「蟓，短狐也，似鼈三足，以氣射害人。」楚詞大招云：「鯛鱅，短狐」，王逸注云：「鯛鱅，短狐類也。」「短狐，鬼蟓也。」大招又云「魂虖無南，蟓傷躬只」，王逸注云：「蟓，短狐也。」引詩云「為鬼為蟓」。「短狐」，漢書作「短蟓」。五行志云「蟓在水旁能射人，射人有處，甚者至死，南方謂之短弧」，顏師古注云「即射工也，亦呼水弩。」廣韻引玄中記云：「長三四寸，蟾蜍、鸞鷟、鴛鴦悉食之」。有人方扞弓射黃蛇，扞，挽也。音「紆」。懿行案：「扞」亦音「烏」。扞訓挽者，呂氏春秋壅塞篇云「扞弓而射之」，高誘注云：「扞，引也。」義同郭。玉篇云：「扞，持也。」名曰蟓人。

有宋山者。有赤蛇，名曰育蛇。有木生山上，名曰楓木。楓木，蚩尤所棄其桎梏，蚩尤為黃帝所得，械而殺之，已摘棄其械，化而為樹也。懿行案：爾雅云「楓，欇欇」，郭注云：「楓樹似白楊，葉圓而歧，有脂而香，今之楓香是。」廣韻引此經云：「變為楓木，脂入地千年，化為虎魄。」此說恐非也，虎魄，松脂所化，非楓也。又引孫炎云：「欇欇生江上，有寄生枝，高三四尺，生毛，一名楓子。」南方草木狀云：「五嶺之間多楓木，歲久則生瘤癭，一夕遇暴雷驟雨，其樹贅暗長三五尺，謂之楓人。」述異記云：「南中有楓子鬼，木之老者為人形，」然則楓亦靈怪之物，豈以其蚩尤械所化故與？郭注「摘棄」之「摘」，當為「擿」字之譌也。是謂楓

木。即今楓香樹。有人方齒虎尾，名曰祖狀之尸。音如「粗棃」之「粗」。

有小人，名曰焦僥之國，皆長三尺。　懿行案：「焦僥國」已見海外南經。　幾姓，嘉穀

是食。

大荒之中有山，名朽塗之山，音「朽」。　懿行案：玉篇云「朽或作朽」，是「朽」、「朽」古

字同，「朽」、「醜」聲相近，「朽塗」即「醜塗」也。已見西次三經。　青水窮焉。青水出

昆侖。　懿行案：「青」、「清」聲同。　西次三經云「昆侖，洋水出焉」，郭云「洋或作清」，即此也。

有雲雨之山，有木名曰欒。　懿行案：說文云「欒，木似欄」，繫傳云：「欄，木蘭也。」今案「木

蘭」見離騷。廣雅云：「木欄，桂欄也。」　禹攻雲雨，攻，謂槎伐其林木。　有赤石焉，生欒，言山

有精靈，復變生此木於赤石之上。　懿行案：初學記三十卷引拾遺記云：「黑鯤魚千尺如鯨，常

飛往南海，或死，肉骨皆消，唯膽如石，上仙欒也[一]。」義正與此合。　黃木，赤枝，青葉，羣帝焉

取藥。言樹花，實皆為神藥。　懿行案：欒實如建木實也，見海內南經，郭注本此經為說。

有國曰顓頊，生伯服，　懿行案：吳氏引世本云：「顓頊生偁，偁字伯服。」食黍。有鼬姓

之國。音如「橘柚」之「柚」。　有苕山，又有宗山，又有姓山，又有壑山，又有陳州山，又

[一]「仙欒」，今本初學記作「仙藥」，郝氏誤以「石上仙藥」為語，遂并誤「藥」為「欒」，據文意實應在「石」字下斷也。

有東州山。又有白水山，白水出焉，而生白淵，昆吾之師所浴也。 昆吾，古王者號。音

義曰：「昆吾，山名，谿水内出善金。」二文有異，莫知所辨測。 懿行案：昆吾，古諸侯名，見竹書。又大戴禮帝繫篇云「陸終氏産六子，其一曰樊，是爲昆吾」也。郭又引音義以爲山名者，中次二經「昆吾之山」是也。所引音義，未審何人書名，蓋此經家舊説也。

有人名曰張弘，在海上捕魚。海中有張弘之國，或曰即奇肱人，疑非。 懿行案：海外西經「奇肱之國」，郭注云「肱或作弘」，是「張弘」即「奇肱」矣。 懿行案：「肱」、「弘」聲同，古字通用，此注又疑其非，何也？ 又案|張弘|或即「長肱」，見穆天子傳，郭注云：「即長臂人。」見海外南經。

食魚，使四鳥。

有人焉，鳥喙有翼，方捕魚于海。 懿行案：此似説驩頭國人。舊本屬上文，非是。

大荒之中有人，名曰驩頭。鯀妻士敬，士敬子曰炎融，生驩頭。驩頭人面鳥喙，有翼，食海中魚，杖翼而行。翅不可以飛，倚杖之用行而已。 懿行案：「驩頭國」已見海外南經。 維宜芑苣，穋楊是食。 管子説地所宜，云「其種穋、杞、黑黍」，皆禾類也。苣，黑黍，今

字作禾旁，「起」、「秬」、「虰」三音。 懿行案：經蓋言驩頭食海中魚，又食芑苣穋楊之類也。穋亦禾名，今未詳。説文云：「稑，疾孰也。」或作穋，音義與此同。又案|郭引管子地員篇文，其「穋

杞」之字，今誤作「穋杞」也。 **有驩頭之國。**

帝堯、帝嚳、帝舜葬于岳山。即狄山也。爰有文貝、離俞、鴟久、鷹、延維、視肉、熊、羆、虎、豹。朱木，赤枝、青華、玄實。懿行案：「朱木」形狀又見大荒西經。有申山者。

大荒之中有山，名曰天臺高山，海水入焉。

東南海之外，懿行案：北堂書鈔一百四十九卷引此經無「南」字。甘水之閒，懿行案：初學記一卷及太平御覽三卷並引此經，作「甘泉之閒」。後漢書王符傳注引此經，仍作「甘水之閒」。有羲和之國。有女子名曰羲和，懿行案：史記正義引帝王世紀云「帝嚳次妃娵訾氏女曰常儀」，大荒西經又有帝俊妻常羲，疑與常儀及此經羲和通為一人耳。方日浴于甘淵。羲和，蓋天地始生，主日月者也。故啟筮曰：「空桑之蒼蒼，八極之既張，乃有夫羲和，是主日月，職出入以為晦明。」又曰：「瞻彼上天，一明一晦，有夫羲和之子，出于暘谷。」故堯因此而立羲和之官，以主四時。其後世遂為此國，作日月之象而掌之，沐浴運轉之於甘水中，以效其出入暘谷、虞淵也，所謂世不失職耳。懿行案：藝文類聚引經作「浴日于甘泉」，疑避唐諱改「淵」為「泉」耳。初學記及御覽引經「浴日于甘泉」在「是生十日」句之下，與今本異。又引郭注云「羲和能生日也，故日為羲和之子」云云，亦與今本異。羲和者，帝俊之妻，生十日。言生十子，各以日名名之，故言「生十日」，數十也。懿行案：郭注「生十日」下疑

脱「日」字。羲和十子，它書未見。藝文類聚五卷引尸子曰：「造歷數者，羲和子也。」然其名竟無攷。

有蓋猶之山者，其上有甘柤，懿行案：「柤」，亦當爲「櫨」字之譌，已見海外北經。枝榦皆赤、黃葉、白華、黑實。東又有甘華，枝榦皆赤、黃葉。有青馬，懿行案：「青馬」已見海外東經。有赤馬，名曰三騅。懿行案：「三騅」已見大荒東經。有視肉。

有小人，名曰菌人。音如「朝菌」之「菌」。懿行案：此即「朝菌」之「菌」，又音如之，疑有譌文，或經當爲「囷狗」之「囷」。菌人蓋靖人類也，已見大荒東經。吳氏引抱朴子云「山中見小人，肉芝類也」，又引南越志云「銀山有女樹，天明時皆生嬰兒，日出能行，日没死，日出復然」，又引事物紺珠云「孩兒樹出大食國，赤葉，枝生小兒，長六七寸，見人輒笑」，菌人疑即此。又嶺海異聞注云：「香山有物，如嬰孩而躶，魚貫同行，見人輒笑，至地而滅。」亦斯類也。

有南類之山，爰有遺玉、青馬、三騅、視肉、甘華，百穀所在。

山海經第十六

晉郭璞傳　棲霞郝懿行箋疏

大荒西經

西北海之外，大荒之隅，有山而不合，名曰不周負子，淮南子曰：「昔者共工與顓頊爭帝，怒而觸不周之山，天維絶，地柱折。」故今此山缺壞不周帀也。　懿行案：列子湯問篇説共工、顓頊與淮南天文訓同，唯「折天柱，絶地維」二語爲異。楚詞天問云「康回馮怒，地何故以東南傾」，王逸注云：「康回，共工名也。」又引淮南子與此注同。文選注甘泉賦及思玄賦及太平御覽五十九卷引此經，並無「負子」二字。

有兩黃獸守之。有水曰寒暑之水。水西有濕山，水東有幕山。音「莫」。有禹攻共工國山。言攻其國，殺其臣相柳於此山。啓筮曰：「共工人面、蛇身、朱髮也。」　懿行案：周書史記篇云：「昔有共工自賢，自以無臣，久空大官，下官交亂，民無所附。唐氏伐之，共工以亡。」案唐氏即帝堯也，堯蓋命禹攻其國而亡之，遂流其君於幽州也。郭引啓筮者，太平御覽三百七十三卷引歸藏啓筮文與此同。

有國名曰淑士，顓頊之子。言亦出自高陽氏也。

有神十人，名曰女媧之腸。或作「女媧之腹」。化爲神，處栗廣之野，女媧，古神女而帝者，人面蛇身，一日中七十變，其腹化爲此神。栗廣，野名。「媧」音「瓜」。懿行案：説文云：「媧，古之神聖女，化萬物者也。」列子黃帝篇云：「女媧氏蛇身人面，而有大聖之德。」初學記九卷引帝王世紀云：「女媧氏亦風姓也，承庖犧制度，號女希，是爲女皇。」史記索隱引世本云：「塗山氏女，名女媧也。」淮南説林訓云「女媧七十化」，高誘注云：「女媧王天下者也，七十變造化。」楚詞天問云「女媧有體，孰制匠之」，王逸注云：「傳言女媧人頭蛇身，一日七十化，其體如此，誰所制匠而圖之乎？」今案王逸注非也。天問之意，即謂女媧一體化爲十神，果誰裁制而匠作之？言其甚巧也。郭注「腹」字，太平御覽七十八卷引作「腸」。又引曹植女媧讚曰：「人首蛇形，神化七十，何德之靈。」橫道而處。言斷道也。

有人名曰石夷，來風曰韋，「來」或作「本」也。處西北隅，以司日月之長短。言察日月暑度之節。懿行案：大荒東經既有「鞠處東極，以止日月，司其短長」，此又云「司日月之長短」者，西北隅爲日月所不到，然其流光餘景亦有暑度短長，故應有主司之者也。

有五采之鳥，有冠，名曰狂鳥。爾雅云「狂，夢鳥」，即此也。懿行案：郭注爾雅亦引此經文。「狂」玉篇作「鳶」。

有大澤之長山。有白氏之國。懿行案：「氏」疑「民」字之譌。明藏本正作「民」。「白

「民國」已見海外西經。

西北海之外，赤水之東，有長脛之國。脚長三丈。懿行案：長脛即長股也，見海外西經。郭云「脚長三丈」正與彼注同。一本作「三尺」誤也。藏經本作「脚步五尺」，亦與前注不合。

有西周之國，姬姓，懿行案：說文云：「姬，黃帝居姬水，以為姓。」史記周本紀云：「封弃於邰，號曰后稷，別姓姬氏。」地理志云：「右扶風斄，后稷所封。」然則經言「西周之國」蓋謂此。食穀。有人方耕，名曰叔均。帝俊生后稷，郭云「嚳第二妃」，誤也。懿行案：帝嚳名夋，「夋」、「俊」疑古今字，不須依郭改「俊」為「嚳」也。然則經中「帝俊」屢見，似非一人，未聞其審。大戴禮帝繫篇云：「帝嚳上妃，有邰氏之女也，曰姜原氏，產后稷。」史記周本紀同。稷降以百穀。稷之弟曰台璽，音「胎」。生叔均。懿行案：史記周本紀云「后稷卒，子不窋立」，譙周議其世次誤，是也。史記又不載稷之弟，所未詳。叔均是代

其父及稷播百穀，始作耕。有赤國妻氏。有雙山。

西海之外，大荒之中，有方山者，上有青樹，懿行案：初學記一卷引此經作「青松」。名曰柜格之松，木名，音「矩」。日月所出入也。

西北海之外，懿行案：初學記十卷引此經無「北」字，明藏本亦同。赤水之西，有先民

之國，懿行案：「先」，當爲「天」字之譌也。淮南墜形訓海外三十六國中有「天民」。「天」，古作

「旡」，或作「兂」字形相近，以此致譌。食穀，使四鳥。有北狄之國。黃帝之孫曰始均，

懿行案：地理志云：「右扶風，陳倉，有黃帝孫祠。」始均生北狄。有芒山。有桂山。有榣

山，此山多桂及榣木，因名云耳。 懿行案：初學記引此經作「搖山」，餘同。其上有人，號曰

太子長琴。顓頊生老童，世本云：「顓頊娶于滕隍氏，謂之女祿，產老童也。」 懿行案：大戴

禮帝繫篇「滕隍」作「滕奔」云「顓頊娶于滕隍氏奔之子，謂之女祿氏，產老童也」。又老童亦爲神，

居騩山，已見西次三經。老童生祝融，即重黎也。高辛氏火正，號曰祝融也。 懿行案：大戴

禮帝繫篇云：「老童娶于竭水氏之子，謂之高緺氏，產重黎及吳回。」史記楚世家云：「重黎爲帝

嚳高辛居火正，甚有功，能光融天下，帝嚳命曰祝融。」祝融生太子長琴，是處榣山，始作樂

風。 懿行案：太平御覽五百六十五卷引此經無「風」字。西次三經「騩山」云

老童發音「常如鐘磬」，故知長琴解「作樂風」，其道亦有所受也。有五采鳥三名：一曰皇鳥，

一曰鸞鳥，一曰鳳鳥。有蟲，狀如菟，懿行案：「菟」、「兔」通。此獸也，謂之「蟲」者，自人及

鳥獸之屬通謂之蟲，見大戴禮易本命篇。胷以後者裸不見，言皮色青，故不見其裸露處。青

如猨狀。狀又似猨。 懿行案：此獸即㺔也。說文云：「㺔，獸也，似兔，青色而大。」此經云

「狀如菟」是也。又云「如猨」者，言其色，非謂狀似兔又似猨也。「猨」，明藏本作「蝯」是。

大荒之中有山，名曰豐沮玉門，日月所入。有靈山，巫咸、巫即、巫肦、巫彭、巫姑、巫真、巫禮、巫抵、巫謝、巫羅十巫從此升降，百藥爰在。　羣巫上下此山采之也。

懿行案：説文云：「古者巫咸初作巫。」越絶書云：「虞山者，巫咸所出也，虞故神，出奇怪。」離騷云「巫咸將夕降兮」王逸注云：「巫咸，古神巫也，當殷中宗之時。」王逸此説恐非也，殷中宗之臣雖有巫咸，非必即是巫也。海外西經「巫咸國」，蓋特取其同名耳。「肦」讀如「班」海內西經六巫注引作「巫貞」，「巫禮」作「巫孔」，今案「禮」古文作「礼」，「礼」與「孔」疑形聲近而譌也。「巫真」水經注引作「巫履」，蓋履即禮也，是爲一人無疑。其「巫相」疑即「巫肦」，「謝」與「相」聲轉，當即一人也。郭注云「采之也」，水經涑水注引此經作「巫肦」，「肦」疑形聲又相近也。海內西經有巫凡、肦、凡或即一人。

案此是海外西經「巫咸國」注，酈氏誤記，故引在此耳。

西有王母之山、　懿行案：「西有」當爲「有西」，太平御覽九百二十八卷引此經作「西王母山」可證。

壑山、海山。　皆羣大靈之山。

有沃之國，言其土饒沃也。　懿行案：李善注洛神賦引此經，作「沃人之國」，藝文類聚八十九卷引作「沃民之國」，疑「沃人」當爲「沃民」，避唐諱改耳，御覽九百二十八卷正引作「沃民」可證。

沃民是處。沃之野，鳳鳥之卵是食，　懿行案：呂氏春秋本味篇云「流沙之西，丹山之南，有鳳之丸，沃民所食」高誘注云：「丸，古卵字也。」甘露是飲。凡其所欲，其味盡存。　言其所願滋味，此無所不備。

懿行案：海外西經「諸夭之

野」與此同。爰有甘華、甘柤、白柳、懿行案：初學記二十八卷引此經作「決民之國，有白柳」，「決」即「沃」字之譌也。視肉、三騅、璇瑰、瑤碧、璇瑰亦玉名。穆天子傳曰「枝斯璇瑰」。「回」二音。懿行案：「璇」當爲「璿」，本或作「琁」，誤也。「琁」與「瓊」同見説文。郭音此爲「校」，則當爲「玟」，亦誤也。晉灼注漢書云「玫瑰，火齊珠也」，若經文爲「玫瑰」，郭又不得云「亦玉名」矣。李善注江賦及洛神賦引此經並作「璇瑰」，又引郭注云「璇瑰，亦玉名也。旋回兩音」。是知說文「璇瑰」，注文「校回」並今本之譌矣。大荒北經正作「璇瑰瑤碧」可證。又玉篇、廣韻引此經並作「璇瑰瑤碧」。「瑤」作「瑤」，字形雖異，音義當同。白木，樹色正白。今南方有文木，亦黑木也。懿行案：文木即今烏木也。劉逵注吳都賦云「文木，材密緻無理，色黑如水牛角，日南有之。」琅玕、白丹、青丹，又有黑丹也。懿行案：黑丹即下文玄丹是也。白丹者，鷂冠子則丹者，別是彩名，亦猶黑、白、黄皆云丹也。孝經援神契曰：「王者德至山陵而黑丹出。」然度萬篇云「膏露降，白丹發」，是其事也。多銀、鐵。懿行案：海外西經同。鸞鳳自歌，鳳鳥自舞。爰有百獸，相羣是處，是謂沃之野。懿行案：海外西經同。有三青鳥，赤首黑目，一名曰大鵹，音「黎」。一名少鵹，一名曰青鳥。皆西王母所使也。懿行案：三青鳥爲西王母取食，見海内經。大荒北經云「共工之臺，射者不敢北嚮」，亦作「者」字可證。有軒轅之臺，射者懿行案：初學記二十四卷引此經作「射罘」，誤也。不敢西嚮射，懿行案：藝文類聚六十二卷引此經無「射」

字，藏經本亦無「射」字，「嚮」作「鄉」，是也。　　畏軒轅之臺。　敬難黃帝之神。　懿行案：臺亦丘也。

海外西經云：「不敢西射，畏軒轅之丘。」

大荒之中有龍山，日月所入。有三澤水，名曰三淖，懿行案：郭注穆天子傳引此經作「有川名曰三淖」。昆吾之所食也。穆天子傳曰：「滔水，濁繇氏之所食。」亦此類也。　懿行案：食，謂食其國邑，鄭語云「主芣騩而食溱、洧」是也。　有人衣青，以袂蔽面，袂，袖。　懿行案：海外西經云「以右手鄣其面」也。　名曰女丑之尸。懿行案：「女丑之尸」見海外西經。

行案：海外西經云「以右手鄣其面」也。　名曰女丑之尸。懿行案：「女丑之尸」見海外西經。

有女子之國。王頎至沃沮國，盡東界，問其耆老，云：「國人嘗乘船捕魚，遭風，見吹數十日。東一國，在大海中，純女無男。」即此國也。懿行案：「女子國」見海外西經。此注本魏志東夷傳也。

土山。

有桃山，有䖟山，有桂山，懿行案：上文已有芒山、桂山。「芒」、「䖟」聲同也。　有于山。

有丈夫之國。其國無婦人也。懿行案：「丈夫國」已見海外西經。

有弇州之山。五采之鳥仰天，張口噓天。名曰鳴鳥。懿行案：鳴鳥，蓋鳳屬也。周書君奭云：「我則鳴鳥不聞。」國語云：「周之興也，鸑鷟鳴於岐山。」爰有百樂歌儛之風。爰有百種伎樂歌儛風曲。懿行案：文選注王融曲水詩序引此經，「儛」作「舞」，餘同。注「爰」字，

明藏本作「言」，是也。

有軒轅之國。其人人面蛇身。懿行案：「人面蛇身，尾交首上」，見海外西經。又此注

行案：軒轅國在「窮山之際」，已見海外西經。

中六字，明藏本作經文。江山之南棲爲吉。即窮山之際也。山居爲棲。吉者言無凶夭。懿

見海外西經。

西海陼懿行案：爾雅云：「小洲曰陼。」「陼」與「渚」同。中有神，人面鳥身，珥兩青

蛇，踐兩赤蛇，懿行案：此神形狀全似北方神禺彊，唯彼作「踐兩青蛇」爲異。見海外北經。名

曰弇茲。

大荒之中有山，名曰日月山，天樞也。吳姖懿行案：「姖」字說文、玉篇所無，藏經本

作「姬」。天門，日月所入。有神，人面無臂，懿行案：說文云：「了，尦也，从子無臂，象

形。」兩足反屬于頭山，懿行案：「山」當爲「上」字之譌，藏經本作「上」。名曰噓。言噓啼也。

顓頊生老童，懿行案：史記楚世家云：「高陽生稱，稱生卷章。」譙周云：「老童即卷章。」老童

生重及黎。世本云：「老童娶于根水氏，謂之驕福，産重及黎。」懿行案：大戴禮帝繫篇云：

「老童娶于竭水氏之子，謂之高緺氏，産重及黎及吳回」，史記楚世家云「卷章生重黎」，徐廣注引世

本云「老童生重黎及吳回」，與帝繫同，是皆以重黎爲一人也。此經又以「重、黎」爲二人，郭引世本

不壽者乃八百歲。壽者數千歲。懿行案：亦

又與徐廣異，並所未詳。

帝令重獻上天，令黎邛下地，古者神人雜擾無別，顓頊乃命南正重司天以屬神，命火正黎司地以屬民。重實上天，黎實下地。「獻」、「邛」義未詳。 懿行案：郭注本楚語文，其「火正」之「火」字，唐固注云「火當爲北」，是也。重號祝融，爲高辛氏火正，竹書云「帝嚳十六年，帝使重帥師滅有鄶」，即是人也。高誘注淮南子云：「顓頊之孫，老童之子吳回，一名黎，爲高辛氏火正，號祝融。」高誘之說本鄭語及史記楚世家文，並與此經合。左傳以爲少昊氏之子曰重，爲勾芒木正，顓頊氏之子曰黎，爲祝融火正，以二人爲非同產，與此經及國語異也。**下地是生噎，**此語難曉。海內經云「后土生噎鳴」，此經似與相涉，而文有闕脫，遂不復可讀。 懿行案：此語難曉。**處于西極，以行日月星辰之行次。**主察日月星辰之度數次舍也。海內經云「噎處西極，以行日月星辰」者也。 懿行案：楚語云「至于夏、商，重黎氏世叙天地，而別其分主」，即此經云「噎處西極，以行日月星辰之行次」者也。

有人反臂，名曰天虞。即尸虞也。 懿行案：尸虞未見所出，据郭注，當有成文，疑在經內，今逸。

有女子方浴月。懿行案：北堂書鈔一百五十卷引「浴」上有「澄」字。**帝俊妻常羲，**懿行案：史記五帝紀云「帝嚳娶娵訾氏女」，索隱引皇甫謐云：「女名常儀也。」今案「常儀」即「常義」、「儀」聲近；又與「義和」當即一人，已見大荒南經。**生月十有二，此始浴之。**義與「義」、「儀」義同。義和浴日同。

有玄丹之山。出黑丹也。 懿行案：上文沃民國有青丹，郭云「又有黑丹也」，謂

此。有五色之鳥，人面有髮。爰有青鴍、音「文」。黃鷔、音「敖」。青鳥、黃鳥，其所集

者其國亡。懿行案：海外西經云「鴍鳥、鶹鳥，其色青黃，所經國亡」，又云「青鳥、黃鳥所集」，即

此是也。玉篇有「鷔」字，云：「有此鳥集，即大荒國亡。」李善注江賦引此經及郭注，與今本略同。

有池名孟翼之攻顓頊之池。孟翼，人姓名。

大荒之中有山，名曰鏖鏊鉅，「鏊」音如「敖」。日月所入者。有獸，左右有首，名

曰屏蓬。即并封也，語有輕重耳。懿行案：海外西經云「并封前後有首」，此云「左右有首」，

又似非一物也。説見大荒南經。有巫山者。懿行案：大荒南經有巫山。有壑山者。懿行

案：上文有壑山、海山。有金門之山，有人名曰黃姖懿行案：「姖」，藏經本作「姬」。之尸。

有比翼之鳥。有白鳥，青翼、黃尾、玄喙。奇鳥。有赤犬，名曰天犬，其所下者有兵。

周書云：「天狗所止，地盡傾，餘光燭天爲流星，長數十丈，其疾如風，其聲如雷，其光如電。」吳、楚

七國反時，吠過梁國者是也。懿行案：「赤犬名曰天犬」，此自獸名，亦如西次三經陰山之獸名

曰天狗耳。郭注以「天狗星」當之，似誤也。其引「周書」，逸周書無之。漢書天文志云：「天狗，

狀如大流星，有聲。其下止地，類狗。所墜及、望之如火光炎炎中天。其下圜如數頃田處，上銳，

見則有黃色，千里破軍殺將。」又云：「狗，守禦類也。天狗所降，以戒守禦。吳、楚攻梁，梁堅城

守，遂伏尸流血其下。」

西海之南，流沙之濱，赤水之後，黑水之前，有大山，名曰昆侖之丘。有神，人面虎身，有文有尾，皆白處之。言其尾以白為點駮。懿行案：神人即陸吾也。其狀虎身九尾，人面虎爪，司昆侖者。已見西次三經。其下有弱水之淵環之。其水不勝鴻毛。懿行案：李賢注後漢書張衡傳及李善注思玄賦引此經，「淵」並作「川」，蓋避唐諱改也。又引此經仍作「淵」字。顏師古注漢書西域傳引玄中記云：「昆侖之弱水，鴻毛不能起也。」史記大宛傳索隱引輿地圖〔一〕云：「昆侖弱水，非乘龍不至。」藝文類聚八卷引郭氏讚云：「弱出昆山，鴻毛是沈。北淪流沙，南映火林。惟水之奇，莫測其深。」其外有炎火之山，投物輒然。今去扶南東萬里，有耆薄國。東復五千里許，有火山國。其山雖霖雨，火常然。火中有白鼠，時出山邊求食，人捕得之，以毛作布，今之火澣布是也。即此山之類。懿行案：水經灂水注引神異經云：「南方有火山焉，長四十里，廣四五里。其中皆生不燼之木，晝夜火然，得暴風猛雨不滅〔二〕。火中有鼠，重百斤，毛長二尺餘，細如絲，色白，時時出外，以水逐而沃之則死取其毛，績以為布，謂之火浣布。」即郭氏所說也。火浣布又見列子湯問篇，云周穆王時西戎獻之也。魏志云：「齊王芳立，西域重譯獻火浣布」，裴松之注引搜神記大意與郭同。又藝文類聚八十卷引玄中記云：「南方有炎火山，四月

〔一〕「輿地圖」，今本史記作「括地圖」。

〔二〕「得暴風猛雨不滅」，今本水經注作「得雨猛風不滅」。

生火，其木皮爲火浣布。」搜神記亦同兹説，將火澣布故有鼠毛及木皮二種邪？類聚七卷引郭氏讚云…「木含陽氣，精構則然。焚之無盡，是生火山。理見乎微，其傳在傳。」案末句誤，疑當爲「其妙不傳」。

有人，戴勝虎齒，有豹尾，穴處，名曰西王母。

河圖玉版亦曰「西王母居昆侖之山」，西山經曰「西王母居玉山」，穆天子傳曰「乃紀其迹于弇山之石，曰西王母之山」也。然則西王母雖以昆侖爲宮，亦自有離宮別窟，游息之處不專住一山也，故記事者各舉所見而言之。懿行案…今本穆天子傳作「紀丌跡于弇山之石」，「丌」即「其」之假借字也。郭云「西王母雖以昆侖爲宮」，「以」當爲「居」，古字作「㠯」，「居」，古文作「凥」，皆形近而誤也。藏經本作「雖以昆侖之宮」，「以」當爲「居」，其義亦通也。經言西王母穴處者，莊子大宗師篇云「西王母坐乎少廣」，釋文引司馬彪云「少廣，穴名」，是知此人在所乃以窟穴爲居。故穆天子傳載爲天子吟曰「虎豹爲羣，鳥獸與處」，蓋自道其實也。它書或説西王母所居玉闕金堂，徒爲虛語耳。

此山萬物盡有。

大荒之中有山，名曰常陽之山，懿行案…或説海外西經「形天葬常羊之山」即此，非也。**日月所入。**「常羊之山」見下文。

有寒荒之國，有二人，女祭、女薉。或持觶，或持俎。懿行案…「薉」當爲「蔑」字之譌。海外西經云「女祭、女戚」，戚即蔑也。郭云「持觸」，「觸」亦「觶」字之譌也。「戚操魚俎」，亦見海外西經。

有壽麻之國。呂氏春秋曰…「南服壽麻，北懷闖耳。」懿行案…郭引呂氏春秋任數篇文

也。「南」當爲「西」字之譌。

「麻」、「藦」古字通，地理志云「益州郡，收藦」，李奇云：「藦音麻，即升麻也。」南嶽娶州山女，

名曰女虔，女虔生季格。季格生壽麻。壽麻正立無景，疾呼無響。言其稟形氣有異於

人也。列仙傳曰：「玄俗無景。」　懿行案：淮南墜形訓言「建木日中無景，呼而無響」也。拾遺

記云：「勃鞮之國，人皆日中無英。」列仙傳云：「玄俗者，自言河間人也。餌巴豆、雲英，賣藥於

市，七丸一錢，治百病。王病瘕，服藥，用下蛇十餘頭。王呼俗著日中，實無景。」案此据劉逵注魏都賦所引，與今列仙傳本不同。　爰有大暑，不可以

往。　言熱炙殺人也。　　懿行案：楚詞招魂云「西方之害，其土爛人，求水無所得些」王逸注云：

「言西方之土溫暑而熱，燋爛人肉，渴欲求水，無有源泉，不可得也。」亦此類。

有人無首，操戈盾立，名曰夏耕之尸。亦形天尸之類。故成湯伐夏桀于章山，克

之，于章，山名。　　懿行案：郭以「于章」爲山名，未詳所在。史記夏本紀正義引淮南子云：「湯

敗桀於歷山，與妹喜同舟浮江，奔南巢之山而死。」今案淮南脩務訓云「湯乃整兵鳴條，困夏南巢，

譙以其過」，放之歷山」，此即史記正義所引也。　高誘注云：「南巢，今廬江居巢是。歷山蓋歷陽之

山。」未審即此經章山以不。　　斬耕厥前。頭亦在前者。　耕既立，無首，走厥咎，逃避罪也。

懿行案：藏經本「立」字在「無首」下。　乃降于巫山。自竄於巫山。巫山今在建平巫縣。　懿

行案：地理志云「南郡，巫」，應劭注云：「巫山在西南。」郭云「今在建平巫縣」者，見晉書地理志。

有人名曰吳回，奇左，是無右臂。即奇肱也。吳回者，大戴禮帝繫篇云「老童産重黎及吳回」，史記楚世家云「帝嚳誅重黎，而以其弟吳回爲重黎，後復居火正，爲祝融」，是皆以重黎爲一人，吳回爲一人。世本亦同。此經上文則以重、黎爲二人，似黎即吳回。故潛夫論志氏姓云：「黎，顓頊氏裔子吳回也。」高誘注淮南亦云：「祝融，顓頊之孫，老童之子吳回也」，一名黎，爲高辛氏火正，號爲祝融。」其注呂氏春秋又云「吳國回祿之神託於竈」，與注淮南異也。王符、高誘並以黎即吳回，與此經義合。重、黎相繼爲火官，故皆名祝融矣。

此非奇肱國也。説文云：「子，無右臂也。」即此之類。吳回，祝融弟，亦爲火正也。懿行案：

有蓋山之國。有樹，赤皮支幹，青葉，名曰朱木。或作「朱威木」也。懿行案：「朱木」已見大荒南經，「青葉」，彼作「青華」是也，此蓋字形之譌。

有一臂民。北極下亦有一脚人，見河圖玉版。懿行案：「一臂國」已見海外西經。

大荒之中有山，名曰大荒之山，日月所入。有人焉三面，是顓頊之子，三面一臂。無左臂也。懿行案：説文云「子，無左臂也」，即此。三面之人不死。言人頭三邊各有面也。玄菟太守王頎至沃沮國，問其耆老，云：「復有一破船，隨波出在海岸邊，上有一人，項中復有面，與語，不解了，不食而死。」此是兩面人也。吕氏春秋曰「一臂、三面之鄉」也。懿行案：呂氏春秋求人篇云「禹西至一臂、三面之鄉」，本此。郭説「兩面人」，本魏志東夷傳。是謂大荒之

野。

懿行案：上林賦云「過乎泱漭之樊」，張揖注云：「山海經所謂『大荒之野』」。李善注曹植七啓引此經，「野」下有「中」字，蓋衍也，其注張協七命仍引此經無「中」字，可證。

西南海之外，赤水之南，流沙之西，有人珥兩青蛇，乘兩龍，名曰夏后開。

案：開即啓也。漢人避諱所改。開上三嬪于天，嬪，婦也。言獻美女於天帝。

懿行案：離騷云「啓九辯與九歌」，天問云「啓棘賓商，九辯九歌」，是「賓」、「嬪」古字通，「棘」與「亟」同。蓋謂啓三度賓于天帝，而得九奏之樂也。故歸藏鄭母經云「夏后啓筮，御飛龍登于天，吉」，正謂此事。周書王子晉篇云「吾後三年上賓于帝所」，亦其證也。郭注大誤。得九辯與九歌以下。皆天帝樂名也，開登天而竊以下用之也。開筮曰：「昔彼九冥，是與帝辯同宮之序，是爲九歌」。又曰：「不得竊辯與九歌以國于下。」義具見於歸藏。

此天穆之野，高二千仞，竹書曰「顓頊產之野」。

懿行案：竹書云「帝顓頊三十年，帝產伯鯀，居天穆之野」，無「是維若陽」四字，蓋脫去之。開焉得始歌九招。

竹書曰「夏后開舞九招」也。

懿行案：竹書云「帝啓十年，帝巡狩，舞九韶于大穆之野」，海外西經云「大樂之野，夏后啓于此儛九代」，即此。

有互人之國。人面魚身。

懿行案：「互人」，即海內南經「氐人國」也。「氐」、「互」二字蓋以形近而譌，以俗「氏」正作「互」字也。羅泌云「互人」宜作「氐人」，非也。周官「鼈人掌取互物」，是「互物」即魚鼈之通名。國名「互人」，豈以其人面魚身故與？郭注「人面魚身」四字，本海

内南經之文，藏經本將此郭注列入經文。　炎帝之孫，炎帝，神農。　名曰靈恝。音如「券契」之「契」。　靈恝生互人，是能上下于天。言能乘雲雨也。　有魚偏枯，名曰魚婦。顓頊死即復蘇。言其人能變化也。　風道北來，天乃大水泉，言泉水得風暴溢出。道，猶從也。韓非曰：「玄鶴二八，道南方而來。」懿行案：郭引韓非者十過篇，云：「師曠不得已，援琴而鼓，一奏之有玄鶴二八，道南門來集於郎門之塊。」郭引「南門」作「南方」，所見本異也。　蛇乃化爲魚，是謂魚婦。顓頊死即復蘇。淮南子曰：「后稷龍在建木西，其人死復蘇，其中爲魚。」蓋謂此也。懿行案：郭注「龍」當爲「隴」，「中」當爲「半」，並字形之譌。高誘注淮南墜形訓云「人死復生，或化爲魚」，即指此事。然則魚婦豈即顓頊所化，如女媧之腸化爲十神者邪？又樂浪尉化魚事，見陸璣詩疏。

有青鳥，身黃，赤足，六首，懿行案：海内西經云「開明南有鳥六首」，即此也。　名曰鶹鳥。音「觸」。懿行案：爾雅云「鶹，山鳥」，非此。　有大巫山。有金之山。西南大荒之中隅，懿行案：藏經本「隅」上無「中」字。　有偏句、常羊之山。懿行案：海外西經云「帝斷形天之首，葬之常羊之山」，即此。淮南墜形訓云「西南方曰編駒之山」，「編駒」疑即「偏句」。呂氏春秋諭大篇云「地大則有常祥、不庭」，疑「常祥」即「常羊」也。「不庭」已見大荒南經。

按：夏后開即啟，避漢景帝諱云。

山海經第十七

晉郭璞傳　棲霞郝懿行箋疏

大荒北經

東北海之外，大荒之中，河水之間，附禺之山，懿行案：海外北經作「務隅」，海內東經作「鮒魚」，此經又作「附禺」，皆一山也，古字通用。文選注謝朓哀策文引此經作「鮒禺之山」，後漢書張衡傳注引此經與今本同。帝顓頊與九嬪葬焉。此皆殊俗，義所作冢。爰有鴟久、文貝、離俞、鸞鳥、皇鳥、大物、小物。言備有也。有青鳥、琅鳥、玄鳥、黃鳥、虎、豹、熊、羆、黃蛇、視肉、璿瑰、瑤碧，皆出衛于山。在其山邊也。　懿行案：藝文類聚八十九卷，初學記二十八卷引此經，並作「衛丘山」，北堂書鈔一百三十七卷亦作「衛丘」，是知古本「衛」「丘」連文，而以「皆出于山」四字相屬，今本誤倒其句耳，所宜訂正。丘方員三百里，丘南帝俊竹林在焉。懿行案：此經帝俊蓋顓頊也，下云「丘西有沈淵，顓頊所浴」，以此知之。大可為舟。言舜林中竹，一節則可以為船也。　懿行案：初學記引神異經云：「南方荒中有沛竹，其長百丈，圍二丈五六尺，厚八九寸，可以為船。」廣韻引神異經云：「篩竹一名太極，長百丈，南方以為船。」

玉篇云：「籌竹長千丈，爲大船也，生海畔。」即此類。

竹南有赤澤水，水色赤也。**名曰封淵。**

封亦大也。

有三桑無枝。皆高百仞。

懿行案：注云「皆高百仞」四字，藝文類聚八十八卷引作經文，疑今本誤作注文耳。「三桑無枝」已見海外北經。

丘西有沈淵，顓頊所浴。

有胡不與之國，一國復名耳，今胡夷語皆通然。

烈姓，懿行案：烈姓蓋炎帝神農之裔。**黍食。**

左傳稱「烈山氏」，祭法作「厲山氏」，鄭康成注云：「厲山，神農所起，一曰有烈山。」

大荒之中有山，名曰不咸。有肅慎氏之國。

今肅慎國去遼東三千餘里，穴居無衣，衣豬皮，冬以膏塗體，厚數分，用卻風寒。其人皆工射，弓長四尺，勁彊，箭以楛爲之，長尺五寸，青石爲鏑。此春秋時「隼集陳侯之庭」所得矢也。晉太興三年，平州刺史崔毖遣別駕高會，使來獻肅慎氏之弓矢，箭鏃有似銅骨作者。問云，轉與海內國，通得用此。今名之爲挹婁國，出好貂、赤玉。

懿行案：「肅慎國」見海外西經。郭說「肅慎」「挹婁」豈從海外轉而至此乎？後漢書所謂「挹婁」者是也。後漢書者，吳志妃嬪傳云「謝承撰後漢書百餘卷」，其書說挹婁即古肅慎氏之國也。慎本魏志東夷傳，但傳本作「用楛長尺八寸」，與郭異，餘則同也。

左傳云「肅慎、燕、亳，吾北土也」。魯語有其事。竹書云「帝舜二十五年，息慎氏來朝，貢弓矢」，即肅慎也。周書王會篇亦云「正北方……稷慎」，「稷」、「息」、「肅」並聲轉，字通也。魏志東夷傳云「肅慎、燕、亳，吾北土也」。

傳云：「挹婁，在夫餘東北千餘里，濱大海。」史記正義引括地志云：「靺鞨國，古肅慎也，在京東北

萬里。」有蜚蛭，四翼。「翡」「窒」兩音。　郝行案：上林賦云「蛭蝌蠼猱」，司馬彪注引此經，

「蜚」作「飛」。　有蟲，獸首蛇身，名曰琴蟲。亦蛇類也。　郝行案：南山人以蟲爲蛇，見海外

南經。

有人名曰大人。有大人之國，郝行案：大荒東經云「波谷山有大人之國」，即此。史記

孔子世家云：「防風在虞、夏、商爲汪罔，於周爲長翟，今謂之大人。」案此本魯語文，其「汪罔」爲

「汪芒」也。　釐姓，郝行案：晉語司空季子説黃帝之子十二姓，中有僖姓。「僖」、「釐」古字通用，

釐即僖也。史記孔子世家云「汪罔氏之君，守封禺之山，爲釐姓」，索隱云「釐音僖」是也。又引

「家語云『姓漆』，誤，系本無漆姓〔二〕。」案魯語云「汪芒氏之君爲漆姓」，非誤也，疑「漆」與「釐」

古亦通。　黍食。郝行案：東北地皆宜黍，孟子云「貉五穀不生，唯黍生之」。説已見大荒東經。

有大青蛇，黃頭，郝行案：「黃頭」，藝文類聚引作「頭方」。食麈。今南方虯蛇食鹿，鹿亦麈屬

也。　郝行案：榮山有玄蛇食麈，已見大荒南經。又案此經及榮山之麈，藝文類聚並引作「塵」

字，在「地部」六卷，誤。　有榆山。有鯀攻程州之山。皆因其事而名物也。　郝行案：程州，

蓋亦國名，如「禹攻共工國山」之類。

〔二〕「姓」，原本作「字」，據史記孔子世家索隱改。

大荒之中有山，名曰衡天。有先民之山。 懿行案：「西北海之外有先民之國」，見大荒西經，非此也。有榖木千里。音「盤」。 懿行案：大戴禮五帝德篇云「東至于蟠木」，史記五帝紀同，疑即此也。

劉昭注禮儀志引此經云：「東海中有度朔山，上有大桃樹，蟠屈三千里，其卑枝門曰東北鬼門，萬鬼出入也。上有二神人，一曰鬱儡，主閱領眾鬼之惡害人者，執以葦索，而用食虎。於是黃帝法而象之。毆除畢，因立桃梗於門戶上，畫鬱儡持葦索以御凶鬼，畫虎於門，當食鬼也。」論衡訂鬼篇引此經，大意亦同。案王充、劉昭所引，疑本經文，今脫去之也。太平御覽九百六十七卷載漢舊儀引此經，亦與王、劉同。李善注陸機挽歌詩引此文作海水經，曰「東海中有山焉，名度索，上有大桃樹，東北瘣枝，名曰鬼門，萬鬼所聚」，史記五帝紀注亦引此文而作海外經云云，蓋誤也。海外北經雖有「尋木長千里」，然「尋木」非「榖木」，疑二書所引皆即此經之逸文矣。藝文類聚八十六卷亦引此經云「桃樹屈蟠三千里」，又張衡東京賦亦引用此事，薛綜注雖述其文而不云出此經，疑漏引書名也。又諸書所說文字俱有異同，姑存以俟攷。

有叔歜國。 音作感反。 一音「觸」。 顓頊之子，黍食，使四鳥：虎、豹、熊、羆。有 懿行案：玉篇云：「猎，秦亦切，獸名。」

黑蟲，如熊狀，名曰猎猎。 或作「猗」，音「夕」同。 唐韻亦云「獸名」，引此經，蓋蟲獸通名耳。「猗」見說文。

有北齊之國，姜姓， 懿行案：說文云：「姜，神農居姜水，以為姓。」史記齊太公世家云：「姓姜氏。」案大荒西經「有西周之國，姬姓」，此「有北齊之國，姜姓」皆周、秦人語也。 使虎、豹、

熊、羆。

大荒之中有山，名曰先檻（懿行案：藏經本作「光檻」。）大逢之山，河、濟所入海北注焉。河、濟注海，已復出海外，入此山中也。（懿行案：滿洲人福星保言：「黃河入海，復流出塞外，注翰海。翰海地皆沙磧，蓋伏流也。」案福君此說與經義合。翰海即羣鳥解羽之所，見下文。）

其西有山，名曰禹所積石。（懿行案：海內西經云「河水入渤海，又出海外，入禹所導積石山」，正與此經合，是此海即渤海矣。水經所謂「渤海」亦即此。）有陽山者。有順山者，順水出焉。

有始州之國。有丹山。（此山純出丹朱也。竹書曰：「和甲西征，得一丹山。」今所在亦有丹山，丹出穴中。懿行案：竹書云「陽甲三年，西征丹山戎」，「陽甲」一名「和甲」也。郭所引與今本小異。）

有大澤方千里，羣鳥所解。（穆天子傳曰：「北至廣原之野，飛鳥所解其羽。」乃于此獵，鳥獸絕羣，載羽百車。」竹書亦曰：「穆王北征，行流沙千里，積羽千里。」皆謂此澤也。懿行案：「大澤」已見海內西經。穆天子傳云「碩鳥解羽，六師之人畢至于曠原」，是郭所引「廣」當為「曠」，或古字通也。此謂之「大澤」，穆天子傳謂之「曠原」，史記、漢書謂之「翰海」，皆是。史記索隱引崔浩云：「翰海，北海名。羣鳥之所解羽，故云翰海。」）

有毛民之國，其人面體皆生毛。（懿行案：「毛民國」已見海外東經。今所見毛民，面首

獶毛盡如熊，唯微露眉目處所有似獼猴，餘則是人耳，然其體亦皆毛也。不解言語，但收養者以意指使之。嘉慶十一年春正月，余在京師，親所診見，是其毛人乎？高誘注淮南而云「毛如矢鏃」，即實非矣。依姓，懿行案：晉語云「黃帝之子二十五宗，其得姓者十四人，爲十二姓」，中有依姓也。食泰，使四鳥。禹生均國，均國生役采，「采」一作「來」。懿行案：藏經本正作「來」。

役采生修懿行案：藏經本作「循」。輪，音如「單袷」之「袷」。修輪殺綽人。人名。

帝念之，潛爲之國，潛密用之爲國。是此毛民。懿行案：藏經本正作

有儋耳之國，其人耳大下儋，垂在肩上。朱崖儋耳，鏤畫其耳，亦以放之也。懿行案：淮南子作「耽耳」，博物志作「檐耳」，皆「儋耳」之異文也。「儋」，依字當爲「瞻」，見說文。此是「北聸耳」也。呂氏春秋任數篇曰「北懷儋耳」，高誘注云「北極之國」，正謂是也。其「南聸耳」，經謂之「離耳」，見海內南經。又「聶耳國」，見海外北經，與此異。任姓。懿行案：晉語說黃帝之子十二姓，中有任姓也。

禺號子，食穀北海之渚中。言在海島中種粟給食，謂禺彊也。懿行案：「禺號」即「禺號」，大荒東經云「黃帝生禺號，禺號生禺京」，「禺京」即「禺彊」也，「京」、「彊」聲相近。有神，人面鳥身，珥兩青蛇，踐兩赤蛇，名曰禺彊。懿行案：大荒東經云「禺號珥兩黃蛇，踐兩黃蛇」，與此異，餘則同也。又海外北經云「禺彊踐兩青蛇」，亦與此異。又「帝命禺彊使巨鼇十五舉

首而戴五山」，見列子湯問篇。

大荒之中有山，名曰北極天櫃，音「匱」。懿行案：「櫃」，藏經本作「樻」。海水北

注焉。懿行案：后土，共工氏之子句龍也，見昭十九年左傳，又見海內經。有神，九首，人面，鳥身，名曰九鳳。懿行案：郭氏江賦云「奇鶵九頭」，疑即此。又

有神，銜蛇操蛇，懿行案：列子湯問篇説愚公事，云「操蛇之神聞之，告之於帝」，「操蛇之神」當

即此。其狀虎首人身，四蹄長肘，名曰彊良。亦在畏獸畫中。懿行案：後漢禮儀志説十

二神，云「強梁、祖明共食磔死寄生」，疑「強梁」即「彊良」，古字通也。

大荒之中有山，名曰成都載天。有人珥兩黃蛇，把兩黃蛇，名曰夸父。后土生

信，懿行案：后土，共工氏之子句龍也，見昭十九年左傳，又見海內經。信生夸父。夸父不量

力，欲追日景，逮之于禺谷。禺淵，日所入也。今作「虞」。懿行案：夸

此。「禺谷」作「隅谷」。將飲河而不足也，將走大澤，未至，死于此。渴死。懿行案：夸

父逐日已見海外北經。應龍已殺蚩尤，又殺夸父，上云夸父不量力，與日競而死，今此復云爲

應龍所殺。死無定名，觸事而寄，明其變化無方，不可揆測。乃去南方處之，故南方多雨。言

龍水物，以類相感故也。

又有懿行案：藏經本無「又」字。無腸之國，爲人長也。懿行案：海外北經云「無腸國，

其爲人長」，是此注所本。是任姓。

無繼子，食魚。「繼」亦當作「臍」，謂膞腸也。懿行案：「膞腸」即「腨腸」，其聲同也，見海外北經「無臍國」。「繼」、「臍」聲相近。淮南墜形訓作「無繼民」。

共工臣名曰相繇，相柳也，語聲轉耳。懿行案：海外北經作「相柳」見海外北經。九首，蛇身自環，言轉旋也。食于九土。言貪殘也。懿行案：説文云：「歍，心有所惡，若吐也。」又云：「歐，吐也。」爾雅釋詁云：「尼，止也。」其所歍所尼，歍，嘔，猶噴吒也。尼，止也。懿行案：「尼，止也。」即爲源澤，言多氣力。不辛乃苦，言氣酷烈。百獸莫能處。言畏之也。

禹埋洪水，殺相繇，禹塞洪水，由以溺殺之也。其血腥臭，不可生穀，其地多水，不可居也。言其膏血滂流成淵水也。禹湮之，三仞三沮，言禹以土塞之，地陷壞也。乃以爲池，羣帝是因以爲臺。地下宜積土，故衆帝因來在此，共作臺。懿行案：即帝堯、帝嚳等臺也，見海内北經。在昆侖之北。懿行案：海内北經云：「臺四方，在昆侖東北。」

有岳之山，懿行案：李善注張協七命引此經，作「岳山」，無「之」字。尋竹生焉。尋，大竹名。懿行案：李善注張協七命引此經云：「竹長千丈」。然海外北經有「尋木長千里」，「尋竹」猶「尋木」也。玉篇作「篝」失之。懿行案：李善注張協七命引此經及郭注，並止作「尋」，可證玉篇之非。

大荒之中有山，名曰不句，海水入焉。懿行案：藏經本「水」下有「北」字。

有係昆之山者，有共工之臺，射者不敢北鄉。言畏之也。懿行案：「共工之臺」已

見海外北經。

有人衣青衣，名曰黃帝女魃。（音如「旱魃」之「魃」。）懿行案：玉篇引文字指

歸曰：「女魃，禿無髮，所居之處天不雨也，同魃。」李賢注後漢書引此經作「妭」，云「妭亦魃也」。

据此則經文當爲「妭」，注文當爲「魃」，今本誤也，太平御覽七十九卷引此經作「妭」可證。**蚩尤**

作兵伐黃帝，（懿行案：大戴禮用兵篇云：「問曰：『蚩尤作兵與？』曰：『蚩尤，庶人之貪者也，

何器之能作？』是以蚩尤爲庶人，然史記殷本紀云：「諸侯咸來賓從，而蚩尤最爲暴，莫能伐。」則蚩尤爲諸

侯審矣。管子地數篇云：「蚩尤受葛盧山之金，而作劍、鎧、矛、戟。」太平御覽二百七十卷引世本

曰「蚩尤作兵」，宋衷注曰：「蚩尤，神農臣也。」又引春秋元命苞曰：「蚩尤虎捲威文立兵。」宋均

注曰：「捲，手也，手文威字也。」又龍魚河圖說此極詳，見史記正義。**黃帝乃令應龍攻之冀州**

之野。（冀州，中土也。黃帝亦教虎、豹、熊、羆，以與炎帝戰於阪泉之野而滅之，見史記。懿行

案：古以冀州爲中州之通名，故郭云「冀州，中土也」。又引史記云「黃帝與炎帝戰於阪泉之野」，

此五帝本紀文。然其下方云「與蚩尤戰於涿鹿之野」，郭氏未引此文，蓋漏脫也。周書嘗麥篇云：

「蚩尤乃逐帝，爭于涿鹿之阿，九隅無遺。赤帝大懾，乃說于黃帝，執蚩尤，殺之于中冀，用名之曰

絕轡之野。」周書所說即此經云「攻之冀州之野」也。焦氏易林云：「白龍赤虎，戰鬥俱怒。蚩尤敗

走，死于魚口。」即此經云「令應龍攻之」也。）**應龍畜水，蚩尤請風伯、雨師縱大風雨。**（懿行

案：「縱」當爲「從」，史記正義引此經云「以從大風雨」。藝文類聚七十九卷及太平御覽七十九卷引此經亦作「從」。史記正義引龍魚河圖云：「黃帝以仁義不能禁止蚩尤，乃仰天而歎，天遣[一]玄女下授黃帝兵符，伏蚩尤。」雨止，懿行案：史記正義引此經有「以止雨」三字在「雨止」句之上。遂殺蚩尤。 懿行案：初學記九卷引歸藏啓筮云：「蚩尤出自羊水，八肱，八趾，疏首，登九淖以伐空桑，黃帝殺之于青丘。」史記索隱引皇甫謐云：「黃帝使應龍殺蚩尤於凶黎之谷。」魃不得復上，所居不雨。 旱氣在也。 叔均言之帝，後置之赤水之北。 遠徙之也。 叔均乃爲田祖。 主田之官。 詩云「田祖有神」。 魃時亡之。 畏見逐也。 懿行案：亡，謂善逃逸也。 先除水道，決通溝瀆。 令曰：神北行。 向水位也。 懿行案：北行者，令歸赤水之北也。 所欲逐之者言逐之必得雨，故見先除水道，今之逐魃是也。 懿行案：藝文類聚一百卷引神異經云：「南方有人長二三尺，祖身，而目在頂上，走行如風，名曰魃。 所見之國大旱，赤地千里，一名貉。 遇者得之，投溷中乃死，旱災消。」是古有逐魃之說也。 魏書載：咸平五年，晉陽得死魃，長二尺，面頂各二目。 通考言：永隆元年，長安獲女魃，長尺有二寸。 然則神異經之說蓋不誣矣。 今山西人旱

[一]「遣」原作「遺」，據史記正義改。

魃神體有白毛，飛行絶迹，而東齊愚人有「打旱魃」之事。其説怪誕不經，故備書此正之。

有人方食魚，名曰深目民之國，懿行案：「深目國」已見海外北經。**盼姓，食魚。**亦胡類，但眼絶深。**黃帝時姓也。**懿行案：盼，府文切，見玉篇。與「滕」、「荀」二字形聲俱近。晉語説黃帝之子十二姓，中有滕、荀，疑郭本「盼」作「滕」或「荀」，故注云「黃帝時姓也」。

有鍾山者。有女子衣青衣，名曰赤水女子獻。神女也。懿行案：穆天子傳云：「赤烏之人丌好，獻女于天子，曰赤烏氏美人之地也。」似與此經義合。

大荒之中有山，名曰融父山，順水入焉。懿行案：上文云「有順山者，順水出焉」，即此。**有人名曰犬戎。黃帝生苗龍，苗龍生融吾，融吾生弄**一作「卞」。**明，弄明生白犬。**懿行案：漢書匈奴傳注引此經作「弄明」，史記周本紀正義引此經作「并明」，「并」與「卞」疑形聲之譌轉。匈奴傳索隱引此經亦作「并明」，又云：「黃帝生苗，苗生龍，龍生融，融生吾，吾生并明，并明生白，白生犬，犬有二牝，是爲犬戎。」所引一人俱爲兩人，所未詳聞。**白犬有牝牡，**言自相配合也。懿行案：史記周本紀正義、漢書匈奴傳注引此經並作「白犬有二牝牡」，蓋謂所生二人相爲牝牡也。藏經本作「白犬二犬有牝牡」下「犬」字疑衍。**是爲犬戎，肉食。有赤獸，**懿行案：説文云：「赤狄本犬種，从犬亦省聲。」**馬狀無首，名曰戎宣王尸。**犬戎之神名也。

有山名曰齊州之山、君山、鬶山、音「潛」。**鮮野山、魚山。**

有人一目，當面中生。懿行案：此人即「一目國」也，見海外北經。「當面中生」四字，藏經本作郭注，非。一曰是威姓，少昊之子，懿行案：晉語云「青陽與夷鼓皆爲己姓」。説者云青陽即少昊，是少昊已姓。此云「威」者，「已」、「威」聲相轉。食黍。

有繼無民。懿行案：「繼無」疑當爲「無繼」，即上文「無繼子」也。繼無民任姓，無骨子，言有無骨人也。尸子曰：「徐偃王有筋無骨。」食氣、魚。懿行案：「食氣魚」者，此人食氣兼食魚也。大戴禮易本命篇云：「食氣者神明而壽。」

西北海外，流沙之東，有國曰中輸，懿行案：「輸」，玉篇云「符善切」，集韻云「婢善切，音偏」。藏經本「輸」作「輪」。顓頊之子，食黍。有國名曰賴丘。有犬戎國。懿行案：「犬戎國」已見海內北經。有神，懿行案：犬戎，黃帝之玄孫，已見上文，是犬戎亦人也，「神」字疑誤。史記周本紀集解引此經正作「人」字。人面獸身，名曰犬戎。

西北海外，黑水之北，有人有翼，名曰苗民。三苗之民。懿行案：「三苗國」已見海外南經。史記五帝紀正義引神異經云：「西荒中有人焉，面目手足皆人形，而胳下有翼，不能飛，爲人饕餮，淫逸無理，名曰苗民。」引此經文。顓頊生驩頭，懿行案：「驩頭國」亦見海外南經。驩頭生苗民，苗民釐姓，懿行案：「釐」與「僖」同，説已見上。食肉。有山，名曰章山。

大荒之中有衡石山、九陰山、洞野之山，[懿行案：]水經若水注、文選甘泉賦及月賦注、藝文類聚八十九卷引此經，並作「灰野之山」。上有赤樹，青葉赤華，名曰若木。生昆侖西，附西極，其華光赤下照地。[懿行案：]「若」，說文作「叒」，云：「日初出東方湯谷所登榑桑。叒，木也，象形。」今案說文所言是東極若木，此經及海內經所說乃西極若木，不得同也。離騷云「折若木以拂日」，王逸注云：「若木在昆侖西極，其華照下地。」淮南墬形訓云：「若木在建木西，末有十日，其華照下地。」皆郭注所本也。又文選月賦注引此經，「若木」下有「日之所入處」五字；水經若水注引此經，「若木」下有「生昆侖山西附西極」八字。又郭注「其華光赤下照地」，王逸離騷注亦則知水經注所引八字，古本蓋在經文，今誤入郭注爾。證以王逸離騷注「若木在昆侖西極」，有「其華照下地」五字，以此互證，疑此句亦當在經中，今本誤入注文也。藝文類聚八十九卷引郭氏讚云：「若木之生，昆山是濱。朱華電照，碧葉玉津。食之靈智，爲力爲仁。」

有牛黎之國。[懿行案：]「牛黎」，蓋即「柔利」也。其人反膝曲足居上，故此經云「無骨」矣。「柔利國」見海外北經。

西北海之外，赤水之北，有章尾山。有人無骨，儋耳之子。[懿行案：]儋耳人生無骨子也。海外北經作「鍾山」，此作「章尾山」，「章」、「鍾」聲近而轉也。文選注雪賦引此經文，又注舞鶴賦引十洲記曰：「鍾山在北海之中，地仙家數千萬，耕田種芝草，課計頃畝也。」即此。有神，人面蛇身而赤，身長千里。[懿行案：]

「身長千里」見海外北經。藝文類聚七十九卷引此四字作經文，「里」字作「尺」。今案四字作經文是也，海外北經可證。**直目正乘**，直目，目從也。正乘，未聞。懿行案：畢氏云：「『乘』恐『朕』字假音，俗作『眹』也。」**其瞑**懿行案：李善注思玄賦引此經作「眠」，俗字也。**乃晦，其視乃明。**言視爲晝、眠爲夜也。**不食不寢不息，風雨是謁。**言能請致風雨。**是燭九陰**，照九陰之幽隱〔一〕也。**是謂燭龍。**離騷曰：「日安不到？燭龍何燿？」詩含神霧曰「天不足西北，無有陰陽消息，故有龍銜精以往，照天門中」云。淮南子曰：「蔽於委羽之山，不見天日也。」懿行案：楚詞天問作「燭龍何照」，郭引「照」作「燿」也。李善注雪賦引詩含神霧云「有龍銜火精以照案：」此注所引脫「火」字也。又引淮南子者墜形訓，云「燭龍在鴈門北，蔽於委羽之山，不見天門中」，高誘注云「委羽，北方山名。一曰龍銜燭以照太陰，蓋長千里」云云。

〔一〕「隱」，原本作「陰」，諸本俱作「隱」，據改。

山海經第十八

晉郭璞傳　棲霞郝懿行箋疏

海內經

東海之內，北海之隅，有國名曰朝鮮、**朝鮮，今樂浪郡也。** 懿行案：「朝鮮」已見海內北經。 **天毒，其人水居，天毒即天竺國，貴道德，有文書、金銀、錢貨，浮屠出此國中也。晉大興四年，天竺胡王獻珍寶。** 懿行案：史記大宛傳云有「身毒國」，索隱云：「身音乾，毒音篤。」孟康云：『即天竺也，所謂浮圖胡也。』」案大宛傳說身毒云：「其人民乘象以戰，其國臨大水焉。」後漢書西域傳云：「天竺國一名身毒，其國臨大水，修浮圖道，不殺伐。」水經注引康泰扶南傳曰：「天竺土俗，道法流通，金寶委積，山川饒沃，恣所欲。」大意與郭注同也。**偎人愛之。** 偎，亦愛也。 懿行案：「愛之」，藏經本作「愛人」，是也。列子云：「列姑射山有神人，不偎不愛，仙聖爲之臣。」義正與此合。 袁宏漢紀云：「浮屠，佛也。天竺國有佛道，其教以修善慈心爲主，不殺生。」亦此義也。 玉篇云「偎，愛也」，本此，又云「北海之隅，有國曰偎人」，以「偎人」爲國名，義與此異。

西海之内，流沙之中，有國名曰壑市。 音「郝」。 懿行案：水經注禹貢山水澤地

云：「流沙在西海郡北，又逕浮渚，歷壑市之國。」

西海之内，流沙之西，有國名曰氾葉。 音如「氾濫」之「氾」。 懿行案：水經注無此

國，疑脱。

流沙之西有鳥山者， 懿行案：水經注云：「流沙歷壑市之國，又逕於鳥山之東。」三水出

焉。 三水同出一山也。 爰有黄金、璿瑰、丹貨、銀、鐵，皆流于此中。

也。 「皆流于此中」，藏經本作「皆出此水」四字。 穆天子傳云「天子之珤，玉果璿珠，

燭銀黄金之膏」，即此類。 又有淮山，好水出焉。

流沙之東，黑水之西，有朝雲之國，司彘之國。黄帝妻雷祖，生昌意。 懿行案：水經注云：「流沙又逕於鳥山之東，朝雲

之國。」 世本云：「黄帝娶于西陵氏之子，謂之纍祖，産青

陽及昌意。」 懿行案：雷，姓也。祖，名也。西陵氏姓方雷，故晉語云：「青陽，方雷氏之甥也。」

「雷」通作「纍」。 郭引世本作「纍祖」，大戴禮帝繫篇作「纍祖」，史記五帝紀同，漢書古今人表作

「絫祖」，並通。 昌意降處若水， 懿行案：大戴禮帝繫篇與此同。史記索隱云：「降，下也，言帝

子爲諸侯，若水在蜀，即所封國也。」生韓流。 竹書云：「昌意降居若水，産帝乾荒。」乾荒即韓流

也，生帝顓頊。 懿行案：竹書「帝乾荒」蓋即帝顓頊也。此經又有「韓流生顓頊」，與竹書及大戴

禮、史記皆不合，當在闕疑。郭氏欲以此經附合竹書，恐非也。詳見大荒東經。**韓流擢首、謹**

耳，擢首，長咽。謹耳，未聞。　懿行案：説文云：「顅，頭顅顅，謹兒。頊，頭頊頊，謹兒。」即「謹

耳」之義。然則顓頊命名，豈以頭似其父故與？　説文又云：「擢，引也。」方言云：「擢，拔也。」拔

引之則長，故郭訓擢爲長矣。　**人面、豕喙、**　懿行案：韓詩外傳姑布子卿說孔子云「汙面葭喙」，

「葭」蓋與「豭」通，即豕喙也。　**麟身、渠股、**　渠，車輞，言跰腳也。　懿行

案：「跰」當爲「骿」，依字當爲「骿」。　尚書大傳云「取大貝，大如大車之渠」，鄭康成

云：「渠，車輞也。」是郭注所本。　**豚止，**　止，足。　懿行案：止，即趾也。士昏禮云「皆有枕北

止」，鄭注云：「止，足也。」古文『趾』作『止』。」又漢書郊祀歌云「獲白麟，爰五止」，顏師古注亦訓

「止」爲「足」也。　**取淖子曰阿女，生帝顓頊。**　世本云：「顓頊母，濁山氏之子，名昌僕。」懿

行案：大戴禮帝繋篇云：「昌意娶于蜀山氏之子，謂之昌僕氏，產顓頊。」郭引世本作「濁山氏」。

「濁」、「蜀」古字通。「濁」又通「淖」，是淖子即蜀山子也。「曰阿女」者，初學記九卷引帝王世紀

云「顓頊母曰景僕，蜀山氏女，謂之女樞」是也。

流沙之東，黑水之間，有山名不死之山。　即員丘也。　懿行案：水經注云：「流沙又

歷員丘不死山之西。」郭知不死山即員丘者，員丘山上有不死樹，食之乃壽，見海外南經注。

華山青水之東，有山名曰肇山，有人名曰柏高，柏子高，仙者也。　懿行案：据郭注，

經文當爲「柏子高」，藏經本正如是，今本脱「子」字也。莊子天地篇云：「堯治天下，伯成子高立爲諸侯，禹時伯成子高辭爲諸侯而耕。」史記封禪書説神僊之屬有「羨門子高」，未審即一人否。又郭注穆天子傳云「古『伯』字多从木」，然則柏高即伯高矣。伯高者，管子地數篇有「黄帝問於伯高」云云，蓋黄帝之臣也。帝乘龍鼎湖，而伯高從焉，故高亦仙者也。柏高上下于此，至于天。言翱翔雲天，往來此山也。

西南黑水之間，有都廣之野，懿行案：海内西經云「后稷之葬，山水環之，在氐國西」，其地蓋在今日甘肅界也。魯語云「稷勤百穀而山死」，韋昭注云：「死於黑水之山。」淮南墜形訓云「南方曰都廣，曰反户」，高誘注云：「都廣，國名。山在此國，因復曰都廣山。在日之南，皆爲北鄉户，故反其户也。」墜形訓又云「后稷壠在建木西」，又云「建木在都廣」，高誘注云：「都廣，南方山名。」史記周本紀注引此經作「黑水、青水之間有廣都之野」，與今本異，又作大荒經，誤。后稷葬焉。其城方三百里，蓋天下之中，素女所出也。離騷曰：「絕都廣而直指號。」懿行案：楚詞九歎云「絕都廣以直指兮」，郭引此句於「都廣」下衍「野」字，又作「直指號」。「號」即「兮」字之譌也。王逸注引此經有「其城方三百里，蓋天地之中」十一字，是知古本在經文，今脱去之，而誤入郭注也。因知「素女所出也」五字，王逸注雖未引，亦必爲經文無疑矣。「素女」者，徐鍇説文繫傳云：「黄帝使素女鼓五十弦琴，黄帝悲，乃分之爲二十五弦。」今案「黄帝」，史記封禪書作「太帝」，風俗通亦云「黄帝書：泰帝使素女鼓瑟而悲，帝禁不止」云云，然則素女蓋古之神女，出此野中也。

又郭注「天下之中」當爲「天地之中」。

爰有膏菽、膏稻、膏黍、膏稷。 言味好皆滑如膏。外傳曰：「膏粢之子，菽豆粢粟也。」懿行案：趙岐注孟子云：「膏粱、細粟如膏者也。」郭注「味好」藏經本作「好米」。又引外傳「膏粢之子」，晉語作「膏粱之性」，與此異文，所未詳。**百穀自生，**懿行案：劉昭注郡國志引博物記云：「扶海洲上有草名薦，其實食之如大麥，從七月稔熟，民斂穫至冬乃訖，名曰自然穀，或曰禹餘糧。」即此之類。楊慎補注云：「齊民要術引此作『百穀自生』，云『樂』即『馨』字。」此言非也。「樂」蓋「穀」字之譌，古無此字。論衡偶會篇云「禄惡殖不滋之樂」是也，其字從殼從禾，不從木。

冬夏播琴。 播琴猶播殖，方俗言耳。懿行案：畢氏云：「播琴，播種也。」水經注云：「楚人謂冢爲琴。」「冢，種聲相近也。」今案畢說是也。又劉昭注郡國志「銅陽」引皇覽曰：「縣有葛陂鄉，城東北有楚武王冢，民謂之楚武王岑。」然則楚人蓋謂冢爲岑，岑、琴聲近。疑初本謂之「岑」，形聲譌轉爲「琴」耳。

鸞鳥自歌，鳳鳥自儛，靈壽實華， 靈壽，木名也，似竹有枝節。懿行案：爾雅云「椐，樻」，即靈壽也。詩釋文引毛詩草木疏云：「節中腫似扶老，即今靈壽是也，今人以爲馬鞭及杖。弘農共北山皆有之。」漢書孔光傳云「賜太師靈壽杖」，顏師古注云：「木似竹，有枝節，長不過八九尺，圍三四寸，自然有合杖制，不須削治也。」**草木所聚。** 在此叢殖也。**爰有百獸，相羣爰處。** 於此羣聚。**此草也，** 懿行案：「此草」猶言此地之草，古文省耳。**冬夏不死。**

南海之外，黑水、青水之間，［懿行案：水經若水注引此經無「青水」二字。］有木名曰若木，樹赤華青。［懿行案：大荒北經説「若木」云「赤樹青葉赤華」，此注「華」蓋「葉」字之譌。］若水出焉。［懿行案：地理志云：「蜀郡，旄牛徼外，南入若水。」若水亦出徼外，南至大莋入繩。」水經云「若水出蜀郡旄牛徼外，東南至故關，爲若水」，注云：「若水之生非一所也，黑水之間，厥木所植，水出其下，故水受其稱焉。」有禺中之國。有列襄之國。有靈山。有赤蛇在木上，名曰蝡蛇，木食。［言不食禽獸也。音如「奭弱」之「奭」。］懿行案：大荒南經云「宋山有赤蛇，名育蛇」，但此在木上爲異。

有鹽長［懿行案：太平御覽七百九十七卷引作「鹽長」，「有」上有「西海中」三字。藏經本亦作「鹽長」。北堂書鈔一百五十七卷引與今本同。］之國。有人焉，鳥首，名曰鳥氏。［今佛書中有此人，即鳥夷也。］懿行案：「鳥氏」，御覽引作「鳥民」，今本「氏」字譌也。「鳥夷」者，史記夏本紀及地理志並云「鳥夷皮服」，大戴禮五帝德篇云「東有鳥夷」是也。又秦本紀云「大費生子二人，一曰大廉，實鳥俗氏」，索隱云：「以仲衍鳥身人言，故爲鳥俗氏。」亦斯類也。

有九丘，［懿行案：北堂書鈔引「有」上有「地絡」二字，與「鳥民」連文。］以水絡之，［絡，猶繞也。］［懿行案：文選遊天台山賦及景福殿賦注引此注，並云：「絡，繞也。」］名曰陶唐之丘。［陶唐，堯號。］有叔得之丘，［懿行案：書鈔引「叔」上有「升」字。］孟盈之丘，［懿行案：叔得、孟盈

蓋皆人名號也。「孟盈」或作「蓋盈」，古天子號。

昆吾之丘，此山出名金也。尸子曰：「昆吾之金。」懿行案：「昆吾之山」已見中次二經，此經「昆吾」，古諸侯號也。大戴禮帝繫篇云：「陸終產六子，其一曰樊，是爲昆吾。」淮南墜形訓云：「昆吾丘，在南方。」黑白之丘、赤望之丘，參衞之丘、武夫之丘，此山出美石。懿行案：南次二經「會稽之山，其下多砆石」，郭注云「砆，武夫石，似玉」是也。神民之丘。言上有神人。懿行案：文選遊天台山賦注引此經，作「神人之丘」，書鈔仍引作「神民」。以郭注推之，似「民」當爲「人」。

有木，青葉紫莖，玄華黃實，名曰建木。懿行案：海内南經云「建木在弱水上」，郭注本此經爲説。百仞無枝，有九欘，枝回曲也。音如「斫斸」之「斸」。懿行案：藏本經文「枝」下有「上」字，今本脱也。下有九枸，根盤錯也。其實如麻，似麻子也。淮南子曰：「木大則根權。」本此。懿行案：見淮南説林訓篇。「欘」、「枸」音同。其葉如芒。芒木，似棠棃也。音「劬」。

大皥爰過，言庖義生於此經過也。懿行案：「庖義生於成紀，去此不遠，容得經過之。」黃帝所爲。言治護之也。

有窫窳，龍首，是食人。在弱水中。懿行案：「窫窳居弱水中」，已見海内南經。

有青獸，人面，懿行案：郭注海内南經云「狌狌狀如黃狗」，此經云「青獸，人面」，與郭異。太平御覽九百八卷引此經，無「青獸」二字，蓋脱。藝文類聚九十五卷引作「有獸」，無「青」字，當是今

本「青」字衍也。

名曰猩猩。　能言。

能言。　懿行案：呂氏春秋本味篇云「肉之美者，猩猩之脣」，高誘注云：「猩猩，獸名也，人面狗軀而長尾。」案「狌狌知人名」見海內南經。「猩猩能言」見曲禮。

西南有巴國。　今三巴是。

大皞　懿行案：列子黃帝篇云：「庖犧氏蛇身人面而有大聖之德。」帝王世紀云：「大皞母曰華胥，履大人迹於雷澤，而生庖犧於成紀。」地理志云「天水郡，成紀」。

生咸鳥，咸鳥生乘釐，乘釐生後照，　懿行案：太平御覽一百六十八卷引此經「照」作「昭」。

後照是始爲巴人。　爲之始祖。

有國名曰流黃辛氏，　即酆氏也。　懿行案：海內西經云「流黃酆氏之國」，即此。又南次二經云「柜山，西臨流黃」，亦此也。藏經本「域」字作「城」，「出」字上下無「其」、「是」二字。

其域中方三百里，其出是塵土。　言殷盛也。　懿行案：塵埃出是國中，謂人物喧闐也。

有巴遂山，澠水出焉。　懿行案：水經若水注云「繩水出徼外」，引此經，亦作「澠水」。地理志云「蜀郡，旄牛，若水出徼外，南至大莋入繩」，即斯水也。

又有朱卷之國，有黑蛇，青首，食象。　即巴蛇也。　懿行案：「巴蛇」已見海內南經。

南方有贛巨人，　即梟陽也。　音「感」。　懿行案：「梟陽國」已見海內南經。今南康人說深山中亦有此物也。

人面長臂，　懿行案：「臂」當爲「脣」字之譌，見海內南經。

黑身有毛，反踵，見人笑亦笑，　懿行案：當依古本作「見人則笑」，說見海內南經。牟廷相曰：「『亦』古『掖』字，言見人則笑而掖持之也。下『笑』字屬下句讀。」懿行案：此讀可通，而於海內南經之文微閡，

姑存之以備一解。

又有黑人,虎首鳥足,兩手持蛇方啗之。 脣蔽其面,因即逃也。 懿行案：藏經本「即」作「可」。

有嬴民,鳥足。 音「盈」。 有封豕。 大豬也。 羿射殺之。 懿行案：楚詞天問云「馮珧利玦,封豨是射」王逸注云：「封豨,神獸也。」言羿獵射封豨,以其肉膏祭天地：」淮南本經訓云：「堯之時,封豨爲民害」,堯乃使羿禽封豨於桑林。」是皆郭所本也。然大豬所在皆有,非必即羿所射者。 初學記及藝文類聚引符子曰：「有獻燕昭王大豕者,邦人謂之豕仙,死而化爲魯津伯。」又吳志云：「孫休永安五年,使察戰到交阯調孔爵、大豬。」斯皆封豕之類也。 類聚九十四卷引郭氏讚云：「有物貪婪,號曰封豕。荐食無厭,肆其殘毀。」羿乃飲羽,獻帝效技。」

有人曰苗民。 三苗民也。

有神焉,人首蛇身,長如轅,大如車轂,澤神也。 左右有首,岐頭。 衣紫衣,冠旃冠,名曰延維。 委蛇。 人主得而饗食之,伯天下。 齊桓公出田於大澤,見之,遂霸諸侯。 亦見莊周,作「朱冠」。 懿行案：莊子達生篇云：「委蛇,其大如轂,其長如轅,紫衣而朱冠。其爲物也,惡聞雷車之聲,則捧其首而立。見之者殆乎霸也。」

有鸞鳥自歌,鳳鳥自舞。 鳳鳥首文曰德,翼文曰順,膺文曰仁,背文曰義,見則天下和。 言和平也。 懿行案：鳳狀已見南次三經「丹穴之山」與此小異。

又有青獸,如菟,名曰菌狗。 音如「朝菌」之「菌」。 懿行案：「菌」蓋古「菌」字,其上从「少」,即古文「艸」字也。如「芬」、「薰」之字今皆从草,古从「少」,作

「芬」「薰」字，是其例也。崗狗者，周書王會篇載伊尹四方令云「正南以菌鶴、短狗爲獻」，疑即此

物也。有翠鳥。懿行案：爾雅云：「鷸，翠。」王會篇云：「倉吾翡翠。」王逸注楚詞招魂云：「雄

曰翡，雌曰翠。」李善注鷦鷯賦引異物志曰：「翡，赤色，大於翠。」劉逵注蜀都賦云：「翡翠常以二月

九日羣翔興古千餘」，又注吳都賦云「翡翠巢於樹巔生子，夷人稍徙下其巢，子大未飛，便取之」，皆

出於交阯鬱林南。有孔鳥。孔雀也。懿行案：王會篇云：「方人以孔鳥。」劉逵注蜀都賦

云：「孔雀特出永昌南涪縣。」又注吳都賦云：「孔雀尾長六七尺，綠色有華彩，朱崖、交阯皆有之，

在山草中。」案吳志云：「孫休使察戰到交阯調孔爵。」

南海之内，有衡山，南嶽。懿行案：郭注中次十一經「衡山」云「今衡山在衡陽湘南縣，

南嶽也，俗謂之岣嶁山」，宜移注於此。「衡陽郡，湘南」，見晉書地理志。有菌山，音「芝菌」之

「菌」。懿行案：「菌」即「芝菌」之字，何須用音？知郭本經文不作「菌」，疑亦當爲「囷」字，見

上文。有桂山。或云衡山有菌桂，桂員似竹，見本草。懿行案：劉逵注蜀都賦引神農本草經

曰：「菌桂出交阯，圓如竹，爲衆藥通使。」有山名三天子之都。懿

行案：注「一本」下當脫「作」字或「云」字。「三天子鄣山」已見海内南經。藏經本經文直作「三天

子之鄣山」，無郭注。

南方蒼梧懿行案：王會篇作「倉吾」。之丘，蒼梧之淵，懿行案：李善注思玄賦及李賢

注後漢書及藝文類聚引此經，並作「川」，蓋避唐諱也。**其中有九嶷山**，音「疑」。**舜之所葬，**

在長沙零陵界中。山今在零陵營道縣南，其山九谿皆相似，故云九疑。古者總名其地爲蒼梧

也。懿行案：「蒼梧之山，帝舜葬于陽」，已見海內南經。説文云：「九嶷山，舜所葬，在零陵營

道。」楚詞、史記並作「九疑」，初學記八卷及文選上林賦注引此經亦作「九嶷」，琴賦注又作「九

嶷」，蓋古字通也。羅含湘中記云：「衡山、九疑皆有舜廟。」又云：「衡山遙望如陣雲，沿湘千里，

九向九背，乃不復見。」

北海之內，有蛇山者，懿行案：海內北經之首有「蛇巫山」，疑非此。**蛇水出焉，東入**

于海。有五采之鳥，飛蔽一鄉，漢宣帝元康元年，五色鳥以萬數，過蜀都，即此鳥也。懿行

案：思玄賦舊注引此經作「飛蔽日」，蓋古本如此。**名曰翳鳥。**鳳屬也。離騷曰：「馳玉虬而乘

翳」。懿行案：廣雅云：「翳鳥、鸞鳥、鳳皇屬也。」今離騷「翳」作「鷖」，王逸注云：「鳳皇別名

也。」史記司馬相如傳張揖注及文選注、後漢書張衡傳注引此經，並作「鷖鳥」。上林賦注仍引作

「鷖鳥」。**又有不距之山，巧倕葬其西。**倕，堯巧工也。音「瑞」。懿行案：「義均是始爲巧

倕，始作下民百巧」，見下文。郭知爲堯臣者，以虞書云「咨，垂，女共工」，「垂、倕蓋一人也。淮南本

經訓云「周鼎著倕，使銜其指，以明大巧之不可爲也」，高誘注云：「倕，堯之巧工。」是皆郭注所本。

玉篇云：「倕，黃帝時巧人名也。」與郭義異。藏經本「音瑞」作「音垂」。

北海之内，有反縛盜械、（懿行案：吳氏引漢紀云「當盜械者皆頌繫」，注云：「凡以罪著
械，皆得稱盜械。」）帶戈常倍之佐，名曰相顧之尸。（亦貳負臣危之類。）

伯夷父生西岳，（懿行案：周語云：「胙四岳國，命爲侯伯，賜姓曰姜，氏曰有呂。」此經言伯
夷父生西岳，蓋其父本爲四岳，至其子纂修舊勳，故復爲西岳也。大荒西經有「南岳」，未審是此何
人。）

西岳生先龍，先龍是始生氐羌，氐羌乞姓。（伯夷父、顓頊師，今氐羌其苗裔也。懿行
案：竹書云：「成湯十九年，氐羌來貢。武丁三十四年，氐羌來賓。」周書王會篇云「氐羌鸞鳥」，
孔晁注云：「氐地之羌不同，故謂之氐羌。」郭云「伯夷父、顓頊師」者，漢書古今人表云「柏夷亮
父、顓頊師」，新序雜事五云「顓頊學伯夷父」，是郭所本也。「柏」與「伯」通，凡古人名「伯」者，表
皆書作「柏」字也。）

北海之内有山，名曰幽都之山，（懿行案：爾雅釋地云：「有幽都之筋角焉。」高誘注淮
南墜形訓云：「古之幽都在雁門以北。」又案大戴禮五帝德篇云「北至于幽陵」，疑「幽陵」即「幽
都」。）黑水出焉。其上有玄鳥、玄蛇、（懿行案：上文云「朱卷之國有黑蛇食象」，大荒南經云
「黑水之南有玄蛇食麈」。）玄豹、（懿行案：中次十一經云「即谷之山多玄豹。」李善注子虛賦引
此經。）玄虎、黑虎名䝮，見爾雅。）玄狐蓬尾。（蓬，叢也，阻留反。說苑曰：「蓬狐、文豹之
皮。」懿行案：小雅何草不黃篇云「有芃者狐」，蓋言狐尾蓬蓬然大，依字當爲「蓬」，詩假借作

山海經箋疏

三八八

「芘」耳。郭云「阻留反」，於文上無所承，疑有闕脱。太平御覽九百九卷引此注，作「蓬其尾

也」，無「阻留反」三字，非。牟廷相曰：「叢字可讀如菆。」則「阻留」當是「叢」字之音也。

玄之山。有玄丘之民。言丘上人物盡黑也。

懿行案：「人物盡黑」疑本在經中，今脱去之。**有大**

水經溫水注云：「林邑國人以黑為美。」所謂「玄國」亦斯類也。**有大幽之國。**

無衣。

懿行案：郭注疑本在經中，今脱去。**有赤脛之民。**即幽民也，穴居

有釘靈之國，其民從㬿已下有毛，馬蹄，善走。詩含神霧曰：「馬蹄自鞭其踵，日行

三百里。」

懿行案：「釘靈」，説文作「丁零」，一作「丁令」。通考云：「丁令國有二，烏孫長老

言：北丁令有馬脛國，其人聲音似鴈鶩，從膝以上身頭人也，膝以下生毛，馬脛馬蹄，不騎馬而走

疾於馬。」案通考所説，見裴松之注三國志引魏略云。

炎帝之孫伯陵，

懿行案：周語云：「大姜之姪，伯陵之後，逢公之所馮神。」昭二十年左傳

云「有逢伯陵因之」，杜預注云：「逢伯陵，殷諸侯。」以此經文推之，伯陵非親炎帝之孫，蓋其苗裔

也。**伯陵同吳權之妻阿女緣婦。**同猶通，言淫之也。吳權，人姓名。**緣婦孕三年，**孕，懷身

也。**是生鼓、延、殳，始為侯。**三子名也。「殳」音「殊」。**鼓、延是始為鍾，**世本云：「毋句

作磬，倕作鍾」。

懿行案：初學記十六卷引此經，與今本同。説文云「古者毋句氏作磬，垂作

與郭引世本同。又初學記引世本「毋」作「無」，蓋古字通用。又引樂録云：「無句，堯臣也。」**為**

樂風。 作樂之曲制。

黃帝生駱明，駱明生白馬，白馬是爲鯀。 即禹父也。 世本曰：「黃帝生昌意，昌意生顓頊，顓頊生鯀。」 懿行案：郭引世本云「昌意生顓頊，顓頊生鯀」，與大戴禮帝繫世次相合，而與前文「昌意生韓流，韓流生顓頊」之言卻復相背，郭氏蓋失檢也。大抵此經非出一人之手，其載古帝王世系尤不足据，不必彊爲之説。 帝俊生禺號，禺號生淫梁，淫梁生番禺， 懿行案：北堂書鈔一百三十七卷引此經，「淫」作「經」。 大荒東經言「黃帝生禺虢」，即禺號也，「禺虢生禺京」，即淫梁也。 禺京、淫梁，聲相近。然則此經「帝俊」又當爲黃帝矣。 是始爲舟。 世本云：「共鼓、貨狄作舟。」 懿行案：初學記二十五卷引此經，又引世本云：「共鼓、貨狄作舟，黃帝二臣也。」

番禺生奚仲，奚仲生吉光，吉光是始以木爲車。 世本云「奚仲作車」，此言吉光，明其父子共創作意，是以互稱之。 懿行案：説文云：「車，夏后時奚仲所造。」 少皞生般， 音「班」。 般是始爲弓矢。 世本云「牟夷作矢，揮作弓」。 弓矢一器，作者兩人，於義有疑。此言般之作，疑文有倒轉耳。 宋衷云：「夷牟，黃帝臣也。」説文又云「揮作弓」，與世本同。 吳越春秋云「黃帝作弓」，荀子解蔽篇又云「倕作弓，浮游作矢」，俱與此經異也。 帝俊賜羿彤弓，素矰， 彤弓，朱弓。 矰，矢名，以白羽羽之。 外傳「白羽之矰，望之如荼」也。 懿行案：楚詞天問篇云「馮珧利決」，王逸注云：「珧，弓名也。

決，射譜也。」是即帝賜羿弓矢之事。太平御覽八十二卷引帝王世紀曰「羿，其先帝嚳以世掌射，故

于是加賜以弓矢，封之于鉏，爲帝司射」，蓋本此經爲説也。説文云：「羿，羽之羿風矢也。」郭云「白羽

羽之」，疑下「羽」字。所引外傳者，吳語文。以扶下國。言令羿以射道除患，扶助下國。羿

是始去恤下地之百艱。言射殺鑿齒，封豕之屬也。有窮后羿慕羿射，故號此名也。帝俊生

晏龍，懿行案：「帝俊生晏龍，晏龍生司幽」，已見大荒東經。晏龍是懿行案：北堂書鈔一百九

卷引此經「是」下有「始」字。爲琴瑟。世本云：「伏羲作琴，神農作瑟。」懿行案：説文云：

「琴，神農所作；瑟，庖犧所作。」此注蓋傳寫之譌也。初學記十六卷引琴操曰「伏犧作琴」，又引世

本、説文、桓譚新論，並云「神農作琴」，二說不同。據初學記所引，説文是與世本同之證。帝俊有

子八人，是始爲歌舞。懿行案：初學記十五卷、藝文類聚四十三卷、太平御覽五百七十二卷引

此經，並云「帝俊八子，是始爲歌」，無「舞」字。義均者，竹書云「帝俊二十年，帝命子義鈞封于商」，楚語云

「舜有商均」，韋昭注云「均，舜子，封於商」是也。此經又云「三身生義均」，與竹書、國語俱不合。

娥皇生三身之國。已見大荒南經。義均是始爲巧倕，是始作下民百巧。

懿行案：巧倕葬不距山西，已見上文。后稷是播百

穀。懿行案：魯語云：「昔烈山氏之有天下也，其子曰柱，能殖百穀百蔬；夏之興也，周棄繼之，

故祀以爲稷。」是柱、棄二人相代爲后稷。此經所指蓋未審何人也。稷之孫曰叔均，懿行案：大

荒西經云「稷之弟曰台璽，生叔均」，是叔均乃后稷之猶子，與此復不同。**是始作牛耕。**始用牛

犁。**大比赤陰，**或作「音」。　懿行案：「大比赤陰」四字難曉，推尋文義，當是地名。**大荒西經**

説「叔均始作耕」，又云「有赤國妻氏」，然則「大比赤陰」豈謂是與？**是始爲國。**得封爲國。**禹**

鯀是始布土，均定九州。布，猶敷也。書曰：「禹敷土，定高山大川。」**炎帝之妻，赤水之子**

聽訞生炎居，炎居生節並，節並生戲器。懿行案：史記索隱，補三皇本紀云「神農納奔水氏

之女曰聽訞爲妃，生帝哀。哀生帝克，克生帝榆罔」云云。懿行案：「赤水」作「奔水」，「聽訞」作

「聽詙」。及「炎居」已下文字俱異。司馬貞自注云「見帝王世紀〔一〕及古史考」。「訞」與「妖」同。「詙」音「拔」。

此經爲説，其名字不同，或當別有依据，然古典逸亡，今無可攷矣。

戲器生祝融。祝融，高辛氏火正號。　懿行案：「老童生祝融」見大荒西經，與此又異。**祝融**

降處于江水，生共工，共工生術器。術器首方顛，頭頂平也。懿行案：「顛」字衍，藏經

本無之。**是復土穰，以處江水。**復祝融之所也。　懿行案：竹書云「帝顓頊七十八年，術器作

亂，辛侯滅之」，即斯人也。然則經言「復土穰以處江水」，蓋即其作亂之事。「穰」當爲「壤」，或古

字通用，藏經本正作「壤」。**共工生后土，**懿行案：韋昭注周語引賈侍中云「共工，諸侯，炎帝

〔一〕「帝王世紀」，司馬貞補三皇本紀自注作「帝王代紀」。

之後，姜姓也。顓頊氏衰，共工氏侵陵諸侯，與高辛氏爭而王也。或云共工堯時諸侯，爲高辛所滅。昭謂爲高辛所滅，安得爲堯諸侯？又堯時共工與此異也。」據韋昭所駁，蓋從賈逵前說也。然魯語云「共工氏之霸九有也，其子曰后土，能平九土」，韋昭注云：「共工氏伯者，在戲、農之閒。」懿行案：若在戲、農之閒，即不得謂炎帝之後與姜姓，是韋昭不從賈逵所説也。高誘注淮南原道訓亦云「共工以水行霸於伏義、神農閒」者，非堯時共工也，與韋昭後説同。后土名句龍，見左傳。又韋昭注魯語云：「其子共工之裔子句龍也，佐黃帝爲土官。使君土官，故曰后土。」管子五行篇云：「黃帝得后土而辯於北方。」是韋昭注所本也。懿行案：大荒北經云「后土生信」，大荒西經云「下地是生噎」，疑「噎」即「噎鳴」，或彼有脱文也。

后土生噎鳴，噎鳴生歲十有二。 生十二子，皆以歲名名之，故云然。

洪水滔天， 滔，漫也。

鯀竊帝之息壤以堙洪水， 息壤者，言土自長息無限，故可以塞洪水也。開筮曰：「滔滔洪水，無所止極，伯鯀乃以息石、息壤以填洪水。」漢元帝時，臨淮徐縣地踊長五六里，高二丈，即息壤之類也。竹書云：「周顯王五年，地忽長十丈有餘，高尺半。」天文志云「水澹地長」，地長即息壤也。淮南隆形訓云「禹乃以息土填洪水，以爲名山，掘昆侖虛以下地」，高誘注云：「地或作池。」淮南斯語，是鯀用息壤而亡，禹亦用息壤而興也。史記甘茂傳云「王迎甘茂於息壤」，索隱引此經及啓筮與今本同。

不待帝命。帝令祝融 祝融即高辛氏之火正黎也，死爲火官之神，葬於衡山。思玄賦舊注云：「楚靈王之世，衡山崩而祝融之墓壞，中有營丘九頭圖矣。」

殺鯀于羽郊。 羽山之郊。懿行

案：「羽山」已見南次二經。晉語云：「昔者鯀違帝命，殛之於羽山，化爲黄能，以入於羽淵。」水經淮水注引連山易曰「有崇伯鯀伏于羽山之野」是也。

鯀復生禹。 開筮曰：「鯀死三歲不腐，剖之以吳刀，化爲黄龍也。」　　懿行案：初學記二十二卷引歸藏云「大副之吳刀，是用出禹」，吕氏春秋行論篇亦云「副之以吳刀」，蓋即與郭所引爲一事也。　楚詞天問云：「永遏在羽山，夫何三年不施？　伯禹腹鯀，夫何以變化？」言鯀死三歲不施化，厥後化爲黄熊，故天問又云：「化而爲黄熊，巫何活焉？　郭引開筮作「黄龍」，蓋別有据也。　「伯禹腹鯀」即謂「鯀復生禹」，言其神變化無方也。玉篇引世本云：「顓頊生鯀，鯀生高密，是爲禹也。」「鯀」即「鯀」字。

帝乃命禹，卒布土以定九州。 　鯀績用不成，故復命禹終其功。　　懿行案：楚詞天問云：「纂就前緒，遂成考功。」又云：「鯀何所營？禹何所成？」言禹能纂成先業也。

　　懿行案：右大荒、海内經五篇，大凡五千三百三十二字。

山海經圖讚一卷

隋、唐書經籍志並云：「圖讚二卷，郭璞撰。」中興書目：「山海經十八卷，郭璞傳，凡二十三篇，每卷有讚。」案：今本並無圖讚，唯明藏經本有之，茲據補。其文字舛誤，今略訂正，及臧氏校正並著之，疑則闕焉。

南山經

桂

桂生南裔，枝華岑嶺。

迷榖

廣莫熙葩，凌霜津穎。氣王百藥，森然雲挺。

狌狌

爰有奇樹，產自招搖。厥華流光，上映垂霄。佩之不惑，潛有靈標。

水玉

狌狌似猴，走立行伏。懷木挺力，少辛明目。飛廉迅足，豈食斯肉。

水玉沐浴，潛映洞淵。赤松是服，靈蛻乘煙。吐納六氣，昇降九天。

　　白猿

白猿肆巧，由基撫弓。應眄而號，神有先中。數如循環，其妙無窮。

　　鹿蜀

鹿蜀之獸，馬質虎文。驤首吟鳴，矯足騰羣。佩其皮毛，子孫如雲。

　　鯥

魚號曰鯥，處不在水。厥狀如牛，鳥翼蛇尾。隨時隱見，倚乎生死。

　　類

類之爲獸，一體兼二。近取諸身，用不假器。窈窕是佩，不知妒忌。

　　猼訑

猼訑似羊，眼反在背。視之則奇，推之無怪。若欲不恐，厥皮可佩。

　　祝荼草[懿行案：經作「祝餘」，注云：或作「桂荼」。]　旋龜　鶹鶹鳥

祝荼嘉草，食之不飢。鳥首蚖[懿行案：「蚖」當爲「虺」，即「虺」字。]尾，其名旋龜。

鶹鶹六足，三翅並翬。

　　灌灌鳥　赤鱬

厥聲如訶，厥形如鳩。　佩之辨惑，出自青丘。　赤鱬之狀，魚身人頭。

鴞鳥

彗星橫天，鯨魚死浪。　鴞鳴于邑，賢士見放。　厥理至微，言之無況。

猾裹

猾裹之獸，見則興役。　膺政而出，匪亂不適。　天下有道，幽形匿跡。

長右　嚣

長右四耳，厥狀如猴。　實爲水祥，見則橫流。　嚣虎其身，厥尾如牛。

會稽山

禹徂會稽，爰朝羣臣。　不虔是討，乃戮長人。　玉贛〔懿行案：「贛」，藝文類聚作「匱」〕。　表夏，玄石勒秦。

患經作「䰠」。

有獸無口，其名曰患。　害氣不入，厥體無間。　至理之盡，出乎自然。

犀

犀頭似豬，形兼牛質。　角則併三，分身互出。　鼓鼻生風，壯氣隘溢。

兕

兕推壯獸，似牛青黑。力無不傾，自焚以革。皮充武備，角助文德。

象

象實魁梧，體巨貌詭。肉兼十牛，目不踰豕。望頭如尾，動若丘徙。

篡雕　瞿如鳥　虎蛟

篡雕有角，聲若兒號。瞿如三手，厥狀似鷄。魚身蛇尾，是謂虎蛟。

鳳

鳳皇靈鳥，實冠羽羣。八象其體，五德其文。羽翼來儀，應我聖君。

育隧谷經作「育遺」。

育隧之谷，爰舍凱風。青陽既謝，氣應祝融。炎雰是扇，以散鬱隆。

鱄魚　鷗鳥

鷗鳥栖林，鱄魚處淵。俱爲旱徵，災延普天。測之無象，厥數推玄。案：太平御

覽作「厥類惟玄」。

白蒼

白蒼羍蘇，其汁如飴。食之辟穀，味有餘滋。逍遙忘勞，窮生盡期。

山海經箋疏

三九八

羬羊

月氏案：今本作「氐」。之羊，其類甚案：御覽作「在」。野。厥高六尺，尾赤案：御覽作「亦」。如馬。何以審之？事見爾雅。

太華山

華嶽靈峻，削成四方。爰有神女，是挹玉漿。其誰由之？龍駕雲裳。

肥遺蛇

肥遺爲物，與災合契。鼓翼陽山，以表亢厲。桑林既禱，倐忽潛逝。

蟲渠　赤鷩鳥　文莖木　鴖鳥

蟲渠已殃，赤鷩辟火。文莖愈聾，是則嘉果。鴖亦衛災，厥形惟麼。

流赭

沙則潛流，亦有運赭。于以求鐵，趎在其下。蠦牛之瘺，作采于社。

豪彘

剛鬣之族，號曰豪彘。毛如攢錐，中有激矢。厥體兼資，自爲牝牡。

黄雚草　肥遺鳥　𩿫獸

浴疾之草，厥子赭赤。肥遺似鶉，其肉已疫。𩿫獸長臂，爲物好攩。

橐𦊆

有鳥人面，一腳孤立。性與時反，冬出夏蟄。帶其羽毛，迅雷不入。

桃枝

嶓冢美竹，厥號桃枝。叢薄幽藹，從容鬱猗。篝以安寢，杖以扶危。

杜衡

狌狌犇人，杜衡走馬。理固須因，體亦有假。足駿在感，安事御者。

菁容草 經作「菁蓉」。　邊谿獸 經作「谿邊」。　櫟鳥

有華無實，菁容之樹。邊谿類狗，皮厭妖蠱。黑文赤翁，鳥愈隱痔。鸚鵑慧鳥，

青羽赤喙。　臧庸曰：「鳥愈隱痔」當作「隱痔可愈」，方有韻。末二句當係下文鸚鵑讚，誤衍

於此。

磬石

禀氣方殊，舛[一]錯理微。礜石殺鼠，蠶食而肥。物[三]性雖反，齊之一歸。

　　夒如

夒如之獸，鹿狀四角。馬足人手，其尾則白。貌兼三形，攀木緣石。

　　鸚鵡

鸚鵡慧鳥，栖林喙桑。案：「喙桑」誤，初學記引作「啄藥」。

自貽伊籠，見幽坐趾。案：「趾」字誤，類聚引作「伎」。

　　數斯鳥　犂獸　𪊨鳥

數斯人腳，厥狀似鴟。犂獸大眼，有鳥名𪊨。案：「𪊨」，玉篇作「𪇆」。兩頭四足，

翔若合飛。

　　鸞鳥

鸞翔女牀，鳳出丹穴。拊翼相和，以應聖哲。擊石靡詠，韶音其絶。

　　鳬徯鳥　朱厭獸

〔一〕「舛」，原本作「件」，據漢魏六朝百三家集郭璞集改。

〔三〕「物」字原爲方空，據漢魏六朝百三家集郭璞集補。

鳧徯朱厭，見則有兵。類異感同，理不虛行。推之自然，厥數難明。

蠻蠻

比翼之鳥，似鳧青赤。雖云一形，氣同體隔。延頸離鳥，翻飛合翮。

丹木　玉膏

丹木煒煒，沸沸玉膏。黃軒是服，遂攀龍豪。眇然升遐，晷下烏號。

瑾瑜玉

鍾山之寶，爰有玉華。符彩流映，氣如虹霞。君子是佩，象德閑邪。

鍾山之子　鼓　欽鴀

欽鴀及鼓，是殺祖江。帝乃戮之，昆侖之東。二子皆化，矯翼亦同。

鰩魚

見則邑穰，厥名曰鰩。經營二海，矯翼閑霄。唯味之奇，見歡伊庖。

神英招

槐江之山，英招是主。巡遊四海，撫翼雲儛。實惟帝囿，有案：「有」疑「是」字之

謂玄圃。

榣木

譌。

榣惟靈樹，爰生若木。重根增駕，流光旁爥。食之靈化，榮名仙錄。

昆侖丘

昆侖月精，水之靈府。惟帝下都，西老案：「老」當爲「姥」，類聚作「羌」，又「老」之譌。之宇。嶸然中峙，號曰天桂。臧庸曰：「桂」乃「柱」之譌，以韻讀之可見。天柱山見爾雅注。

神陸吾

肩吾得一，以處昆侖。開明是對，司帝之門。吐納靈氣，熊熊魂魂。

土螻獸　欽原鳥

土螻食人，四角似羊。欽原類蜂，大如鴛鴦。觸物則斃，其銳難當。

沙棠

安得沙棠，制爲龍舟？汎彼滄海，眇然退遊。案：郭注銘詞小異。聊以逍遙，任彼去留。

鶊鳥　沙棠實　薲草

司帝百服，其鳥名鶊。沙棠之實，惟果是珍。爰有奇菜，厥號曰薲。

神長乘

九德之氣，是生長乘。人狀豹尾，其神則凝。妙物自潛，世無得稱。

西王母

天帝之女，蓬髮虎顏。穆王執贄，賦詩交歡。韻外之事，難以具言。

積石

積石之中，實出重河。夏后是導，石門涌波。珍物斯備，比奇崑阿。

白帝少昊

少昊之帝，號曰金天。魂氏之宮，亦在此山。是司日入，其景則員。

猙

章莪之山，奇怪所宅。有獸似豹，厥色惟赤。五尾一角，鳴如擊石。

畢方

畢方赤文，離精是炳。旱則高翔，鼓翼陽景。集乃災流，火不炎正。案：「正」字

誤，匡謬正俗引作「上」，「上」與「炳」、「景」韻是也。

文貝

先民有作，龜貝為貨。貝以文彩，貴以小大。簡則易從，犯而不過。

天狗

乾麻不長，天狗不大。厥質雖小，攘災除害。氣之相王，在乎食帶。

四〇四

山海經箋疏

三青鳥

山名三危，青鳥所解。往來崑崙，王母是隸。穆王西征，旋軫斯地。

江疑　獙狙獸　鶼鳥案：「鶼」，疑當爲「鴟」，下同。

江疑所居，風雲是潛。獸有獙狙，毛如披蓑。鶼鳥一頭，厥身則兼。

神耆童

顓頊之子，嗣作火正。鏗鎗其鳴，聲如鍾磬。處于騩山，唯靈之盛。

帝江

質則混沌，神則旁通。自然靈照，聽不以聰。強爲之名，曰在案：「在」疑當作「惟」。 帝江。

狦獸案：「狦」，經本作「譴」，注或作「原」。　鶋鵌鳥

鶋鵌三頭，狦獸三尾。俱禦不祥，消凶辟眯。君子服之，不逢不韙。

當扈

鳥飛以翼，當扈則鬚。廢多任少，沛然有餘。輪運於轂，至用在無。

白狼

矯矯白狼，有道則遊。應符變質，乃銜靈鉤。惟德是適，出殷見周。

之虎，仁而有猛。其質載皓，其文載炳。應德而擾，止我交境。

白虎

麒麟　案：「麒」字誤，説見箋疏。

駮

駮惟馬類，實畜之英。騰髦驤首，嘘天雷鳴。氣無憑凌，吞虎辟兵。

神虺　蠻蠻　㻬䃌魚　經作「冉遺」。

其音如吟，一腳人面。鼠身鱉頭，厥號曰蠻。目如馬耳，食厭妖變。

櫰木

櫰之為木，厥形似梿。案：「梿」經文作「棠」。「梿」字見郭注江賦，云「杨梿」。若能長服，拔樹排山。力則有之，壽則宜然。

鳥鼠同穴山

鵌鼵二蟲，殊類同歸。聚不以方，或走或飛。不然之然，難以理推。

絮魮魚

形如覆銚，包玉含珠。有而不積，泄以尾閭。闇與道會，可謂奇魚。

丹木

爰有丹木，生彼有盤。厥實如瓜，其味甘酸。蠲痾辟火，用奇桂蘭。

蠲痾辟火，用奇桂蘭。

窮奇獸　贏魚　�獸

窮奇如牛，蝟毛自表。案：郭氏注經諸稱「銘曰」，皆即圖讚之文，唯此全乖，可疑。臧庸曰：此乃窮奇、贏魚、�湖三物合讚，故與

水之贏，匪魚伊鳥。� 湖之獸，見人則抱。

郭注窮奇銘有乖。

鰼魚

物以感應，亦有數動。　壯士挺劍，氣激白虹。　鰼魚潛淵，出則邑悚。

北山經

水馬

馬實龍精，爰出水類。　渥洼之駿，是靈是瑞。　昔在夏后，亦有何駟。

儵魚

泪和損平，莫慘於憂。　詩詠萱草，帶山則儵。　鬱焉遺岱，聊以盤遊。

朧疏獸

厭火之獸，厥名朧疏。　有鳥自化，號曰鵁鶄。　一頭十身，何羅之魚。

鵁鶄鳥

何羅魚

孟槐

孟槐似狙，其豪則赤。列象畏獸，凶邪是辟。氣之相勝，莫見其迹。

鰼鰼魚

鼓翮一揮，十翼翩翻。厥鳴如鵲，鱗在羽端。是謂怪魚，食之辟燔。

橐駝

駝惟奇畜，肉鞍是被。迅騖流沙，顯功絕地。潛識泉源，微乎其智。

耳鼠

蹠實以足，排虛以羽。翹尾飜飛，奇哉耳鼠。厥皮惟良，百毒是禦。

幽頞

幽頞似猴，俾愚作智。觸物則笑，見人佯睡。好用小慧，終是嬰繫。

寓鳥　孟極　足眥獸

鼠而傅翼，厥聲如羊。孟極似豹，或倚無良。案：此語難曉。見人則呼，號曰足眥。

臧庸曰：末二句無韻，疑有誤。

鴲鳥

毛如雌雉，朋翔羣下。飛則籠日，集則蔽野。肉驗鍼石，不勞補寫。

諸犍獸　白䳺　竦斯鳥

諸犍善吒，行則銜尾。白䳺竦斯，厥狀如雉。見人則跳，頭文如繡。

磁石

磁石吸鐵，瑂瑂取芥。氣有潛感，數亦冥會。物之相投，出乎意外。

旄牛

牛充兵機，兼之者旄。冠于旌鼓，爲軍之標。匪肉致災，亦毛之招。

長蛇

長蛇百尋，厥鬣如彘。飛羣走類，靡不吞噬。極物之惡，盡毒之厲。

山獋

山獋之獸，見人歡謔。厥性善投，行如矢激。是惟氣精，出則風作。

窫窳　諸懷獸　鱄魚　肥遺蛇

窫窳諸懷，是則害人。鱄之爲狀，案：「羊」字疑誤。鱗黑文。肥遺之蛇，一頭

兩身。

鮆魚

陽鑒動日，土蛇致霄。微哉鮆魚，食則不驕。物在所感，其用無標。

狍鴞

狍鴞貪惏，其目在腋。食人未盡，還自齦割。圖形妙鼎，是謂不若。案：讚與郭注銘詞異。臧庸曰：「割」字非韻。

狗間　騂馬　獨狢

有獸如豹，厥文惟縟。間善躍嶮，騂馬一角。虎狀馬尾，號曰獨狢。

鴛鴿

禦喝之鳥，厥名鴛鴿。昏明是互，晝隱夜覩。物貴應用，安事鸞鵠。

居暨獸　聊鳥　三桑

居暨獸四角，馬尾有距。四翼一目，其名曰聊。三桑無枝，厥樹唯高。

驒獸

驒獸四角，如彙赤毛。涉歷歸山，騰嶮躍岨。厥貌惟奇，如是旋舞。

天馬

龍馮雲遊，騰蛇假霧。未若天馬，自然凌翥。有理懸運，天機潛御。

鶹居

鶹居經作「鶹」。

鶹居如烏，青身黃足。食之不飢，可以辟穀。内案：「内」疑當爲「肉」。厥惟珍，

配彼丹木。

　　　飛鼠

或以尾翔，或以髯淩。飛鼠鼓翰，翛然背騰。用無常所，<small>案：藏本此句闕二字。</small>惟

神是馮。

　　　鵸<small>案：此及經皆單作「鵸」，讚作「鵸鵸」，重文協韻。</small>

有鳥善驚，名曰鵸鵸。象蛇似雉，自生子孫。鮯父魚首，厥體如豚。

酸與

景山有鳥，稟形殊類。厥狀如蛇，腳二翼四。見則邑恐，食之不醉。

　　　鴰鵴　黃鳥

鴰鵴之鳥，食之不瞧。爰有黃鳥，共鳴自叫。婦人是服，矯情易操。

　　　精衛

炎帝之女，化爲精衛。<small>沈所案：類聚作「形」。</small>東海，靈爽西邁。乃銜木石，以堙波海。

<small>臧庸曰：類聚作「以填攸害」，「害」與「衛」、「邁」皆脂類也，若作「海」，則爲之類矣，必當從類聚。</small>

　　　辣辣　羆九獸　大蛇

辣辣似羊，眼在耳後。竅生尾上，號曰羆九。幽都之山，大蛇牛呴。

東山經

鱅鱅魚　從從獸　蚩鼠　經作「從從」，讚作「獄獄」。

魚號鱅鱅，如牛虎鮫。　案：「鮫」字譌，御覽作「駁」。獄獄之狀，似狗六腳。蚩鼠如

雞，見則旱澇。

鯈鰭

鯈鰭蛇狀，振翼灑光。憑波騰逝，出入江湘。見則歲旱，是維火祥。

狪狪

蚌則含珠，獸胡不可。狪狪如豚，被褐懷禍。患難無由，招之自我。

堪孖魚　軨軨獸

堪孖軨軨，殊氣同占。見則洪水，天下昏墊。豈伊妄降？亦應牒讖。

珠鱉魚

澧水之鮮，形如浮肺。體兼三才，以貨賈害。厥用既多，何以自衛？

犰狳

犰狳之獸，見人佯眠。與災協氣，出則無年。此豈能爲？歸之於天。

狸力獸　鴛胡鳥

狸力鴛胡，或飛或伏。是惟土祥，出興功築。長城之役，同集秦域。

朱獳

朱獳無奇，見則邑駭。通感靡誠，維數所在。因事而作，未始無待。

獙獙　蠪蚳獸　絜鉤鳥

獙獙如狐，有翼不飛。九尾虎爪，號曰蠪蚳。絜鉤似鳧，見則民悲。

狓狓

治在得賢，亡由夫[陳壽祺曰：「夫」當爲「失」。]人。狓狓之來，乃致狡賓。歸之冥應，誰見其津？

蟣䖡

水圓四十，潛源溢沸。靈䖡爰處，掉尾養氣。莊生是感，揮竿傲貴。

朁胡　精精獸　鮯鮯魚

朁胡之狀，似麋魚眼。精精如牛，以尾自辨。鮯鮯所潛，厥深無限。

狙如獸　尵雀

狙如狡獸，尵雀惡鳥。或狼其體，或虎其爪。安用甲兵？擾之以道。

苣木

馬維剛駿，塗之苣汁。不勞孫陽，自然閑習。厥術無方，理有潛執。

芘魚　薄魚

有魚十身，蘪蕪其臭。食之和體，氣不下溜。薄之躍淵，是維災候。

合窳

豬身人面，號曰合窳。厥性食殘，物為案：「為」當作「無」。不咀。至陰之精，見則水雨。

當康　鮯魚

當康如豚，見則歲穰。鮯魚鳥翼，飛乃流光。同出殊應，或災或祥。

蜚

蜚則災獸，跂踵厲深。會所經涉，竭水槁林。禀氣自然，體此殃淫。案：郭注銘詞即圖讚也，此讚乃全與銘異，可疑。

中山經

桃林

桃林之谷，實惟塞野。武王克商，休牛風馬。阨越三塗，作險西夏。

鳴石

金石同類，潛響是韞。擊之雷駭，厥聲遠聞。苟以數通，氣無不運。

旋龜　人魚　修辟

聲如破木，號曰旋龜。修辟似黽，厥鳴如鴟。人魚類鰌，出于洛伊。

帝臺棋

茫茫帝臺，維靈之貴。爰有石棋，五彩煥蔚。觴禱百神，以和天氣。

若華案：經作「苦辛」。

烏酸草

療瘻之草，厥實如瓜。烏酸之葉，三成黃華。可以為毒，不畏虺蛇。

蒤草

蒤草黃華，實如菟絲。君子是佩，人服媚之。帝女所化，其理難思。

山膏獸　黃棘

山膏如豚，厥性好罵。黃棘是食，匪子匪化。雖無貞操，理同不嫁。

三足龜

造物維均，靡偏靡頗。少不為短，長不為多。賁能三足，何異黿鼉？

嘉榮

霆維天精，動心駭日。曷以禦之？　嘉榮是服。所正者神，用口腸腹。

天楄　牛傷　文獸案：「文」經作「文文」。　騰魚

牛傷鎮氣，天楄弭噎。文獸如蜂，枝尾反舌。騰魚青斑，處于逵穴。

帝休

帝休之樹，厥枝交對。竦本少室，曾陰雲霸。君子服之，匪怒伊愛。

泰室

嵩維岳宗，華岱恒衡。氣通玄漠，神洞幽明。嵬然中立，衆山之英。

栯木

爰有嘉樹，厥名曰栯。薄言采之，窈窕是服。君子惟歡，家無反目。

茵草

茵草赤莖，實如蘽薁。食之益智，忽不自覺。殆齊生知，功奇于學。

鵁鶄

鵁之爲鳥，同羣相爲。畸類被侵，雖死不避。毛飾武士，兼厲以義。

鳴蛇　化蛇

鳴化二蛇，同類異狀。拂翼俱遊，騰波漂浪。見則並災，或淫或尢。

赤銅

昆吾之山，名銅所在。切玉如泥，火炙有彩。尸子所歎，驗之彼宰。

神熏池

泰逢虎尾，武羅人面。熏池之神，厥狀不見。爰有美玉，河林如蒨。

神武羅

有神武羅，細腰白齒。聲如鳴佩，以鐻貫耳。司帝密都，是宜女子。

鴢鳥

鴢鳥似鳧，翠羽朱目。既麗其形，亦奇其肉。婦女是食，子孫繁育。

荀草

荀草赤實，厥狀如菅。婦人服之，練色易顏。夏姬是艷，厥媚三還。

馬腹獸　飛魚

馬腹之物，人面似虎。飛魚如豚，赤文無羽。食之辟兵，不畏雷鼓。

神泰逢

神號泰逢，好遊山陽。濯足九州，出入流光。天氣是動，孔甲迷惶。

窮老。

蓟柏

蓟柏白華，厥子如丹。　實肥變氣，食之忘寒。　物隨所染，墨子所歎。

橘櫞

厥苞橘櫞，奇者維甘。　朱實金鮮，葉蒨翠藍。　靈均是詠，以爲美談。

猨

大騩之山，爰有苹案：「苹」字蓋誤。草。　青華白實，食之無夭。　雖不增齡，可以

鮫魚

魚之別屬，厥號曰鮫。　珠皮毒尾，匪鱗匪毛。　可以錯角，兼飾劍刀。

鳩鳥

蝮維毒魁，鳩鳥是噉。　拂翼鳴林，草瘁木慘。　羽行隱戮，厥罰難犯。

椒

椒之灌殖，實繁有倫。　拂穎霑霜，朱實芬辛。　服之洞見，可以通神。

神蠱圍　計蒙　涉蠱

涉蠱三腳，蠱圍虎爪。　計蒙龍首，獨稟異表。　升降風雨，茫茫渺渺。

岷山

岷山之精，上絡東井。始出一勺，終致森案：「森」，類聚作「淼」。冥。作紀南夏，

天清地靜。

夔牛

西南巨牛，出自江岷。體若垂雲，肉盈千鈞。雖有逸力，難以揮輪。

峽山

邛峽峻嶬，其坂九折。王陽逡巡，王尊逞節。殷有三仁，漢稱二哲。

犳狼　雍和　猭獸

犳狼之出，兵不外擊。雍和作恐，猭乃流疫。同惡殊災，氣各有適。

蜼

寓屬之才，莫過於蜼。雨則自懸，塞鼻以尾。厥形雖隨案：「隨」字似誤。，列象

宗彝。

熊穴

熊山有穴，神人是出。與彼石鼓，象殊應一。祥雖先見，厥事非吉。

跂踵

青耕禦疫，跂踵降災。物之相反，各以氣來。見則民咨，實爲病媒。案：此讚與

郭注銘詞全異，可疑。

蛟

匪蛇匪龍，鱗彩炳煥。騰躍波濤，蜿蜒江漢。漢武飲羽，欻飛疊斷。

神耕父

清泠之水，在乎山頂。耕父是遊，流光灑景。黔首祀祭，以弭災眚。

九鍾

嶢崩涇竭，麟鬭日薄。九鍾將鳴，凌霜乃落。氣之相應，觸感而作。

嬰勺

支離之山，有鳥似鵲。白身赤眼，厥尾如勺。維彼有斗，不可以酌。

獜

有獸虎爪，厥號曰獜。好自跳撲，鼓甲振奮。若食其肉，不覺風迅。

帝臺漿

帝臺之水，飲蠲心病。靈府是滌，和神養性。食可逍遥，濯髮浴泳。

狙如

狙如微蟲，厥體無害。見則師興，兩陣交會。物之所感，焉有小大。

帝女桑

爰有洪桑，生瀆案：「瀆」，《類聚》作「濱」。淪潭。厥圍五丈，枝相交參。園客是採，<u>帝女</u>所蠶。

案：「瀆」，《類聚》作「濱」。

梁渠 狳即 聞獜獸 䴅餘鳥

梁渠致兵，狳即起災。䴅餘辟火，物各有能。聞獜之見，大風乃來。

神于兒

于兒如人，蛇頭有兩。常遊<u>江</u>淵，見于<u>洞廣</u>。乍潛乍出，神光忽恍。

神二女

神案：「神」當作「帝」。之二女，爰宅<u>洞庭</u>。遊化五江，惚恍窈冥。號曰夫人，是維<u>湘靈</u>。

案：「神」當作「帝」。

飛蛇

騰蛇配龍，因霧而躍。雖欲登天，雲罷陸略。仗案：「仗」字疑誤。非啟體，難以云託。

案：「仗」字疑誤。

海外南經

自此山來蟲爲蛇，蛇號爲魚

賤無定貢，貴無常珍。　物不自物，自物由人。　萬事皆然，豈伊蛇鱗？

羽民國

鳥喙長頰，羽生則卵。　矯翼而翔，龍飛不遠。　人維俅屬，何狀之反？

神人二八

羽民之東，有神司夜。　二八連臂，自相羈駕。　畫隱宵出，詭時淪化。

讙頭國

讙國鳥喙，行則杖羽。　潛于海濱，維食杞秬。　實維嘉穀，所謂濡黍。

厭火國

有人獸體，厭狀怪謠。　吐納炎精，火隨氣烈。　推之無奇，理有不熱。

三珠樹

三珠所生，赤水之際。　翹葉柏竦，美壯案：「壯」，疑當爲「狀」。若彗。　濯彩丹波，

自相霞映。　臧庸曰：「映」字無韻，蓋誤。

載國

不蠶不絲，不稼不穡。百獸率儷，羣鳥拊翼。是號載民，自然衣食。

貫匈　交脛　支舌國

鑠金洪爐，灑成萬品。造物無私，各任所禀。歸於曲成，是見兆朕。

不死國

有人爰處，員丘之上。案：「上」讀市郢反。赤泉駐年，神木養命。禀此遐齡，悠悠無竟。

鑿齒

鑿齒人類，實有傑牙。猛越九嬰，害過長蛇。堯乃命羿，斃之壽華。

三首國

雖云一氣，呼吸異道。觀則俱見，食則皆飽。物形自周，造化非巧。

焦僥國

羣籟舛吹，氣有萬殊。大人三丈，焦僥尺餘。混之一歸，此亦僑如。

長臂國

雙肱三尺，〔初學記作「三丈」〕。體如中人。彼曷爲者？長臂之民。修腳自負，捕

魚海濱。

狄山，帝堯葬于陽，帝嚳葬于陰

聖德廣被，物無不懷。爰乃殂落，封墓表哀。異類猶然，矧乃華黎。

視肉

聚肉有眼，而無腸胃。與彼馬勃，頗相髣髴。奇在不盡，食人薄味。

南方祝融

祝融火神，雲駕龍驂。氣御朱明，正陽是含。作配炎帝，列位于南。

海外西經

夏后啓

筮御飛龍，果儛九代。雲融「融」當作「翮」。是揮，玉璜是佩。對揚帝德，稟天靈誨。

張澍曰：「果儛九代」，「果」宜作「樂」字。

三身國　一臂國

品物流形，以散混沌。增不爲多，減不爲損。厥變難原，請尋其本。

奇肱國

妙哉工巧，奇肱之人。因風構思，制爲飛輪。凌頹遂軌，帝湯是賓。

形夭案：「夭」本作「天」。

爭神不勝，爲帝所戮。遂厥形夭，臍口乳目。仍揮干戚，雖化不服。

女祭　女戚

彼姝者子，誰氏二女？曷爲水間，操魚持俎？厥僊安在，離羣逸處。

鴑鳥　鶬鳥

有鳥青黃，號曰鶬鴑。與妖會合，所集會至。類則梟鶹，厥狀難媚。

丈夫國

陰有偏化，陽無産理。丈夫之國，王孟是始。感靈所通，桑石無子。

女丑尸

十日並熯，女丑以斃。暴于山阿，揮袖自翳。彼美誰子，逢天之厲。

巫咸

羣有十巫，巫咸所統。經技是搜，術藝是綜。採藥靈山，隨時登降。

并封

龍過無頭，并封連載。物狀相乖，如驥分背。數得自通，尋之愈閡。

女子國

簡狄有吞，姜嫄有履。女子之國，浴于黃水。乃娠乃字，生男則死。

軒轅國

軒轅之人，承天之祜。冬不襲衣，夏不扇暑。猶氣之和，家爲彭祖。

乘黃

飛黃奇駿，乘之難老。揣角輕騰，忽若龍矯。實鑒有德，乃集厥皁。

滅蒙鳥　大運山　雄常樹

青質赤尾，號曰滅蒙。大運之山，百仞三重。雄常之樹，應德而通

龍魚

龍魚一角，似狸處陵。俟時而出，神聖攸乘。飛騖九域，乘龍案：「龍」，類聚作

「雲」。上昇。

西方蓐收

蓐收金神，白毛虎爪。珥蛇執鉞，專司無道。立號西阿，恭行天討。

海外北經

無腎國

萬物相傳，非子則根。無腎因心，構肉生魂。所以能然，尊形者存。

燭龍

天缺西北，龍銜案：「銜」，類聚作「銜」。火精。氣爲寒暑，眼作昏明。身長千里，可謂至神。案：「神」，類聚作「靈」。

一目國

蒼四不多，此一不少。于〔一〕野冥瞽，洞見無表。形遊逆旅，所貴維眇。

柔利國

柔利之人，曲脚反肘。子求之容，方此無醜。所貴者神，形於何有。

共工臣相柳

共工之臣，號曰相柳。稟此奇表，蛇身九首。恃力桀暴，終禽夏后。

〔一〕「于」，原本作「子」，據吳氏本改。

深目國

深目類胡，但□絶縮。軒轅道降，款塞歸服。穿胸長腳，同會異族。

聶耳國

聶耳之國，海渚是縣。雕虎斯使，奇物畢見。形有相須，手不離面。

夸父

神哉夸父，難以理尋。傾河逐日，遯形鄧林。觸類而化，應無常心。

尋木

渺渺尋木，生于河邊。竦枝千里，上干雲天。垂陰四極，下蓋虞淵。

跂踵國

厥形雖大，斯腳則企。跳步雀踶，踵不閡地。應德而臻，款塞歸義。

歐絲野

女子鮫人，體近蠶蚌。出珠非甲，吐絲匪蛹。化出無方，物豈有種？

無腸國

無腸之人，厥體維洞。心實靈府，餘則外用。得一自全，理無不共。

平丘

兩山之間，丘號曰平。爰有遺玉，駿馬維青。視肉甘華，奇果所生。

駒騟

駒騟野駿，產自北域。交頸相摩，分背翹陸。雖有孫陽，終不能服。

北方禺彊

禺彊水神，面色鱉黑。乘龍踐蛇，凌雲附翼。靈一玄冥，立于北極。

海外東經

君子國

東方氣仁，國有君子。薰華是食，雕虎是使。雅好禮讓，禮委論理。案：末句

天吳

眈眈水伯，號曰谷神。八頭十尾，人面虎身。龍據兩川，威無不震。

九尾狐

青丘奇獸，九尾之狐。有道翔見，出則銜書。作瑞周文，以標靈符。

豎亥

山海經圖讚一卷

四二九

禹命豎亥，青丘之北。　東盡太遠，西窮邠國。　步履宇宙，以明靈德。

十日

十日並出，草木焦枯。　羿乃控弦，仰落陽烏。　可謂洞感，天人懸符。

毛民國

牢悲海鳥，西子駭麋。　或貴穴俔，或尊裳衣。　物我相傾，孰了是非。

黑齒國　雨師妾　玄股國　勞民國

陽谷之山，國號黑齒。　雨師之妾，以蛇挂耳。　玄股食鷗，勞民黑趾。

東方句芒

有神人面，身鳥素服。　衞帝之命，錫齡秦穆。　皇天無親，行善有福。

海内南經

梟陽

髯髯怪獸，被髮操竹。　獲人則笑，脣蔽其目。　終亦號咷，反爲我戮。

狌狌

狌狌之狀，形乍如犬。　厥性識往，爲物警辯。　以酒招災，自貽縲胃。

夏后啟臣孟涂

孟涂司巴，聽訟是非。厥理有曲，血乃見衣。所請靈斷，嗚呼神微。

建木

爰有建木，黃實紫柯。皮如蛇纓，葉有素羅。絕蔭弱水，義人則過。

氐人

炎帝之苗，實生氐人。死則復蘇，厥身爲鱗。雲南案：「南」疑當爲「雨」。是託，

浮遊天津。

巴蛇

象實巨獸，有蛇吞之。越出其骨，三年爲期。厥大何如，屈生是疑。

海內西經

貳負臣危

漢擊磐石，其中則危。劉生是識，羣臣莫知。可謂博物，山海乃奇。

流黃酆氏國

城圍三百，連河案：「河」疑當作「阿」。比棟。動是塵昏，烝氣霧重。焉得遊

之？以敖以縱。

大澤方百里

地號積羽，厥方百里。羣鳥雲集，鼓翅雷起。穆王旋軫，爰榮騄耳。

流沙

天限内外，分以流沙。經帶西極，頹唐委蛇。注于黑水，永溺餘波。

木禾

昆侖之陽，鴻鷺之阿。爰有嘉穀，號曰木禾。匪植匪藝，自然靈播。

開明天獸，禀兹金精。虎身人面，表此桀形。瞪視崑山，威懾百靈。
開明案：「明」下疑脱「獸」字。

文玉玗琪樹

文玉玗琪，方以類叢。翠葉猗萎，丹柯玲瓏。玉光争焕，彩艷火龍。

不死樹

不死之樹，壽蔽天地。請藥西姥，烏得如羿。

甘水聖木

萬物暫見，人生如寄。不死之樹，壽蔽天地。請藥西姥，烏得如羿。

醴泉璿木，案：「璿」當作「睿」。養齡盡性。增氣之和，祛神之冥。何必生知，然

後爲聖？

窫窳

窫窳無罪，見害貳負。帝命羣巫，操藥夾守。遂淪溺淵，變爲龍首。

服常琅玕樹

服常琅玕，崑山奇樹。丹實珠離，綠葉碧布。三頭是伺，遞望遞顧。

海内北經

蛇巫之山，有人操杯。

蛇巫山鬼神　蝤犬　羣帝臺　大蜂　朱蛾

蛇巫山鬼神，蝤犬羣帝臺。鬼神蝤犬，主爲妖災。大蜂朱蛾，羣帝之臺。

闒非　據比尸　袜　戎

人面獸身，是謂闒非。破髮折頸，據比之尸。戎三其角，袜豎其眉。

騶虞

怪獸五彩，尾參於身。矯足千里，儵忽若神。是謂騶虞，詩歎其仁。

吉良

金精朱鬣，龍行駿時。拾節鴻鶩，塵下及起。是謂吉黃，釋聖牖里。

冰夷

稟華之精，練食八石。乘龍隱淪，往來海若。是謂水仙，號曰<u>河伯</u>。

王子夜尸

<u>子夜之尸</u>，體分成七。離不爲疏，合不爲密。苟以神御，形歸於一。

宵明 燭光

水有佳人，<u>宵明</u>燭光。流燿河湄，稟此奇祥。<u>維</u>舜二女，別處一方。

列姑射山 大蟹 陵魚

<u>姑射之山</u>，實西「西」當作「有」。神人。大蟹千里，亦有陵鱗。曠哉溟海，含怪藏珍。

蓬萊山

<u>蓬萊之山</u>，玉碧構林。金臺雲館，皛哉獸禽。實維靈府，玉主甘心。

海內東經

郁州

南極之山，越處<u>東海</u>。不行而至，不動而改。維神所運，物無常在。

韓鴈　始鳩　雷澤神　琅琊臺

韓鴈始鳩，在海之州。雷澤之神，鼓腹優遊。琅琊嶕嶢，邈若雲樓。

豎沙　居繇　埻端　璽映國

豎沙居繇，埻端璽映。沙漠之鄉，絕地之館。或羈于秦，或賓于漢。

大江北江南江浙江廬淮湘漢濛溫潁汝涇渭白沅贛泗鬱肆潢洛汾沁濟潦虖
池漳水

川瀆交錯，渙瀾流帶。通潛潤下，經營華外。殊出同歸，混之東會。

大荒東經案：荒經已下圖讚，明藏本闕，此從諸書增補，尚多闕略云。

靖人國初學記。

靖人極麼，靖人又小。四體取足，眉目纔了。

九尾狐

青丘奇獸，九尾之狐。有道翔案：類聚作「祥」。見，出則銜書。作瑞周文，以標
靈符。

大荒南經闕。

大荒西經

弱水藝文類聚。

弱出昆山，鴻毛是沈。北淪流沙，南暎火林。惟水之奇，莫測其深。

炎火山藝文類聚。

木含陽氣，精構則然。焚之無盡，是生火山。理見乎微，其傳在傳。懿行按：

「其傳」當爲「其妙」之譌。

大荒北經

若木藝文類聚。

若木之生，昆山是濱。朱華電照，碧葉玉津。食之靈智，爲力爲仁。

封豕藝文類聚。

有物貪婪，號曰封豕。薦食無厭，肆其殘毀。羿乃飲羽，獻帝效技。

補臧氏校正

玉贛表夏。庸按：廣韻「四十八感」曰：贛，方言云：「箱類。古禪切。」此「贛」當爲贛，玉贛猶言金匱耳。説文：「贛，小桮也。」義別。

旋轸斯地。按：顧寧人、段若膺皆以「地」讀如沱，古音在歌類。余謂「地」字古音與今同，本在支類。此讚以地韻解，皆支類也。隸，從隸，聲在脂類。支脂相通，與歌類則遠，亦其一證也。

厥號曰蠻。按：目稱「蠻蠻」，經曰「其中多蠻蠻」，此讚又云「厥號曰蠻」者，皆本一字而重言之。古人每有此種文法，猶下目「鶼」字，讚曰「鶼鶼」，經單稱「鶼」也。

亦有數動。按：御覽九百三十九「有」作「不」，又「白虹」作「江涌」，「邑悚」作「民悚」，皆較今本爲勝。

洇和損平。按：御覽九百三十七引作「汩和」，此作「洇」，誤。又下文「帶山則儵」，亦當從御覽作「山經則儵」，「山經」對上文「詩」字更善。

鼓翄一揮，十翼翻翻。按：御覽三百三十九「一揮」作「一運」，當從之。又「翄翻」作「翩翻」，古字通。

頭文如繡。 按：上文「尾」與「雉」韻，脂類也。繡字肅聲，在幽類，出韻當誤。

瑇瑁取芥。 按：藝文類聚六作「琥珀取芥」，未聞其審。

畸類被侵。 按：類聚九十引作「疇類」，此誤。

員丘之上。 按：「上」疑當爲「正」，二字形相近，與前畢方讚互誤也。

山海經訂譌 一卷

棲霞郝懿行撰

南山經

誰山臨于西海之上。 在蜀伏山山南之西頭。 「伏」當爲「汶」。

有草焉，其狀如韭。 爾雅云「霍」。 「霍」當爲「藿」。

其名曰祝餘。 或作「桂荼」。 「桂」疑當爲「柱」。

堂庭之山多棪木。 棪，別名連其。 「連」當爲「速」。

又東三百里柢山。 「柢」上疑脫「曰」字。

又東三百七十里曰杻陽之山。 音「紐」。 經「杻」當爲「梋」，注「紐」當爲「細」。

基山有獸，其名曰猼訑。 「施」一作「陁」。 「施」當爲「訑」。

有鳥名曰鵁鵂。 鵁鵂急性。 「敞」「孚」二音。

英水，其中多赤鱬。 音「懦」。 「懦」字譌，明藏經本作「儒」。

「憨怠」，「敞」當爲「敝」。

凡䧿山之首，自招搖之山以至箕尾之山，凡十山，二千九百五十里。今才九山，

二千七百里。

其祠之禮毛。 周官曰：「陽祀用騂牲之毛。」 當爲「毛之」。

稌用稌米。 稌，稌稻也。 疑注衍一「稌」字。

僕勾之山。 「勾」一作「夕」。 「夕」疑當爲「多」。

其中多芘蠃。 「芘」當爲「茈」。

其上多梓枏。 爾雅以爲柟。 王引之云：「柟」疑當作「梅」。

凡南次二經之首，自柜山至于漆吳之山，凡十七山，七千二百里。今七千二百一

十里。

稰用稌。 稻稬也。 疑「稬」或「粳」之譌。 王引之曰：「『稬』與『粳』不同，『稬』字非譌。」

禱過之山，其下多犀兕。 重三千觔。 「三」字衍。

多怪鳥。 廣雅曰：「鷄鵂、鶹明、爰居、鴟雀，皆怪鳥之屬也。」 今廣雅作「鷄離、延居、頸

雀，怪鳥屬也」。

其汗如漆。 「汗」當爲「汁」。

有穴焉，水出輒入。　「出」當從藏經本作「舂」。

凡南次三經之首，自天虞之山以至南禺之山，凡一十四山，六千五百三十里。　今才一十三山，五千七百三十里。

右南經之山志，大小凡四十山，萬六千三百八十里。　經當有四十一山，萬六千六百八十里，今才三十九山，萬五千六百四十里。

西山經

錢來之山，有獸名曰羬羊。　「羬」音「針」。　「針」當爲「鍼」。

小華之山，鳥多赤鷩。　冠金皆黃。　「皆」當爲「背」。

其木多椶枏。　椶樹高三丈許，無枝條，葉大而員枝，生梢頭。　「員枝」，「枝」字譌，藏經本作「岐」。

食之已瘖。　韓子曰：「瘖人憐主。」　「人」字衍，「主」當爲「王」。

大如笄而黑端。　笄，簪屬。　文選注引此經下有「以毛射物」四字。

浮山多盼木。　音「美目盼兮」之「盼」。　郭既音「盼」，經文不當爲「盼」，未審何字之譌。

嶓冢之山，漢水出焉，而東流注于沔。　江即沔水。　郭本經文當作「注于江」，今本譌

爲「注于汸」。又郭注「江」上當脱「入」字，「江」下又脱「漢」字，遂不復可讀。

有草名曰菅蓉。爾雅曰：「榮而不實謂之菅。」音「骨」。　「菅」上脱「英」字。

天帝之山，有鳥，黑文而赤翁。翁頭下毛。　「頭」當爲「頸」。

皋塗之山，有獸，名曰獿如。音「猥嬰」之「嬰」。　經當爲「獿」，注當爲「玃」。

黃山，盼水出焉。音「美目盼兮」之「盼」。　經文不當爲「盼」，未審何字之譌。

其鳥多鸚。音「壘」。　「鸚」當爲「鸓」，「壘」當爲「疊」。見玉篇。

騩山，是錞于西海。錞，猶隄埻也。　「埻」字衍，見玉篇所引。

凡西經之首，自錢來之山至于騩山，凡十九山，二千九百五十七里。　今三千一百

一十七里。

泰冒之山，浴水出焉。　「浴」當爲「洛」。

高山，其下多青碧。今越巂會稽縣東山出碧。　「會稽」當爲「會無」。

鹿臺之山。今在上郡。　「上郡」中閒脱「黨」字。

厷陽之山。音「旨」。　「厷」當爲「厎」，「旨」字之譌。

其木多櫰、枏、豫章。豫章大木，生七年而後復可知也。　注「復」字衍

皇人之山，其下多青雄黃。即雌黃也。　「雌」疑當爲「雄」。

凡西次二經之首，自鈴山至于萊山，凡十七山，四千一百四十里。 今四千六百七十里。

毛采。 言用雄色雞也。 「雄」字譌，藏經本作「雜」。

崇吾之山，有木，員葉而白柎。 經當爲「柎」，故郭音「府」。其音「符」者，乃當從木旁作「柎」耳，傳寫譌謬，遂不復可別。 經傳此類，亟須刊正。

有獸焉，其狀如禺，而文臂豹虎。 臧庸曰：「豹虎」疑「豹尾」之譌。

不周之山，東望泑澤，河水所潛，其源渾渾泡泡。 郭注「蒲澤」當爲「鹽澤」，「三百餘里」上當脫「千」字，水經注可證。

黃帝是食是饗。 所以得登龍於鼎湖而龍蛻也。 注「龍蛻」二字疑譌，太平御覽引作「靈化」。

堅粟精密。 禮記曰「填密似粟」，「粟」或作「栗」。 經文「粟」疑當爲「栗」，注文「粟粟」亦當爲「栗栗」，「作粟」當爲「作栗」，並形近而譌。 王引之説。

濁澤有而光。 「有而」當爲「而有」。

五色發作。 言符彩互映色。 郭注「色」，藏經本作「也」。

其陰多榣木之有若。 國語曰：「榣木不生花也。」 「花」當爲「危」。

爰有淫水，其清洛洛。 水留下之貌也。 「淫」音「遥」也。 案「留」當爲「溜」，或爲

「流」。 陳壽祺曰：「淫無遥音，經『淫』字疑譌。」

名曰沙棠，可以禦水，食之使人不溺。 刻以爲舟。 「刻」當爲「制」。

桃水，其中多鮪魚。 音「滑」。 「鮪」當爲「鮹」，「滑」當爲「滑」。

玉山，有獸，其名曰狡，其音如吠犬，見則其國大穰。 狀如豹文。 「豹文」上脱

「狗」字。

其音如録。 音録。 義未詳。 經文作「録」，郭復音「録」，必有誤。

積石之山，其下有石門，河水冒以西流。 今在金城河門關。 「門」字衍。

其音如擊石，其名如狰。 京氏易義曰：「音如石相擊。」音「静」也。 經文「如狰」之

「如」當爲「曰」字之譌。 注文「音静」之上當脱「狰」字。

三危之山，有獸，名曰徼徊。 「傲」「噎」兩音。 「傲」當爲「獒」，「徊」當爲「狍」。

有鳥，其狀如鶉，其名曰鴟。 扶狩則短。 當爲「扶獸則死」。 今諸本並作「死」。 一本

作「短」，譌。

有神焉，其狀如黄囊。 「焉」當爲「鳥」。

泑山，神蓐收居之。 亦金神也，人面虎爪白尾。 「尾」當爲「毛」。

其音如棄百聲。 「棄」當爲「奪」。

凡西次三經之首，崇吾之山至于翼望之山，凡二十三山，六千七百四十四里。

今才二十二山，六千二百四十里，加流沙四百里才六千六百四十里。

羆父之山。 「父」當爲「谷」，見玉篇、廣韻。

孟山，其獸多白狼、白虎。 白虎，虎名魋魖。 注有脫誤，當爲「白虎名魋，黑虎名魖」。

其名自號也。 或作「設」，設亦呼耳。 「設」當爲「詨」。

凡西次四經，自陰山以下至于崦嵫之山，凡十九山，三千六百八十里。 今才三千五百八十五里。

右西經之山，「山」下脫「志」字。 凡七十七山，一萬七千五百一十七里。 經當有七十八山，一萬七千五百二十一里，今則一萬八千一百二里。

北山經

澆水，其中多芘石。 「芘」當爲「茈」。

彭水，其中多儵魚，其狀如雞而赤毛，三尾六足四首。 「儵」當爲「鯈」，「首」當爲「目」。

邊春之山，有獸，名曰幽鴳。「鴳」音「遏」。 「鴳」當爲「頞」。

單張之山，有獸，名曰諸犍。音如「犍牛」之「犍」。 郭既音「犍」，經文不當爲「犍」，疑「楗」字之譌，而玉篇仍作「犍」字，又似不譌。

凡北山經之首，自單狐之山至于隄山，凡二十五山，五千四百九十里。 今五千六百八十里。

管涔之山，汾水出焉，而西流注于河。 至汾陽縣北西入河。 「汾陽」當爲「汾陰」。

敦頭之山，旄水東流注于印澤。 下文「北囂山」作「邙澤」，說文作「邙澤」。

梁渠之山，其獸多居暨，其狀如彙而赤毛。 彙似鼠，赤毛如刺猬。 郭注「赤」字 「猬」字並衍。

湖灌之水，其中多鮪。 亦鱓魚字。 文選注四子講德論引郭氏此注曰：「鱓魚似蛇，時闒切。」疑即今本注下脫文也。

凡北次二經之首，自管涔之山至于敦題之山，凡十七山，五千六百九十里。 今才一十六山，六千一百四十里。

太行之山，有獸，其名曰䮝，善還，還，旋旋儛也。 「還」當音「旋」，注「旋」上脫「音」字。

王屋之山。今在河東垣縣北。「東垣」、「東」字衍。

景山，南望鹽販之澤。即鹽池也。「鹽池」上當脫「解縣」二字。

謁戾之山，沁水出焉，南流注于河。或出穀述縣羊頭山。「述」當爲「遠」。

神囷之山。音如「倉囷」之「囷」。「囷」即「倉囷」之「囷」，郭氏復音如之，知經文必不作「囷」。廣韻引作「箘」，疑是也。

少山，清漳之水出焉，東流于濁漳之水。清漳出少山大繩谷，至武安縣南暴宮邑入於濁漳。或曰東北至邑城入於大河也。「大繩」當爲「大夌」，「暴宮」當爲「黍窨」，「邑城」當爲阜成。

繡山，洈水出焉，其中有鱳、黽。鱳黽似蝦蟇。「鱳黽」疑當爲「耿黽」。馬瑞辰曰：「鼃」當爲『鼃』，疑『鼅』之或體也。

敦與之山，溹水出於其陽，而東流注于泰陸之水。今鉅鹿北廣平澤。「平」當爲「阿」。

洈水出于其陰，而東流注于彭水。今洈水出中丘縣西窮泉谷。「中丘」上當脫「常山」三字。

秦戲之山，虖沱之水出焉。今虖池水出鴈門鹵成縣南武夫山。「成」當爲「城」。

其川在尾上。　川，竅也。　王引之曰：『川』似當爲『州』字，形相近而誤。

又北水行五百里，至于鴈門之山。　此經不言有水出焉，當有脫文。

西望幽都之山，浴水出焉。　浴即黑水也。　郭注「浴」下當脫「水」字。

凡北次三經之首，自太行之山以至于無逢之山，凡四十六山，萬二千三百五十里。　今四十七山，一萬二千四百四十里。

右北經之山志，凡八十七山，二萬三千二百三十里。　經當有二萬三千五百三十里，今則八十八山，二萬四千二百六十里。

東山經

番條之山，減水出焉。　音同「減損」之「減」。　郭既音「減」，經文不當爲「減」，未審何字之譌。

高氏之山，其下多箴石。　可以爲砥針。　「砥」當爲「砒」。

又南三百里曰泰山。　從山下至頂四十八里。　史記正義引此作「百四十八里」。

有獸名曰狪狪。　音如「吟恫」之「恫」。　「吟」當爲「呻」。

東流注于江。　一作「海」。　據水經注當作「汶」，竹山亦同。

竹山，激水出焉，其中多茈蠃。「蠃」當爲「蠃」。

凡東山經之首，自樕𧍢之山以至于竹山，凡十二山，三千六百里。今才三千五
百里。

祈聅用魚。公羊傳云：「蓋叩其鼻以聅神。」「公羊傳」當爲「穀梁傳」，「聅」疑當爲
「䖱」。

澧水，其中多珠鱉魚，其狀如肺而有目。「有」當爲「四」。

餘莪之山，有獸，名曰犰狳。「仇」「餘」二音。「犰」當爲「犰」，「仇」當爲「几」。

鳧麗之山，有獸，名曰蠪姪。「龍」「蛭」二音。經當爲「蛭」，注當爲「姪」。

又南五百里曰碩山。音一真反。注「一」「反」二字疑衍。中次十一經「嬰碩之山」，

「碩」音「真」，可證。

孟子之山，其草多菌蒲。未詳。音「咽昳」之「咽」。「咽」當爲「昭」。

鮯鮯之魚，其名自叫。「名」，藏經本作「鳴」。

東望榑木。「扶桑」二音。臧庸曰：「經多古文，此必作『東望榑燊』，故郭云『扶桑二

音』。説文『燊』即『桑』字也。唐音而灼切，非。」

凡東次三經之首，自尸胡之山至于無皋之山，凡九山，六千九百里。今才六千四

百里。

北號之山，有獸，名曰獦狚。「葛」「且」二音。　經當爲「獦狚」，注當爲「葛旦」。

凡東次四經之首，自北號之山至于太山，凡八山，一千七百二十里。此經不言神狀及祠物所宜，疑有闕脱。

右東經之山志，凡四十六山萬八千八百六十里。今才萬八千二百六十里。

中山經

金星之山，多天嬰，其狀如龍骨，可以已痤。癰，痤也。　當爲「痤，癰也」。

陰山，其中多彤棠。「彤」疑當爲「彤」。

凡薄山之首，自甘棗之山至于鼓鐙之山，凡十五山，六千六百七十里。今才九百三十七里。

煇諸之山，其鳥多䲹。似雉而大，青色有毛。　「有毛」當爲「有毛角」。

又西三百里曰陽山。「三百」當爲「三十」。

昆吾之山，其上多赤銅。尸子所謂「昆吾之劍」。　「劍」當爲「金」。郭又云「銅劍一枝」，「枝」當爲「枚」。

有獸，名曰蠱蚔。 上已有此獸，疑同名。 「蚔」疑當爲「蛭」。

凡濟山經之首，自煇諸之山至于蔓渠之山，凡九山，一千六百七十里。 今一千七

百七十里。

南望埻渚。 郭云：「埻」音「填」。 水經注引此經「埻」作「禪」，又引郭注云「禪，一音

暖」，今本疑有譌脱。

實惟河之九都。 九水所潛，故曰九都。 郭注「潛」字誤，藏經本作「聚」。 張澍曰：「作

聚亦誤，按潛宜作渚。 渚，聚也，都亦聚也。」

凡賁山之首，自敖岸之山至于和山，凡五山，四百四十里。 今才八十里。

甘水，其中多泠石。 泠石未聞。 「泠」或作「涂」。 經「泠」當爲「泠」，注「涂」當爲

「淦」。

鑿山，有獸焉，名曰獺。 音「蒼頡」之「頡」。 「獺」字諸書所無，文選注引作「獺」，然

「獺」無「頡」音，未詳。

牡山，其下多竹箭、竹𥱼。 「𥱼」上「竹」字疑衍。

成侯之山，其草多芃。 「芃」當爲「芁」。

凡薄山之首，自苟林之山至于陽虛之山，凡十六山，二千九百八十里。 今才十

五山。

實惟蜂蜜之盧。　蜜，赤蜂名。「赤」當爲「亦」。

橐山，多構木。　穗成，如有鹽粉著狀，可以酢羹。「酢」當爲「作」。

凡縞羝山之首，自平逢之山至于陽華之山，凡十四山，七百九十里。　今八百二里。

其實如菟丘。　菟丘，兔絲也，見爾雅。「爾雅」當爲「廣雅」。

有草焉，其狀葉如榆。　「狀葉」當爲「葉狀」。

有草焉，其名曰嘉榮，服之者不霆。　音「廷搏」之「廷」。當爲「脡脯」之「脡」。

其葉狀如荻。　荻亦蒿也，音「狄」。「荻」當爲「萩」，「狄」當爲「秋」。

又東三十里曰大騩之山。　今滎陽密縣有大騩山，騩固溝水所出。「固溝」當爲「山溇」。

有草名葰。　音「狼戾」。「葰」當爲「蒹」，「狼」當爲「狠」。

服之不夭。　言盡壽也。「盡」當爲「益」。

凡苦山之首，自休與之山至于大騩之山，凡十有九山，千一百八十四里。　今才一千五十六里。

東南流注于江。　今雎水出新城魏昌縣東南發阿山。「魏昌」晉書地理志作「昌魏」。

「狗」。

東北百里曰荊山。今在新城沐鄉縣南。「沐」當爲「沶」。

漳水，其中多鮫魚。鮫，�26魚類也。「26」當爲「鯌」。

其獸多閭、麋。似鹿而大也。「麋」當爲「塵」。

女几之山，多閭、麋、麇、麂。麂似麝而大，慢毛豹腳。「慢」當爲「獌」，「豹」當爲

其獸多夔牛。此牛出上庸，郡人弩射殺。「射殺」下當脫「之」字。

蛇山，有獸名狚狼。音「巴」。「巴」當爲「已」。

勾㰍之山。音「絡椐」之「椐」。「椐」當爲「梐」。

騩山，其木多桃枝荊芭。「芭」當爲「芑」，「芑」又「杞」之假借字。

葛山，其下多珹石。珹石，勁石似玉也。郭注「珹石」「石」字衍，「勁」當爲「玒」。

石山，其上多邽石。未詳。　疑當爲「封石」。

光山，其下多木。「木」疑當爲「水」。

謹山，多邽石。疑當爲「封石」。

凡荊山之首，自景山至琴鼓之山，凡二十三山，二千八百九十里。今三千一十里。

東北流注于海。至廣陽縣入海。「廣陽縣」當爲「廣陵郡」。

凡岷山之首，自女几山至于賈超之山，凡十六山，三千五百里。今三千六百五

十里。

熊山，席也。席者，神之所馮止也。「席」當爲「帝」，字形相近而譌。

凡首陽山之首，自首山至于丙山，凡九山，二百六十七里。今三百一十里。

馳山，帝也，其祠羞酒太牢其。「牢」下之「其」疑當爲「具」。

翼望之山，湍水出焉。鹿搏反。 疑注有譌文。

東流注于濟。今湍水逕南陽穰縣而入清水。 經文「濟」、注文「清」並當爲「淯」、「南陽」

當爲「義陽」。

貺水出焉。音「況」。 「貺」當爲「脫」，見玉篇。

神耕父處之，常遊清泠之淵。清泠水在西號郊縣山上。 「西號郊」當爲「西鄂」字之

誤衍。

有九鍾焉，是知霜鳴。霜降則鍾鳴，故言知也。 經注「知」並當爲「和」，見北堂書鈔

所引。

支離之山，濟水出焉，南流注于漢。今濟水出酈縣西北山中。 經文「濟」及注文「濟」

並當爲「淯」。

袂筩之山，其上多松、柏、机、柏。　柏葉似柳。　經，注「柏」並當爲「桓」。

即谷之山，多玄豹。　即今荆州山中出黑虎也。　「出」當爲「之」。

高前之山，其上有水甚寒而清，帝臺之漿也。　今河東解縣南檀首山上有水。　「檀首」當爲「檀道」。

鮮山，有獸，其狀如膜大。　「大」當爲「犬」，見廣韻。

又東三十里曰章山。　或作「童山」。　經「章山」當爲「皋山」，注「童山」當爲「章山」。

其中多脆石。　魚脆反。　「脆」，藏經本作「跪」。

大支之山，無草木。　「木」字衍，藏經本無。

歷石之山。　或作「磨」。　「磨」疑當爲「磨」。

名曰躭餘。　音如「枳柑」之「枳」。　「柑」當爲「根」。　「磨」疑當爲「鄰」。

几山，有獸，名曰聞獜，見則天下大風。　「獜」一作「獜」，見曲禮注。

凡荆山之首，自翼望之山至于几山，凡四十八山，三千七百三十二里。　今四千二百二十里。

堵山、玉山，冢也。　堵山見中次十經，玉山見中次九經，此經都無此二山，未審何山字之譌。

凡洞庭山之首，自篇遇之山至于榮余之山，凡十五山，二千八百里。　今才一千八

百四十九里。

右中經之山志，大凡百九十七山，二萬一千三百七十一里。　今二萬九千五百

九十八里。

右五藏山經五篇，大凡一萬五千五百三字。　今二萬一千二百六十五字。

海外南經

其爲人小頰赤肩。　當脾上正赤也。　「脾」當爲「髀」。

生火出其口中。　藝文類聚引此經無「生」字，疑是。

羿射殺之，在昆侖虛東。　鑿齒亦人也。　經文「之」下衍「在」字，注「人」下脫「貌」字，

見北堂書鈔所引。

焦僥國，在三首東。　外傳云：「焦僥民長三尺。」　「民」當爲「氏」。　又引詩含神霧曰：

「從中州以東西。」「西」字衍。

狄山，帝堯葬于陽。　今陽城縣西。　「陽城」當爲「城陽」。　尸子曰：「中黃伯余。」　「伯」下脫「曰」字。

爰有熊、羆、文虎。

視肉。　有兩目，食之無盡，尋復更生如故。　「無」字衍，北堂書鈔引作「有眼食之盡」。

海外西經

奇肱之國。 後十年西風至。 據博物志，「西」當爲「東」。

軒轅之國，在此窮山之際。 「此」字衍。

此諸夭之野。 「夭」音「妖」。 「此」字亦衍，「妖」當爲「沃」。

龍魚陵居在其北，狀如貍。 或曰：龍魚似貍，一角。 經、注「貍」並當爲「鯉」。鯉，龍類也。

一曰鼇魚。 鼇音「惡橫」也。 鼇無「橫」音，疑注誤。王引之曰：「橫當爲憿，憿訓惡也。」

有樹名曰雄常，先入伐帝，于此取之。 其俗無衣服，中國有聖帝代立者，則此木生皮可衣也。 經文「伐」當爲「代」，幸有郭注可證，然經句義尚未足，恐更當有脫文。

海外北經

長股之國，在雄常北，被髮。 長臂人身如中人，而臂長二丈。 「二」當爲「三」，見海外南經。

無膚之國，爲人無膚。 膚，肥腸也。 「肥」當爲「腓」。 「一」當爲「無」。

燭龍居鍾山下。 淮南子曰：「龍身一足。」 「一」當爲「無」。

禹厥之，三仞三沮。掘塞之而土三沮洇。 「洇」當爲「陷」。

平丘爰有甘柤。 其樹枝榦皆赤，黄華白葉黑實。 呂氏春秋曰：「其山之東有甘柤焉。」音如「柤棃」之「柤」。 郭注「黄華白葉」當爲「黄葉白華」。據郭音「甘柤」如「柤棃」之「柤」，證知經文不當作「柤」。淮南墜形訓作「櫨」，即「柤」本字。説文作「櫨」，疑經當爲「櫨」也。

甘華。亦赤枝榦黄華。 「黄華」亦當爲「黄葉」。

海外東經

君子國，使二大虎在旁。 「大虎」當爲「文虎」，後漢書東夷傳注引此經云。

青丘國，其狐四足九尾。 汲郡竹書曰：「柏杼子征于東海，及王壽。」 「王」當爲「三」。

黑齒國在其北。 東夷傳曰：「倭國東四十餘里。」 「十」當爲「千」。

爲人黑，食稻啖蛇。 「黑」下當脱「齒」字。

爲人黑首。 「首」當爲「齒」，古文形近。

九日居下枝，一日居上枝。 若搜之常情，則無理矣。 「搜」疑當爲「揆」。

爲人身生毛。 爲人短小而體盡有毛。 「而」當爲「面」。

海內南經

三天子鄣山，在閩西海北。「海」字疑衍。

桂林八樹，在番隅東。八樹而成林，信其大也。「信」當爲「言」。

鬱水，出湘陵南海。鬱水見海內東經，與此有異，疑經有譌文。

見人笑亦笑。古本作「見人則笑」，今本疑非是。

左手操管。爾雅云「狒狒」。當爲「狒狒」。

狌狌知人名，其爲獸如豕而人面。頭如雄雞，食之不眯。此八字誤衍，當刪。郭又云「今交州封谿」，「州」當爲「趾」。

犀牛，其狀如牛而黑。犀牛似水牛，豬頭庳腳三角。注文當如是，今本誤分離其文，遂不復可讀。

丹山，在丹陽南，丹陽居屬也。此十一字乃郭注誤入經文。「居」又「巴」字之譌。

海內西經

后稷之葬，山水環之。在廣都之野。當爲「都廣」。

繫之山上木。物稟異氣，出於不然。「不」當爲「自」。

面有九井。　淮南墜形訓作「旁有九井」，初學記引此經作「上有九井」，疑「面」字譌。

一曰挺木牙交。　淮南作「璇樹」。璇，玉類也。　「璇」當爲「琁」，「琁」與「挺」形近，「樹」古文爲「尗」，傳寫者破壞之，因爲「木牙交」。臧庸曰：「『挺木牙交』爲『曼兑』之異文。曼，長也。兑讀爲銳。言聖木之樹長而葉銳也。『挺』當爲『梃』，梃，長兒。牙交，言枝柯之交互也。」

伺琅玗樹。　莊周曰：「有人三頭，遞卧遞起，以伺琅玗與玗琪子。」「與玗琪子」四字衍。

海内北經

大蠭，其狀如螽。　「螽」疑當爲「蠡」，古文「蠡」字。

蟜，其爲人虎文，脛有腎。　言腳有膊腸也。　「膊」當爲「腨」。

騶吾，乘之日行千里。　周書曰：「夾林酋耳。」「夾」，周書作「央」。

冰夷，人面，乘兩龍。　畫四面，各乘靈車，駕二龍。　「靈」當爲「雲」。

海内東經

都州，在海中，一曰郁州。　世傳此山自蒼梧從南徙來。　「從南」二字疑衍。

始鼥，在海中轅厲南。「轅厲」疑當爲「韓鴈」，字形相近。

浙江出三天子都，在其東。「其」字疑譌。據太平寰宇記作「蠻」，與地理志及説文合。

淮水出餘山，餘山在朝陽東。朝陽縣今屬新野。「新野」當爲「義陽」，見晉書地理志。

湘水出舜葬東南陬，西環之。今湘水出零陵營道縣陽湖山。「湖」當爲「海」或「朔」字之譌。

入海淮浦北。至廣陵縣入海。据水經「廣陵」下當脱「淮浦」二字。

漢水出鮒魚之山。此經漢水所出既誤，又不見所入處，蓋脱。北堂書鈔引「漢水」作「濮水」，似得之。

一曰東南西澤。疑文有脱誤。

溫水出崆峒山，在臨汾南。「汾」當爲「涇」。又郭注云：「今溫水在京兆陰盤縣。」「京兆」當爲「安定」也。

入江州城下。此言白水入江也。「城下」二字疑誤衍。

沇水山出象郡鐔城西。「山」字衍。

入東注江。「入」字疑衍，或「又」字之譌。

肆水出臨晉西南。　音如「肆習」之「肆」。　若經文作「肆」，何復音「肆」？　疑當從水經

注作「肆」。　「臨晉」當爲「臨武」。

濟水絶鉅鹿澤。　鉅鹿今在高平。　「鹿」當爲「野」。

入齊琅槐東北。　今碣石也。　當爲「今河竭也」，見水經注所引。

潦水出衛皋東。　有潦山，小潦水所出，西河注大潦。　「西河」當爲「西南」。

入越章武北。　章武，郡名。　「越」字疑衍，「郡」當爲「縣」。

入章武南。　新城汴陰縣亦有漳水。　「汴陰」當爲「沶鄉」。

大荒東經

東海之外大壑。　「大壑」上當脱「有」字。

有大人之國。　長者不過十丈。　「十丈」當爲「十之」，見魯語。　郭注又云「佻人國長三十

丈」，「佻」當爲「洮」，「十」字衍。

中容人食獸、木實。　此國中有赤木、玄木，其華實美。　「華」當爲「葉」，見呂氏春秋。

司幽生思士不妻，思女不夫。　白鵠相視，眸子不運而感風化。　「鵠」當爲「鵠」，「感」

字衍。

有山名曰鞠陵于天、東極、離瞀。 三山名也。 音「穀瞀」。 「穀瞀」二字疑俱誤。

名曰折丹。 神人。 「名曰折丹」上疑脫「有神」二字，北堂書鈔引作「有人」。

東方曰折。 單吁之。 「吁」當爲「呼」。 臧庸曰：「吁、呼通。 經文『折』，疑『吁』字涉上

文『折丹』而誤。」

不得復上。 應龍遂住地下。 「住」當爲「在」。

有困民國，勾姓，而食。 「勾姓」下「而食」上當有闕脫。

大荒南經

舜與叔均之所葬也。 基今在九疑之中。 「基」當爲「墓」。

有玄蛇食麈。 今南山蚺蛇吞鹿。 「山」當爲「方」。

有山名曰去痓。 音如「風痓」之「痓」。 此即「風痓」之字，郭又音如之，疑有譌文。

楓木，蚩尤所棄其桎梏。 已摘棄其械。 「摘」當爲「擿」。

羲和者，帝俊之妻，生十日。 言生十子，各以日名名之，故言生十日，數十也。 郭注

「生十日」下疑脫「日」字。

有小人名曰菌人。 音如「朝菌」之「菌」。 此即「朝菌」之「菌」，郭又音如之，疑有譌文，

或經當爲「崑狗」之「崑」。

大荒西經

有白氏之國。　「氏」當爲「民」。

有先民之國。　「先」當爲「天」，古字形近。

西有王母之山。　「西有」當爲「有西」。

璇瑰瑤碧。　璇瑰亦玉名，「枚」「回」二音。　經當爲「璿瑰」，注當爲「旋回」。

爰有百樂歌儛之風。　爰有百種伎樂歌儛風曲。　注「爰」，明藏本作「言」，是也。

有神人面無臂，兩足反屬于頭山。　「山」當爲「上」。

下地是噎。　「后土生噎鳴」，見海内經，此經疑有闕脱。

有赤犬，名曰天犬，其所下者有兵。　周書云。　「周」當爲「漢」。

名曰西王母。　西王母雖以昆侖之宫。　「以」當爲「居」，古字相近。

女祭、女薎。　或持觶。　「薎」當爲「蔵」，「觶」當爲「鱓」。

有壽麻之國。　吕氏春秋曰：「南服壽麻。」　「南」當爲「西」。

有樹赤皮支榦青葉，名曰朱木。　「青葉」當爲「青華」，見大荒南經。

顓頊死即復蘇。　淮南子曰:「后稷龍在建木西,其人死復蘇,其中為魚。」　「龍」當為

「壠」「中」當為「半」,見淮南墜形訓。

大荒北經

皆出衛于山丘。　古本當「衛」「丘」連文,而以「皆出于山」四字相屬,今本誤倒耳。

有三桑無枝。　皆高百仞。　郭注四字當在經中,誤入注文耳,見藝文類聚所引。

有人衣青衣,名曰黃帝女魃。　音如「旱妭」之「魃」。　據後漢書注所引,經文當為

「妭」,注文當為「魃」。

有神人面獸身,名曰犬戎。　「神」當為「人」,見史記周本紀集解所引。

名曰若木。　生昆侖西,附西極。　郭注七字當入經文。

有神人面蛇身而赤。　身長千里。　郭注四字當在經文,誤入注中耳,見藝文類聚所引。

是謂燭龍。　有龍銜精以往照天門中云。　「精」上脫「火」字。

海內經

有人名曰柏高。　柏子高,仙者也。　據郭注,經文「柏高」之閒當脫「子」字。

有都廣之野，后稷葬焉。其城方三百里，蓋天下之中，素女所出也。　郭注一十六字當入經文，又引離騷曰「絕都廣野而直指號」，「號」當爲「兮」。

有木名曰若木。　樹赤華青。　「華」當爲「葉」。

名曰鳥氏。　「氏」當爲「民」。

神民之丘。　「民」當爲「人」。

有青獸人面。　「青」字疑衍。

南方有贛巨人，人面長臂。　「臂」當爲「脣」。

有菌山。　音「芝菌」之「菌」。　經文「菌」疑亦當爲「菌」。

有山名三天子之都。　一本「三天子之鄣山」。　「一本」下當脫「作」字或「云」字。

玄狐蓬尾。　蓬，叢也，阻留反。　「阻留反」三字文無所指，當有脫誤。　牟廷相云：「『叢』字可讀如『蕆』，則『阻留』當是『叢』字之音也。」

般是始爲弓矢。　世本曰：「牟夷作矢。」　當爲「夷牟」。

帝俊賜羿彤弓素矰。　以白羽羽之。　下「羽」字疑譌。

晏龍是爲琴瑟。　世本云：「伏羲作琴，神農作瑟。」　當云「伏羲作瑟，神農作琴」。

是復土穰，以處江水。　「穰」當爲「壤」。

北次三經空桑之山。上已有此山，疑同名也。 今上文無此山。

海外東經勞民國，其爲人黑。 食果草實也，有一鳥兩頭。

大荒南經有獸左右有首，名曰跊踢。 出<u>狄民國</u>。「黜」「惕」兩音。

有卵民之國，其民皆生卵。 即卵生也。

大荒西經有人反臂，名曰天虞。 即尸虞也。

海內經有大幽之國。 即<u>幽</u>民也，穴居無衣。

以上見本經，以下見各書。

論衡通別篇云：「董仲舒覩<u>重常</u>之鳥，<u>劉子政曉貳負之尸</u>，皆見<u>山海經</u>。」案：

「重常」「玉篇作「鸙鶾」。

論衡訂鬼篇引此經云：「滄海之中，有度朔之山，上有大桃木，其屈蟠三千里，其枝間東北曰鬼門，萬鬼所出入也。上有二神人，一曰<u>神荼</u>，一曰<u>鬱壘</u>，主閱領萬鬼。惡害之鬼，執以葦索而以食虎。於是黃帝乃作禮，以時驅之，立大桃人，門戶畫<u>神荼</u>、<u>鬱壘</u>與虎，懸葦索以禦凶魅。」案：所引與後漢禮儀志注文文字小異，故錄之。

應劭漢地理志「泫氏」注云…「山海經…泫水所出者也。」

玉篇「鱟」字注引此經云…「形如車文，青黑色，十二足，長五六尺，似蟹。雌常負雄，漁者取之，必得其雙。子如麻子，南人爲醬。」案「車」當爲「惠」，劉逵注吳都賦正作「惠文冠」。「尺」作「寸」。「似蟹」句下有「足悉在腹下」五字，而無「子如麻子」二句。其餘則同，而不云出山海經。唯廣韻引作「郭璞注山海經」云云，其文同玉篇，證知二書所引乃郭注逸文也。

李善注引江賦引廣志曰…「鱟魚似便面，雌常負雄而行，失雄則不能獨活。出交趾南海中。」

廣韻「九魚」渠紐下云…「貗狗，獸名，食猛獸，出山海經。」案…太平御覽九百十三卷引同，唯「貗」作「獶」，無「名」字。

廣韻「四十七寢」沈紐下云…「檔，木名。山海經云…煮其汁，味甘，可爲酒。」

廣韻「一屋」卜紐下云…「㺪鉛，南極之夷，尾長數寸，巢居山林，出山海經。」

廣韻「二十八盍」欼紐下云…「魶欼，魚名，出山海經。」案…「二十七合」納紐下云…「魶，魚名，似鼈無甲，有尾，口在腹下。」

文選西京賦注引此經云…「閶風之上，或上倍之，是謂玄圃…或上倍之，是謂大帝之居。」案…此淮南墜形訓文，疑李善誤引。

文選海賦及左思招隱詩、江淹雜體詩注並引此經郭注云…「橫，塞也。」

文選郭氏游仙詩注引此經郭注云：「遯者，退也。」

北堂書鈔一百五十二卷引此經云：「東南荒山有銅頭鐵額兵，日飲天酒三斗。酒，甘露也。」

類聚八十六卷引此經云：「箕山之東有甘櫨。洞庭之上，其木多櫨。甘櫨列於昆侖。」

藝文類聚二卷引此經云：「列缺，電名。」

初學記二十八卷引此經云：「雲山之上，其實乾腊。」郭注云：「腊，乾梅也。」

今案中次十二經有雲山，無此文。

初學記三十卷引此經云：「鯪魚赤目赤鬣者，食之殺人。」案：北山經首敦薨之水，其中多赤鮭」，郭注云：「今名鯸鮐，為鮭魚，音圭。」此郭據時驗而言也。今所見鯸鮐魚，背青腹白，目解開闔，都無赤色者，與經云赤鮭不合。而初學記引經「鯪魚赤目赤鬣者，食之殺人」，鯪即鮎也。鰻與鮭聲相近，經之赤鮭，疑此是也，將初學記所引本在郭注，今脫去之邪？

李肇國史補引此經云：「水獸，好為害，禹鎖之，名巫支祈。」案：輟耕錄云：「山海經水獸好為雲雨，禹鎖于軍山之下，名無支祈。」

韓鄂歲華紀麗引此經云：「狼山多毒草，盛夏，鳥過之不能去。」

李珣海藥本草引此經云：「木香生東海崑崙山。」

太平御覽九卷引此經云：「大極山東有溫水，湯不可過也。」

御覽十二卷引此經云：「仙丘降甘露，人常飲之。」案：吳淑事類賦引「人」上有「仙」字。

御覽三十五卷引此經云：「離魚見，天下大穰。」案：西次二經泰器山「鰩魚」與此同。

御覽三十八卷引此經云：「蓬萊山，海中之神山，非有道者不至。」案：海內北經有蓬萊山。

御覽四十二卷引此經云：「陸渾山，伊水出焉，今亦號方山。」案：楊慎外集：「陸渾山，山海經作『賁渾』。按古『陸』字作『畜』，『賁渾』當是『畜渾』之誤。」

御覽四十三卷引此經云：「祭水源伏流三百餘里。」云云。

御覽四十五卷引此經云：「湯山，湯水出焉。」此湯能愈疾，爲天下最。

御覽四十五卷引此經云：「大翮山、小翮山，有神廟神宇。」云云。

御覽一百六十六卷引此經云：「甘松嶺，亦謂之松桑嶺，江水發源於此。」

御覽三百六十七卷引此經云：「反舌國，其人反舌。一曰交。」案：「交」當爲

「支」，即海外南經岐舌國。

御覽九百十卷引此經云：「果然獸，似獼猴，以名自呼，爲蒼黑。羣行，老者在前，少者在後。得果食輒與老者，似有義焉。交阯諸山有之。獠人射之，以其毛爲裘褥，甚溫煖。」

郭注引水經

南山經首青丘之山。　水經云：「即上林賦云『秋田於青丘』。」

西次三經積石之山。　水經引山海經云：「積石山在鄧林山東，河所入也」。

北次三經碣石之山。　水經曰：「碣石山，今在遼西臨渝縣南水中。」

中次七經末山，末水出焉，北流注于役。　水經作「沫」。

海內東經漢水，出鮒魚之山。　案：水經：「漢水出武都沮縣東狼谷，經漢中魏興至南鄉東，經襄陽至江夏安陸縣入江，別爲沔水，又爲滄浪之水。」

合洞庭中。　水經曰：「沅水出牂牁且蘭縣，又東北至鐔城縣，爲沅水。又東過臨沅縣南，又東至長沙下雋縣。」

洛水出洛西山，東北注河，入成皋之西。　案：水經：「漢水今出上洛冢嶺山，東北經

弘農至河南鞏縣入河。」

入齊琅槐東北。　諸水所出,又與水經違錯。

以上見本經,以下出各書。

陶弘景刀劍録云:「水經云:『伊水有一物,如人膝頭,有爪。人浴,輒没不復

出。』」案:酈注水經洧水云:「洧水又南與疎水合。水中有物,如三四歲小兒,鱗甲如綾鯉,射之

不可入。七八月中,好在磧上自暴。膝頭似虎掌爪,常没水中,出膝頭,小兒不知,欲取弄戲,便殺

人。或曰:人有生得者,摘其皋,厭可小,小便名爲水虎者也。」即與刀劍録所引爲一物。

初學記三十卷引水經曰:「海鰌且由反。魚長數千里,六居海底,入穴則海水爲

潮,出穴則水潮退,出入有節,故潮水有期。」案:此條或又引作山海經,所未詳。

補

嬰以百珪百璧。　嬰謂陳之以環祭也。或曰「嬰」即古「罌」字,謂盂也。　徐州云。　吳其

濬曰:一切經音義卷二十一引漢書「嬰城固守」,音義曰:「以城自繞也。」華嚴經音義卷下引漢書

集注:「嬰,繞也,加也。」正與「環之以祭」義合,解作「罌」字似遠。

句餘之山至會稽之山。　嚴可均謂懿行曰:「經内道里計算不同,有直行者,有旁通者,有

曲繞者，故里數參差互異。即如南次二經之句餘、會稽中間，豈容一千五百里？ 恐皆從經首之柜

山起算也。若推是而言，諸山里數或多有合，但須按全經一一計之。懿行嘗謂：山海經古圖不可

見，世有好古而工畫者，本嚴氏之說，繪諸尺幅，百里之迴，一覽可盡，誠希古之絕業。其繪圖之

法，南山經至中山經本二十六篇，爲二十六圖；海外經以下八篇，大荒經以下五篇，又爲若干圖；

鳥獸神怪之屬別爲若干圖。

冉遺之魚。 錢侗曰：經文「冉」字疑「毋」字傳寫之譌。 郭氏圖讚作「髶遺」，後人誤加

[髟]也。

名曰肥遺。 侗案：西山經太華之山有肥蟲，「六足四翼，見則天下大旱」。郭云「復有肥遺

蛇」，疑是同名，即謂此經之肥遺也。經云「一首兩身」，即管子所稱一頭兩身之蟲。「蟲」字緩言

之則爲「肥遺」，其爲同物無疑。「洄水」、「聊水」亦一聲之轉。

發鳩之山。 侗案：淮南子「發包山」當是「發勼」之譌，即此發鳩山也。說文：「勼，聚也。」

讀若「鳩」。二字本通用，傳寫者誤爲「包」耳。

是多僕纍蒲盧。 侗案：夏小正、廣雅之「蒲盧」，國語之「蒲蠃」，皆蜃蛤之屬，與僕纍同類

同聲，實非同物，故經文並著之。郭注以蒲盧爲蟓蛉固誤，箋疏謂「蒲盧」聲轉爲「僕纍」亦未安。

有山名曰常陽之山。 侗案：呂氏春秋諭大篇：「地大則有常祥、不庭、歧母、羣抵、天翟、

不周。」高注惟以不周爲山名，箋疏駁之良是。今檢不庭、顧羝、不周皆見於大荒東、西兩經。此文

云大荒之中「有山名曰常陽，日月所入」，當即是常陽山也。「祥」、「陽」同聲，後文又有「常羊之

山」，古字「吉祥」通作「吉羊」，以此。又大荒東經有「皮母之山」，即吕覽「歧母」，字形相近。然則

「常祥」以下六山，吕覽即据大荒諸經爲説，皆爲山名無疑。惜天翟未得其證耳。

南山經杻陽之山，其中多玄龜，可以爲底。　底，蹝也。　爲，猶治也。　洪頤烜案：底

無蹝訓。「底」是「胝」字之借，「蹝」是「繭」字之譌。戰國策「百舍重繭」高誘注：「重繭，累胝

也。」後人「繭」加足旁，故譌作「蹝」。　臧庸案：戰國策「足重繭而不休息」鮑彪注：「足傷皮皴如

蠶繭也。」文選難蜀父老「躬胝無胈」，唐劉良注曰：「胝，繭也。　胈，股上小毛也。　言艱苦至使

皮膚繁繭而不生毛。」祇作「繭」字，與戰國策文合。　檢明刻六家注，胡刻李善注引三蒼解詁，皆曰

「胝，蹝也。　竹施切。」惟毛本誤爲「蹝」耳。

單張之山，有鳥焉，可以已痸。　痸，癡病也。　頤烜案：説文：「瘛，小兒瘛瘲病也。」又

云：「引縱曰瘛。」玉篇：「瘛，癡也。　小兒瘛瘲病也。　痸，同上。」疑此注及玉篇「瘛」字

之譌。

京山，其陰有玄礵。　黑石砥也。　尸子曰：「加玄黄砥。」明色非一也。　頤烜案：太平御

覽七百六十七卷引尸子曰：「磨之以礱，加之黄砥。」注蓋本作「加之黄砥」，今本後人誤改也。

燕山，多嬰石。　言石似玉，有符彩嬰帶，所謂燕石者。　頤烜案：玉篇引坤蒼云：「㻏珢，

石似玉也。　西山經瀚次之山多嬰垣之玉。」蓋即此經所謂嬰石，郭注非。

中山經崍山有草，多臿、韭、多約、空奪。即蛇皮脫也。　　頤煊案：蛇皮脫非草。　升

山，熊山其草多寇脫。空奪即寇脫也，形聲皆相近。

大荒東經有女和月母之國，有人名曰鵷，北方曰鵷，來之風曰狻。言亦有兩名

也。　頤煊案：上文「來風曰俊」，注未詳來風所在也。此來風亦地名，「之」字衍。大荒西經「有

人名曰石夷，來風曰韋」，大荒南經有獸名曰跊踢，注「出狻名國」。今本無此國。集韻引有國曰

「狻氏」。「名」即「氏」之譌。

西山經槐江之山，爰有淫水，其清洛洛。郭注「淫」音「遙」也。陳梅修云：「淫」無

「遙」音。　經「淫」字疑譌。　　張澍按：漢書岑彭傳更始遣將軍徭偉鎮淮陽，東觀記作「淫偉」，是

「淫」與「徭」通也。

黃帝是食是饗。　郭注：所以登龍于鼎湖而龍蛻也。　澍按：「龍蛻」宜作「靈蛻」，御覽

作「靈化」亦非。

積石之山。　郭注：今在金城河門關。　訂譌云：「門」字衍。　　澍按：「門」字不衍，宜移

「今在」字上，原釋經文「石門」字也。

北山經倫山獸川在尾上。　箋疏：王伯申以「川」當為「州」。　　澍續黔書內有辨川字一

條，附于此：黔之人呼牛馬之竅為春。余莫知其解，思之，知當為「穿」為「川」，乃信土俗方言果符

訓詁之旨也。按山海經倫山有獸，「狀如麢，其川在尾上」，郭注：「川，竅也。」而姚旅露書引「川」

作「穿」，蓋「川」可訓「穿」，故釋名云：「川，穿也。」顏師古漢書李尋傳注云：「川者，水貫穿而通

流也。」裴氏廣州記云：「南海龍川縣，本博羅縣之東海，有龍穿地而出，即穴流東泉，因以爲號。」

是川之訓穿，傳記多有之。又伯樂相馬經「有馬白州」，亦當是「川」字。畢中丞山海經校本疑

「川」當爲「州」，蓋据爾雅「白州驥」，不知郭氏彼注亦以爲竅，則「州」爲後人譌寫無疑也。

東山經子桐之山。 箋疏：司馬相如梓桐山賦即斯山。 澍按：長卿蜀人，所賦者宜是梓

橦山，桐、橦字通。此經地域似不在蜀。

按：「潛」宜作「渚」。渚，聚也；都亦聚也。藏經本作「聚」，誤。

中山經實惟河之九都。 郭注：「九水所潛，故日九都。」訂云：郭注「潛」字誤。 澍

半石山，嘉榮。 箋疏：本草經襄荷與巴蕉同類。 澍按：宗懍亦以襄荷爲周禮之嘉草，

可除蠱毒也。 王逸大招注：「苴蒪一名襄荷。」史記相如游獵賦注闞駰云：「猼且，襄荷也。」與逸

注同。「猼且」漢書作「巴且」。楊用修引急就章注云「襄荷即今甘露」，蓋誤以巴蕉爲襄荷也。

司馬賦既有諸蔗、猼且，又有此葍、襄荷，猼且非襄荷明矣。詳見澍續黔書毒蠱篇。

海外北經禺彊。 箋疏：禺京、禺彊、玄冥實一人。 澍按：禺彊即禺京是也，前人已言

之。若謂玄冥即京、彊，則未能信。考禺京爲禺虢之子，禺虢爲黃帝之子，則梁簡文所云「禺京爲

黃帝孫」者合矣。而玄冥乃少昊之子也，不得合爲一人。

大荒南經有女子名羲和。箋疏：常儀、羲和通爲一人。　澍按：世本、呂氏春秋並云

「羲和占日，常儀占月」，顯係兩人，不得云羲和即常儀矣。

海外西經圖讚夏后啓果儛九代。澍按：「果」宜作「樂」字。

訂譌崇吾之山，有木員葉白柎。訂云：「柎」當爲「拊」。　澍按：「柎」即詩之「鄂不」

也，與「跗」通，花足也。經文宜作「柎」，不宜作「拊」。

附錄

清史稿儒林傳三郝懿行傳

郝懿行，字恂九，棲霞人。嘉慶四年進士，授戶部主事。二十五年，補江南司主事。道光三年卒，年六十九。懿行為人謙退，訥若不出口，然自守廉介，不輕與人晉接。遇非素知者，相對竟日無一語，迨談論經義，則喋喋忘倦。所居四壁蕭然，庭院蓬蒿常滿，僮僕不備，懿行處之晏如。浮沉郎署，視官之榮悴若無與於己者，而一肆力於著述，漏下四鼓者四十年。所著有爾雅義疏十九卷，春秋説略十二卷，春秋比一卷，山海經箋疏十八卷，易説十二卷，書説二卷。懿行嘗曰：「邵晉涵爾雅正義蒐輯較廣，然聲音訓詁之原尚多罅漏，故鮮發明。今余作義疏，於字借聲轉處詞繁不殺，殆欲明其所以然。」又曰：「余田居多載，遇草木蟲魚有弗知者，必詢其名，詳察其形，考之古書，以徵其然否。今茲疏中其異於舊説者，皆經目驗，非憑胸肌，此余書所以別乎邵氏也。」懿行之於爾雅用力最久，藁凡數易，垂殁而後成。於古訓同異，名物疑似，必詳加辨論，疏通證明，故所造較邵晉涵為深。

高郵王念孫為之點閱，寄儀徵阮元刊行。元總裁會試時，從經義中識拔懿行者也。其箋疏，畢沅校本訂正文字尚多疏略，惟懿行精而不鑿，博而不濫。

懿行妻王照圓，字瑞玉。博涉經史，當時著書家有「高郵王父子，棲霞郝夫婦」之目。著有詩說一卷，列女傳補注八卷，附女錄一卷，女校一卷。又與懿行以詩答問，懿行錄之為詩問七卷，其爾雅義疏亦間取照圓說。他著有詩經拾遺一卷，汲冢周書輯要一卷，竹書紀年校正十四卷，荀子補注一卷，晉宋書故一卷，補晉書刑法志一卷，食貨志一卷，文集十二卷。照圓又有列仙傳校正二卷。

四庫全書總目提要

山海經十八卷，晉郭璞注。首有劉秀校上，奏稱為伯益所作。案山海經之名始見史記大宛傳，司馬遷但云「禹本記、山海經所有怪物，余不敢言」，而未言為何人所作。列子稱「大禹行而見之，伯益知而名之，夷堅聞而志之」，似乎即指此書，而不言其名山海經。王充論衡別通篇曰：「禹主行水，益主記異物，海外山表，無所不至，以所見聞作山海經。」趙煜吳越春秋所說亦同。惟隋書經籍志云：「蕭何得秦圖書，後又得山海經，相傳

夏禹所記。」其文稍異，然似皆因列子之説推而衍之。觀書中載夏后啓、周文王及秦漢長沙、象郡、餘暨、下嶲諸地名，斷不作於三代以上，殆周秦間人所述，而後來好異者又附益之歟？觀楚詞天問多與相符，使古無是言，屈原何由杜撰？朱子楚詞辨證謂其反因天問而作，似乎不然。至王應麟王會補傳引朱子之言，謂「山海經記諸異物飛走之類，多云『東向』或曰『東首』，疑本因圖畫而述之。古有此學，如九歌、天問皆其類」云云，則得其實矣。

郭璞注是書，見於晉書本傳。隋、唐二志皆云二十三卷，今本乃少五卷，疑後人併其卷帙以就劉秀奏中一十八篇之數，非闕佚也。隋、唐志又有郭璞山海經圖讚二卷，今其讚猶載璞集中，其圖則宋志已不著録，知久佚矣。舊本所載劉秀奏中稱其書凡十八篇，與漢志稱十三篇者不合，七略即秀所定，不應自相牴牾，疑其贋託，然璞序已引其文，相傳既久，今仍併録焉。書中序述山水，多參以神怪，故道藏收入太玄部競字號中，究其本旨，實非黃老之言。然道里山川，率難考據，案以耳目所及，百不一真，諸家並以爲地理書之冠，亦爲未允。核實定名，實則小説之最古者爾。

順天府府尹臣游百川跪奏，爲代進前户部主事解經之書恭摺仰祈聖鑒事。竊維爲學

莫先於研經，而著書尤貴乎析義。臣籍隸山東，稔知同鄉前户部主事郝懿行所著春秋說

略十二卷、春秋比二卷、爾雅義疏十九卷、山海經箋疏十八卷並附圖讚一卷、訂譌一卷，積

數十年之精力而成其書，頗爲賅洽。伏念春秋有襃譏之義，説經之門户宜分；爾雅爲訓

詁之宗，名物之異同必辨。郝懿行窮源竟委，曲引旁徵，曾博極乎羣書，求折衷於一是。至

如山海經一書，劉歆駁其神奇，郭璞稱其靈化。又欲事刊疏繆，辭取雅馴，既富掺羅，復精辨

覈，可謂殫心典籍，無愧通方。該主事係山東棲霞縣廩膳生，乾隆丙午優貢，戊申舉人，嘉慶

己未進士，户部江南司主事。鬢齡勵志，皓首窮經，迹其成書，有裨實學。今其孫現任順天

府東路同知郝聯薇，收存原稿，校繕成編。臣謹代進呈，以備採納。伏察康熙年間胡渭進禹

貢錐指，乾隆年間顧棟高進春秋大事表，均蒙聖祖仁皇帝、高宗純皇帝錫以嘉予，掺入四庫。

今郝懿行所著等編，儻蒙皇上典學之餘俯賜乙覽，則儒生稽古之榮，當與胡渭、顧棟高並傳

於藝苑矣。謹將裝成書三函計十六本，恭摺隨同上進。伏乞皇太后、皇上聖鑒謹奏。

光緒七年上諭

光緒七年十二月二十四日，內閣奉上諭：

前據順天府府尹游百川呈進已故戶部主事郝懿行所著書四種，當交南書房翰林閱看。據稱郝懿行學問淵博，經術湛深，嘉慶年間，海內推重。所著春秋比、春秋說略、爾雅義疏、山海經箋疏各書，精博邃密，足資攷證。所進之書，即著留覽。欽此。

校刊山海經箋疏序

吾友李君澹平以所刊山海經箋疏告藏，攜本眎余，屬弁數言。余聆且謝。則誰誃至再，且曰：請但述我校刻是編之意足矣。辱承知愛，不敢復以不文辭，乃為泚筆書之曰：

凡人足跡之所未到，耳目之所未經，則闕疑而不敢信。伊古輿地家言，多詳域內而略域外，故皆右禹貢而左山海，甚者目為荒誕，等諸齊諧鄙說。余以為是昔人之固陋，非山海經之荒誕也。今國家懷柔遠人，通道重譯，窮髮赤裸、燋齒梟瞷之族，相與梯山航海，不遠千萬里而至。而軺車四發，復仿周官大行人之職，分赴諸國。足跡所到，耳目所經，援古證今，往往吻合，不止如曼倩之辨異鳥、劉向之識石室人而已。然則山海一經，不誠宜

與禹貢並行哉？惟斅是編初著錄於漢代，繼註讚於景純，自時厥後，讀家稀絕，途徑榛蕪。我朝稽古右文，吳氏、畢氏先後有廣註、校本之作。嘉慶間，棲霞郝氏箋疏成，得儀徵相國審定梓行，然後斐然粲然，讀者益收演員賞奇析疑之助。惜其原版已不可得，李君憾焉，爰取篋藏初印本精梓而詳校之，將以餉遺同志。余維君劬學嗜古，曩采書數種，類足備鄴架珍函。今是編之刻，亦豈徒作郝氏功臣？行見閉户搜奇之士，皇華秉節之流，莫不囊隋珠而笥荆璧，若是君之用意固深且遠也。余方以筆墨縈累，枯坐斗室，檢覽一過，如身乘博望之槎，徧攬十洲三島草木鳥獸之狀，又如身與塗山之會，周旋於貫胸交頸、三首長臂之間，爽目怡心，爲之稱快不置，而因余之快，又以知讀是編者之同快無疑已。是爲序。

光緒第一丙戌五月下浣海上蔡爾康。

採自還讀樓本山海經箋疏

重刻山海經箋疏後序

棲霞郝蘭皋先生箋疏山海經十八卷，并坿圖讚一卷，訂譌一卷，已於嘉慶間梓行。越

七十餘年，無錫李君澹平重梓於上海，既成，以示標，命爲後叙，以標於此書曾經勘讀者也。迺作叙曰：

夫漢魏以降，注疏迭興，自宋迄明，詁訓漸失。主義理者，責破碎夫文字；尚剽取者，笑攷訂之紛雜。雖�自謂得三代之遺，文自謂學周秦以上，然衡以鉤稽，求諸指例，恒無當焉。先生以東海之名儒，值聖清之盛治，拾遺補藝，歷千百劫而不磨；博采旁證，集十八人之所益。有李崇賢綜緝之備，無酈善長怪誕之言，卷福不多，攷證無失。索羣書之異字，猶仍舊文；求古本之分篇，不存成見。正字俗字，惟塙守乎許書；轉聲近聲，則旁通乎蒼雅。洵足爲禹書之�607翼，郭氏之靜友矣。綜其大綱，厥善有六，尋繹微旨，可得言焉。夫顏成漢注，未正東方之名；唐引說文，猶雜呂忱之語。繫古來之完帙，尚笑誤於後生。先生則采周秦之遺書，語知統要；寶唐人之類集，條析支離。何氏解詁，但求墨守；鄭君箋注，不改經文。其善者一也。拾遺文於東觀，印信四羊；笑寫本於江南，歌傳六虎。陋尚書之分典，歎尉律之云亡。先生則正寫槧之紛紜，不淆銀鏃；辨正異文，辨形聲之通叚，詳攷金根。所以例陸德明之釋文，兼存兩本；爲顏少監之匡謬，書策落次，維正異文。其善者二也。

水經補注，以經傳之久淆；建武省郡，亦章懷之未解。書策落次，誰證綿褫？圖畫久亡，埶詳絡脈？先生則攷其山里，既積算於經由；條其河渠，定發源於崑渤。郭記室惟知畏

獸，遞其精詳；王伯厚攷證藝文，同兹研覈。其善者三也。漢魏遺書，尚廣鈔於類典；倉

頡訓詁，竟有藉於沙門。自來文字之散亡，半待後人之輯佚。先生則仿神仙之別藏，猶識

遺文；求歐李之官書，尚存古本。集狐千腋，窺豹一斑。其善者四也。歐氏之詩經本義，

專務新奇；向家之莊子遺篇，僅題象注。雖跡同於巧取，亦多惑乎將來。先生則博采通

人，既說辭之畢載；顧召幽仄，冀翼贊乎舊書。所以叔重說文，兼稱師說；康成經注，多

引羣言。其善者五也。趙明誠之金石，録藉易安；班孟堅之天文，續從弱妹。先生則一

編脫槀，亦助勘於金閨；三月疑團，必解圍於新婦。陋鷗波之小技，傲唐韻於仙家。其善

六也。由兹六善，訂厥一編。秘六奇以括囊，集羣書而訂誤。蓋出入於莊列爾雅之間，補

苴乎詁訓地輿之失。所謂援据六藝，漢學非訛；曲稟宏規，家瀘自守。則是書也，雖吳志

伊之廣收博采，尚失謹嚴；畢尚書之以古證今，猶疑臆決者也。今者中秘留藏，宸章褒

美。草玄卷在，不爲覆瓿之書；通德人亡，尚念鄭鄉之學。惟是籤分蠹軸，半蝕羽陵；寫

定禮堂，已成爐簡。吾友李君，證古之學，墳本召陵；博通之才，所師荀勖。痛編韋之稀

絕，爰鏤版以方滋。繼余家勤有之堂，甄綜善本；祖南宋書棚之學，采拾遺文。夫豈同好

妄下其雌黃，致譏顏氏；扃秘藏於宛委，靳付人間也哉！標謬承斠讀，用述源流。意重

譯於四夷，證塙聞乎古訓；求秘函於百宋，思校正夫今文。自恨小文，有慙理董；先生維

學，盍正觝牾。此又可補乾嘉諸老之未有之聞，校勘諸家之未竟之志也。爰撮體要，以俟
將來。光緒十三年丁亥正月元和江標。

採自還讀樓本山海經箋疏

校栞山海經箋疏序

大章、豎亥步四極，紀道里，當時必有專書而今不傳，傳者十洲記、神異經之儔，則病
於誣。其不誣者，穆天子傳最近。若鄒衍九州之外有大九州，以今緯度推之，何莫不然？
然説在要渺閒。古籍之最遠而詳者，莫山海經若矣。夫人皇九首，兩戒八紘，奇言瑰詞，
於世充棟，雜以艸木鳥獸、殊名異形，博識之士至累世不能窮其源，畢生不足究其變。故
漢魏以來，箋注家欲暢厥敷佐，至取中國之書注之不足，則增以金石文字，又不足，則益
以諸子百家；又不足，則證以殊方異域佛經道藏者流。一字關涉，鈔撮弗遺，宜得大凡。
然扶輿啓辟，聞見益恢，昔無而今則有之，安知今所未見者非即昔人日用常覩之品乎？
夏后駗二龍，一馴擾物耳，而今爲神化不測之事。庖犧牛首，女媧蛇身，著在典籍，詎盡誕
詞，而豈可覩乎？閒嘗以謂古人與神近，後世人神道殊，重黎絶天地通已來，僅僅留此一

經爲不食之碩果。試取莊騷徵引於是編外者，求通其說，而後恍然於四五千年來，歷時久而書亡，歷時又久而羣書愈亡，獨遺此人不經見之說，與布帛菽粟並存。譬如泰西光電氣化之書，舉羣不知而傲其儕，則必震駭眩瞀，以爲絕無。理亦猶是耳，而究不得謂爲必無矣。郝注行於嘉慶閒，歲久漶漫。李君澹平出善本重栞行世，意甚盛也。然鄙則以謂古書之不足妄疑，視之雖奇，案之仍軌於正。天下氣化變遷之妙，何所不至？吾人恃耳食之近，泥古者失之拘，疑古者亦未嘗不失之放。有志之士，虛心以觀古今之變，平心以察庶彙之繁焉，斯爲善讀古書者已。　光緒十三年孟春月遵義宦懋庸。

採自還讀樓本山海經箋疏